U0891142

中國佛教

第二辑

中国佛教协会　编

中国出版集团有限公司
華文出版社

图书在版编目（CIP）数据

中国佛教. 第二辑 / 中国佛教协会编. -- 北京：华文出版社，2023.11
ISBN 978-7-5075-5871-5

Ⅰ.①中… Ⅱ.①中… Ⅲ.①佛教史－中国－通俗读物 Ⅳ.①B949.2-49

中国国家版本馆CIP数据核字(2023)第188430号

中国佛教 第二辑

作　　者：中国佛教协会
责任编辑：吴文娟
排版设计：阳光图文
责任印制：刘力新
营销编辑：赵小峦
统　　筹：戴明敏
出 品 人：包 岩
出版发行：华文出版社
地　　址：北京市西城区广安门外大街 305 号 8 区 2 号楼
电　　话：总 编 室 010-58336239 发 行 部 010-58336267
责任编辑 010-58336192
邮政编码：100055
网　　址：http://www.hwcbs.cn
经　　销：新华书店
印　　刷：北京雅昌艺术印刷有限公司
开　　本：710mm×1000mm 1/16
印　　张：25.5
字　　数：352 千字
版　　次：2023 年 11 月第 1 版
印　　次：2023 年 11 月第 1 次印刷
标准书号：ISBN 978-7-5075-5871-5
定　　价：180.00元

版权所有，侵权必究

《中国佛教》（中英文卷）编委会

编纂委员会

主　任：赵朴初

副主任：吕　澂

委　员（按姓氏音序排列）：

二十世纪五六十年代加入“中国佛教百科全书编纂委员会”：

陈秉之　持　松　戴蕃豫　法　尊　高观如　关德栋　观　空（滛　影）

郭兴谊　郭元兴　胡继欧　黄忏华　巨　赞　李　安　李荣熙　李　俨

梁思成　林子青（施无畏）　刘衡如　刘汝霖　隆　莲　吕　澂　明　真

能　海　石鸣珂　史　岩　苏晋仁　田光烈　王　森　王自明　喜饶嘉措

阎文儒　由　道　游　侠　虞　愚　禹振声（吴　明）　张克强（张建木）

赵朴初　周叔迦

二十世纪八十年代之后加入《中国佛教》出版项目组：

陈　东　方广锠　黄如英　慧　新　李静杰　林培安　刘　峰　任　杰

王丽君　王守仁　王　新　吴梦麟　徐　鹏　姚长寿　云　峰　张　琪

张银山　张永权　张中行　徐丹晖　周绍良

出版委员会

主　任：演　觉

副主任：宗　性　明　海　常　藏　刘　威

委　员：卢　浔　明　杰　秦　萌　圣　凯

刘　东　能　仁　澄　龙

整理校订委员会

主　任：圣　凯

副主任：范文丽

委　员（按姓氏音序排列）：

陈　超　传　云　旦巴贡布　德　光　范文丽　郭　敬

果　微　胡少博　姜桂芹　梁峻铭　刘　晨　刘懿凤

明　胜　能　仁　亲　道　亲　宣　仁　洁　升　圆

童赛赛　王　帅　悟　畅　现　了　徐文臻　尹　晗

印　通　张　琴　张忆雯　赵凌云　智　清　周邦威

朱兆丰　祖晓敏

序　言

佛教起源于印度，光大于中国，经过与中国文化的交融、共生、合流，最终以“释”之名，与“儒”“道”并称，成为中国传统文化的重要内容。这在世界文明史上是独树一帜的，既体现出佛教本身的世界性特征，也显示出中国文化兼收并蓄、博采众长的包容性特质。作为中华文明与印度文明两大文明传统相遇、碰撞之后形成的文明成果，中国佛教在思想、信仰、文学、艺术、制度、戒律、礼仪、习俗等方面做出了重要贡献，产生了一代代优秀的佛教人物和经典著述，发展出了丰富多样的佛教胜迹、佛教文化。今日，中国佛教不仅是中国传统文化的重要内容，更是世界文明的重要组成部分，堪称文明融合的示范与表率，对当今世界不同文明间友好交流具有重要借鉴意义。为向世界提供一部全面介绍中国佛教概况的通识性著作，中国佛教协会特编辑出版《中国佛教》（中英文卷）。

本书的编撰有着殊胜因缘。1955年，斯里兰卡为纪念释迦牟尼佛涅槃2500年，发起编纂英文版《佛教百科全书》，中华人民共和国总理周恩来受斯里兰卡总理约翰·莱昂内尔·科特拉瓦拉之请托，应承由我国来撰写其中有关中国部分的佛教条目，并委托刚刚成立不久的中国佛教协会组织人力编写、翻译。中国佛教协会接受任务后，即成立中国佛教百科全书编纂委员会，聘请国内佛教学者担任撰述、编辑和英译工作，时任副会长兼秘书长赵朴初居士担任主任委员，著名佛教学者吕澂担任副主任委员。编纂委员会以南京金陵刻经处为据点，约请了一批当时国内知名佛教学者撰写相关条目，内容分为教史、宗派、人物、经籍、教理、仪轨制度、佛教胜迹、佛教文化、中外佛教文化交流等九类。为了适应百科全书的体例，各篇条目着重资料性的叙述，要求全面性与概括性相结合，并做到言必有据。中文条目原稿前后共写成400多篇，200多万字，英文条目原稿也有100多万字。二十世纪八十年代至本世纪初，中文条目稿件陆续被整理出版为五卷本的《中国佛教》。英译稿寄往斯里兰卡后，部分被编入《佛教百科全书》（*Encyclopaedia of Buddhism*）。中国佛教的内容被打散之后编入不同的词条，散见于全书之中。当时形成的百万字的英文稿至今尚未完整面世，殊为憾事！

2018年，中国佛教协会安排中国佛教文化研究所开展“《中国佛教》英译出版项目”，对当时留存的全部词条稿件进行整理和出版，期望借前贤之功德，为当下的世界增添一份精神资粮。《中国佛教》（中英文卷）的出版，得到了华文出版社的大力支持，此次出版不仅使尘封之黄卷得以面世，也使前贤之佳作再次流通，更使当年编纂团队智慧成果得以整体呈现，可谓因缘殊胜，令人欢喜。

由于本书稿件多为二十世纪五六十年代所撰，当时的编纂委员会成员大多已离世。此次出版，基本保留稿件原貌，兼以少量内容修订。审校团队水平所限，在整理校订方面若有疏漏，祈请各位读者指正。

演觉

二〇二三年二月十七日

于北京广济寺丈室

前言（1980年版）

随着人类文化的进步，社会科学和自然科学各种知识领域日益扩大，网罗一切知识的百科全书成为学术界的共同需求。在这方面，欧美学术界是着了先鞭的。宗教方面也是如此。基督教、伊斯兰教等早已有了自己编纂的百科全书，受到学者和教徒的普遍欢迎和广泛利用。佛教是世界公认的三大宗教之一，历史最为悠久，典籍汗牛充栋，但迄今尚无一部完整的佛教百科全书。1955年，斯里兰卡佛教徒为纪念释迦牟尼佛涅槃2500年，发起编纂英文佛教百科全书，要求各国佛教学者给予支持和合作。当时我国周恩来总理接受斯里兰卡总理的请托，要我国为他们的百科全书，撰写有关中国部分的佛教条目。周总理将这个任务交给了中国佛教协会。

中国佛教协会接受这个任务后，即成立中国佛教百科全书编纂委员会，聘请国内佛教学者担任撰述、编辑和英译工作。内容分为教史、宗派、人物、经籍、教理、仪轨制度、佛教胜迹、佛教文化、中外佛教文化交流等九类。为了适应百科全书的体例，各篇条目着重资料性的叙述，要求全面性与概括性相结合，并做到言必有据。汉文条目原稿前后写成400余篇，200余万言。除已将部分英译稿寄往斯里兰卡供佛教百科全书采用外，全部汉文原稿迄未公开出版。现在应广大读者的要求，我们组织人力，重新加以整理编辑，印成专册发行。

佛教传入中国，近两千年来，对我国社会发生过深刻影响。从魏晋到隋唐时代经过广泛传播，其影响渗透到我国人民生活的各个方面。在思想意识、风俗习惯以至文化艺术等领域都可以看到它的影响；在哲学上，它对宋代理学的影响尤为显著，这已是哲学史家公认的事实。千百年来先人们为我们留下浩如烟海的佛教典籍，成为我国文化的一个重要组成部分。

本书得到知识出版社的大力支持，拟于1980年起陆续出版，供哲学、宗教学、社会学、历史学等研究人员，以及有关工作人员和佛教信徒参考。本书的出版如能对上述各方面的研究有所贡献，我们是引以为荣的。这些文稿撰于20年前，部分作者已经离开人世。这次出版，除核对参考资料并对部分文稿略作删节外，大体上保存原来的面目。每篇均由作者署名，以明责任。我们限于水平，在整理编辑方面如有错误之处，希望读者指正。

赵朴初

一九七九年十二月十五日

审校及修订说明

《中国佛教》（中文卷）以知识出版社1980年6月至1989年5月《中国佛教》第一至四辑第一版及中国社会科学出版社2004年6月《中国佛教》第五辑为底本，稿件基本保留了当初出版时的原貌。本次再版时，于以下几方面进行了少量修订：

1. 对少量标点、语法方面的错误进行了修订。

2. 对照二十世纪五六十年代编修的《中国佛教》英文版，进行中英互校，发现了一些诸如人名、地名、典籍名、年份等表述不一致的地方，针对此类问题进行了订正。

3. 对个别地名、行政区划等的表述，进行了修订。

4.《中国佛教》第五辑中增加了《〈中国佛教〉参编词条作者小传》，对于各词条作者的生平进行了简要介绍。

目录

中国佛教人物

一　安世高（约二世纪）/ 003
二　支娄迦谶（约二世纪）/ 006
三　支谦（约三世纪）/ 009
四　朱士行（约三世纪）/ 012
五　竺法护（约三、四世纪间）/ 014
六　竺佛图澄（232—348）/ 017
七　道安（312，一说314—385）/ 020
八　支遁（314—366）/ 026
九　僧伽提婆（约四世纪）/ 029
十　慧远（334—416）/ 032
十一　鸠摩罗什（344—413）/ 037
十二　法显（？—约422）/ 043
十三　道生（355—434）/ 047
十四　僧肇（384，一说374—414）/ 051
十五　昙无谶（385—433）/ 054
十六　求那跋陀罗（394—468）/ 057

十七　佛驮跋陀罗（359—429）　/ 060
十八　菩提达摩（？—536，一说528）　/ 063
十九　僧祐（445—518）　/ 067
二十　慧光（约六世纪）　/ 071
二十一　昙鸾（476—542）　/ 073
二十二　菩提留支（约五、六世纪间）　/ 077
二十三　慧可（487—593）　/ 080
二十四　慧皎（497—554）　/ 083
二十五　真谛（499—569）　/ 084
二十六　慧文（约六世纪）　/ 089
二十七　慧思（515—577）　/ 091
二十八　智顗（538—597）　/ 094
二十九　信行（540—594）　/ 097
三十　吉藏（549—623）　/ 100
三十一　法顺（557—640）　/ 103
三十二　道绰（562—645）　/ 105
三十三　法琳（572—640）　/ 108
三十四　法融（594—657）　/ 111
三十五　道宣（596—667）　/ 114
三十六　玄奘（602—664）　/ 119
三十七　智俨（602—668）　/ 126
三十八　弘忍（602—675）　/ 129
三十九　神秀（606—706）　/ 132
四十　善导（613—681）　/ 135

四十一　圆测（613—696）／139
四十二　阿地瞿多（约七世纪）／143
四十三　怀素（625—698）／146
四十四　窥基（632—682）／149
四十五　普光（约七世纪）／153
四十六　义净（635—713）／155
四十七　李通玄（635—730）／159
四十八　善无畏（637—735）／163
四十九　慧能（638—713）／166
五十　法藏（643—712）／170
五十一　慧苑（约七、八世纪间）／173
五十二　慧沼（650—714）／175
五十三　实叉难陀（652—710）／178
五十四　智周（678—733）／181
五十五　菩提流志（？—727）／183
五十六　神会（668，一说686—760）／185
五十七　慧日（680—748）／189
五十八　一行（683，一说673—727）／191
五十九　鉴真（688—763）／196
六十　希迁（700—790）／203
六十一　莲华生（约八世纪）／206
六十二　不空（705—774）／208
六十三　道一（709—788）／213
六十四　湛然（711—782）／215

六十五　怀海（720—814）／218
六十六　澄观（737—838，一说738—839）／220
六十七　宗密（780—841）／223
六十八　希运（约八、九世纪间）／227
六十九　天息灾（？—1000）、法天（？—1001）、
施护（？—1017）／229
七十　延寿（904—975）／233
七十一　知礼（960—1028）／236
七十二　智圆（976—1022）／239
七十三　阿底峡（982—1054）／241
七十四　净源（1011—1088）／247
七十五　元照（1048—1116）／250
七十六　胆巴（1230—1303）／255
七十七　帕思巴（1235—1280）／257
七十八　布敦（1290—1364）／260
七十九　宗喀巴（1357—1419）／264
八十　嘉曹杰（1364－1432）／270
八十一　克主杰（1385—1438）／272
八十二　僧成（1391—1474）／275
八十三　袾宏（1535—1615）／278
八十四　真可（1543—1603）／281
八十五　德清（1546—1623）／284
八十六　善慧法幢（四世班禅，1570—
1662）／289

八十七　智旭（1599—1655）/ 294
八十八　读体（1601—1679）/ 299
八十九　善慧海（1617—1682）/ 302
九十　彭际清（1740—1796）/ 305
九十一　杨文会（1837—1911）/ 308
九十二　敬安（1851—1912）/ 311

中国佛教仪轨制度

一　丛林 / 317
二　殿堂 / 321
三　传戒 / 330
四　度牒 / 337
五　清规 / 341
六　课诵 / 346
七　国师 / 353
八　俗讲 / 360
九　浴佛 / 363
十　行像 / 368
十一　赞呗 / 371
十二　水陆法会 / 376
十三　忏法 / 381
十四　盂兰盆会 / 386
十五　焰口 / 390

中国佛教人物

一　安世高（约二世纪）

安世高，可说是佛经汉译的创始人。他本名清，是安息国的太子，博学多识，信仰佛教。当轮到他即位的时候，他让位给叔父，出家修道。他精研阿毗昙，修习禅定，游化西域各地；于汉桓帝建和（147—149）初年，辗转来到中国洛阳，不久即通晓华语。那时，佛教传入中国内地，已有相当时期，在宫廷内和社会上都有一些信徒；他们虽主要奉行祭祀，祈求福德，但也有切实修行的要求。安世高就为他们译出有关止观法门的种种经论。译事大概到灵帝建宁中（170年前后）为止。随后，他游历了江南的豫章、浔阳、会稽等地，后来各地就流传有关于他的神奇故事。他晚年的踪迹不详，在华活动前后约三十年。

安世高译出的书，因为当时没有记载，确实部数已不可考。晋代道安编纂的《众经目录》，列举所见过的安世高译本，才加著录，共有三十五部、四十一卷。其后历经散佚，现存二十二部、二十六卷。其中，《七处三观经》大概在道安（312或314—385）以后就成为两卷本，而误收《积骨经》和杂经四十四篇于内而未加区别；现经今人考订，特将那两种分列出来。另外，从翻译用语等对勘，《五阴譬喻经》《转法轮经》《法受尘经》《禅行法想经》四部是否安世高所译，尚有问题。又《四谛经》一种，道安也说它好像是安世高所撰，但现勘是译本。

安世高的翻译，有时用口述解释，由他人执笔成书。这属于讲义体裁，在道安目录里著录了《阿含口解》（《十二因缘经》）一卷，便是这一类，此书在别的经录也称为《安侯口解》。这因安世高原来是王族出身，西域来华的人都叫他安侯，所以经录家就沿用了。还有魏、吴时代（220—280）失译本单卷《杂阿含经》，共收二十七卷，《七处三观经》《积骨经》也在其内，译文和安世高余译很接近，唐代智昇《开元释教录》就说它像是安世高所译，但未见旧录记载，还不能确定。

此外，道安目录所载安世高的译本现已失传的，一共十三部十三卷。其中《十四意》和《九十八结》，道安都说像是安世高的撰述。又《小安般经》一种，《开元录》说它就是现存本《大安般守意经》除去注解所余的部分。

关于安世高的翻译，历来各种经录的记载互有出入。到了隋代费长房《历代三宝记》，漫无简别地罗列名目达到一百七十六种之多。其中好些没有确实出处，只推测是安世高在河西和江南旅途中随顺因缘从大部译出。后来，《开元录》加以删除，还剩九十五部，而缺本几乎占一半，是非辨别，自然很难说。现在仍以道安目录所记载的为最可信。

安世高的汉译佛典，可算是一种创作，内容和形式都有特色。就内容说，他很纯粹地译述出他所专精的一切。譬如，译籍的范围始终不出声闻乘，而又有目的地从大部《阿含经》中选择一些经典，且都是和止观法门有联系的。至于译文形式，因为安世高通晓华语，能将原本意义比较正确地传达出来，所以僧祐称赞它说理明白，措辞恰当，不铺张，不粗俗，恰到好处。但总的说来，究竟便于直译。有些地方顺从原本结构，不免重复、颠倒；而术语的创作也有些意义不够清楚（如“受”译为“痛”，“正命”译为“直业治”等）。因此，道安说安世高的翻译力求保存原来面目，不喜修饰，骤然看到还有难了解的地方。

从安世高的译籍见到的学说思想，完全是属于部派佛教上座系统的。他重点地译传了定慧两方面的学说，联系到实际便是止观法门。定学即禅法，慧学即数法（这是从阿毗昙的增一分别法门得名），所以道安说安世高擅长于阐明禅、数，而他所译的也是对于禅、数最为完备。

关于禅法，安世高是依禅师僧伽罗刹的传承，用四念住贯穿五门（即五停心）而修习。他从僧伽罗刹大本《修行道地经》抄译三十七章，着重在身念住，破除人我执。念息一门另译大小《安般经》，其中说十六特胜也和四念住相联系。所以，从这些上见到安世高所传禅法，可以看出它们是如何符合上座部佛教系统（特别是化地一派）用念住统摄道支的精神的。念息法门因为和当时道家“食气”“导引”“守一”等说法有些类似，传习比较普遍，学人著名的就有南阳韩林、颍川皮业、会稽陈慧等。东吴康僧会从陈慧受学，帮助他注解了《安般经》。康僧会更依他的心得，在所集《六度经》的禅度里，对止观有要目式的叙述。其后，晋代道安见到了僧伽罗刹《修行道地经》的全译本（竺法护译），又从大部《阿含经》的翻译上理会声闻乘实践的体系，因而对于安世高所译禅法和有关各书了解得更为深刻。他注解了这些译本，并各各做了序文，现在知道的有《大道地经注》等七种。

关于数法，安世高谨守毗昙家的规模，用《增一》《集异门》等标准，选译了《五法经》《七法经》《十二因缘经》《十四意经》《阿毗昙五法经》《阿毗昙九十八结经》等经论。并在译文里带着解释，所以道安说《十四意经》《九十八结经》好像是撰述。当时严佛调受到启发，就“沙弥十慧”引经解说，作成章句。跟着康僧会辑《六度集经》，也有这种用意。后来，道安得到新译《毗昙》的帮助，对安世高在数法方面翻译的业绩，认识更清楚，因而注释了《九十八结经》，以为是毗昙要义所在。他还模仿《十慧章句》等，从各经中抄集十法，加以解说，成为《十法句义经》。由此可见，安世高译传的部派佛教学说在当时产生了相当影响，而到后世还是得到发展的。

（吕澂）

二　支娄迦谶（约二世纪）

支娄迦谶简称支谶，是东汉桓帝末年（167年顷）从月氏来到洛阳的译师。他通晓汉语，除了独自翻译而外，有时还和早来的竺朔佛（一称竺佛朔）合作。他译经的年代是在灵帝光和、中平年间（178—189），比安世高稍迟，译籍基本上属于大乘，内容广泛；可见他的学问广博，思想细致，但他后来不知所终。

支谶所译佛经究竟有几种，因当时无记载，很难确定，晋代道安著述经录时，见到的写本，年代可考的只三种：一、《般若道行经》十卷（光和二年，即179年译）；二、《般若三昧经》二卷（现存本三卷，译年同上）；三、《首楞严经》二卷（中平二年，即185年译）。其中，《首楞严经》一种，现已缺佚。另外，从译文体裁上比较，道安认为像支谶所译的还有九种：一、《阿阇世王经》二卷；二、《宝积经》（一名《摩尼宝经》）一卷；三、《问署经》一卷；四、《兜沙经》一卷；五、《阿閦佛国经》一卷；六、《内藏百宝经》二卷；七、《方等部古品曰遗日说般若经》一卷；八、《胡般泥洹经》一卷；九、《孛本经》二卷。其中，后三种现已缺佚。又支敏度《合首楞严记》里提到而为道安所未见的还有一种：《伅真陀罗所问宝如来三昧经》一卷。

总计支谶译籍现存九种，缺本四种。僧祐《出三藏记集》依据《别录》加了《光明三昧经》一卷，这是支曜译本的误记。费长房《历代三宝记》又依各杂录加了《大集经》等八种，也都出于附会，不可信。

支谶译籍里比较重要的《般若道行经》和《般舟三昧经》，原本都由竺朔佛传来，支谶为之口译。以支谶学识之博，这两种佛经也应该是他所熟悉的，因此译功专归于他，并无不可；但从费长房以来，经录家都说竺朔佛也曾翻译这两种佛经，就未免重复了。那时候的翻译，因有安世高为先导，遣词造句都已取得一些经验，译文比较流畅，读来有“审得本旨”之感。不过，翻译的总方针依然是随顺佛说，了不加饰，要求尽量保存原本面目；就是在译文结构上做了一些“因本顺旨、转音如己”的工夫也是极有限的。所以，后人辨别他的译文仍用“辞质多胡音（即多用音译）”为标准。

支谶译籍的种类恰恰和当时安世高所译的相反，几乎全属大乘，可说是大乘典籍在汉土翻译的开端。支谶的译籍反映了龙树以前印度大乘经典流行实况。例如，他译的《宝积经》《阿閦佛国经》《般舟三昧经》都是构成大部《宝积》的基层部分。《道行经》是大部《般若》的骨干。《兜沙经》又属于大部《华严》的序品。可见印度的大乘经典开始就是向境、行、果各方面平均发展的。支谶译出的《阿阇世王经》（异译本题名《文殊普超三昧经》，道安经录说它出于《长阿含》，不确）、《问署经》（也作《文殊问菩萨署经》）、《内藏百宝经》《首楞严三昧经》，都以文殊为中心，发挥“文殊般若”的法界平等思想。这些方面暗示出文殊对于大乘传播的重要关系，也属宝贵资料。

对于以后义学发生影响最大的，莫过于《道行经》。这因为大乘学说本来以般若的缘起性空思想为基础，由于这部经的译出，便有了趋入大乘的途径。又因当时思想界有道家的“无名为天地始”等一类说法，恰好做了接受般若理论的准备，也就是通过这类思想使般若理论更快地传播开来（如在支谶的译文里译“波罗蜜行”为“道行”，译“如性”为“本无”等，都是借用道家思想来传播般若的）。从此，《道行》成为研究佛家学说特别是般若理论的入门之籍。只因它译文过于简略，好多义理难得彻底了解，引起了朱士行的西行求法，与《道行》同源异流的《大品般若》（魏晋的义学家都将《大品般若》看作《道行》的母本）也陆续有各种异本的译传。

这就丰富了般若学说的内容，但《道行》始终受到重视。

在支谶从事译经的年代中，有一批月氏的侨民数百人入了中国籍（见《出三藏记集》卷十三《支谶传》）。月氏人信仰佛教较早，他们依照原来的习俗，立寺、斋僧，举行各种宗教活动。其中有支亮（号纪明）从支谶受业，发扬了支谶的学说。佛学的初传虽然依附了道家，使它外观混同于方术，可是在已入汉籍的月氏民族中仍旧保持其传统和特点。这对后来佛学传布而逐渐接近真相，起了相当作用。

（吕澂）

三　支谦（约三世纪）

支谦名越，号恭明。他的祖先是后汉灵帝时入中国籍的月氏族后裔。他从小就受汉族文化的影响，精通汉文，后又兼学梵书，受业于同族学者支亮，通达大乘佛教理论。他对从前那些过分朴质以致隐晦义理的译本很不满意。汉献帝末年，洛阳一带发生兵乱，他随族人避乱南渡到东吴。在那里他得到从事翻译的机会，从吴黄武元年到建兴中约三十年间（222—252）搜集了各种原本和译本，未译的补译，已译的订正；特别是对支谶的重要译本如《道行》《首楞严》等，着意加以重译。同时，他又帮助从印度来华的维祇难和竺将炎翻译。传说，他到东吴后曾得到吴主孙权的信任，叫他辅导太子登。后来，太子死了，他就去穹隆山过隐居生活，年六十岁卒于山中。

支谦的译述比较丰富，晋道安的《经录》里就著录了三十部，梁僧祐又据《别录》补充了六部。慧皎《高僧传》说有四十九部。隋费长房《历代三宝记》旁搜杂录增广到一百二十九部。其中很多是别生或传抄的异本，不足为据。现经考订出于支谦翻译的只有下列二十九部：一、《阿弥陀经》（又称《无量寿经》）二卷；二、《须赖经》一卷；三、《维摩诘经》二卷；四、《私诃末经》一卷；五、《差摩羯经》一卷；六、《月明童子经》一卷；七、《龙施女经》一卷；八、《七女经》一卷；九、《了本生死经》一卷；十、《大明度无极经》四卷；十一、《慧印三昧经》一卷；十二、《无量门微密持经》一卷；十三、《菩萨本业经》一卷；十四、《释摩男经》一卷；十五、《赖吒和罗经》一卷；十六、《梵摩渝经》一卷；十七、《斋经》一卷；十八、《大般泥洹经》二卷；十九、《义足经》二卷；二十、《法句经》二卷；二十一、《佛医经》一卷；二十二、《四愿经》一卷；二十三、《阿难四事经》一卷；二十四、《八师经》一卷；二十五、《孛经钞》一卷；二十六、《瑞应本起经》二卷；二十七、《菩萨本缘经》四卷；二十八、《老女人经》一卷；二十九、《撰集百缘经》七卷。

在这些佛经里的《了本生死经》，据道安的《经注序》说，原来是汉末译出，支谦加以注解或修改，道安的《经录》便又将它列在支谦译本之内。黄武三年（224）支谦曾请竺将炎译出维祇难传来的略本《法句经》（五百偈本），后来又请他根据中本（七百偈本）加以补订，其间自然也有支谦参加的意见，所以可说是支谦和竺将炎的共同译本。其次《佛医经》，情况也相同。另外，《历代三宝记》载有支谦所译《四十二章经》一卷，并加注说："第二出，与摩腾译者小异，文义允正，辞句可观；见别录。"别录大概泛指另外一种记录，决不会是刘宋时代的《别录》，因为僧祐著作《出三藏记集》时，曾见过《别录》，并将其中所载的支谦译本都收在《记集》里，却没有提到这样一种《四十二章》。所以，支谦是否重译过《四十二章经》尚有问题。最后，《菩萨本缘经》（始见于《历代三宝记》）和《撰集百缘经》（始见于《大唐内典录》），虽然原始的记录出处不明，但从译文体裁上看无妨视为支谦所译。

支谦除翻译外，还作了合译和译注的功夫。他曾将所译有关大乘佛教陀罗尼门修行的要籍《无量门微密持经》和两种旧译（《阿难陀目佉尼呵离陀邻尼经》《无端底总持经》，现已不存）对勘，区别本（母）末（子），分章断句，上下排列，首创了会译的体裁（后来支敏度的合《维摩》《首楞严》，道安的合《放光》《光赞》，都取法于此）。支谦自译的经也偶而加以自注，像《大明度无极经》首卷，就是一例。这种做法足以济翻译之穷，而使原本的意义洞然明白。

支谦又深谙音律，留意经文中赞颂的歌唱。他曾依据《无量寿经》《中本起经》创作了《赞菩萨连句梵呗》三契，可惜在梁代以前早就失传了。后来，连《共议》一章梵呗也绝响了，现在只能想象那三契或者即是《无量寿经》里法藏比丘赞佛的一段和《瑞应本起经》里天乐般遮之歌及梵天劝请的两段而已。他这一创作对赞呗艺术的发展有相当影响。被称为始制梵呗的陈思王曹植，可能是受了般遮瑞的启发而有《瑞应本起》四十二契的巨构，成为学者之所宗。

支谦翻译的风格，对后来佛典翻译的改进，也起了不小作用。他首先反对译文尚质的偏向，主张尚文尚约应该调和。这当然是为了更好地畅达经意使人易解的缘故。深知翻译甘苦的人，像后来的支敏度就很能了解他。支敏度给予他的翻译文体的评语是："属辞析理，文而不越，约而义显，真可谓深入者也。"假使他不能深刻地明了原文本意，译文就难恰到好处。看他所改译的《大明度无极经》，对般若"冥末解悬"的宗旨是比支谶《道行》更能阐发的。他用"得法意而为证"等译语，虽借用了道家"得意忘言"的说法，但般若"不坏假名而说实相"的基本精神，他已经掌握到了（因此，他的自注说"由言证已，当还本无"。本无即指的实相）。他翻译的《维摩诘经》，充分表现了大乘佛教善权方便以统万行的精神。后来，罗什门下虽对他的翻译还嫌有"理滞于文"的不足处（见僧肇的经序）；可是，仔细将罗什重译的《维摩经》相对照，不少地方都采用谦译，述而不改，足见支谦译风已远为罗什的先驱。不过，在拘泥形式的学人看到支谦尽量删除梵本的繁复而各取省便，又竭力减少音译到最低程度，以至有时连应存原音的陀罗尼也意译了，不免有些反感。像后来道安就说他是"斫凿之巧者"，又以为"巧则巧矣，惧窍成而混沌终矣"。这是从另一角度的看法。要是从佛典翻译发展的全过程来说，由质趋文，乃是必然的趋势；支谦开风气之先，是不能否认的。

另外，支谦的译文风格也很适合于佛传文学的翻译，因而他继承了汉末康孟祥译《修行本起经》那样"奕奕流便足腾玄趣"的传统，更翻出了《瑞应本起经》。这一翻译不但丰富了佛传文学的内容，而且通过赞呗的运用影响到后来偈颂译文的改进，也是值得提出的。

（吕澂）

四　朱士行（约三世纪）

朱士行是曹魏时代颍川地方人。少年出家，时当嘉平年中（249—254）昙柯迦罗传来《僧祇戒本》，并创行羯磨受戒。他依法成为比丘，与在他以前仅仅以离俗为僧的有别。从这一点上，后人也将他当作汉土真正沙门的第一人。他出家后，专心精研经典。当时最流行的译本是《道行般若》，他在洛阳便常常讲此经。但《道行般若》的传译者理解不透，删略颇多，脉络模糊，时有扞格。他慨叹大乘里这样的要典竟译得不彻底，就发愿寻找原本来弥补这一缺憾。甘露五年（260），他从长安西行出关，渡过沙漠，辗转到了大乘经典集中地的于田。在那里，他果然得到《放光般若》的梵本，凡九十章，六十余万字（二万余颂）。因受到当地声闻学徒的种种阻挠，未能将经本很快地送出，直到太康三年（282）才由他的弟子弗如檀（意译法饶）送回洛阳。又经过了十年，元康元年（291）才在陈留界内仓垣水南寺由无叉罗和竺叔兰译出。而士行本人终生留在西域，八十岁病故。

从汉僧西行求法的历史上看，朱士行可说是第一人。那时去西域的道路十分难走，又没有人引导，朱士行只凭一片真诚，竟达到了目的。他为法热忱可以和后来的法显、玄奘媲美。他求得的经典虽只限于《放光般若》一种，译文也不完全，但对当时的义学影响却很大。译本风行京华，凡有心讲习的都奉为圭臬。中山的支和上（名字不详）使人到仓垣断绢誊写，取回中山之时，中山王和僧众具备幢幡，出城四十里迎接，可谓空前盛况。一时学者像帛法祚、支孝龙、竺法蕴、康僧渊、竺法汰、于法开等，或者加以注疏，或者从事讲说，都借着《放光》来弘扬般若学说。

就因为朱士行求法故事动人，后人更伪托有《朱士行汉录》的经录著作。此录在隋初即已散失，费长房撰《历代三宝记》从当时所见几种南北朝时代经录里转引了二十五条，可看出它的特征是对汉代各译家的重要翻译都臆造了翻译年代，又有些译家像竺法兰、康巨等也独有它的记载。后唐代法琳《破邪论》更引用了《朱士行录》说秦始皇时即有印度沙门来华传法。由这些资料看《朱录》是有意地表明佛法东传之早，并对几个有问题的早期译家像迦叶摩腾、竺法兰等说得那样斑斑可考，这大概是南北朝时代的佛徒为了和道家校论教兴年代的先后，伪造了这部经录。现在对它的鉴别还是很重要的。

（吕澂）

五　竺法护（约三、四世纪间）

竺法护，梵名达摩罗察（察，一作刹），是世居敦煌的月氏侨民，原来以支为姓，八岁依竺高座出家，以后从师姓竺。他博学强记，刻苦践行，深感当时（曹魏末）佛教徒只重视寺庙图像，而忽略了西域大乘经典的传译，因此决心弘法，随师西游。他通晓西域各国三十六种语言文字，搜集到大量经典原本，回到长安。从晋武帝泰始二年到怀帝永嘉二年（266—308），译出了一百五十余部经论。武帝末年（274年顷），他曾一度隐居山中，随后在长安青门外立寺修行，声名远扬，各地僧俗从学的达千余人。他又去各地宏化，并随处译经。晚年，行踪不详。据说以七十八岁的高龄去世。竺法护因原居敦煌，化洽各处，时人又称他为敦煌菩萨。后来，孙绰作《道贤论》，盛赞他“德居物宗”，并将他和竹林七贤中的山巨源相比。

竺法护翻译的经典，据梁僧祐《出三藏记集》的记录，有一百五十九部、三百零九卷，当时存在的写本是九十五部。其后各家目录续有增加，唐代《开元录》刊定法护译本存在的凡九十一部、二百零八卷（现经重新对勘，实系竺法护翻译的只七十四部、一百七十七卷），其中有很多重要经典。另有十种竺法护译本已认为散失了的，现经判明仍然存在，但误题为别人所译。这十种是：《无量清净平等觉经》二卷、《般若三昧经》一卷（上两种旧题支娄迦谶译）、《舍利弗悔过经》一卷、《温室浴洗众僧经》一卷、《迦叶结经》一卷、《榇女耆域因缘经》一卷、《大六向拜经》一卷（上五种旧题为安世高译）、《舍利弗摩诃目犍连游四衢经》一卷（旧题康孟祥译)、《梵网六十二见经》一卷、《贝多树下思惟十二因缘经》一卷(上两种旧题支谦译)。

竺法护的译本有《般若》经类，有《华严》经类，有《宝积》经类，有《大集》经类，有《涅槃》《法华》经类，有大乘经集类，有大乘律类，有本生经类，又有西方撰述类等，种类繁多，几乎具备了当时西域流行的要籍，这就为大乘佛教在中国的弘传打开了广阔的局面。道安说："夫诸方等无生诸三昧经类多此公(竺法护)所出，真众生之冥梯。"(见《渐备经叙》)僧祐也说："经法所以广流中华者，护之力也。"(见《出三藏记集·法护传》)至于竺法护的译风，忠实于原本而不厌详尽，一改从前译家随意删略的偏向，所以他的译本形式上是"言准天竺，事不加饰"，而给人以"辞质胜文"的印象。用作对照异译的资料，对理解经义的帮助很大。道安称赞他译的《光赞般若》"事事周密"、《放光》"互相补益""所悟实多"(见《合放光光赞随略解序》)。又说他译的《渐备经》"说事委悉"、《兴显经》"辞叙美瞻"、更出《首楞严》"委于先者"(均见《渐备经叙》)，都对义理研求有相互启发的作用(支敏度曾用法护译本《维摩经》《首楞严经》分别对照旧译，编成"合本"，便利于学者的兼通)。另外，竺法护译出《正法华经》，为《法华》最初的全译本，经印度沙门竺力和龟兹居士帛元信一再校订，又由竺法护向一些学徒"口校诂训，讲出深义"，并还在檀施大会中日夜讲说(见《正法华经后记》)。他这样热心弘扬《法华》，对于其后鸠摩罗什新译本的流通，创造了条件。竺法护其他译本有影响于后世的，大都如此。

在竺法护的译经工作中，有许多助手为他执笔、详校。其中著名的是聂承远和他的儿子聂道真，竺法护的弟子竺法乘、竺法首、张玄伯、孙休达、陈士伦、孙伯虎、虞世雅等。聂承远父子对法护译事帮助最大，他们承旨笔受而外，并还常常参正文句。像竺法护所译《超日明三昧经》，原稿文句繁重，聂承远即曾加以整理删改。竺法护译缺本中有《删维摩诘经》，似乎也是承远所删的。聂承远的儿子聂道真通达梵语，并擅长文学。他参加竺法护的译事，积累了经验，在竺法护死后更独自翻译了一些小部经典。他又将竺法护的译籍编成目录，即后世所称《聂道真录》（有时也称《竺法护录》）。据长房录转印的资料看，此录记载竺法护的存缺译本至少有五十三部，都有年月可稽。最早的年代是泰始五年（译《方等泥洹经》），其时或者是聂道真参加译事之始。

竺法护的弟子很多，但行事可考者无几。最著名的要算竺法乘。他少年就依竺法护为沙弥，富于悟解。太康年间，他笔受《修行道地经》《阿惟越致遮经》等，后来在敦煌立寺延学，忘身为道，对那一方的教化起了很大作用。此外，他的同学竺法行、竺法存，都以隐居山林、讲究实践而知名于当世。还有竺法首，于元康年间笔受《圣法印经》。

（吕澂）

六　竺佛图澄（232—348）

竺佛图澄，西域人。本姓帛氏（以姓氏论，应是龟兹人）。九岁在乌苌国出家，清真务学，两度到罽宾学法。西域人都称他已经得道。晋怀帝永嘉四年（310）来到洛阳，时年已七十九岁。他能诵经数十万言，善解文义，虽未读此土儒史，而与诸学士论辩疑滞，无能屈者。他知见超群、学识渊博并热忱讲导，有天竺、康居名僧佛调、须菩提等不远数万里足涉流沙来从他受学。此土名德如释道安、竺法雅等，也跋涉山川来听他讲说。《高僧传》说他门下受业追随的常有数百，前后门徒几及一万。教学盛况可见。

他又重视戒学，平生“酒不踰齿、过中不食、非戒不履”，并以此教授徒众；对于古来相传的戒律，亦复多所考校。如道安《比丘大戒序》说：“我之诸师始秦受戒，又之译人考校者尠，先人所传相承谓是，至澄和上多所正焉。”

但《僧传》中叙述他的神通事迹颇多，说他志弘大法，善诵神咒，能役使鬼神，彻见千里外事，又能预知吉凶，兼善医术，能治痼疾应时瘳损，为人所崇拜。他的义学和戒行反为神异事迹所掩。

到了洛阳之后，他本想在洛阳建立寺院，适值刘曜攻陷洛阳，地方扰乱，因而潜居草野。永嘉六年（312）二月石勒屯兵葛陂，准备南攻建业。这时佛图澄因石勒大将郭黑略的关系，会见了石勒。佛图澄劝他少行杀戮。当时将被杀戮的，十有八九经佛图澄的劝解而获免。佛图澄对于石勒多所辅导，石勒既称帝，事佛图澄甚笃，有事必谘而后行。石勒卒，石虎废其子石弘而自立称天王，对佛图澄更加敬奉。朝会之日，佛图澄升殿，常侍以下悉助举舆，太子诸公扶翼上殿，主者唱大和尚，众坐皆起。又敕司空李农每日前往问候起居，太子诸公五日一往朝谒。后赵建武十四年（348）十二月八日卒于邺宫寺，年一百一十七岁。

佛图澄既在赵推行道化，所经州郡，建立佛寺，凡八百九十三所。其教诲甚诚笃。石虎的尚书张离、张良家富奉佛，各起大塔。佛图澄斥其贪吝积聚，方受现世之罪，何福可希。问石虎曰："暴虐恣意，杀害非罪，虽复倾财事法，无解殃祸。"由此可知他的教导注重在厉行慈济，当时群众由于他的影响奉化，竞造寺宇，相率出家。但其中品类杂滥，生出了许多事故，石虎也认为"今沙门甚众，或有奸宄避役，多非其人"，而下书嘱中书命"简议真伪"。可见当时佛教虽畅行，杂乱情形也自此而盛。

佛图澄的著名弟子有法首、法祚、法常、法佐、僧慧、道进、道安、僧朗、竺法汰、竺法和、竺法雅、比丘尼安令首等。佛图澄的学说，史无所传，但从他的弟子如释道安、竺法汰等的理论造诣来推测佛图澄的学德，一定是很高超的。其弟子释道安博学多才，通经明理，最为杰出。其所注经理渊富，妙尽深旨。经义克明，自安而始。《高僧传》说：道安初到邺地，入中寺遇佛图澄，佛图澄一见道安便加以赏识，相语终日。众人见道安形貌不称，全都轻怪。佛图澄告众说：此人远识，非尔等可比。道安因事佛图澄为师。佛图澄讲学时，道安每复讲。众人纷纷提出疑难，道安挫锐解纷，行有余力，四座都震惊。于此显示佛图澄对道安授以心传和教学的善巧。致使道安所证的经义和后来罗什译出的经旨符合，因而使佛法大显于中土（《魏书·释老志》）。《高僧传》卷八《义解论》说："释道安资学于圣师竺佛图澄，安又授业于弟子慧远，惟此三叶，世不乏贤，并戒节严明，智宝炳盛；使夫慧日余辉，重光千载之下，香吐遗芬，再馥阎浮之地，涌泉犹注，实赖伊人。"又《水经注》称僧朗少事佛图澄，硕学渊通，尤明气纬。苻坚、慕容德、姚兴对于朗公皆很尊敬。苻坚时沙汰众僧，特别诏曰："朗法师戒德冰霜学徒清秀，昆仑一山不在搜例。”到唐时义净的《南海寄归内法传》中尚叙僧朗居泰山金舆谷许多事迹。可见僧朗是受到群众尊重的。竺法雅妙达精理，研测幽微。与康法朗创立格义。与道安、法汰每披释凑疑，共尽经要。比丘尼安令首是石赵时兵部令徐冲的女儿，从佛图澄和净检尼受戒。博览群籍，思致渊深。她曾造五寺，从她出家的有二百余人。这些人既然都是一代英杰，则其师的学问就可知了。

（周叔迦）

七　道安（312，一说314—385）

道安，东晋杰出佛教学者，生于西晋怀帝永嘉六年（312），卒于孝武太元十年（385），年七十四岁（一说生于314，年七十二岁）。

道安出生于常山扶柳县（今河北省冀县境）的一个读书人家里。由于世乱，早丧父母，从小就受外兄孔氏的抚养，七岁开始读书，到十五岁的时候，对于五经文义已经相当通达，就转而学习佛法。十八岁出家（此据《名僧传抄》之说，《高僧传》等作“年十二出家”）。因为形貌黑丑，不为他的剃度师所重视，叫他在田地里工作，而他一点没有怨色。几年之后，才向剃度师要佛经读，由于他有惊人的记忆力，使他的师父改变了态度，就送他去受具足戒，还准许他出外任意参学。大约在他二十四岁的时候（东晋成帝咸康元年，335），在石赵的邺都（今河南省临漳县境）遇见了佛图澄。佛图澄一见到他就非常赏识，对那些因他丑陋而轻视他的人说，此人有远识，不是你们所能及。因而他就师事佛图澄。

据《高僧传》卷五的记载，道安在佛图澄死后才离开邺都，十三四年之间，他经常代替佛图澄讲说，并且解答了许多理论上的疑难问题，赢得“漆道人，惊四邻”的美誉。

佛图澄死后，石虎即皇帝位（335），内部变乱，道安就在这时离开河南到山西的濩泽（今山西省临汾县境）去住。濩泽地方很偏僻，可以暂避兵燹之祸，因此竺法济、竺僧辅和竺道护等都先后冒险远集，和道安共同研究后汉安世高所译的有关禅观方面的《阴持入经》《道地经》《大十二门经》，并作了注解。

道安在濩泽住了不久，又和同学法汰至飞龙山（今河北省获鹿县境），与僧光等相叙。僧光对于禅定极有研究，是道安还没有受具足戒时的老朋友，相见之后就住下来互相研讨。这时，道安已经放弃了“格义”，他和僧光的一段辩论很为珍贵。《高僧传·僧光传》说：“安曰：先旧格义，于理多违。光曰：且当分析逍遥，何容是非先达。安曰：弘赞教理，宜令允惬，法鼓竞鸣，何先何后？”这说明僧光的思想比较保守，认为格义是先达传下来的一种方法，只可应用，不必再问是非。道安不以为然，他以为弘扬教理，首先要求正确，先达不先达的问题可以不必理会。这大概就是佛图澄所说的“远识”，也可从而想见道安的气概和风度。

《高僧传》说，石虎死后（东晋穆帝永和五年，349），石遵在位的时候，曾经派中使请道安返邺住华林园，并广修房舍，但为时一定不会很久，因为石遵在位仅一百八十三日就被杀；道安大概就在那个混乱的时候率众去邺都西北的牵口山，又和法汰在山西境内弘化，并在太行恒山建立寺塔。这时，社会紊乱，人民痛苦到了极点，而道安率众行道精进不懈，在他的身上和道场里面，人们可以得到精神上的慰藉和寄托。因此“改服从化者中分河北”，慧远也在这个时候从他落发出家。武邑太守卢歆听到道安的德化，派专人请他去讲经。后来又回到邺都，住受都寺，当时他年已四十五岁。

那时石赵灭亡已八年，冉闵和慕容儁的混战也已经结束，慕容儁虽在邺都建立了后燕，而不大信佛，加以战乱不息，元气未复，《高僧传》说“天灾旱蝗，寇贼纵横”，“人情萧索”，道安不得不率众去山西的王屋女林山，不久又渡过黄河到达河南省的陆浑县（今河南省嵩县境）。当慕容暐派慕容恪攻略河南的时候，习凿齿从襄阳致书道安，请他南下弘法，他就和同学、弟子们离开河南，走到新野。他为广布教化，命同学法汰率领弟子昙一、昙二等四十余人去扬州，又命同学法和去四川，他自己率领弟子慧远等四百余人到襄阳，先住在白马寺，后又创立檀溪寺。

襄阳在那时还属于东晋，社会环境比较安定，道安在那里住了十五年，得到充分发展事业的机会。据《出三藏记集》卷十五说：“初经出已久，而旧译时谬，致使深义隐没未通；每至讲说，唯叙大意，转读而已。安穷览经典，钩深致远；其所注《般若》《道行》《密迹》《安般》诸经，并寻文比句，为起尽之义，及析疑、甄解，凡二十二卷。序致渊富，妙尽玄旨；条贯既序，文理会通。经义克明，自安始也。”这是关于考校译本、注释经文方面的事业。同书卷二云：“迩及桓灵，经来稍广，安清朔佛之俦，支谶严调之风，翻译转梵，万里一契，离文合义，炳焕相接矣。法轮届心，莫或条叙；爰自安公，始述名录，铨品译才，标列岁月。妙典可征，实赖伊人。”这是创制《众经目录》的事业。中国佛教界有了这样的注疏和经录，才能承先启后，循着正轨发展。否则杂乱无章，毫无头绪，即使后来有了像鸠摩罗什那样的大译师，像僧肇那样的大学者，恐怕也会受到障碍的。

道安在襄阳，除了从事佛学的研究与著述外，每年还讲两次《放光般若经》，《高僧传》说“四方之士，竞往师之”，可见当时的法席之盛；因此就不能不制定僧规。《高僧传》卷五本传云：“安既德为物宗，学兼三藏，所制僧尼轨范，佛法宪章，条为三例：一曰行香定座上经上讲之法；二曰常日六时行道饮食唱时法；三曰布萨差使悔过等法。”道安法师所制定的这些轨范，在当时已见到很好的效果。如习凿齿致谢安书中有云：“来此见释道安，故是远胜，非常道士，师徒数百，斋讲不倦。无变化技术可以惑常人之耳目，无重威大势可以整群小之参差；而师徒肃肃，自相尊敬，洋洋济济，乃是吾由来所未见。”（《高僧传》卷五）这是习凿齿亲自所见的事实。道安的风范对当时佛教界的影响一定很大，所以“天下寺舍，遂则而从之”。东晋的封疆大吏，如桓朗子、朱序、杨弘忠、郄超等，都非常敬重他，有的请他去开示，有的供养食米千斛，有的送铜万斤。他创立檀溪寺，“建塔五层，起房四百”，可见工程之大。前秦的苻坚是东晋的敌人，也遣使送来外国的金箔倚像、金坐像、结珠弥勒像、金缕绣像、织成像各一尊，可能也是为了庄严檀溪寺。东晋孝武帝曾经下诏书表扬道安，并且要当地政府给他像王公一样的俸禄。这都说明道安在襄阳十五年，各方面都很成功。

东晋孝武帝太元四年（379），苻坚遣苻丕攻占襄阳，道安和习凿齿皆被延致。苻坚并认为襄阳之役只得到一个半人，一人指道安，半人为习凿齿。苻坚既得道安，就请他住在长安五重寺，时年六十七岁。

道安在长安的七八年中，除了领导几千人的大道场，经常讲说之外，最主要的是组织翻译事业。如昙摩难提翻译《中阿含经》《增一阿含经》《三法度论》，僧伽提婆翻译《阿毗昙八犍度论》，鸠摩罗跋提翻译《毗昙心论》《四阿铪暮抄》，昙摩鞞翻译《摩诃钵罗蜜经抄》，耶舍翻译《鼻奈耶》，他都亲自和竺佛念、道整、法和等参加了翻译工作，有时对于不正确的译文还加以考正或劝令重译。他在《摩诃钵罗蜜经抄序》上所说的翻译有“五失本”“三不易”，都是他的经验之谈，为后来的译经工作指出了正确的道路。

据《高僧传》卷五说，魏晋沙门依师为姓，姓各不同；道安认为“大师之本，莫尊释迦”，才改姓释氏。他广博的学问和文学的素养，成为长安一般衣冠子弟请教的目标，当时有“学不师安，义不中难”的谚语，可以想见他为社会所推重的情形。因此，当苻坚要想进攻东晋，朝臣劝谏无效的时候，大家又请道安乘机“为苍生致一言”。道安在一次和苻坚同车的机会中进言规劝，而苻坚不听，终至败亡。

苻坚建元二十一年（东晋孝武帝太元十年，385）二月，道安圆寂于长安五重寺。

道安的著作，现存的除了收于各大藏内的《人本欲生经注》一卷外，有《出三藏记集》所收录的经论序十四篇，又同《集》标名未详作者而可肯定为道安所作的经论序七篇，和同《集》的《综理众经目录》原文两段；此外还有《鼻那耶经》卷首的《序》一篇。佚失的著作还很多。

道安的著作现存的不多，对他的治学方法和学说只能知其梗概。例如，上面所引的“起尽之义”，其实就是现在所说的科判。吉藏《法华义疏》讲到注疏的体例时，有“预科起尽”的说法；良贲《仁王经疏》说：“昔有晋朝道安法师，科判诸经以为三分：序分、正宗、流通分。”道安法师用科判的方法把佛经的内容分章分节标列清楚，研究起来就容易抓住它的中心环节；同时再用“析疑”“甄解”的方法，对于每一个名词或每一种句义加以分析推详，自然就“文理会通，经义克明”了。此外，道安在搜求经本，考校异同方面也尽了最大的努力，如《渐备经十住胡名并书叙》说：“……《渐备经》恨不得上一卷，冀因缘冥中之助，忽复得之。……《大品》上两卷，若有可寻之阶，亦勤以为意。……《首楞严》《须赖》，并皆与《渐备》俱至。凉州道人释慧常，岁在壬申，于内苑寺中写此经，以酉年因寄，至子年四月二十三日达襄阳。《首楞严经》事事多于先者，非第一第二第九，此章最多，近三四百言许，于文句极有所益。《须赖经》亦复小多，能有佳处，云有五百戒，不知何以不至，此乃最急。……常以为深恨，若有缘便尽访求之。”从这一段文字中，可以知道道安在收集和运用资料方面是非常热心和认真的。他就以这样的治学方法进行研究和撰写著作，养成佛教界朴实谨严的学风，开创了纯正的佛学研究。因此，道安的学说在当时起砥柱中流的作用。元康《肇论疏》说：“安法师立义以性空为宗，作性空论；什法师立义以实相为宗，作实相论。是谓命宗也。”又僧叡《毗摩罗诘提经义疏序》说：“自慧风东扇法言流咏以来，虽日讲肄，格义迂而乖本，六家偏而不即。性空之宗，以今验之，最得其实。”对于道安法师的学说都备加颂扬，也的确是函盖相称的。

关于道安的学说，大约可以从戒定慧三个方面来谈。在戒律方面，当时虽然戒本未备，广律也只有竺佛念所译的十卷《鼻奈耶》，他认为戒是断三恶道的利剑，无论在家出家都应以戒为基础。他又以为持戒而只重形式也是片面的；也就是说，为了众生的利益，戒律是可以有“开缘”的。这与后来所传菩萨戒的精神相符，也与《般若经》的义理一致。由此可见，道安在戒律方面虽然很严正，而并不是胶柱鼓瑟、偏执不通。

道安的亲教师佛图澄以神变见称，而神变出于禅修；道安自始就注重禅定止观，不能不说是受了佛图澄的影响。他认为禅修达到高深的境界时，“雷霆不能骇其念，火燋不能伤其虑”（《人本欲生经注》），同时还能够发生种种神变（《安般注序》），但它并不是禅修的真正目的。禅修的真正目的在于契入“无本”（即本无）、“无为”而“开物成务”。开物是使天下兼忘我，成务是无事而不适（《道地经序》及《安般注序》），也就是要从禅修所得到的境界中，使大家忘我、尽性而造成世界的安乐，不仅仅是追求个人精神上的享受或所谓超自然力。《大十二门经序》说：“明乎匪禅无以统乎无方而不留，匪定无以周乎万形而不碍，禅定不愆，于神变乎何有也。”这就说得非常明白。习凿齿致谢安书，称赞道安法师“无变化技术可以惑常人之耳目”，如果从这里去理解，就更觉意味深长了。又佛图澄的教理以般若为宗，道安自始就重视《般若经》的研究。他认为研究般若经典不能单用“考文”“察句”的方法，而要披开繁复的文句体会它的精神实质（《道行经序》）。有了这样的体会，才不至于把虚豁的真如或本无当作能生万有的第一因（《名僧传抄·昙济传》），也才能把第一义谛与世俗谛不一不异、不即不离的义理表现在行动上。《合放光光赞略解序》（译意）说：“没有智慧则无往而不生窒碍，终日所言都不合理，所以成为八万四千尘劳门。有了智慧则无往而不发生良好的作用，终日所言无不合理，故为八万四千波罗蜜。所谓执大净而万行正，就是这个道理。”我们平常所说的“举足下足皆道场”，或者“头头是道”，也不外乎这个道理。那么，道安虽然处在般若弘传的初期，而对于般若性空的义理的确是已经有了相当正确的了解了。

戒定慧三学是成佛的梯航，而道安都有卓越的见解；因此他在中国佛教史上，不但是杰出的学者，而且也是“完人”之一。他的一言一行在当时起过典范的作用，也为后来佛法的弘传建立了良好的基础，中国佛教信徒永远纪念着他。

（巨赞）

八 支遁（314—366）

支遁，晋朝名僧，号道林，俗姓关，陈留人。亦说河东林虑人。约晋愍帝建兴二年（324），他出生在一个佛教徒的家庭里。幼年时期即流寓江南。在京城建康时，他同一些名士如王濛、殷融等有来往，并备受赏识。在余杭山隐居时，他研究《道行般若》等经典。二十五岁出家。其后，他回到吴地建立了支山寺。后来，他去剡地（今浙江省嵊州市）经会稽郡时，与王羲之晤面，王请他住在灵嘉寺。以后移到石城山，立栖光寺。晋哀帝即位（362）以后，曾屡次派人征请。他于是又到建康，住在东安寺。在晋京停留将近三年，上书请求回山，晋哀帝应允并给了他很优厚的馈赠和照顾。太和元年（366）去世。

魏晋时代老庄的玄学极盛行，佛教僧侣有的也加入了清谈的行列，佛经也成了名士们的清谈之资，而支遁几乎是这种风气的代表人物。因而支遁一生交往的名士很多，名士也喜欢和他来往，并且非常推崇他。在以记载清谈家言行为主的《世说新语》中，关于支遁的记载就有四十多条。支遁是一位典型的具有清谈家条件杂糅老释的僧人，他对于清谈家最为宗奉的典籍《庄子》更有独到的见解。对于《庄子》的《逍遥游》篇尤能独抒己见，曾为当时名士王羲之等所欣赏。

他的生平习好，也带着当时名士所共同具有的风趣。《世说新语》记载他曾养马养鹤，他擅长草书隶书，诗也写得不错。《广弘明集》收录他的古诗二十多首，其中有些也带着浓厚的老庄气味。

支遁在内典之中，对《般若经》下的功夫最深。他在出家以前，就曾研究过《般若》。后来又经常辩论、讲诵《般若》。他所著的论文中可视为支遁般若义的代表作是《即色游玄论》。此论已经亡佚，在慧达《肇论疏》中有所证引：“吾以为即色是空，非绝灭空，此斯言至矣。何者，夫色之性，色虽色而空。如知不自知，虽知而恒寂也。”《中论疏记》引《山门玄义》，文字上稍有不同：“夫色之性，色不自色。不自，虽色而空。知不自知，虽知而寂。”其义又见于《支遁集·妙观章》：“夫色之性也，不自有色。色不自有，虽有而空。故曰色即为空，色复异空。”（《世说新语·文学篇》注引）他这些话的大意是：所谓色不自色者，即明色法无有自性。亦即谓其色虽有，而自性无有，亦即是空。无体，故曰：“色复异空。”非别有空，故曰：“色即是空。”既主色无体，无自性，则非色象灭坏之后，乃发现空无之本体，故曰：“非色灭空。”后人对即色义虽有不同的看法，但支公所论要不失为一家之言。

他又著有《释即色本无义》《道行指归》（并见《出三藏记集》卷十二）。原书已经亡佚，但由书名推测，一定也是解释《般若》的作品。此处还有《圣不辩知论》《辩三乘论》《释蒙论》等，也都亡佚。他又曾就大小品《般若》之异同，加以研讨，作《大小品对比要钞》。但原书也不存在了。《出三藏记集》卷八还保存着这部书的序。

此外，他也曾注意过禅学，撰写过《安般经注》及《本起四禅序》。又曾致力于《本业经》，《出三藏记集》收录他的《本业略例》《本业经注序》。又曾讲过《维摩诘经》和《首楞严经》。

他又是主张顿悟的一个人，南齐刘虬《无量义经序》论顿悟说：“寻得旨之匠，起自支安。”《世说新语·文学篇》注引《支法师传》：“法师研十地，则知顿悟于七住。”由于他主张到第七地生起顿悟，七地以上尚需进修，因此又称为“小顿悟”。如慧达《肇论疏》说：“第二小顿悟者，支道林师云，‘七地始见无生’。”

他的集子《隋书·经籍志》著录八卷，加注说：“梁十三卷。”《唐书·艺文志》作十卷。可是，到了清初的《读书敏求记》和《述古堂书目》就都作两卷了，可见此书缺佚已久。现存的清光绪年邵武徐氏刊本《支遁集》有两卷，附补遗一卷。

（张建木）

九　僧伽提婆（约四世纪）

僧伽提婆（华言众天），本姓瞿昙氏，北印度罽宾人。他出家以后，远访明师，学通三藏，尤精于《阿毗昙心论》。又经常颂习《三法度论》，奉为入道的要典。他于苻秦建元年间（365—384）来长安。他气度开朗，举止温和，又洞察物情，诲人不倦，信众都乐于亲近。建元十五年（379），高僧释道安也来长安，备受苻坚敬重；道安当时年垂七十，仍极力奖励译书。苻坚的秘书郎赵正（后出家名道整），崇信佛法，极力护持译事。时车师前部（吐鲁番）王弥第的国师鸠摩罗佛提、罽宾沙门僧伽跋澄和昙摩蜱、兜佉勒沙门昙摩难提等先后来到长安，其地渐形成新起的译经重镇。建元十九年（383），僧伽提婆应道安的同学法和之请，译出《阿毗昙八犍度论》三十卷，并与昙摩难提一同协助僧伽跋澄译出《婆须蜜菩萨所集论》十卷。这是他们学有相通之处，故彼此互相帮助。建元末，发生慕容冲之乱，经数年才略定。提婆与法和召集门徒同往洛阳，研讲经论。提婆在那里住了四五年，已渐解华语，才知道前译多违失本旨。法和也追恨以前的疏忽，乃重新校勘了《八犍度论》的译本。不久，法和闻知长安在姚秦统治之下法事重兴，决再入关，而僧伽提婆则渡江南游，遂彼此分道。时道安的高足慧远住在庐山，以南地佛典未备，特注意搜罗。听说僧伽提婆南来，就迎请到山中。东晋太元十六年（391），僧伽提婆于庐山般若台译出《阿毗昙心论》四卷、《三法度论》两卷，慧远都作了序文。隆和元年（397），僧伽提婆到了晋都建康（今江苏省南京市），受到王公和名士们的尊敬。尚书令王珣曾建立精舍，广招学众，准备译经。至是延请僧伽提婆于其精舍讲《阿毗昙》（当是《心论》），一时名僧都来听受。僧伽提婆既精熟论旨，解义又极明晰，听众悦悟。其年冬，王珣以苻秦建元末昙摩难提在长安所译《中阿含》《增一阿含》文义不尽，未得校定，乃集在都义学沙门惠持等四十人，组织译场，请僧伽提婆重译《中阿含经》六十卷，随后又校改了《增一阿含经》五十一卷（《开元录》以为提婆重译，实误）。僧伽提婆来华多年，备悉方俗，加以他为人从容机警，善于谈笑，所以在江南名盛一时。晚年情况不详。

僧伽提婆的翻译，可分为前后两期，前期在长安、洛阳所译所校的为《阿毗昙八犍度论》（唐译作《阿毗达摩发智论》）；后期先在庐山译出《阿毗昙心》及《三法度》两论，后在建康又译校了《中》《增一》两种阿含。另据《历代三宝记》所载，他还译有《教授比丘尼法》一卷，已经失传。总计他所译校的经论，共六部，一百四十八卷。参加他的译事的，最初有竺佛念，次有法和、僧伽罗叉和道慈等。佛念，凉州人，少好游方，通华梵音义，苻、姚两代西僧来华弘化，大都由他传译。僧伽提婆初翻《八犍度论》，即由他传译，慧力和僧茂笔受。法和是道安的同学，同时又是继道安尽力帮助译经的人，僧伽提婆所译《八犍度论》的整理改定，都得他的帮助。僧伽提婆后在建康译校《中》《增》两阿含时，由罽宾沙门僧伽罗叉宣读梵本，道慈笔受。

僧伽提婆生于说一切有部的根据地罽宾，他所传习的，主要是有部之学，但非有部的正统。僧伽提婆出家后曾远道去各地参学，故他所习的并不囿于罽宾的传统。他专精的是《阿毗昙心论》，而经常诵习的是《三法度论》。《心论》的作者法胜，相传是缚蠋国人，其地或即缚羯国，远在罽宾之西北；本论对于《发智》旧说颇有重加组织之处，其中的一些立义还与譬喻师之说相通，这些在正统的婆沙师看来，是属于外国师之说的。又《三法度论》的作者是世贤，其说即为后来犊子部贤胄派所宗。从这些都可说明提婆所传之学不限于正统的有部。但在当时诸译师中，僧伽提婆仍不失为弘传有部毗昙的一大家。他不但传译毗昙，而且善于讲解。他先在长安、洛阳，虽曾译讲过毗昙，以时值变乱，又因译文未善，故收效不多。后南至庐山，应慧远之请，译出他所专精的两部论书，复经慧远推重提倡，在庐山的诸名僧都相从研习，于是他所传之学遂风靡一时，公认为头一个来中土弘传毗昙的学者。他所译的《三法度论》，还介绍了犊子部胜义我虽执受五蕴而有解脱可能之说，对于慧远一系的主张和实践，起了很大的启发作用。其后，他又在建康讲《阿毗昙心论》，遂开南地毗昙学的端绪。至于《中》《增》两阿含，为有部四阿含最初传来的完本，都由僧伽提婆加以正确的译订，这也是中国译经史上值得记载的。

（游侠）

十　慧远（334—416）

慧远，本姓贾氏，晋雁门楼烦（今山西省崞县东部）人。他从小好学，十三岁（346）就随从他的舅父游学洛阳，习儒家典籍，及老庄之学。二十一岁时（354），他原想到南地从豫章名儒范宣子去隐居，适值战事，道路不通，没有成行。时高僧释道安在太行恒山建寺弘法，名闻各地，他前往参见，极为推崇，从之出家。从此，他常以立宗弘法为己任。勤诵精思，昼夜研习，对于道安所倡弘的般若之学特有会心，登坛讲说，听众悦服。道安也特加器重他，认为佛法在中土，将因他而得到更好的弘传。晋哀帝兴宁三年（365），他随道安南游樊沔。孝武帝太元三年（378），襄阳被苻秦军队攻陷，道安为秦军所获。慧远带着徒众南行，到了浔阳（今江西省九江市），爱匡庐峰林清静，就定居下来。他初住匡山龙泉精舍，别置禅林，带领徒众修道。

慧远继承其师道安的遗志，热忱弘法，有感于南地佛典未备，特遣弟子法净、法领等西出流沙，远求众经。闻有西僧来华，便殷勤咨访。太元十六年（391），罽宾沙门僧伽提婆南游到了浔阳，他就迎之入山，请译《阿毗昙心》《三法度》两论，并为两论作序，标举宗旨，推重提倡，遂开南地毗昙学的端绪。安帝隆安五年（401），龟兹沙门鸠摩罗什到了长安，他即遣人致书通候，后常向罗什寻问经典和大乘深义。罗什亦赞许他的好意，往返酬答，互相切磋。原在庐山亲近他的道生、慧观等，都受了他的影响，相继北行入关向罗什问道。晋室重臣桓玄，威震一时，过浔访晤，钦佩慧远之为人，致书请他罢道从政，他答辞坚决，不为所动。玄后下令甄别众僧，加以裁汰，独尊“庐山为道德所居”，视为例外。又欲令沙门一律对王者尽敬，先写信给慧远，征求意见。他恳切作答，提出异议，同时撰《沙门不敬王者论》五篇。桓玄终于感悟，没有坚持执行。这次争议，在中土僧史上留下了极深远的影响。当时名僧多聚居庐山，各地清信之士，亦多望风来集。彭城刘遗民、豫章雷次宗、雁门周续之、新蔡毕颖之、南阳宗炳等，都来庐山从慧远游止。元兴元年（402），他率众于精舍无量寿佛像前建斋立誓，期生净土，结白莲社，一时参加的达一百二十三人。义熙元年（405），鸠摩罗什在长安译《大智度论》一百卷告成，姚兴特遣送论书，请他作序。他以此论文繁义隐，不易研习，乃加以删节，约为二十卷，并为序文，以便初学。先是罽宾律师弗若多罗在长安译出《十诵律》，没有译完而去世。慧远听说有昙摩流支来华，亦精于律藏，就致书劝请补译，由是《十诵律》得有完备的译本。他又一再遣使到长安，迎中印禅师觉贤到庐山，劝请传出禅经。及知觉贤在长安因误会被摈，他就写信给姚兴和长安僧众，为之调解，使所传之学继续在南地弘播，不受影响。由是中观、戒律、禅、教诸典以及关中胜义，都仗慧远的热心而流播南地。

慧远隐居庐山，历三十余年，影不出山，迹不入市，平时经行、送客常以虎溪为界。义熙十二年（416）卒于东林寺，年八十有三。浔阳太守阮侃，在庐山西岭营圹安葬，门下著名文士谢灵运为撰文立碑。庐山东林寺就因为曾经是慧远率众行道之所，遂成为中国著名的佛教净土宗发源地之一。

慧远从道安受学，长于般若，他在荆州时曾据师义破斥道恒所执“心无”之说。既定居庐山，感慨南地佛典未备，多方访求，所涉颇广。僧伽提婆在庐山译讲毗昙，极推重《三法度论》，慧远于此书亦很有领会。自是，他的思想常出入于空有之间，在他的《沙门不敬王者论》《明报应论》诸篇上，都可略见其宗旨。他对于佛家视为宗极的涅槃，理解作“生绝神冥，形尽神存”的境界，其所谓“神”即是精极为灵，不能定其体状、穷其幽致，因此也不可能以语言来表达。又说人生由化而有，形和神虽各殊，而相与为化则浑为一体；然形只是桎梏，而神却有暗中转移的妙用，可以从这一形体相迭传附于另一形体，有如火之可由此薪传于异薪一般。火薪相传这个比喻在当时原为常谈，而他开始用传于异形来解释，具有自此传于彼的意义。这和犊子部执胜义我为不可说法，虽执受五蕴而又有解脱可能之义很相近，显然是受了僧伽提婆译讲《三法度论》的影响。他说到入道之要，则主张依悟彻以求反本。所谓反本，意指不以情累其生，不以生累其神。而欲遣除尘累，必有待于运用禅观，究生化之源，永息流转，使神灵绝境，这就是所谓悟彻。他在庐山昏晓行道，致力禅观，祈向净土，都可视为他基于这一思想的实践。后来，他接触到罗什的译籍，又迎请觉贤传出禅经，研习中观，兼究寂照相济的说法，很得归宗无相之旨。但他晚年谈到法性无性和禅智究竟时，仍举火传不息，以及形累、神化等说，可见他的根本思想还是保留着，没有完全改变。

慧远初事道安，即以建立教法宏纲为己任，以后他更推广此意，欲根据教法移风易俗。他以为出家的人号为沙门，在于能破习俗的愚暗教导有情转向觉道。因而主张出家修行，即和处俗一切以世法为准则的有所不同，应高尚行事，不敬王侯，才能变俗以达其道。而化导世俗，在先示以罪福报应，使知去恶从善，期易于启发觉意。他自己隐居庐山率众行道，以身作则，在当时确已获得相当的影响。特别是他所主张的，以罪福报应导俗和以禅观念佛入真的见解，对于后世的影响尤其深远。像他所倡行的念佛法门，原是用观想功夫，到了昙鸾以后就侧重称名，形成净土一宗。导俗入真，固不能逸出于慧远的遗规，所以后人们追奉他为净土宗的初祖。

慧远的著述见于著录的，有《大智度论要略》二十卷，《问大乘中深义十八科》并《罗什答》三卷，《法性论》两卷，《集》十卷。现仅存《问大乘深义》，改名《大乘大义章》，其余都已散失。惟《出三藏记集》《弘明集》《高僧传》《广弘明集》都收载有他的一部分论、序、赞、书。

慧远的门下颇多，以随他一同出家的慧持，以及弟子慧观、僧济、道祖、昙邕、僧彻最为著名。慧持系慧远之弟，十八岁随慧远共事道安，后同居庐山。曾到建康，参校《中阿含经》译文。隆安三年（399）入蜀为成都道俗所推重。义熙八年（412）卒于成都龙渊寺，年七十有六，遗嘱诫勉务严律仪。他的近侍弟子道泓和昙兰，都能传经继轨。慧观本姓崔，清河人，少年出家，游方参学，中年以后到庐山从慧远受业。罗什入关，他又北游谘访异同，辨勘新旧，精思入微，撰《法华宗要序》，深得罗什称许。后随觉贤同到庐山，又一同到荆州，转赴建康住道场寺。他精通《十诵》，广习诸部。著有《辨宗论》《论顿悟渐悟义》《十喻序赞》及诸经序等，卒年七十有一。僧济，通大小诸经及世典，长于讲说，太元中入庐山受学，特蒙慧远赏识。后以感疾，专志净土，卒年四十有五。道祖，吴国人，少就台寺依支法济出家，精勤务学。后与僧迁、道流等共入庐山受戒，慧远称其易悟。道流撰《诸经目》，未就而卒，他为之完成。曾至建康瓦官寺讲说。愤桓玄欲使沙门礼敬王者，还归吴地台寺。玄钦重其为人，令郡官送他来京，他托病拒绝，元帝元熙元年（419）卒于台寺，年七十有二。昙邕本姓杨，关中人，少仕苻秦为卫将军，曾随军南征，后回长安从道安出家。道安逝世，即南游师事慧远。不避辛劳，为慧远入关致书罗什，往返传达，十余年间不负使命，庐山和长安在当时能声气相通，全赖他出力，后卒于荆州竹林寺。僧彻本姓王，寓居襄阳，年十六入庐山受业，遍学众经，尤精般若，讲《小品》词旨明析，为同学所推服。他兼长赋咏，落笔成章，慧远以散乱之言皆属违法，遂不复作。后南游荆州，历住江陵五层寺、琵琶寺，一时名流多从受戒法。刘宋元嘉二十九年（452）卒，年七十岁。此外，昙顺，黄龙人，少曾从罗什受业，后师事慧远，长于义学。南蛮校尉刘遵在江陵建竹林寺，物色住持，慧远特命他前往。其弟子襄阳僧慧传其学，善讲《涅槃》《法华》《十住》《净名》《杂心》诸典，齐初任荆州僧主，和当时名僧玄畅，并称黑衣二杰。法安，以戒行著，兼习禅业，善讲说众经。慧要，通经律，尤长巧思。以庐山缺乏刻漏报时，他就山泉创制十二叶芙蓉，顺着泉水流转以定昼夜六时，未尝差失；传说他尝作木鸢，能飞行数百步。道汪本姓潘，长乐人，综习经律，尤精《涅槃》，传化成都，住祇洹寺，名流敬仰，后被迎住武担寺为僧主。道温本姓皇甫氏，安定朝那人。初师事慧远，后北游长安问学于鸠摩罗什，善大乘经，兼通数论。刘宋孝建间（454—456）被召住宋都中兴寺，大明年间（457—464）任宋都僧主。昙诜，长于义学，著有《维摩注》及《穷通论》等。

（游侠）

十一　鸠摩罗什（344—413）

鸠摩罗什（华言童寿），龟兹人。他的先代本出婆罗门族，在印度世袭高位。他的父亲鸠摩罗炎，弃相位出家，东渡葱岭，远投龟兹，被龟兹王迎为国师，后被逼和王妹耆婆结婚，生鸠摩罗什和弗沙提婆兄弟二人。鸠摩罗什于七岁随他的母亲一同出家，即开始从佛图舌弥诵习阿毗昙，能通大义。九岁时随母亲渡辛头河，前往罽宾，师事当地著名大德、罽宾王从弟盘头达多，从受《杂藏》《中》《长》两部阿含。达多常常称赞他聪明，罽宾国王闻知，邀他入宫，和外道论师辩难。十二岁时随母亲回龟兹，中途在沙勒停住一年。他在那里自习有部的要典《发智论》，以及“六足”诸论，又诵《增一阿含》。沙勒国王听从当地三藏沙门喜见的建议，为了勖励国内僧众，兼以对龟兹王表示友好，特举行大会，请罗什升座说《转法轮经》，年轻的鸠摩罗什从此声誉益著。

先是罽宾三藏佛陀耶舍来止沙勒，其人学究大小乘，兼通五明诸论和世间方术，善于谈论，为沙勒太子达摩弗多所敬重，留在宫内供养。鸠摩罗什后到，曾从之受学，他受了佛陀耶舍的影响，也于说法之暇，诵习《韦陀舍多论》，研究梵文撰述体制，又博览《四韦陀》和五明诸论，乃至阴阳历算，莫不穷究。他又在此遇到莎车大乘名僧须利耶苏摩，从之参学，听受《阿耨达经》，悟蕴、界、处诸法皆空无相，从此他的学问一变，专务方等，广求大乘义要，受诵《中》《百》及《十二门》诸论。随后，他复随母北行，经过龟兹北境的温宿时，又以论议挫败当地一有名道士，更提高了他的声誉，龟兹王亲自来迎他归国。

他回到龟兹以后，应王女阿竭耶末帝比丘尼之请，弘宣方等诸经，阐明诸法皆空、假名无实的深义，听众都受了感动，附近诸国也一同宗仰。二十岁时他在龟兹王宫受戒，从罽宾律师卑摩罗叉习《十诵律》。不久，他的母亲再往印度，临行特勉励他到中国弘传方等深教，他毅然引为己任，表示当忍受诸苦来弘法。他留住龟兹约二十多年，广习大乘经论。

苻秦建元十五年（379），中土僧人僧纯、昙充等游学龟兹归来，称述龟兹佛教盛况，说到彼处王新寺有青年沙门鸠摩罗什，才智过人，明大乘学。时高僧释道安在长安，极力奖励译经事业，听到鸠摩罗什在西域有这样高的声誉，就一再劝苻坚迎他来华。建元十八年（382），苻坚遣吕光等出兵西域，他嘱吕光在攻下龟兹时，从速送罗什入关。二十年（384），吕光攻陷了龟兹，得了鸠摩罗什，但因吕光原不奉佛，莫测鸠摩罗什智量，又见他未达高年，便以常人对待，并强迫他和龟兹王女结了婚，还时常使他乘牛和劣马来戏弄他。次年（385），苻坚被杀，吕光割据凉州，自立为凉主；鸠摩罗什相随至凉州，遂被留在那里。后来，姚苌继苻坚称帝于长安，慕鸠摩罗什高名，也曾虚心邀请，而吕光父子忌他智计多能，不放他东行。鸠摩罗什被留凡十七年，隐晦深解，无法弘传。到了姚兴嗣位，于弘始三年（401）出兵西攻凉州，凉主吕隆兵败投降，鸠摩罗什才被迎入关，这时他已经五十八岁。

姚兴对鸠摩罗什十分敬重，待以国师之礼。宗室显贵如姚旻、姚嵩、姚显、姚泓等，都信奉佛法，尽力维护，公卿以下莫不归心。而长安当地名僧群集，法化颇盛。弘始四年（402），鸠摩罗什应姚兴之请，住逍遥园西明阁，开始译经。他先译出《阿弥陀》等经，接着就着手创译《大智度论》和《百论》。次年，姚兴以旧译诸经文多乘失经旨，劝请重译《大品般若》，并选宿旧义学沙门慧恭、僧䂮、僧迁、僧睿等五百余人参加译场，详义著文。六年（404），他校定了《大品》译文，兼在中寺为罽宾律师弗若多罗度语，译出《十诵律》的大半，并重治《百论》译文。后继出《佛藏》《菩萨藏》等《成实论》。他在译经之暇，还常在逍遥园澄玄堂及草堂寺讲说众经。

鸠摩罗什为人神情开朗，秉性坦率，平时虚己善诱，专以大乘教人，而善于辨析义理，应机领会，独具神解。当时北天竺禅师佛驮跋陀罗来华，到长安来寻他，每有疑义，必共谘决。他又具有文学天才，尝为《维摩经》译文作注，出言成章，不待删改；所作赠法和慧远偈文，都辞理婉约，韵味深长。在来华的外国译师中他是最能精通中土语文的人。他虽届高年，仍从事传译，未尝停歇。弘始十五年（413）四月，他因微疾，骤卒于长安大寺（关于罗什卒年，旧有各种说法，今参照今人所考，假定在这一年），时年七十岁。他临终遗言，所出经论三百余卷，惟《十诵》一部未及删订，自信诸译所传非谬，可供后世流通。

鸠摩罗什虽于苻秦末年入华曾被留住凉州很久，但他在其地长期接触中土语文，深有领会，为他以后的译经事业奠定了有利的条件。他前后所出，据《出三藏记集》卷二所载，共三十五部，二百九十四卷，比较可信，但略有遗漏（约四、五部）。后来，《开元录》著录七十四部、三百八十四卷（内缺本二十二部、八十二卷），则由沿袭《历代三宝记》之误，混入许多失译和伪托经论，须加辨别。

鸠摩罗什翻译事业，在当时是空前的。他的成就，不仅在所译经论的内容上第一次有系统地介绍了根据般若经类而成立的大乘性空缘起之学，而且在翻译文体上也一变过去朴拙的古风，开始运用达意的译法，使中土诵习者易于接受理解，而为义学方学开辟了广阔的园地。鸠摩罗什对翻译事业有高度的责任感，特别是传译富有文学趣味的大乘佛典如《法华》《维摩》《大智度》等经论，使他感到翻译上兼顾信与达的困难。因此，他的译籍在力求不失原意之外，更注意保存原本的语趣。他既博览印度古典，对梵文极有根柢，又因留华日久，对汉文也有相当的素养。同时，他对于文学还具有高度的欣赏力和表达力。由于具备了这些条件，因此能创造出一种读起来使人觉得具有外来语与华语调和之美的文体。他的译文以“曲从方言，趣不乖本”（见慧观《法华宗要序》）为原则，再考虑到中土诵习者的要求，在传译上或增或削，务求达意。因此，他译《法华经》时，常为表达言外的含意而有增文；译《智度论》时，又以秦人好简，裁而略之；译《中论》则将其中繁重乖缺处分别加以删补；译《百论》则反复陶练，务存论旨；这都因他并娴华梵，故能斟酌损益，游刃有余。他在译文上有所增削时，极其慎重，如他译《维摩经》时，常一言三复，精求原意；译《大品般若》则与诸宿学对校旧译，详其义旨，并以释论校经，必求文合然后付写，可见他在传译上惨淡经营的苦心。因此，他所译经论，特为中土佛徒所乐诵，且对于后来的佛教文学发生了一定的影响，大乘根本教理的移植和弘传，应归功于这位大家。

鸠摩罗什在翻译上的成就，也和长安先期的译业基础，以及当时参加译场的许多得力助手分不开。长安当苻秦时代，由于高僧释道安在此奖励译事，创立了译场的规模，已渐成为译经的重镇。到了罗什入关，姚秦奉佛更盛于前，译经事业基本上继承了道安所创的旧规，而由朝廷全力支持，加以扩充，遂为国立译场的开端。曾经参加前期译事的名德，如法和、僧䂮、僧睿、昙影、僧导等，此时都参加罗什主持的新译场，而成为得力的助手。同时还有原在长安的慧精、法领、道标、道恒、僧肇，以及来自庐山的道生、慧睿、慧观，来自北方的道融、慧严、僧业、慧询、昙无成，来自江左的僧弼、昙干，和来自其他各处的慧恭、宝度、道恢、道悰、僧迁、道流、道凭、昙晷等名僧，都参加译场，谘受深义。就中僧肇、僧睿、道生、道融、昙影、道恒、慧观、慧严诸人尤其著名，他们既精教理，兼善文辞，执笔承旨，各展所长，故能相得益彰。此外，西域僧人在翻译上和鸠摩罗什合作的，有罽宾三藏佛陀耶舍、律师弗若多罗和卑摩罗叉。相传鸠摩罗什译《十住经》时，以于理未善，迟疑未著笔，既而佛陀耶舍至，共相谘决，辞理方定。鸠摩罗什助译《十诵律》时，以无本可据，先须诵出律文，故以戒行著称的弗若多罗为度语，译至三分之二而多罗卒，译事只好中止。其后，他的戒师卑摩罗叉来华，才共补译完成。从这些上面，看出鸠摩罗什对于译事是如何的谨慎不苟。

从鸠摩罗什的译籍上，可以看出他所弘扬的，主要是根据般若经类而建立的龙树一系的大乘学说。般若各经卷帙浩繁，号称大部，其中《大品般若》（相当于唐译《大般若经》的第二分），是比较早出的根本典籍，在中国早就一翻再翻了（即是《放光》《光赞》）。学者的异解、争论，也都集中在这上面。但此经的奥蕴，得着龙树的释论（《大智度论》）阐扬以后，方明白了然。这对当时佛教学界的需要而言，也非由龙树释论以通经不可，所以鸠摩罗什于入长安的次年（402），便极其郑重地集五百余人来译《大智度论》。不久，又兼译《大品般若》，即以释论校正经文，又从经本楷定论义。这样，他所出《大品》，在经文分段以及安立品目上，都显出一经宗旨，而迥异于旧译。如他判全经为前后两分，各于其末置《嘱累品》，表示虽同说般若，而前分后分内容各有重点（依《智论》解释，即前分主要说根本道，而后分主要说方便道，以此二道为大乘学的宗要）。又如在经文中依释论安立《金刚品》以表示菩萨发心之精义；又安立《会宗品》，以见大乘学即是般若学。他又依释论在经初安立《三假（法、名、受）品》为发凡，于经末标《如幻品》（此品说涅槃就假名而言，和色香味等法同为如幻）为归结，以见全经乃用假名一义作骨干，以对治小乘视佛说一切法为实在的妄执。如此译文品目始终条理，一丝不乱，尤可见鸠摩罗什有得于龙树般若学的真传，决非泛泛，而对当时学者纠正了误解，指示坦途，给义学上以深远的影响。跟着，鸠摩罗什在这一成就的基础上，译了龙树所撰宗经论的代表作《中论》。此书发挥般若实相之义，反复论证以假名成性空及不坏假名而说实相之义。鸠摩罗什即于七十二家释论中，特选择善得论义的青目释，更配合译出入中观论门的《十二门论》和提婆破外执的《百论》而为助扬。他又重译《维摩》《法华》两经，一则详菩萨解脱法门，一则明一乘佛果的究竟，都是和般若经意互相发明的。而从支（谦）竺（法护）以来即有旧译，研寻称盛，亦未得正解，由于他的重翻，也给义学以极大的启发。此外，他于戒律出《十诵律》及《比丘戒本》，于禅学出《首楞严三昧经》及《禅经》等。于小乘论译出比较接近般若的《成实论》，更于比喻文学译出马鸣《大庄严论经》；最后，他还译出马鸣、龙树、提婆诸传，以助学人理解这些大师的生平，提供了有关印度佛教史的重要资料。据《出三藏记集》所载传文，说鸠摩罗什殁后，有外国沙门来言，鸠摩罗什多所谙诵，在中土译出的还不及十分之一。由此可见鸠摩罗什的博学，在传译上是适应当时需要而经过一番选择的。

鸠摩罗什少时，熟习有部经论。传说他初听须利耶苏摩为讲《阿耨达经》蕴处界皆空无相时，以他一向执有眼根，未即接受（推测他的毗昙学必近于当时所谓“根见家”的一系）。后知理有所归，乃弃小向大。他曾说如作大乘毗昙，非迦旃延子可比，对有部毗昙的不满，溢于言表。故他弘扬大乘以后，必对有部毗昙有所破斥。现以他的著述残缺，不得详知。只在他答庐山慧远问大乘深义中，提到说有为法四相是迦旃延弟子意，非佛所说；佛法中无微尘之名，为破外道及佛弟子邪论故说，无决定相，但有假名；三十四心、九无碍道、九解脱道皆非佛说等项，略见其对于毗昙的批判而已。

鸠摩罗什来华后专力翻译，著作不多。相传有《实相论》二卷为他有系统的著述，现已佚。他曾注《维摩》，亦无本，又有答庐山慧远及王稚远问的文章多篇，现存后人所集他答慧远问大乘深义十八科三卷，题为《大乘大义章》。此外，《广弘明集》收载他答姚兴《通三世论》书一篇，其他口义散见于关中诸疏。至于答王稚远问二十四项，现仅存略目，载于《出三藏记集》所辑收的陆澄《法论目录》中。现就他答慧远问所涉及的诸点看，如辨法身色、力、命、业相等如化，辨断烦恼残习差品，辨大种造色及生法无定相，辨如、法性、真际等义，多根据《大智度论》所说给以解释，亦可见他著述规模的一斑。

鸠摩罗什门人号称三千。盖当时义学沙门云集长安，多趋于他的门下。又罗什译经，常随即敷讲，参加译场的诸助手便成了听受义理的弟子。其中最著名的为僧肇、僧睿、道融、昙影等，后世有四杰、八俊、十哲之称。

（游侠）

十二　法显（？—约422）

法显，俗姓龚，平阳郡武阳（今山西省襄垣县）人。兄弟四人，其中三人都于幼年死亡，父母担心他也会夭折，三岁时便把他度为沙弥。嗣因他在家患重病，送到寺院里住就好了，从此他便不大回家。父母死后，便决心出家，二十岁时受比丘戒。他常慨叹律藏传译未全，立志前往印度寻求。晋安帝隆安三年（399），他约了慧景、道整、慧应、慧嵬等四人，一同从长安出发。

当时河西走廊一带，有许多民族割据建国，各自为政，行旅很受影响。法显等经过了乞伏乾归割据的苑川（今甘肃省榆中县东北）后，隆安四年（400）的夏天在张掖和另一批西行的僧人宝云、智严、慧简、僧绍、僧景等五人相遇。秋间到达敦煌，得到敦煌太守李浩的供给，法显等五人先行，沿着以死人枯骨为标识的沙碛地带走了十七天，到达鄯善国。大概因为前途阻梗难行，他们便转向西北往乌夷，又遇着宝云等。时乌夷诸寺都奉行小乘教，规则严肃，汉僧到此不得共处。法显等（此时智严、慧简、慧嵬三人返高昌，只余七人同行）得到符公孙供给，又折向西南行，再度在荒漠上走了一个月零五天，约于隆安五年（401）初到达于阗国。慧景、道整随慧达先走，法显等留在那里等着看四月一日至十四日的行像盛会。会后，僧绍去罽宾，法显等经子合国南行入葱岭，在于麾国过夏。山行二十五日，到了和印度接境的竭叉国与慧景等会合，在那里参加了国王举行的五年大施会。

晋元兴元年（402），法显等度过葱岭，进入北印度境，到了陀历国。

又西南行，过新头河，到达乌苌国，即在该地过夏。其后南下经宿呵多、竺刹尸罗、健陀卫到弗楼沙；宝云、僧景随慧达回国，慧应在此国佛钵寺病故，慧景、道整和法显三人，先后往那竭国小住。元兴二年（403）初，南度小雪山，慧景冻死，法显等到罗夷国过夏。后经过西印跋那国，再度新头河到毗荼国。从此前进入中印摩头罗国，过蒱那河东南行，于元兴三年（404）到达僧伽施国，在龙精舍过夏。又东南行经罽饶夷等六国，到达毗舍离，渡恒河，南下到摩竭提国巴连弗邑。又顺恒河西行，经迦尸国波罗捺城，再西北行到达拘睒弥国，他在这些国家，瞻礼了佛陀遗迹，并听到了关于南印达嚫国的情况和大石山五层伽蓝的传说。东晋义熙元年（405），他再回到巴连弗邑，在这里住了三年（405—407），搜求到经律论六部，并学习印度语文，抄写律本，达到他求法的素愿。这时他唯一的同伴道整，乐居印度，法显便独自准备东还流通经律，东下经瞻波国，于义熙四年（408）到达东印多摩梨帝国，在此为了写经和画像，又住两年（408—409）。

义熙五年（409）冬，法显从多摩梨帝国海口搭商人大船西南行，离印度往狮子国。义熙六年（410），他在狮子国都城观看了三月出佛牙的盛会，并为继续搜求经律在此住了两年（410—411），抄得四部，乃准备归国。义熙七年（411）秋，他搭了载客二百余人的大商船泛海东行归国，途遇大风，在海上漂流了九十天，到了南海的耶提婆，在此住了五个月。义熙八年（412）夏初，他再搭乘大商船，预计五十天航达广州，即在船上安居。不料航行一个多月，又遇暴风雨，船上诸婆罗门认为载沙门不利，商量将法显留在海岛边，幸亏法显从前的施主仗义反对，得免于难。经过了两个多月的漂流，终于航抵青州长广郡牢山（今山东省即墨县境）南岸。法显前从长安出发，历时六年，才到印度的中部，在那里逗留了六年，归程经狮子国等地，又三年才回到青州，前后经过了十五年，游历所经将近三十国，这是以往求法僧人所没有过的经历。法显到达青州的消息，被太守李嶷听到了，便迎法显到郡城住了一冬一夏。义熙九年（413）

秋间，法显南下赴晋都建康（今江苏省南京市）。他在道场寺会同佛驮跋陀罗及宝云等从事翻译。从前和法显一同西行求法的，先后有十人，或半途折回，或病死异国，或久留不还，只有法显一人，孜孜不倦，终于完满夙愿，求得经律，又冒了海行的危险回到祖国，翻译流通，这种勇猛精进为法忘身的精神，真足为后人所取法。他在建康约住了四五年，于译事告一段落之后，又转往荆州辛寺，后在那里逝世。

法显西行的目的原在寻求戒律，当时北印度佛教律藏的传授，全凭师师口传，无本可写。他到了中印巴连弗邑摩诃衍僧伽蓝才抄得最完备的《摩诃僧祇众律》（其本传自祇洹精舍）；又抄得《萨婆多众钞律》一部（即《十诵律》）约七千偈，这都是当时所通行的本子。此外还得着《杂阿毗昙心》约六千偈，《方等般泥洹经》约五千偈及《摩诃僧祇阿毗昙》等。法显后来又在狮子国（斯里兰卡）抄得《弥沙塞律》，又得着《长阿含》《杂阿含》《杂藏经》，都带了回来。这些都是中土旧日所无的大小乘三藏中的基本要籍。其《涅槃》一经，首唱佛性（即如来藏）之说，而又不许阐提成佛，保存经本原来面目，更为可贵。

他在建康道场寺和佛驮跋陀罗共同译出的有下列五部：《摩诃僧祇律》四十卷、《僧祇比丘戒本》一卷、《僧祇尼戒本》一卷、《大般泥洹经》六卷、《杂藏经》（勘同《鬼问目连经》一卷）。这些译本由法显在场共同斟酌，译文都很朴素而传真，别成一格。此外，旧传他还共佛驮跋陀罗译出《杂阿毗昙心论》十三卷，其本早佚，确否待考。至于他带回的《弥沙塞律》，后于刘宋景平元年（423）由罽宾律师佛陀什译出；《杂阿含经》亦于刘宋元嘉十二年（435）由求那跋陀罗译出。又元嘉十年（433）印度三藏僧伽跋摩补译《杂心论》（原经求那跋摩翻译未毕），他所依据的也许就是法显从印度抄写带回的梵本。《长阿含经》在法显回国的次年（413）由罽宾婆沙师佛驮耶舍在长安依另一底本译出，法显的抄本埋没未传。

此外，法显还详述西行求法的经历，留下了《历游天竺记传》一卷。

此书成于义熙十二年（416），为中国古代以亲身经历介绍印度和斯里兰卡等国情况的第一部旅行记。它对于后来去印度求法的人，起了很大的指导作用。同时，在他的记载里，还保存了有关西域诸国的许多可贵的古代史地资料。因此，近代有英、法文等译本，极为各国历史学者和考古学者所重视。

（游侠）

十三　道生（355—434）

道生，一般称为生公，是晋宋间的义学高僧。本姓魏，钜鹿（今河北省钜鹿县）人，寓居彭城（今江苏省徐州市）。幼而颖悟，依竺法汰（320—387）出家，随师姓竺。披读经文，一览能诵，十五岁便登讲座。到受具戒之年，便以“善于接诱”见重当世。中年游学，广搜异闻。晋安帝隆安中（397—401）入庐山。常以慧解为入道之本，故于群经众论普遍钻研。后闻鸠摩罗什（344—413）在长安译经讲学，于是和慧睿、慧严、慧观同往受业。后秦主姚兴在逍遥园接见了他，叫他和罗什的弟子道融论难。往复问答，所说无不中肯。关中僧众都佩服他的英秀。鸠摩罗什门下有四圣、十哲等称，道生都于其列。义熙五年（409）还至建康，住青园寺（后来改名龙光）。宋少帝景平元年（423），他请罽宾律师佛驮什共于田沙门智胜，译出法显在狮子国所得梵本《弥沙塞部五分律》三十四卷，及《比丘戒本》《羯磨》各一卷。名士王弘、范泰、颜延之都相从问道。道生从鸠摩罗什游学多年，于龙树和僧伽提婆之旨深达玄奥。因而体会到语言文字只是诠表真理的工具，不可执著粘滞。他说：“夫象以尽意，得意则象忘。言以诠理，入理则言息。自经典东流，译人重阻，多守滞文，鲜见圆义。若忘筌取鱼，始可与言道矣。”于是研思空有因果深旨，立“善不受报”“顿悟成佛”诸义。《出三藏记集》说他“笼罩旧说，妙有渊旨”。但守文之徒加以嫌嫉，目为“珍怪之辞”。又当时凉译大本《涅槃》还没有传到南方，只六卷《泥洹》先于义熙十四年（418）在建康译出，其中说除一阐提皆有佛性（卷三、四、六）。道生仔细分析经文的义理，主张“一阐提人皆得成佛”。旧学大众以为违背经说，把他摈出僧众。道生遂入吴中的虎丘山，传说他曾聚石为徒，讲《涅槃经》，说到阐提有佛性，群石皆为点头（《佛祖统记》卷二十六、三十六）。元嘉七年（430）再入庐山，时大本《涅槃》传到建业，其中果然说“一阐提人有佛性”（卷五、七、九），和他先前的主张完全相合，大众才佩服他的卓越见识。他即于庐山精舍开讲《涅槃》，穷理尽妙，务使听众悟悦。后来在元嘉十一年（434）于讲座端坐而逝。涅槃学从此盛行流传。从南朝宋初以后，南方出了不少的涅槃师。其中属于道生系统的，宋有宝林、法宝、道猷、道慈、僧瑾、法瑗，齐有僧宗，梁有法朗等。道猷是道生的弟子，道生寂后，他作新出《胜鬘经》的注释，以弘宣道生的遗训，后来应宋文帝之请，在宫内申述道生的顿悟义，孝武帝也推重他，称为“克明师匠，无忝徽音”。僧瑾也是道生的弟子。宝林在道生之后，住在龙光寺，祖述道生诸义，著有《涅槃记》等。法宝是宝林的弟子，也祖述道生义，著有《金刚后心论》等。

道生的著作见于记载的，有《维摩》《法华》《泥洹》《小品》诸经义疏，现只《法华经疏》传存二卷。其《维摩经疏》，《出三藏记集》载它较僧肇注更能发明深旨，疏文散见于现存的《注维摩诘经》（僧肇撰）、《净名经集解关中疏》（唐道掖集）、《净名经关中释抄》（同上）中。此外《善不受报义》《顿悟成佛义》《二谛论》《佛性当有论》《法身无色论》《佛无净土论》《应有缘论》等，都已佚失。还有《涅槃三十六问》等关于佛性义的问答诸作，其中只《答王卫军书》（答王弘问顿悟义）一首现存（收入《广弘明集》卷十八），余已遗失。

道生融会般若空观和涅槃佛性说的精义而成一家言。他先本于“万法虽异，一如是同”（《法华经疏》卷上）的论据，说一切众生皆有佛性，但为烦恼所覆，受生三界；进而说一阐提也是众生，当然也有佛性。这如《名僧传》所载：“禀气二仪者，皆是涅槃正因。三界受生，盖唯惑果。阐提是含生之类，何得独无佛性？盖此经度未尽耳。”又日本宗性《名僧传抄》附录有“一阐提者不具信根虽断善犹有佛性事”项目，即是记述他的学说。关于佛性的解释，道生著有《佛性当有论》，其文已佚，但《大乘四论玄义》（唐慧均撰）卷七载："道生法师执云：'当有为佛性体。'法师意：一切众生即云无有佛性，而当必净悟，悟时离四句百非，非三世摄，而约未悟众生望四句百非为当果也。"又说："白马瑗（昙瑗）法师执生公义云：'当果为正因'则简异木石无当果义。"据此则当有与当果同义，一切众生有当来佛果的性能，只要断坏烦恼，皆得成佛。

顿悟成佛也是道生的主要学说。所谓顿悟，即是寂鉴微妙，不容阶级，一悟顿了，与真理相契无间的豁然大悟。后世称此种顿悟义为大顿悟，而把支道林（支遁，314—366）等有渐进的顿悟称为小顿悟。依道生之说，真理湛然常照，本不可分，只是凡夫由迷惑而起乖异。然而，真理既然不可分，故就悟入真理的极慧，自然也不允许有阶级。以不二的极慧照不分的真理，豁然贯通，涣然冰释，这叫作顿悟。如《大涅槃经集解》卷一载："道生曰：'夫真理自然，悟亦冥符。真则无差，悟岂容易？不易之体，湛然常照，但从迷乖之事，未在我耳'。"又陈慧达《肇论疏》卷上载："竺道生法师大顿悟云：'夫称顿者，明理不可分'，悟谓照极。以不二之悟符不分之理，理智悉称，谓之顿悟。"但这顿悟的极慧，又必须到佛地金刚心后成就法身才有，如隋硕法师《三论游意义》载："竺道生师用大顿悟义也，金刚以还皆是大梦、金刚以后皆是大觉也。"又隋吉藏《二谛义》引道生观点说："果报是变谢之场，生死是大梦之境。从生死至金刚心皆是梦，金刚后心豁然大悟无复所见也。"这叫作顿悟成佛。道生的顿悟义，在宋代风行一时，如梁代著名的法师僧旻就有"宋世贵道生，开顿悟以通经"之语（《续高僧传》卷五）。其时谢灵运作《辨宗论》，与法勖等诸道人往复问答此义，以为道生声援（论载《广弘明集》卷十八）。宋文帝亦乐顿悟之说，在道生示寂后，先后延请道猷、法瑗（慧观的弟子）到建康中述此义。和道生对立唱渐悟义的，有慧观，作《渐悟论》；又有昙无成（罗什的弟子），作《明渐论》。还有僧弼等对宋文帝所述设巨难。

道生的法身无色、佛无净土、善不受报诸义，其文已佚，大概都是本于般若的真空绝相义立说。

道生把释迦如来一代的教法分为善净、方便、真实、无余四种法轮，世称“生公四轮”。善净法轮指人天乘的教法，从一善（一毫之善）起说到四空（四空处定，亦称四无色定），去除三涂的浊秽，所以称为善净。方便法轮指声闻、缘觉二乘的教法，以无漏三十七道品获得有余、无余二涅槃，所以称为方便。真实法轮指《法华经》，破三乘之伪，成一乘之实，所以称为真实。无余法轮指《涅槃经》，畅会归一极之谈，标如来常住之旨，所以称为无余（《法华经疏》卷上）。这四种法轮说，和慧观的二教五时说，同为后世教判的渊源。

（黄忏华）

十四　僧肇（384，一说374—414）

僧肇，东晋著名的佛教学者，京兆（今陕西省西安市）人。少年以佣书为业，遂得历观经籍，亦爱好老、庄。他以为《道德经》于玄远之道还未尽善，后来看到旧译《维摩经》，披寻玩味，始知所归，因而出家。不久即以“善解方等、兼通三藏”知名。鸠摩罗什于晋隆安二年（398）到姑臧（今甘肃省武威市），他远道往从学，为鸠摩罗什最初的弟子，被法为“法中龙象”。鸠摩罗什于秦弘始三年（401）至长安，肇随行。既而秦主姚兴请鸠摩罗什入西明阁及逍遥园翻译佛典，他和僧睿等相助详定，列席译场，谘禀鸠摩罗什，所悟更多。弘始六年（404）《大品般若经》译出后，他著《般若无知论》，凡二千余言。鸠摩罗什大加赞赏，说“吾解不谢子，辞当相挹。”其时他大约才二十三岁。鸠摩罗什又译出《百论》，他又作了一篇序文，阐明一论的要旨。弘始八年（406），《维摩经》译出后，他又条记鸠摩罗什的口义作为经的注解，并作序（此序已佚，现存《经注》，系糅合鸠摩罗什、僧肇、道生、僧睿、道融各家的注解而成）。约在弘始十年（408）夏末，道生从关中回庐山，以《般若无知论》示隐士刘遗民，遗民赞叹说“不意方袍复有平叔”，因以呈慧远，远也以为“未尝有”，于是一同披寻玩味。第二年（409），刘遗民致书与他通好，并谘问关于“般若无知”的疑义。又一年（410），他复书，告以关于佛法盛况，并附赠所作《维摩经注》一本；次述《般若无知论》的旨趣以答。他后来又著《不真空论》《物不迁论》等。弘始十五年（413），佛陀耶舍译出《长阿含经》，他也列席译场，并作序。他在罗什门下十余年，被称为什门“四圣”或“十哲”之一，又称为“解空第一”。鸠摩罗什卒后，他“追悼永往，翘思弥厉”；更博采众经，著《涅槃无名论》，往复论辩，有九折十演。论成，表上秦王姚兴，姚兴备加赞许，即令缮写，分发子侄。弘始十六年（414）去世，年仅三十一岁（《传灯录》卷二十七说僧肇被秦主所杀，临刑时说了四句偈，不足为据）。

僧肇重要的著述，即是上述《物不迁》《不真空》《般若无知》《涅槃无名》四论，此外还有《宗本义》，始见于陈小招提寺慧达的《肇论序》所述。四论合而为一，称为《肇论》，或即在此时。关于《肇论》的注疏现存的有晋惠达的《肇论疏》三卷（现阙下卷）、唐元康的《肇论疏》三卷、宋净源的《肇论中吴集解》三卷、又《肇论集解令模钞》二卷、宋遵式的《注肇论疏》三卷、宋悟初道全集其师《梦广和尚节释肇论》一卷、元文才的《肇论新疏》《肇论新疏游刃》各三卷、明德清的《肇论略疏》六卷等。另外还有明道衡的《物不迁论辨解》一卷。又宋陆澄《法论目录》（《出三藏记集》卷十二所载）及隋法经《众经目录》（卷六）著录有僧肇的《丈六即真论》一卷，已佚。又现存《宝藏论》一卷，题作僧肇注，但文义舛杂，不似出其手笔。

僧肇虽生于玄学盛行之后，早年又曾受老庄的影响，但他的学问实得之于鸠摩罗什，以《维摩》《般若》、三论为宗。他以缘生无性（实相）立处皆真为中心思想以谈体用动静有无等问题，颇为学术界所称赏。关于体用问题，当时学者有两种不同的主张：王弼注《老子》，法汰、道安等谈般若（本无论），都贵无贱有；向秀、郭象释《庄子》，支道林谈《般若》（即色义），又崇有贱无，都不免偏执。僧肇破斥这些偏执，主张体用一如、非无非有、即静即动之说，对于《般若》、三论的中道思想可说大大地发展了一步。在他现有的几种论文中，《宗本义》从缘生无性谈实相，《不真空论》从立处皆真谈本体，《物不迁论》依即动即静谈体用一如，《般若无知论》谈体用的关系，都是有所发挥而互相联系之作。首先《宗本义》中说：“本无”“实相”“法性”“性空”“缘会”等的涵义是一样的。宇宙万法都由因缘会合而生，未生就无有。又因缘离散万法就坏灭，可知并非真实有。以此推度，万法虽现有而性常自空，所以称为“性空”，性常自空即为“法性”，法性真实如是即为“实相”，称为“本无”。“本无”是派生实相，超一切名言分别，故不能说它是有，也不能说它是无。其次，《不真空论》中以《放光般若经》所说“诸法假号不真”作依据，立“不真空”义。当时的佛教学者，对于般若性空的解释各出异义，纷纭不一。僧肇在这篇论文中归纳作“心无”“即色”“本无”三家，并且随加破斥，然后陈述他自己的不真空义。他以宇宙万法都属虚假，依因缘生，即是不真，也即是空。既不是真生，即非是有。但万事万象都已经呈现，也不能说是无。非有非无，所以称为不真空。但森然万象虽非真实，而由真体起用，即用即体，所以说“立处即真也”。《物不迁论》中更从即动即静来论证体用一如的道理。论文首先引用《放光般若经》所说“法无去来、无动转者”而解释说并非舍动而另求静，而是求静于动，虽静而不离动。由动静的未始不同，而知宇宙万法的不迁徙变易。又说，一般人所谓动，是因为从前的事物已经迁徙而去，而不静止，所以说动而非静。但从前的事物即停在从前，并不来到现在，所以论中说静而非动。如此今昔的事物不相往来，“若动而静，似去而留”，“言常而不住，称去而不迁”，从而“如来功流万世而常存，道通百劫而弥固”。意思就是说，法身本体，无去无来，所以常恒不变。盖绝对的本体不可与相对的动静等现象截然划分，即动即静，也正是在辨明即体即用的道理。最后，《般若无知论》中，依《放光般若经》所说“般若无所知、无所见”，而说有所知就有所不知，因为圣心无知，所以无所不知，不知之知才叫作一切知，所以圣人虚其心而实其照，“虚不失照，照不失虚”，“用即寂，寂即用”；这也是说明体用一如、动静相即，与缘生实相立处皆真的理论一贯，而贯串了他的般若、三论空的中道思想。

后世的三论宗人很推尊僧肇，常常把他和鸠摩罗什并称，有“什、肇山门”之语，以他的学说为三论宗的正系。

（黄忏华）

十五　昙无谶（385—433）

昙无谶（意译法护），中天竺人。六岁丧父，跟着母亲做织工过活。他母亲看到沙门达摩耶舍受人崇拜，得到丰厚的供养，很为羡慕，就叫他去做达摩耶舍的弟子。十岁学念经，聪明特出，记忆力强，一天能背三百多颂。他本学小乘，后来遇到白头禅师，辩论了一百天，难不倒禅师。禅师便给他树皮的写本《涅槃经》，他读了以后，便专攻大乘。到二十岁时，已熟习大小乘经典六万多颂。他受到《涅槃经》的启发才改小归大，后来他弘扬佛教即以《涅槃经》为主。

昙无谶的从兄是善调象的，无意间把国王所乘的白耳大象弄死了，被王所杀。国王命令不准亲属去看，独有昙无谶来哭他并将他埋葬了。国王发怒要杀昙无谶。昙无谶很从容地说："您因他犯法而杀他，我因他是亲属而葬他，这并没有什么不合理，您何必生气呢？"国王惊讶他的气概，便款留他加以供养。他懂得咒术，颇灵验，在西域有大咒师之称，因此国王很优待他，但不久就淡薄了。后来，他因事触犯了国王，很害怕，就带了《大涅槃经》前分十二卷和《菩萨戒经》等，逃到龟兹。那里的人都学小乘，不信《涅槃》，他只好又去敦煌，停留了几年（这是依《涅槃经序》及《记》所说。《魏书》卷九十九说他曾到鄯善，因犯了错误逃去凉州，《祐录》和《高僧传》又说他从龟兹径到姑臧，都不可靠）。他在那里开始译经，现在的《菩萨戒本》一卷就是当时的译品。

大约在北凉玄始十年（421），河西王沮渠蒙逊占领了敦煌地方，迎接他到姑臧（这也是根据《涅槃经序》及《记》之说）。十月间，河西王就请他翻译《大涅槃经》(《高僧传》误以玄始十年为译《涅槃经》完毕之时，而说开始翻译于玄始三年，不可信)。那时，沙门慧嵩和道朗都是河西的杰出人物，对他很推重，帮助翻译而由慧嵩笔受。昙无谶说，《涅槃经》的梵本有三万五千颂，译成汉文大约百万言；现在所译的只有一万多颂，经本品数不全。他回国一年多访求经本（当时他的母亲病死），后来在于阗得到，回到姑臧继续翻译，足成三十六卷（当时有智猛法师也曾去印度取得《涅槃经》梵本，回国在凉州译出二十卷。后人常常将他的梵本、译本和昙无谶的混为一谈；实际智猛回中国远在昙无谶译经几年之后，他们之间无甚关系)。

昙无谶所译的经，除去上面所说的二部以外，又还应嵩、朗等的请求，译出《方等大集经》三十卷、《悲华经》十卷、《方等大云经》六卷、《金光明经》四卷、《优婆塞戒经》七卷、《佛本行经》五卷、《菩萨地持经》十卷（以上都现存)，《海龙王经》四卷（缺本)、《菩萨戒优婆塞戒坛文》一卷（缺本)。总计所译现存本和缺本一共十一部一百一十二卷。这些翻译文词华丽，尤其是他所译的《大涅槃经》和《佛本行经》富于文藻，且能婉转表达出本旨，不曾走样，所以道朗的《涅槃经序》说他“临译谨慎，殆无遗隐，搜研本正，务存经旨”。此外，《法上录》说《大方广三界经》是他所译；《长房录》说《腹中女听经》《文陀竭王经》和缺本《胜鬘经》《罗摩伽经》《楞伽经》《须真天子经》《功德宝光菩萨经》也都是他所译；但前种译文风格不像昙无谶的，后五种翻译的原始记录不明，都不可信。至于他译经的年月，除《大涅槃经》以外，只有《优婆塞戒经》依据经记说是玄始十五年（426）四月河西王沮渠兴国与诸优婆塞等五百余人请译，七月译完，另外就无可考了。南宋以来的《僧祐录》刻本，对于昙无谶的译经，很多都注出年月，来历不明，难以轻信。

后来，北魏主拓跋焘听到昙无谶会种种技术，派人到北凉迎索昙无谶。蒙逊既怕魏国强大不能拒绝，又怕昙无谶去魏国之后，对他不利，阴谋除昙无谶。恰恰昙无谶当时有再去西域求《涅槃》后分之意。他赞助昙无谶出发暗中派刺客在路上杀害了他。时为义和三年（433)，昙无谶年四十九岁。

昙无谶所传的涅槃学说，在中国佛学上曾发生过重大影响。他所译的《涅槃经》中，发挥一切众生都具备能自觉成佛的佛性因素，乃至断了善根的一阐提也不例外。这引起当时佛教界里的激烈争论，而开创了义学上涅槃师的一派。《高僧传》说他译经当时道俗几百人，疑难交加，昙无谶随机释滞，清辩若流。又说竺道生在昙无谶译《大涅槃经》未到之前，看到略本六卷《泥洹》，就分析入微，说一阐提人都能成佛，因而遭到保守派学者的反对并被驱逐。但他仍很自信地说，如果他的主张不违真理，愿得死在讲座之上。后来，昙无谶所译《大涅槃经》传到南方，果与道生所说相符。道生就在庐山开讲，讲毕真的死在讲座之上。这一故事反映出当时佛教界里在佛性问题上争论的激烈及对昙无谶译大本《涅槃》是如何重视。此经译出后，在凉州即有道朗作序和注疏（见隋吉藏《大乘玄论》）；智嵩是译时笔受者，他也用新译经论在凉土教授，辩论深义，著成《涅槃义记》（《魏书·释老志》）。经本传到江南，又由慧严、慧观和谢灵运等重加修订成南本《涅槃经》。从此，南北各大家，都提倡《涅槃》，讲疏竞出，直到唐初不衰。唐代慧均僧正的《大乘四论玄义》卷七讲《涅槃经》讨论正因佛性的有本三家末十家，可见其学说发展的一斑。

其次，印度大乘佛教的戒律，到了《瑜伽师地论》的《菩萨地》，才把散见各经有关大乘戒律总集起来成为一个整体。昙无谶首先把它译为中文。他初到敦煌就重视这戒律的翻译工作。译本与后来唐玄奘所译比较大致相同，只缺少善开性罪一条。因为条文里有反对统治阶级的说法，避免引起纠纷而删除了。他又译出《优婆塞戒经》和《菩萨戒优婆塞戒坛义》等一系列有关大乘戒的典籍，又译出《瑜伽地萨地》的同本《菩萨地持经》。《法苑珠林》卷八十九说，谶带《菩萨戒本》来时，沙门道进驰往敦煌亲自接受，以后从进受戒的有三千人，辗转传授迄至于唐，都是他遗留下来的规范。另外，大乘佛教重要经典，像《大集经》《金光明经》以及佛传的重要作品《佛本行经》，都经昙无谶译出流行，对后来大乘佛教有相当的影响。

（李安）

十六　求那跋陀罗（394—468）

求那跋陀罗（意译功德贤），中天竺人，本是婆罗门，因读《阿毗昙杂心论》有了体会，改信佛法。出家学小乘，后又深通大乘，当时的人都尊称他为摩诃衍。刘宋元嘉十二年（435）他经过狮子国（今斯里兰卡）等地泛海到达广州，住在云峰山的云峰寺。广州刺史车朗报告于宋文帝，文帝就派人接他到南京，安顿在祇垣寺。当时的博学名士颜延之对他很敬仰，宋室的彭城王义康和谯王义宣也尊他为师，这样他的译经工作很快就开始了。

他最初在祇洹寺，集义学诸僧译出《杂阿含经》五十卷（《开元录》载“于瓦官寺译，梵本法显赍来”。现存本实只四十八卷，其中第二十三与第二十五两卷，是求那跋陀罗译的《无忧王经》误抄进去的）。接着在东安寺译出《大法鼓经》二卷、《相续解脱经》二卷。元嘉十三年（436）由丹阳郡尹何尚之为施主，在他那里译出《胜鬘经》一卷。又在道场寺译出《央掘魔罗经》四卷、《楞伽经》四卷（《开元释教录》卷五说此经是元嘉二十年即443年译）。当时有徒众七百余人，宝云传语，慧观笔受，“往复咨析，妙得本旨”（见《高僧传》卷三）。元嘉二十三年（446）谯王义宣出镇荆州，请他同去，安顿在辛寺。他在那里译出《无忧王经》一卷、《八吉祥经》一卷（现存本误题僧伽婆罗译）、《过去现在因果经》四卷，常由他的弟子法勇传译度语。除以上九部六十八卷以外，据《李廓录》记载，确为求那跋陀罗译的书还有《大方广宝箧经》二卷、《菩萨行方便境界神通变化经》三卷和旧题作出于《小无量寿经》的《拔一切业障根本得生净土神咒》一卷。总计十二部七十三卷，现今都存在。《高僧传》载他还译出一卷《无量寿》（即《小无量寿经》）、《泥洹》《现在佛名》《第一义五相略》等，均已散佚。至于《长房录》载《老母女六英经》《申日儿本经》等十七种也是他所译，那是不足信的。另外《李廓录》《长房录》记载他所译的《虚空藏菩萨经》等二十一种，现在都是缺本，确否待考。

他在荆州，还应谯王义宣之请，讲过《华严》等经，弟子法勇传译，僧念为都讲，虽然要靠译人传言，但能往返表达出玄妙的义解。孝建初（454），谯王阴谋作乱，经他劝阻不听；并因他在群众中的威信很高，逼着他一道东下。后来王玄谟督军打败了谯王义宣，依着孝武帝预先发布的命令，护送求那跋陀罗重回南京。他在荆州时写给谯王的信都有记录，没有片言只字牵涉到军事，孝武帝后来查明了越发敬重他。有一次问他想念谯王否，他回答说："受供十年，何可忘德，请许为之烧香三年。"孝武帝重他的义气也就慨然允许了。明帝泰始四年（468）卒，年七十五岁。

求那跋陀罗的翻译比较质直，但仍不失原意。所以法慈说他"又谨传译，字句虽质而理妙玄博"（见《出三藏记集》卷九《胜鬘经序》）。像他在《楞伽经》中翻译"如来藏识藏""识藏名如来藏"等用语，虽然"识藏"二字没有照汉文的意义倒转过来，而有"回文未尽"之嫌，可是比较元魏菩提留支译的"如来藏识不在阿黎耶识中"，把阿赖耶与如来藏截然划分为二，就显得符合于原意了。这也可见法慈评语之正确。

求那跋陀罗的翻译是能够有系统地传播他所宗的瑜伽一系学说的。这一系学说的构成，来源有：上座部的禅法，以《杂阿含经》作依据；从如来藏发展为藏识的说法，以《央掘魔罗经》《胜鬘经》作依据；从胜义谛无性发展为三自性的说法，以《相续解脱经》（即《解深密经》）作依据。这些经典求那跋陀罗都译了出来。最后，瑜伽学系通过唯心所现的理论，组织独到的禅观法门，详细叙述于《楞伽经》，求那跋陀罗对它更一字不遗地做了直译功夫。这在修辞方面虽没有能够文从字顺，但就意义言，可算是很忠实于原本的。由于求那跋陀罗传播了这一禅法的种子，后来得到达摩、慧可等人的培养，形成一派专讲《楞伽经》的楞伽师，终至蜕化为中国的禅宗。在楞伽师的传承里，本来就认求那跋陀罗为第一代祖师，并传有他所教导的“禅训”，说了一些安心的方法，成为楞伽师理论的重要根据。由这些事实，可见求那跋陀罗不单是个禅师，并还是中国佛教中的一位宗师，他和菩提留支、真谛等的地位是不相上下的。

（李安）

十七　佛驮跋陀罗（359—429）

佛驮跋陀罗，简称佛驮跋陀，意译“觉贤”，北天竺迦毗罗卫国（今尼泊尔境内）人。他原是释迦族甘露饭王的后裔，住劫比罗伐窣堵，因祖父在北天竺一带经商，迁居出来。五岁时，父母相继病故，寄养于舅家。十七岁出家，在诵经时显出异常的聪明，一天读完一个月的功课。受了具足戒后，更加勤学，博通经典，以精于禅定和戒律出名。其后去罽宾，跟当时大禅师佛大先进修；在那里遇中国僧人智严。智严请他到中国弘法。这正符合他的素愿。他俩在旅途中历尽艰难，先走雪山，继改走海道，辗转三年，才到达中国青州东莱郡（今山东省莱州市）。晋义熙四年（408），他俩听到鸠摩罗什在长安，就前去拜见。住长安的宫寺（一称齐公寺），初和鸠摩罗什相处甚好。在学问上，他们互有商量，发挥奥义。但他们的学风不同，师承渊源也各异。鸠摩罗什专弘经教，特别是龙树一派的大乘学说，得着姚秦统治者姚兴的信任。鸠摩罗什和门下两千多人，出入宫廷，声势显赫。佛驮跋陀谨守声闻乘上座部的教学规模，修禅习定，聚徒数百人（像智严、宝云、慧观等有名人物都在内），甘于淡泊，不喜繁华。鸠摩罗什也传授禅法，不过只介绍了上座部旧师各家禅要，还没有很好的组织；而佛驮跋陀的禅法是从上一派相承，保持了它的纯粹性（关于佛驮跋陀的师承，僧祐有记录，见《出三藏记集》卷十二）。由于这些分歧，发生了隔阂。义熙七年（411），佛驮跋陀偶然说了一些自炫神异的话头，便掀起了风波。当时，鸠摩罗什门下僧䂮、道恒等指摘佛驮跋陀犯了妄语戒，借着群众的势力，逼他离开关中。佛驮跋陀的门徒一时感到威胁，几乎全部都散了，只剩下慧观等四十余人随从佛驮跋陀南下去庐山。那时，慧远住在山中，早就听到佛驮跋陀的声名，及相见，异常欢喜。慧远又了解到佛驮跋陀被驱逐的不合情理，特为写信给姚兴和关中僧众，替他解释并要求取消了判他为犯戒的处分。

佛驮跋陀在庐山为慧远译出了有关修禅的专著《修行方便禅经》二卷，这对慧远的修持给予很大帮助。佛驮跋陀的志愿是要往各处弘化，一年后，义熙八年（412）秋，他便离开庐山西游，到了荆州，受到当时逗留在那地方的太尉刘裕的尊敬。义熙九年（413）春间，他随刘裕去扬都（今江苏省南京市），住道场寺（在南京中华门外，一称斗场寺；寺为司空谢石所建，后人又称谢司空寺）。他仪表朴质有涵养，深受当地僧众钦佩。

佛驮跋陀到扬都后，依旧传习禅法；所住道场寺，一时成了“禅师窟”。不久，法显游历印度归来，他们开始合作，从义熙十二年到十四年（416—418），先后翻译了法显携归的梵本经律《大般泥洹经》六卷、《摩诃僧祇律》四十卷、《僧祇比丘戒本》一卷、《僧祇比丘尼戒本》一卷、《杂藏经》一卷。他积累了好些翻译经验，到义熙十四年（418）受孟顗、褚叔度的启请和沙门法业、慧严等一百余人于三年中译出《大方广佛华严经》五十卷（后来改分六十卷，称为六十《华严》）。这一大部经典的梵本有三万六千偈，原来是西晋沙门支法领从西域于田取回来的，一向无人翻译。直到佛驮跋陀才完成这一大译事（罗什先翻了《华严经》中的《十住品》，佛驮跋陀译本就完全采用它的译文；其余各品和它配合，当然也受到了罗什译文风格的影响）。大体上斟酌文义，符合原本的意旨。这部经文对后来佛教义学的发展关系甚大。翻译地也以“华严堂”为名以示纪念。佛驮跋陀于刘宋元嘉六年（429）圆寂，年七十一岁。

佛驮跋陀的翻译除了以上七种外，现存的还有：《出生无量门持经》一卷、《大方等如来藏经》一卷、《文殊师利发愿经》一卷、《观佛三昧海经》八卷。此外有缺本一种，《净六波罗蜜经》一卷。总计佛驮跋陀所译共十二部、一百十三卷（《高僧传》说他译经十五种、一百十七卷，计算有误。又《开元释教录》刊定他的译本里有《新无量寿经》二卷，即宝云译本的重复记载；《方便心论》一卷，即《修行方便禅经》的误传；《过去因果经》一卷，出处有疑；都不计入）。

佛驮跋陀的翻译虽有多方面，但专精禅法。慧远作《禅经总序》载，佛驮跋陀曾译达摩多罗和佛大先两家的法门，现存《禅经》仅介绍了佛大先的渐修一法。这就是从二甘露门（数息和不净观）方便、胜进两道各别的退、住、升、进，决定四分开始，进而观界，修四无量，观蕴、处，以至畅明缘起，达到禅定的成就。至于达摩多罗禅观的详细内容已无可考（后人仍称佛驮跋陀译本为达摩多罗禅经）。又佛大先所传禅法次第本属上座部瑜伽师地（旧译修行道地）一类，从安世高以来已传入中国。到了佛大先，更推进一步，“搜集经要，劝发大乘”而接近了大乘瑜伽系。佛驮跋陀的传译就为稍后的大乘瑜伽学说东流开了先河。这在中国佛教义学的历史上是有意义的。

（吕澂）

十八　菩提达摩（？—536，一说528）

菩提达摩（通称达摩），是中国禅宗的初祖。他生于南印度，婆罗门族，出家后倾心大乘佛法。梁普通年间（520—526，一说：南朝宋末），他自印度航海来到广州，从这里北行至魏，到处以禅法教人。据说他在洛阳看见永宁寺宝塔建筑的精美，自言年已一百五十岁，历游各国都不曾见过，于是“口唱南无，合掌连日”（《洛阳伽蓝记》卷一）。

达摩抵魏，游嵩山少林寺，在那里独自修习禅定，时人称他为壁观婆罗门。有道育、慧可二沙门礼见达摩并亲近和供养四五年。达摩感觉他们真诚，传授以衣法。又把四卷《楞伽经》授与慧可说，我看中国人的根器于此经最为相宜，你能依此而行，即能出离世间。

随着禅宗在中国的发展，达摩逐渐成为传说式人物。首先是传说达摩到金陵（今江苏省南京市）时和梁武帝的问答。梁武帝是笃信佛教的帝王，他即位以后建寺、写经、度僧、造像甚多，他很自负地询问达摩：“我做了这些事有多少功德？”达摩却说：“无功德。”武帝又问：“何以无功德？”达摩说：“此是有为之事，不是实在的功德。”武帝不能理解，达摩即渡江入魏。记载这个传说的最古文献是敦煌出土的佚名《历代法宝记》（774年间撰）和唐宗密《圆觉经大疏钞》卷二之上。后来，禅宗著名的《碧岩录》把它作为第一则“颂古”流传。以后，它便成为禅门众所周知的公案了。

达摩晚年的事迹，各传都未明确记载。后人传说他遇毒而逝，葬于熊耳山（今河南省宜阳县），但又传魏使宋云自西域回国时遇达摩于葱岭。

达摩手携只履翩翩独逝。所以又有“只履西归”的传说。

达摩的禅法，据敦煌出土的资料，古来作为达摩学说而传的许多著述之中，只有“二入四行说”似乎是达摩真正思想所在。唐净觉《楞伽师资记》的《达摩传》中有“略辨大乘入道四行”，由达摩弟子昙林记录而传出。据昙林的序文说，他把达摩的言行集成一卷，名为《达摩论》；而达摩为坐禅众《释楞伽要义》一卷，亦名为《达摩论》。这两卷论文理圆净，当时流行很广。

现在一般作为达摩学说的有《少室六门集》上下二卷，即《心经颂》《破相论》（一名《观心论》）、《二种入》、《安心法门》、《悟性论》、《血脉论》六种。还有敦煌出土的《达摩和尚绝观论》《释菩提达摩无心论》《南天竺菩提达摩禅师观门》（一名《大乘法论》）等，以及朝鲜梵鱼寺所刻《禅门摄要》上下二卷，日本铃木大拙校刊《少室逸书》所收关于达摩诸论文。这些著述内容大致都差不多。

达摩“二入四行”的禅法，是以“壁观”法门为中心。唐宗密《禅源诸诠集都序》卷上之二载：“达摩以壁观教人安心云，外止诸缘，内心无喘，心如墙壁，可以入道，岂不正是坐禅之法？”所谓二入是“理入”和“行入”，理入是属于教的理论思考，行入是属于实践，即禅法的理论和实践相结合的教义。

理入和行入的名称，见于北凉所译《金刚三昧经入实际品》第五。但《金刚三昧经》说的理入是“觉观”，而“壁观”是达摩传出的独特禅法。道宣在《续高僧传》卷二十《习禅篇》末对达摩禅法的评价说：“大乘壁观，功业最高，在世学流，归仰如市。”

壁观禅法的特点在于“藉教悟宗”，即启发信仰时不离圣教的标准，构成信仰以后教人“不随于文教”，即不再凭藉言教的意思。二入之中以理入为主，行入为助。

后世佛教徒以“教外别传、不立文字”为达摩禅法的标志，因它直以究明佛心为参禅的最后目的，所以又称禅宗为“佛心宗”。又有人因达摩专以《楞伽经》授人以为参禅印证，因而称它为“楞伽宗”。

达摩的师承已无可考，后人为追溯传统遂有种种说法。《楞伽师资记》推求那跋陀罗为初祖，菩提达摩为二世，下以神秀为七世。神会坚持南宗为正统，肯定达摩为中国禅宗初祖，主张自达摩—慧可—僧璨—道信—弘忍—慧能六代是一脉相承的。吉迦夜、昙曜译《付法藏因缘传》等又有西天世系的说法。唐智炬《宝林传》（成于801年）以印度自迦叶传至狮子比丘为二十四世，继以婆舍斯多、不如蜜多、般若多罗至菩提达摩为二十八世。此说为五代南唐泉州静、筠二师所集《祖堂集》（成于952年）、永明延寿《宗镜录》（成于957年）所继承，又为宋道原《景德传灯录》（成于1004年）和契嵩《传法正宗记》（成于1061年）所依用，后来即成为禅宗的正统说。

达摩的弟子有慧可、道育、僧（一作“道”）副和昙林等。“慧可”另见本书专条。

道育，一作慧育，他和慧可一同亲事达摩四五年，是达摩最初及门弟子之一。他从达摩学了禅法，专重个人内心修持而少对人讲说。他的事迹已不明，只有《景德传灯录》卷三等记达摩临终时自许慧可得髓、道育得骨、尼总持得肉、道副（即僧副）得皮的传说，可以想见其禅学程度之一斑。

僧副，俗姓王，太原祁县人，是达摩剃度的弟子。南齐建武（494—497）年间住钟山（今江苏省南京市）定林下寺。他忻慕岷岭峨眉的胜景，趁萧渊藻出镇蜀部（今四川省）时随从入蜀，因而使禅法流行四川。后来又回金陵（今江苏省南京市），普通五年（524）寂于金陵开善寺，年六十一岁。

昙林自称是达摩的弟子，曾记录过达摩的“二入四行说”。《慧可传》中称他为林法师。北魏永平元年至东魏武定元年（508—543）之间，他在洛阳和邺都参与译经事业，在菩提流支、佛陀扇多、瞿昙般若流支、毗目智仙等译场任笔受，是当时参加译经的重要人物。他博学善讲，在邺都常讲《胜鬘经》。周武灭法期间，他与慧可共同护持经典，被斫掉一臂，人称“无臂林”。昙林早年虽曾亲近达摩，但他以禅法与义学并重，因此后世所传达摩临终对在侧弟子们分别印可得皮、肉、骨、髓的说法，没有提及昙林。昙林在传承达摩禅法上所记的《略辨大乘入道四行（观）》于中国禅学史上留下了不朽的业迹。

（林子青）

十九 僧祐（445—518）

僧祐是齐梁时代的一位律学大师，也是古代杰出的佛教文史学家。他原籍是彭城下邳（今江苏省邳州市），生于江南建业（今江苏省南京市），俗姓俞。幼小时随父母入建初寺（当时在建业城内）礼拜，欢喜踊跃，就不肯回家。父母依从他的愿望，允许他在寺内出家，奉僧范为师。到了十四岁时，又投定林上寺（在钟山）法达（昙摩密多的弟子，见《高僧传·昙摩密多传》）门下，法达“戒德精严，为法门栋梁”（《高僧传·僧祐传》）；同时法献也在定林寺弘化，“律行精纯，德为物范”（《高僧传·法献传》），僧祐都从而服膺奉事，执操坚明。受具以后，又受业于法颖；法颖是当时的律学名匠，僧祐随侍尽心钻研二十余年，终于精通律部，有名于当世。法颖逝世（齐建元四年，482）后，永明年中（483—493）竟陵王萧子良每请他开讲律学；由于他披释精详，辩解入微，因此听众常七八百人。又奉齐武帝敕，往三吴（今湖州、苏州、绍兴地区）去试简僧众，并讲《十诵律》，说受戒法。所得的信施，都用来修治建初、定林诸寺，并在两寺造立经藏。从此以后，在他后半生数十年中，经常为学众广开律席，“春秋讲说，七十余遍”（见《出三藏记集》卷十二《僧祐法集总序》），他一生的主要事业，也就在于传弘律学。

僧祐所传弘的律学，即是中土流传最早的萨婆多部（即一切有部）《十诵律》。这是由于当时四部广律（《十诵》《五分》《四分》《僧祐》）虽都已在中国译出，而由北印度罽宾传来的萨婆多部《十诵律》在中国最为流行。法颖律师就是盛弘此律的巨匠，僧祐长期从他就学，故亦弘演此律。

他在所撰《萨婆多部记序》中说：“年逾知命，仰前觉之弘慈，奉先师之遗德，猥以庸浅，承业《十诵》，讽味讲说，三纪于兹。”可见其律学师承的严谨。

僧祐关于律学的撰述，有《萨婆多部记》五卷和《十诵义记》十卷，前者属于历史方面，即他所传弘的律学师承传记；后者属于义理方面，即他所传弘的律学义解记述。这两部律学著作都是他中年以后——四十几岁到五十岁之间的作品，是古来萨婆多部《十诵律》学方面的重要著述。可惜这两部书都早已亡佚不传，只《出三藏记集》中略载它的目录和序文而已。

僧祐生平在弘传律学而外，对于佛教文史著述和文化艺术事业，也有非常丰硕的成就，略如下述：

一、造立经藏　中国佛教典籍至齐梁时已甚丰富；但历史上第一个搜聚卷帙建立经藏的，实即僧祐在建初、定林两寺所建立的经藏。而它的动机似乎受自其师法颖的影响。据《高僧传》卷十三《法颖传》载：“颖以从来信施造经像及药藏。”僧祐更扩大这一事业，先后在建业城内建初寺和钟山定林上寺营建般若台造立经藏，并各有文记载其事（见《出三藏记集》卷十二《法苑集》目录）。其中，定林上寺经藏的建立，还得到梁临川王宏的大力襄赞（同上）。著名文学家刘勰也相随从事整理厘定，并区别部类加以序录（见《梁书》卷五十《刘勰列传》）。后来，慧皎在《高僧传》中也称述僧祐“造立经藏，搜校卷轴，使夫寺庙广开，法言无坠”的劳绩。

二、撰制经录　僧祐在两寺建立经藏，编制成《出三藏记集》十五卷，实为中国现存的最古的佛教经录。其中，目录部分系依据道安的《综理众经目录》加以考订并增补而成。僧祐在此书中自称：“爰自安公始述名录，铨品译才，标列岁月，妙典可征，实赖伊人。敢以末学，响附前规，率其管见，接为新录，兼广访别目，括正异同。”（《出三藏记集》卷二）他在此书的撰制当中，曾经“钻析内经，研镜外籍，参以前识，验以旧闻”（同书《序》），旁征博考，确实费过不少功力。此书保存了古代译经史上许多原始资料，值得后世学人的凭藉研究和珍视。

三、佛教文史著述　僧祐一生撰制的佛教文史著述，有《出三藏记集》十五卷、《萨婆多部相承传》《十诵义记》《释迦谱》五卷、《世界记》五卷、《法苑集》十卷、《弘明集》十四卷、《法集杂记传铭》十卷。这八种著述，他曾总名之为《释僧祐法集》，并自序称：“窃有坚誓，志是大乘，顶受方等，游心四含。加以山房寂远，泉清松密，以讲席间时，僧事余日，广讯众典，披览为业；或专日遗餐，或通夜继烛，短力共尺波争驰，浅识与寸阴竞晷。……仰禀群经，傍采记传，事以类合，义以例分；显明觉应，故序释迦之谱；区别六趣，故述世界之记；订正经译，故编三藏之录；尊崇律本，故铨师资之传；弥纶福源，故撰法苑之编；护持正化，故集弘明之论；且少受律学，刻意毗尼，……既禀义先师，弗敢坠失，标括章条，为律记十卷；并杂碑记撰为一帙。总其所集，凡有八部。冀微启于今业，庶有借于来津。”在这八部书中，集录了很多古记遗文，多是古代重要的佛教文史资料，极为可贵。现只《释迦谱》《出三藏记集》《弘明集》三书尚存，其余五种均佚。

四、佛教工艺的业绩　僧祐在他所撰述的《法苑集》中，搜集有关于佛教音乐、歌呗、法乐、梵舞、造像、雕制等记载和文献甚多；可见他对于佛教艺术的兴趣和修养甚深，曾被当时朝野缁素人士所一致推崇。如《高僧传》卷十一本传载：“祐为性巧思，能目准心计，及匠人依标尺寸无爽，故光宅、摄山大像及剡县石佛等，并请祐经始，准画仪则。”其中光宅寺铜像，系梁天监八年（509）僧祐奉敕监造，用铜四万三千斤，铸成丈九佛像，其庄严精美，被称为东方第一（见《高僧传》卷十三《法悦传》）。嗣天监十二年（513），僧祐又奉敕监造剡县（今浙江省嵊州市）石佛，前后雕刻四年，造成极精美的五丈坐佛和十丈立佛，并造龛台、门、阁、殿、堂，以充供养（《高僧传》卷十三《僧护传》）。在这以前摄山大佛和千佛岩，创始于齐明仲璋，齐梁时代如豫章王、竟陵王等多发心出资依山造像，僧祐常为之规画并监造。据《出三藏记集》卷十二《法苑集》中有《太尉临川王成就摄山龛大石像记》；又陈江总《摄山栖霞寺碑铭》载：临川王就石雕千佛加以莹饰镂刻。临川王是僧祐的虔诚信徒和有力护法，因之这项工程是出自僧祐的规画无疑。可见僧祐在佛教工艺方面的成就，也是非常出色的。

五、教学的风范　僧祐当时以律学和文史著述驰誉江表，而他化导门下，于律部以外，也以经论文史为先。据《续高僧传·明彻传》："彻因从祐受学《十诵》，随出扬都，住建初寺，自谓律为绳墨，宪章仪体，仍遍研四部，校其兴废。……移业经论，历采众师，备尝深义。"又同传《宝唱传》：唱投僧祐出家，咨禀经律，先后撰集《法宝联璧》《续法轮论》《法集》《华林殿经录》《经律异相》《名僧传》等。宝唱自称："律师释僧祐，道心贞固，高行超邈，著述集记，振发宏要，宝唱不敏，预班二落，礼诵余日，捃拾遗漏。"刘勰也依僧祐居处积十余年，遂博通经论，区别部类，广制文记，于定林寺，撰制经证。这都显示僧祐的学风和他门下的文采风度。

僧祐因戒德高严，博学多才，在齐梁两代，备受朝野崇敬。晚年脚疾，梁武帝还请他乘舆入内殿为六宫受戒。他的缁素门徒有智藏、慧廓、宝唱、明彻、临川王宏、南平王伟、刘勰等一万一千余人。梁天监十七年（518）五月圆寂于建初寺，年七十四岁。葬于钟山定林寺旧墓，弟子正度立碑，刘勰撰文。

（高观如）

二十　慧光（约六世纪）

慧光是南北朝时代的义学高僧。俗姓杨，定州（今河北省定州市）人，十三岁时，跟随父亲入洛阳，归依了佛陀扇多，不久，佛陀便度他出家，常为人讲经，有圣沙弥之称。佛陀以戒律为智慧的基本，令他先听讲《四分律》。既而回乡，受具足戒。后到洛阳参学，并贯通了南北方言，从事著述。当时译师有菩提流支、勒那摩提、佛陀扇多三家，分别翻译。助译者方言各异，以致传述分歧而发生争执。慧光也列席译场，他既谙习语言，常常为之沟通，完成译业。就在此时，他曾受教于勒那摩提，得其传授。后来撰成《十地经论疏》，发挥经论的奥旨，《地论》学派由此流传。他又注解《华严》《涅槃》等经，并造《四分律疏》，删定《羯磨戒本》；又著有《玄宗论》《大乘律义章》等。但以上著述现存的只有《华严经义记》卷一的断片（现收入《大正藏》第八十五卷），其余都散佚了。东魏时（534—550），他任国僧都。北齐时（550—580），应召入邺都，住大觉寺，转任国统。学者称他为光统律师。后来在寺圆寂，年七十岁。

慧光是地论师南道派的开创者。关于《十地经论》的传译，在勒那摩提和菩提流支间，有不同的见解，从而勒那摩提的弟子慧光和菩提流支的弟子道宠之间，也显出师承的不同。这样《地论》的弘扬，以相州（即邺都）为中心，慧光、道宠南北两道分为两派。后来，北道派受了摄论学派的影响，而有变化，南道派保持了纯粹的传统，并且名德辈出，独盛一时。慧光的著作虽多不传，但在他的再传弟子慧远所撰《大乘义章·八识义》中，看得出这派学说的特别主张，是说阿黎耶识即是如来藏自性清净心，亦即真如、法性，而为一切法缘起的本源。

慧光的弟子很多，传承他的地论学说的，有法上、僧范、道凭、慧顺、灵询、僧达、道慎、安廪、昙衍、昙遵、昙隐等，其中以法上为上首，道凭四传到智俨，开辟华严立宗的端绪，所以华严宗也可视为南道地论师系统的发展。

慧光又是四分律宗的开祖。《四分律》从北魏道复律师继承法聪，作科文式的《律疏》四卷以后，才打开研习的门径。慧光更根据律家的口传，继续研究，作《四分律疏》一百二十纸，并删定《羯磨戒本》，遂为法侣所传诵。每次开讲常有僧众千人列席，后世推他为四分律宗的开山。慧光弟子中传承四分律学系统的有道云、道晖、洪理以及曾宗奉道复的昙隐等。由道云三传至道宣，律宗乃完全建立。

另外，慧光对于教判也有独到的见解。他有三教、四宗两种教判说。三教是说渐教、顿教和圆教。他说释迦一代的教法，为根机未熟的先说无常后说常，又先说空后说不空，渐次而说，这是渐教。为根机成熟的，于一法门具足说常与无常、空与不空、更无渐次，这是顿教。又为上达分段佛境的，说如来果德圆满自在的法门，这是圆教，也就是《华严经》所说。这种渐、顿、圆三教说，后来就成为“南三北七”中北七教判的通相。四宗是说因缘宗、假名宗、诳相宗、常宗。慧光以为一代佛教中，第一，萨婆多部的毗昙学说，诸法各有体性，皆从六因四缘而生，可以称为因缘宗。第二，《成实论》说一切法皆无实体，但有假相假名，可以称为假名宗。第三，如《大品》及《三论》说诸法不但无有实体，即假相亦虚诳不实，可以称为诳相宗。第四，《涅槃》《华严》等，说常住佛性，可以称为常宗。这个四宗教判，是慧光依《地论》南道派的主张对当时盛行的经典和学说所做的判断。

（黄忏华）

二十一　昙鸾（476—542）

昙鸾，南北朝时代北魏弘传净土教高僧。他生于今山西省大同市的雁门（唐迦才《净土论》作并州汶水人），因家近五台山，从小就听了有关文殊菩萨灵异的传说。十余岁时，即登山访寻，备见遗迹，心里非常感动，于是出家，广学内外经典。他对于龙树一系的《智度论》《中观论》《十二门论》《百论》等四部论及佛性义的研究特别有心得。

后来，昙鸾读《大集经》，感觉到经中的词义深奥不易悟解，即着手写作注释，写了一半多，忽然得了气疾，暂时停笔。于是出门寻医疗治，到了汾州，气疾忽然好了，又想继续写作；但又感到生命短促，如果不获长年，便难完成一切志愿。听说江南隐士陶弘景（456—536）精研神仙方术，学问渊博，远近推重，即南游相访。当时江南梁朝对于北人入国是不轻易容许的。昙鸾到了梁都建康（今江苏省南京市）之后，经过官府的勘问并引见梁武帝。武帝知道他并不是北朝的奸细，即请他入重云殿和他谈论佛性的深义，昙鸾的见解很受梁武帝的赞许。

这时，陶弘景住在句容的茅山，深受梁武帝的尊敬，时人称他为山中宰相。昙鸾在建康先写信给陶弘景说明来意，表示愿从他学习仙术。陶弘景也早慕昙鸾的高名，接信后立即回信表示欢迎。昙鸾到茅山后受到陶弘景殷勤的接待，不久即授与《仙经》十卷。昙鸾即携经辞还北魏，欲往名山如法修炼。

昙鸾回到洛阳时，遇见北印度三藏法师菩提流支，即向流支叙述自己的愿望，并问他佛法中有没有胜过此土《仙经》的长生不死之法。菩提流支告以《仙经》比不上佛法，并且仙术也不能长生，即以《观无量寿经》授给他说："这是大仙方，依此修行，便能解脱生死。"昙鸾受了这一番教化，即把随身所带的《仙经》烧掉。从此精修净业，自行化他，逐渐得到广大群众的皈依。魏主尊号他为"神鸾"，并敕住并州大寺（故址在今山西省太原市）。他晚年又移住汾州北山石壁玄中寺。又时常到介山（今山西省介休市绵山）之阴集众念佛，后人称其处为鸾公岩。东魏孝帝兴和四年（542），昙鸾因疾入灭于平遥的山寺，时年六十七岁。魏主敕葬于汾西泰陵文谷，营造砖塔，并为立碑。

关于昙鸾入灭的年代，在唐朝已有异说。迦才《净土论》卷下的《昙鸾传》载"魏末高齐之初犹在"，《续高僧传》卷二十《道绰传》及文谂、少康《往生西方净土瑞应删传》都称他为"齐时昙鸾法师"。此外，据近人罗振玉所藏拓本北齐天保五年二月《敬造太子像铭》中的愿主题"比丘僧昙鸾"的名字看来，昙鸾入灭似应在北齐天保五年（554）以后，但这也还不能做定论。

昙鸾的著述，根据《续高僧传》卷六及《隋书经籍志》卷三十四、《新唐书·艺文志》卷五十九等所记，共有十种。其中，《大集经疏》现已不存。《论气治疗方》《疗百病杂丸方》《调气方》《服气要诀》四种，似乎是同本异名的关于气功之类的医书。据《续高僧传·昙鸾本传》载，他能调心练气，对病识缘，名满魏都。他所著的《调气论》，隋著作郎王邵曾加以注释，可见昙鸾在医学上是有造诣的。他的《大集经注疏》尚未完成，未见行世。但智𫖮于《法华文句》卷一引用昙鸾的"细科烟飏，杂砺尘飞"的语句，也许是出于他的《大集经注》或其他著作亦未可知。其《礼净土十二偈》似乎即是现存的《赞阿弥陀佛偈》；又《安乐集》也似乎即是现存的《略论安乐净土义》。至于《净土往生论注》《赞阿弥陀佛偈》《略论安乐净土义》现存三种，都可以确认是昙鸾的著述。

其中，《往生论注》二卷，是印度世亲的《无量寿经优婆提舍愿生偈》的注解，上卷解释偈颂，下卷专释长行，其间随处发表他的见解。其特创的见解，有二道二力、名号为体、往还二向等义。这些都体现出昙鸾净土教的思想。

《赞阿弥陀佛偈》，有七言偈一百九十五行。是依《无量寿经》赞咏阿弥陀佛及其净土的功德，故一称《无量寿经奉赞》或《大经奉赞》（见迦才《净土论》卷下）。

《略论安乐净土义》是用问答的体裁，把有关弥陀安乐净土的三界摄否、庄严多少、往生辈品、边地胎生、五智疑惑、渡与不渡、十念相续等问题，作总别九番的问答，并一一加以解说。迦才《净土论》卷下说"（昙鸾）法师撰集《无量寿经奉赞》七言偈百九十五行并《问答》一卷，流行于世"，可见《略论》即是《问答》，曾附属于本偈流传的。但新罗元晓的《无量寿经宗要》指出其中"渡河著衣脱衣"的譬喻为鸠摩罗什所说，其他也还有异论。

昙鸾的净土思想，完全表现于《往生论注》。他在论注的卷头即引龙树菩萨《十住毗婆沙论》说明菩萨欲求阿毗跋致（即不退转法）有难行、易行二道。在五浊之世无佛之时求阿毗跋致名为难行道；但以信佛因缘愿生净土，由佛力住持入于大乘正定之聚名为易行道。这就是说，在无佛之世"唯是自力，无他力持"，难得阿毗跋致，譬如陆路步行则苦，名为难行道。反之，乘着佛的本愿力往生净土，即依他力而得阿毗跋致，譬如水路乘船则乐，名为易行道。

昙鸾强调依佛本愿力，其思想根源于《无量寿经》。他在《往生论注》卷下说明阿弥陀佛本愿力的殊胜和修五念门以自利利他，可以速得成就阿耨多罗三藐三菩提，其要点在以弥陀如来为增上缘。以阿弥陀如来四十八愿中的第十一、第十八、第二十二三大本愿为中心的他力本愿，发挥了弥陀净土教义的蕴奥。后来唐代善导所发挥的弥陀本愿论，就是祖述昙鸾此说的。

昙鸾的净土学说是传自菩提流支，已经成为一般通说。但也有人以为是经过慧宠、道场二师师传于昙鸾的（道绰《安乐集》卷下）。一说慧宠原从庐山慧远受传净土法门，后来又得菩提流支印可，成为两人的弟子。道场是慧宠的弟子，又是庐山东林寺第三代住持（圣聪《净土三国佛祖传集》）。这两人都是慧远的后继者，不知何以又被认为菩提流支的弟子。在昙鸾自己的著作中并没有提到他们的事迹，所以他们的关系很疏远是可想而知的。

在昙鸾以后至道绰之间，《佛祖统记》卷二十七记载往生高僧有二十二人，这些人和昙鸾无直接关系。道绰《安乐集》卷下所举的中国净土教系六大德的名字，提到大海和法上，并未肯定他们和昙鸾的传承。只有日本圣聪《净土三国佛祖传集》卷上说大海是玄中寺鸾公的嗣法弟子，法上又是大海的嗣法弟子。这似乎是后来的传说，真正祖述昙鸾的教学并将净土宗的发展做出贡献，成为善导净土教先驱的当推道绰。

（林子青）

二十二　菩提留支（约五、六世纪间）

菩提留支一作菩提流支，意译道希，北印度人。他是大乘瑜伽系的学者，得到世亲直系的传承（依《金刚仙论》所说，菩提留支是世亲四传弟子）。他不但深通显教，还熟悉当时流行的秘密陀罗尼法门。北魏永平元年（508），携带大量梵本，经过西域来到中国洛阳，受到北魏宣武帝的礼遇，住在规模宏大的永宁寺。当时受帝室供养的印度、西域僧人多到七百人，内有著名学者勒那摩提（意译宝意）、佛陀扇多（意译觉定）等；但在翻译佛典方面，菩提留支被推尊为领导人物。

菩提留支的翻译工作，在他到洛阳不久就开始了。其先，他和勒那等合作（由留支、勒那二人主译，扇多传语），译出一些瑜伽学系的重要著述，这就是《究竟一乘宝性论》四卷（无著造论本，坚意作释）、《法华经论》二卷（世亲造）、《十地经论》十二卷（世亲造）、《宝积经论》四卷（安慧造）。他们翻译的技巧一上来比较生硬，有些名词还用得不恰当（像器世间开头译成了盏子世间等）；又因当时在译场里的助理人员所操方言有南北的不同，笔受缀文的时候也发生种种的错误（这像《宝积经论》有许多错乱的文句和声音近似的别字等）。但是，三年后译完《十地经论》，他们的翻译技术也就成熟了。《十地经论》里有处原本的字句有不同的传诵，后人因传说菩提留支和勒那摩提争名，没有合作到底，现存译本是两家分译完了才又合并的；但这并非事实。

菩提留支在洛阳单独从事翻译，为时很久，最后还随着东魏的迁都到了邺城，继续工作到东魏天平二年（535）为止，前后将近三十年光景。

他在何时去世，现已无考。至于他一生所译的书，当时就有李廓所撰《众经目录》详细记载，唐代《开元释教录》更加以刊定，总共三十部、一百零一卷。其中重要的经论有：《金刚般若波罗蜜经》一卷、《弥勒菩萨所问经》一卷、《胜思惟梵天所问经》六卷、《深密解脱经》五卷、《入楞伽经》十卷、《大萨遮尼乾子所说经》十卷、《弥勒菩萨所问经论》五卷、《金刚般若经论》三卷、《文殊问菩提经论》二卷、《胜思惟梵天所问经论》四卷、《无量寿经论》一卷、《百字论》一卷等。此外，还有《唯识论》一卷，《开元释教录》说是瞿昙般若流支所译，但在唐代窥基的著述里仍认为是菩提留支的译本。

菩提留支所译各书偏重于介绍大乘瑜伽一系的学说，比较有系统。其中，对于后来佛学开展发生影响的，有好几种。首先是《入楞伽经》。此经在刘宋时代求那跋陀罗曾译过一部略本（四卷），传播达摩禅法的一些禅师即用它做修行的参考书。但求那的翻译是相当晦涩难懂的，菩提留支特为重翻大本，“加字混文”，力求畅达；并还为人讲说，留下了《义疏》（今佚）。这一矫正，在义解上不免有偏差的地方。像将第八种识即阿赖耶识染净两方面说成两截，便是一例。由此，菩提留支译本显然和宋译分歧，成为北方一部分禅师异说的来源。

其次是《十地经论》。在经文中本有“三界唯心”的论点；世亲的释论更依唯识道理加以发挥，并对染净两方面缘起指出了总的根源。这很适合于当时学者研究上的要求，因而一时风行，有了一群专攻此论的“地论师”。其中，跟着菩提留支学习《地论》最有成就的是道宠。他曾听过菩提留支三冬讲说，随听随即著疏流传；从他得法的有千余人。他们主张阿赖耶识为诸法缘起的根本；这和勒那摩提门下慧光一派地论师主张真如（法性）为诸法根本的有所不同，于是成了北道系，而与慧光们的南道系相对立。

再次是《金刚经论》。这在菩提留支到洛阳的次年（509）就独自译出了。它介绍了弥勒、世亲对于《金刚经》的解释，将经文里隐含着的疑难和解答，剥蕉似地一层层分析出来，给予研究经文的以很大启发。菩提留支还将他所传习的世亲门人金刚仙的解说详细为学人开演，他的纪录编成了《金刚仙论》（十卷）留传到现在。

另外，中国净土宗的祖师昙鸾，当初因要访求长生之术而遇到留支，菩提留支授给他《观无量寿佛经》，说明长生不如解脱的道理，引导他信仰净土。同时，菩提留支又译出《无量寿经论》（通称《往生论》），介绍世亲的五种念佛法门，昙鸾为之作注，也大大发挥了净土宗的教义。

中国南北朝时代，判教之说盛行。相传菩提留支对于判教也表示了独到的看法。他依据《涅槃经》判释一代佛法为半满两教：在佛成道后十二年内所说的都是半字教，十二年以后所说才算满字教。北方一部分禅师又传说菩提留支判经为一音教。此即依《维摩》等经，说佛教只是一音、一味，但以众生根性不同，随类而有异解。关于这些传说，现在已无菩提留支自己的文献可考。

（吕澂）

二十三　慧可（487—593）

慧可，一名僧可，中国禅宗第二祖。俗姓姬，虎牢人（今河南省荥阳市）。他少为儒生时，博览群书，通达老庄易学。出家以后，精研三藏内典。年约四十岁时，遇天竺沙门菩提达摩在嵩洛（今河南嵩山—洛阳）游化，即礼他为师。慧可从达摩学了六年，精究一乘的宗旨。达摩寂后，他即在黄河近边一带韬光晦迹；但因早年已名驰京畿，许多道俗前访问道，请为师范，他随时为众开示心要，因而道誉甚广。

天平初年（534）慧可到了东魏的邺都（今河南省安阳市北），大弘禅法，有些学者不能理解他的学说，时常发生争辩。当时门下拥有千人的著名学者道恒，竟指慧可所说法要为"魔语"，密遣上足弟子和慧可诘难。但他的弟子听了慧可说法后欣然心服，反而不满道恒。道恒因此更加怀恨慧可，甚至贿赂官吏，企图加以暗害，其原因似乎和慧可宣传宋译《楞伽》的理论有关。起初，达摩把四卷《楞伽经》授慧可说："我观汉地，唯有此经。仁者依行，自得度世。"慧可就宣扬此经，但因宋译《楞伽》文较难解，不如北魏菩提流支所译的十卷《楞伽经》文字流畅，所以当时北魏的学士多鄙视它。由于刘宋和北魏两译《楞伽》学说之争，牵涉到菩提流支，后世智炬的《宝林传》等遂出现诬蔑菩提流支因禅学思想不同而毒害达摩的记载。

慧可在邺都既受异派学者的迫害，其后即流离于邺卫（今河南省安阳市卫辉市）之间，所以到了晚年，并没有多少随从的弟子。但三论宗的学者慧布（518—587）北游邺都时，曾慕慧可而前去叩问禅法，得到印证。

北齐天保元年（550）著名禅学者向居士致书慧可请教，并以诗文问答，受到了慧可的许多启示。

北周建德三年（574），武帝进行灭佛运动，慧可和同学昙林曾努力保护经典和佛像。后来他又南行隐居于舒州皖公山（今安徽省潜山市），在这山里传法与三祖僧璨。周武灭佛停止后，他又回到邺都。隋开皇十三年（593）入寂。

谈到慧可的禅法，就令人想到他的“断臂求法”的传说。智炬《宝林传》卷八载唐法琳所撰《慧可碑》文，记载慧可向达摩求法时，达摩对他说，求法的人，不以身为身，不以命为命。于是慧可乃立雪数宵，断臂表示他的决心。这样才从达摩获得了安心的法门。因此“雪中断臂”就成为禅宗一个有名故事而广泛流传。但唐道宣《续高僧传》卷十六《慧可传》只说慧可“遭贼斫臂，以法御心，不觉痛苦”，未提到求法事，因而这个故事的真实性值得研究。但后来有关禅学的史籍，如净觉《楞伽师资记》、杜朏《传法宝记》、道原《景德传灯录》卷三、契嵩《传法正宗记》卷六等，多承袭法琳说而否定道宣之说，从而慧可这段“雪中断臂求法”的故事，仍为一般禅家所传诵。

慧可的禅学思想传自达摩，特别是达摩传授给他的四卷《楞伽》重视念慧，而不在语言。它的根本主旨是以“忘言忘念、无得正观”为宗。这个思想经过慧可的整理提倡，给学禅的人以较大的影响。

慧可又曾用诗句来表达他的禅学见解，他答向居士的函问说：“本迷摩尼是瓦砾，豁然自觉是真珠，无明智慧等无异，当知万法即皆如！……观身与佛不差别，何须更觅彼无余（涅槃）?”这是用简明理路表达出来的禅意。达摩“理入”的根本意义在于深信一切众生具有同一真性，如能舍妄归真，就是凡圣等一的境界。慧可继承这个思想，指出生佛无差别的义理，直显达摩正传的心法。

从敦煌发现的禅宗文献看来，其中有许多断简残篇被认为是慧可所说的法语。铃木大拙所编《少室逸书》的《杂录》第二之八十一至九十则，即是此类。其中第八十三则关于“忏悔”的故事和《宝林传》卷八所载唐房琯撰《三祖僧璨碑文》的说法是完全一致的。

房琯的《僧璨碑文》，记僧璨请慧可为他忏悔。慧可说：“将汝罪来，与汝忏悔。”僧璨觅罪不得。慧可就说：“我已经为你忏悔了！”《少室逸书·杂录》第八十三则的记载和上面的问答形式大体相同，只加上一句僧璨最后答慧可时说“罪无形相可得，知将何物来”而已。

后来，宋《景德传灯录》卷三即据此写成这样的一则公案。这种罪性本空的思想，成为后世禅家最乐道的一种说法。由于僧璨有这个体会，慧可才传法给他。

慧可著名的弟子是僧璨和僧那，但两人在《续高僧传》都没有独立的传记，只在同《传》卷三十五《法冲传》中说到禅宗的师承时，言可禅师后有璨禅师（即僧璨）、惠禅师、盛禅师、那老师、端禅师、长藏师、真法师、玉法师。以上八人，没有留下文字记录。留下著述的有善禅师（出《楞伽抄》四卷）、丰禅师（《疏》五卷）、明禅师（《疏》五卷）、胡明师（《疏》五卷）。此外远承慧可系统的有大聪师（出《楞伽疏》五卷）、道荫师（《抄》四卷）、冲法师（《疏》五卷）、岸法师（《疏》五卷）、宏法师（《疏》八卷）、大明师（《疏》十卷）等。

僧那，略称那禅师。据《慧可传》，他本是个儒家学者，年二十一岁时在东海（今山东）讲《礼记》和《周易》，有弟子数百人；后来，到了相州（今河南省安阳市北），遇到慧可说法，即率领学生十人从他出家受道。

（林子青）

二十四　慧皎（497—554）

释慧皎，会稽上虞（今浙江省绍兴市上虞区西）人，俗家的姓氏不详，梁代著名佛教史学家。

他博通内外学，对于经律尤有研究。住会稽嘉祥寺（在今浙江省绍兴市）。每当春夏则讲说弘法，秋冬则专心著述。他还曾住过宏普寺（在会稽），有丰富的藏书，当时有名的藏书家梁元帝萧绎任江州刺史时（540—547），曾到他那里来“搜聚篇翰”。那时候，涅槃学说由于梁武帝的提倡盛行，而持戒止杀之风也见重于当世，他著有《涅槃经义疏》十卷，又著有《梵网经疏》，这些著作都得到当时人的尊重，可惜早已亡佚。

他最大的贡献是综合了前人有关高僧的传记，创造性地加以分类和编辑，成为《高僧传》十四卷，取材精审，义例明确，条理清晰，文采斐然，为佛教史籍中的名著。

他的生卒年月都不详。现行本《高僧传》末，有僧果的题记，说慧皎在南朝元帝承圣二年（553）避侯景难，迁地湓城（今江西省九江市），不废讲说。次年二月逝世，年五十八岁。江州僧正慧恭为之经营，葬于庐山禅阁寺墓。僧果和慧恭都实有其人，见于《胜天王般若经序》。但是这段记载，不仅道宣的《续高僧传》卷六《慧皎传》中没有提到，其前的隋费长房《历代三宝纪》卷十一，和其后的唐智昇《开元释教录》卷六，五代义楚的《释氏六帖》卷十所记的慧皎事迹中也都没有言及，可见他们都没有看到这段题记；题记当为后人所附入。

（苏晋仁）

二十五　真谛（499—569）

真谛（梵名波罗木陀），西印度优禅尼婆罗门族，原名拘那罗陀（华言亲依）。少时博访众师，学通内外，尤精于大乘之说。他以弘道为怀，泛海南游，止于扶南国。梁武帝大同年间（535—545），派直后（官名）张汜送扶南国的使者返国，访求名德和大乘诸论、《杂华》等经。彼国乃请真谛来华，谛欣然同意，带着经论梵本二百四十夹，于中大同元年（546）八月到达南海郡（今广东省南部），当时他已年垂五十。随即北上，沿途停留，至太清二年（548）八月才到建业，武帝深加敬礼，使住宝云殿。方将从事翻译，即发生侯景之乱，不果所愿，乃往东行。太清四年（550）他到了富春（今浙江省杭州市富阳区），县令陆元哲迎住私宅，为招集沙门宝琼等二十余人，布置译场，请他翻译。是年十月起，始译《十七地论》《中论》等，不久因世乱中止。大宝三年（552），他应侯景之请回到建业，住于台城，不久侯景兵败东遁，梁元帝即位，改元承圣，建业地方秩序逐渐恢复，他迁住正观寺，和愿禅师等二十余人，翻译《金光明经》。其后，从承圣三年到敬帝绍泰三年（554—557），他历住豫章（今江西省南昌市）宝田寺，新吴（今江西省奉新县）美业寺，始兴（今广东省韶关市曲江区）建兴寺，还到过南康（今江西省赣州市西南）。陈武帝永定二年（558），他再到豫章，住栖隐寺，又转往晋安（今福建省晋江市）住佛力寺。在这一时期内，他转徙各地，生活极不安定，但仍随方翻译讲习，未尝中止。虽年已六十，仍与前梁法侣僧宗、法准、法忍等重新核定所翻诸经论。逾二载，于文帝天嘉二年（561），从晋安搭乘小舶到了梁安郡（今广东省惠州市惠阳区一带），住建造寺译讲《解节经》等。三年（562）九月，译事告一段落，遂泛海西行，拟还本国，不料风向转变，十二月间又漂回广州。刺史欧阳頠请他为菩萨戒师，迎住制旨寺。天嘉四年（563），他应慧恺、欧阳纥等之请，译讲《大乘唯识论》（即《唯识二十论》）和《摄大乘论》等。五年（564）又译讲《俱舍论》。天康元年（566）二月他应慧恺、僧忍之请，于显明寺重治《俱舍论》译文，再一次阐讲论义。光大元年（567），重治《俱舍论》完毕，又为僧宗、法准等再讲《摄大乘论》一遍。二年（568），在南海郡应法泰之请，译讲《律二十二明了论》。是时慧恺在智慧寺代真谛为僧宗、道尼、智敫等同门二十余人及其他学士七十余人讲《俱舍论》。六月间，真谛有厌世之意，往南海北山将欲自尽，慧恺追至挽留，道俗和刺史欧阳頠等跟着都来劝阻，他还居王园寺。八月，慧恺讲《俱舍》未及半部而病卒，真谛为之大恸，惟恐《摄论》和《俱舍》从此无人弘传，特地邀集道尼、智敫等十二人，勉励他们誓弘二论，勿令断绝。他并接着讲《俱舍论》，讲到第五《惑品》，亦因病中止。宣帝太建元年（569）正月十一日入寂。弟子法海收集他的文稿，编为部轴。真谛平时生活严肃，在广州时常别居水洲，衣食之奉，节俭知足。弟子等受他的熏陶，也都勤奋禀学，晨夕不懈，形成一种刻苦笃实的学风。及真谛殁后，弟子们分归各地，弘传其学，因而形成摄论师学派。

真谛在华期间，虽因世乱，不遑宁处，但他随方译出经典部卷之多，仍为同时诸译师所不及。他所译经论及讲述疏记，据《历代三宝记》所载共四十八部、二百三十二卷（内有重出和他家混入的），《开元录》刊定其译籍为三十八部、一百一十八卷。

从真谛所译经论的内容来看，他所弘扬的主要是瑜伽学系无著、世亲之学。像《决定藏论》，即是《瑜伽师地论·抉择分》的一部分，《三无性论》相当于《显扬圣教论》的《成无性品》，《解节经》勘同《解深密经》的序和《胜义谛相》二品，《转识论》相当于《唯识三十论》，以及《唯识论》（唐译作《唯识二十论》）、《中边分别论》《摄大乘论》等一系列的瑜伽学系主要经论，他都已译出。中土瑜伽学系的规模，可以说是由他开创的。他学说所宗，特别重视《摄大乘》和《阿毗达磨俱舍》二论。他译讲这二部论时，已年近七十，而且是他觉得在中土道缺情离，不副所怀，一再决心西归都未得遂之后，才应道俗恳请而翻出的；他又仔细地治定译文，反复讲解，并特嘱弟子道尼等立誓弘传，可见他的恳挚之忱和郑重其事的态度。这两部论在印度佛学史上，都是划时代的名著，组织严密，义理丰富，可以说是其以前大小乘各种学说的总结。他重视两书，显示他对于整个佛学体系的理解和弘法重点之所在。

真谛生于西印优禅尼国，和西印著名的佛教义学中心地伐腊毗相近，伐腊毗是当时正量部的根据地，由此可以推想他初期承学的当与正量部有关。在他的译籍中，最后所译的《律二十二明了论》，就是以二十二个提纲颂文来解释正量部律相要义的论书。如以《明了论》和东晋孝武帝太元六年（381）来华的竺昙无兰所译的《离欲优婆塞夷具行二十二戒文》，以及刘宋文帝元嘉八年（431）由南海阇婆（今南洋爪哇）来华的求那跋摩所译的《优婆塞二十二戒》一起考察，可以见到正量部和其他教团不同的新的实践条在各处扩充教势的一斑。又在真谛所译的《部执异论》上，也见到正量部见解的混入，如《论》中述可住子部（即犊子部，正量部从此派生）根本教义处，就有不见于其他汉、藏译本的“三种假”“一切众生有二种失”等十余条执义。从这些地方，都看出真谛曾受过正量部教养的色彩。此外，他还译出《婆薮槃豆传》一卷，《翻外国语》（一名《杂事》，已佚）七卷，僧佉外道《金七十论》二卷，对于当时佛学界，都是很有意义的介绍。至于旧传真谛曾译《大乘起信论》二卷，此盖出于后人的伪托。在真谛殁后仅仅二十五年撰成的隋法经等《众经目录》，即说“勘《真谛录》无此论”，而列之于疑惑部。此书不但文献无征，而且所表现的思想体系，亦与真谛学说厘然有别，故不能作为真译译籍看待。

真谛的翻译，大都保存了原本的面目。文字虽然有些艰涩，或杂入他自己的解释，但从其师承来说，大体是正确的。后来玄奘门下对其译文批判未免有过分之处。又真谛传译主要经论大都经过讲解。弟子们记述师义，通称疏、释，亦称注记或本记。综计属于撰述者达二十余部，可见他不仅是著名的翻译家，而且是极渊博的义学大师。这些疏记上保留了大量印度解释经论的传统学说及有关文献，是有价值的研究资料，可惜都散失不传，仅可于后人著述称引文中略见一斑而已。此外，真谛还撰有《佛性义》三卷、《禅定义》一卷、《众经通序》二卷，大都同样由弟子们辑述而成。

参加真谛译场的人，最初有沙门宝琼、愿禅师等，继有沙门慧宝担任传语，居士萧桀担任笔受。六十岁以后，真谛已渐善解华言，不须传译，当时担任笔受的有僧宗、法虔、慧恺和法泰。至于他晚年的译事，则和慧恺合作最为密切。相传真谛所带梵本达二百四十夹，其中《华严》《涅槃》《金光明》三经存于建业，其余梵本都在广州制旨、王园二寺。译出经论仅占其中一小部分，而部卷已甚可观。他遭时多难，又缺乏得力的助手，以致未获大量译本。

真谛门下，以僧宗、法准、慧恺、慧旷、法泰、道尼、智敫及居士曹毗等为最著名。特别是慧恺助师译《摄大乘》《俱舍》二论，建议重治《俱舍》译文，并记录口义，最著功绩。真谛尝有相见恨晚之叹。现存他所撰《摄大乘论释序》《俱舍释论序》《唯识论后记》及《律二十二明了论》的《后记》四篇，为仅存的成于真谛生前的可靠史料。

真谛所传之学，在梁、陈二代并不显著，殁后由于诸弟子返还各地传播，从广州延至闽、越，渐及九江、建业等处。到了隋初，靖嵩传法泰之学北上彭城，道尼从九江应召入长安，其学遂传于北土。当时北方著名地论学者昙迁，获读新译《摄论》，备极推崇，及应召入长安，创讲《摄论》，请从受业者竟达千数。名僧慧休（玄奘曾从受学），以及北地《摄论》学者道英、道哲、静琳、玄琬等，都出其门下。当时长安名德慧远，亦敬礼听受，其弟子净辩、净业、辨相等都相从研习《摄论》。而靖嵩的弟子智凝，讲《摄论》于蜀地，传播的区域益见扩大，瑜伽系无著、世亲的《摄论》之学，至是遂遍及各地。它和流行北地的地论师学系并传，各尊所闻，莫衷一是。终于导致唐初玄奘之西游求法，解决疑难，而其结果乃有完备的新译瑜伽学说，其影响可谓深远。

（游侠）

二十六　慧文（约六世纪）

慧文，一称慧闻，籍贯和生卒年月，传记不详。据《佛祖统记》卷六《慧文传》称他是东魏孝静、北齐文宣时（534—559）“行佛道者”，另一说他是北齐时（550—577）专业大乘的人。

根据慧思自述的《立誓愿文》和道宣《续高僧传》卷十七《慧思传》，可知慧思生于515年，寂于577年，他自称二十岁到三十八岁遍历齐国，学习摩诃衍及亲近诸大禅师。在三十四岁那一年（548），受信州刺史的苦留，建立禅斋，说摩诃衍义；以后他就由北而南。慧思在亲近慧文并获得开悟，至迟是在他三十四岁之前的一两年。这时，慧文已是“聚徒数百，众法肃清，道俗高尚”的有声誉的大禅师。慧思因闻名而往归依“从受正法”，在亲近慧文的第二夏而大悟。故慧文的弘化时期当自东魏开始，《佛祖统记》并说他“道化行于北齐受禅（550）之后”。《释氏稽古略》卷二称慧思依慧闻开悟为梁承圣三年（554），是不大可靠的。

相传慧文是无师自悟的。他因读《大智度论》（卷二十七）体会到“三智实在一心中得”；又因读《中论》四谛品，因缘生法即空、假、中一偈，联系构成了慧文一心三观和所观的一境三谛的思想的禅法。其后，慧思传承了这法门而传给智顗。到了智顗，它的内容更加以充实，从修观上更开展为一念三千的三谛圆融观，以为天台一宗的教观中心。慧文即是这方面奠定基石的人。

慧文的禅法，似包含有中国初期传入的《安般守意经》《般舟三昧》等，而以般舟系的大乘禅法为其心要。

鸠摩罗什（401—413）在长安传译的《智度》《中》《百》《十二门》论和有关禅经（《坐禅三昧经》《禅法要解》等），学风在当时中国北方的影响当能存在。慧文远承其学，近复取资于北地六家禅师明、最、嵩、就、鉴、慧用心之法，更发展之。其一心三观之说，和当时传菩提达摩二入四行的壁观禅慧可（487—593）于东魏天平初年（534）在邺都“盛开秘苑”，依《楞伽经》藉教悟宗似相呼应。传之于慧思，思又传之于智顗，乃构成教观兼备，建立了天台宗。

慧文禅法，虽资取于诸家，但师承是很不明的。天台宗建立以后，为了教人信服，智顗门人灌顶（561—632）曾在叙《摩诃止观缘起》中，援用北魏昙曜译的《付法藏因缘传》二十三祖的系统，提出了“金口所记”和“今师相承”的说法。金口所记，后来湛然名之为金口祖承是“从前向后”，从大觉世尊法付第一祖大迦叶到第二十三祖师子止，以其中第十三祖为龙树。为慧文所祖承。盖谓“文师用心一依《释论》（《大智度论》），论是龙树所说，《付法藏》中第十三师。智者《观心论》云‘归命龙树师’，验知龙树是高祖师也”（《摩诃止观》卷一）。“今师相承”是由智顗追溯师承业于思、文，而上接龙树，所谓“台（智顗）衡（慧思）慧文宗于龙树”（《摩诃止观》卷一）。今师即指智顗而言。

除了上述的两种相承之说而外，后来湛然在《摩诃止观辅行搜要记》卷一，还提出与天台法门有关的九师相承问题，即列举明、最、嵩、就、鉴、慧、文、思、顗九人，并简单地说到九人用心的法门。九师中前六师，除“最师”是昙无最外，其余身世不详。据说，九师是记在《国清广百录》（原书已佚），且是不识根源的人所记；《续高僧传》的《慧思传》中也说，“思又从道于就师，就又受法于最师”；并说慧思开悟后“往鉴、最等师述己所证，皆蒙随喜”；故前六师中至少最、就、鉴三师在慧文与慧思之间无疑是有深切的关系的。

（石鸣珂）

二十七　慧思（515—577）

慧思，俗姓李，后魏南豫州汝阳郡武津县（今河南省上蔡县）人。十五岁信仰佛教出家，二十岁受具足戒后严守戒律，平时不常和人来往，每天读诵《法华》等经，数年之间便满千遍。又因阅读《妙胜定经》，开始修习禅观。外出参访，寻问禅法，常于林野间经行修禅。中间曾往投当时著名的慧文禅师，从受禅法，白天随众僧事，夜间专心修禅，结合《法华经》意，悟得法华三昧。他复将自己的领悟，请教于鉴、最诸禅师，得到他们的赞许，声誉远播。以后，他游行各州，随从他学习禅法的徒众不断增加。为了给徒众讲习禅学，他着手从大小乘经论中采集有关法门，加以贯穿解说。三十四岁时（548）在兖州讲禅法，因徒众人品复杂，时生是非，遭遇邪师的猜忌谋害，从此中止北游，率众南行。先到信州，后入郢州，随地应请讲说大乘。在郢州又遭恶人在食物中置毒加害，徒众有三人因中毒致死。梁代承圣二年（553），率众再向南行，到了光州，次年入住大苏山，在开岳寺、观邑寺讲《大品般若经》，信众日增，因此发愿写造金字《般若经》，四十四岁时（558），于光城县齐光寺实现了写金字经本并贮以宝函的心愿。他极重视这件事的完成，特撰《立誓愿文》，叙述自己出家学道、习禅及在各地游化迭遭诸异道扰乱毒害，因而发心写造金字经本的因缘，立誓修禅解脱法、得神通力、弘扬般若、广度众生的大愿。这篇《立誓愿文》的流传，更引起了远地信众的归仰，远来归从他的人益多。以后创立天台宗的智顗，就是在这时不避战乱，远来光州师事他的。慧思在光州游化历时十四年，乃于陈代光大二年（568）带了徒众四十余人前往湖南，入住南岳。在那里继续提倡修禅，陈地信众望风归附，陈主迎他到陈都建业，住栖玄寺，讲《大品般若》。他很感慨当时南地佛学界偏重理论，轻视禅观，于是双开定慧两门，日间谈理，夜间修禅，同时讲说禅波罗蜜，陈主尊他为大禅师，倾动一时。后又还住南岳，继续传授禅法。他平时奉持大戒，衣服只用棉布，寒冬添铺艾叶以御风霜，《续高僧传》特别称赞他慈行可风。陈太建九年（577），他特从山顶下来，住半山道场，大集徒众，劝勉勤修法华、般舟三昧，语极苦切，于是年六月卒于南岳。

慧思年轻时出家，即特别注意行持。自从发心习禅，以及参访诸禅宿以来，更接触到当时北方佛教学者所特有的躬行实践的学风，使他深信由定发慧的学道之路。他的禅学思想重视般若，以后到处讲说般若，发愿守护弘扬，这就使他的禅法尽力于引发智慧、穷究实相。这一倾向，也和他亲承慧文禅师的传授有关。慧文是北齐一代最著名的禅观学者，他所提倡的禅法即是定慧并重的。特别在慧这方面，慧文对于《大品般若》上讲到三种智慧（道种智、一切智、一切种智）可次第证得亦可同时得到的道理，有其独到的见解。慧思得其真传，更结合到他自己对于《法华经》的领会，在禅学的理论和实践上，又提出独到的说法。在理论上，关于智慧，他根据《法华经·方便品》，提出穷究诸法实相的“佛之知见”作为一切智慧的最高标准。关于实相，他也根据《方便品》特举唯佛与佛乃能穷尽的境界，即所谓诸法如是相、性、体、力、作、因、缘、果、报、本末究竟等十项，为摄一切法实相，且具有圆满意义的主要内容，并据此建立了所谓“十如”实相之说。又据《大智度论》分析“如”有通别之说（见《智论》卷三十二）以阐明十如相互间的关系。在实践上，他也结合到从《法华经》上体会到的圆顿法门，用来修习法华三昧，并还具体地推广应用于日常行事上，倡导了“法华安乐行”的实践行法。

由于慧思长期持诵《法华》，对它有极深刻的信仰，因此他的中心思想虽属于《般若》，但更推崇《法华》。他认为从佛的教化辗转增胜上看，

《法华》所说要比《般若》更进一步，称《法华》为大乘顿觉疾成佛道的法门，好像莲花一样，一花而具众果，利根菩萨一心一学，一时具足，非次第入。他曾命其弟子智顗代讲《大品般若》，讲到一心具足万行处，慧思特别指示说，《大品》所讲还是次第义，到《法华》才讲圆顿义。对于智顗后来创立以《法华》为中心的天台宗学说，起了决定性影响。

另外，慧思的思想和当时开始流行的《地论》《摄论》的学说有了接触，多少受到些影响。如关于诸法实相的看法，《般若》《法华》说一切法无自性、不可得，原从客观上说，色、心诸法是平等的，慧思则有心法为中心而谈诸法实相的倾向（见《无诤三昧法门》卷下），因而和同时讲“三论”一系学者的实相观有所不同。这一倾向，对于以后智顗所倡说的一念三千和圆融三谛等观心释的说法，无疑也起了作用。其次是关于心识的看法，慧思认为心法可分为根本心识和枝条心识二类（见《无诤三昧法门》卷下），说六识为枝条心识，是心之相，有假名识、动转识等异名；六识的本体为根本心识，是为心之性，亦称为如来藏。他这样说法，虽未明白主张有八识，而对于心的看法不局限于六识则显然可见。他把心体联系到当时所说的真心、如来藏等概念上去，但没有很好地加以辨别，所以关于这一方面的见解，多少和后来流行的《起信论》的议论相近，这可能代表了当时一部分习禅者的心识观。

慧思对于所习诸经论，每有他独自悟入之处，多结合实践加以申说，他的著作大都出于口授的记录，自具体系。见于记载的有《诸法无诤三昧法门》二卷、《立誓愿文》《随自意三昧》《法华安乐行义》各一卷，《大乘止观法门》二卷等。《止观》一书颇受宋、明以来台宗学者的重视。

慧思的门下颇多，最著名的当推善于发展师说，创立天台学系的智顗（见本书《智顗》条），其次有新罗人玄光及大善，他如南岳的僧照、枝江的慧成、江陵的慧威等都著名于一时。玄光将南岳思想传入新罗，为以后天台宗教义流行于朝鲜半岛的先驱。

（游侠）

二十八　智顗（538—597）

智顗，世称智者大师，中国天台宗开宗祖师。俗姓陈，家居荆州华容（今湖南省华容县），父亲是梁朝的官吏。十七岁时，值梁末兵乱，家庭分散，流离颠沛，遂在荆州长沙寺佛像前发愿为僧。次年，依湘州（今湖南省长沙市）果愿寺法绪出家，授以十戒；叫他去慧旷律师处学律，二十岁受具足戒。这时，他已精研律学，深好禅观。陈文帝天嘉元年（560）听说慧思禅师从北方南下，居于光州（今河南省光山县）大苏山，他就前往请益。慧思为他演说四安乐行，他日夜勤习，造诣甚深。

陈光大元年（567）慧思临去南岳时，嘱他往金陵（今江苏省南京市）传弘禅法，他就和法喜等二十七人一同东下，到达陈都讲禅。过了两年（569），受请主瓦官寺开讲《法华经》题，树立新的宗义，判释经教，奠定了一宗教观的基础。

智顗住瓦官寺前后八年，除讲上述《经》题而外，还讲《大智度论》和《次第禅门》（即《释禅波罗蜜次第法门》），写出《六妙法门》等。陈太建七年（575）离开金陵，初入天台山，于北面山峰，创立伽蓝，栽植松栗，引入流泉。又往寺北的华顶峰，行头陀行，昼夜禅观。

陈至德三年（585）三月，智顗再到金陵，住灵曜寺。陈少主请于太极殿讲《大智度论》题，又讲《仁王般若经》题，慧晅、慧旷、慧辩等名僧都奉命参加讨论。后移居光宅寺，讲《法华经》。弟子灌顶随听随记，录成《法华文句》。此后，智顗所讲经义，多由灌顶笔录成书。陈亡，智顗上庐山留居。

隋开皇十一年（591），晋王杨广为扬州总管，遣使到庐山坚请智顗往扬州传戒，他即前去为杨广授菩萨戒，受到“智者”的称号。次年（592）他回到故乡荆州，于当阳县玉泉山创立玉泉寺。此后两年（593—594）在寺讲《法华经玄义》和《摩诃止观》。

开皇十五年（595）春，智顗又从杨广之请，再到扬州，撰《净名经疏》，九月，辞归天台，重整山寺，习静林泉，这时他已五十八岁。又两年（597），会稽嘉祥寺沙门吉藏，曾奉书天台邀请他到嘉祥寺讲《法华经》，他因病未允前往。过了些时，他在病中对弟子们口授《观心论》。十月，杨广遣使入山迎请，他仍勉强出山，走到石城，疾亟不能前进，不久入寂，世寿六十岁，僧腊四十。

智顗生平造寺三十六所，入灭后，晋王依照他的遗愿在天台山另行创建佛刹，后于大业元年（605）题名为国清寺。

智顗弘法三十余年，其著作小部分是亲自撰写的，大部分由弟子灌顶随听随录整理成书。现存有《法华经玄义》二十卷、《法华经文句》二十卷、《观音玄义》二卷、《观音义疏》二卷、《金光明经玄义》二卷、《金光明经文句》六卷、《维摩经玄疏》六卷、《维摩经疏》（前二十五卷亲撰，后三卷灌顶续补）二十八卷、《维摩经略疏》（唐湛然略）十卷、《四教义》十二卷、《三观义》（由《净名玄义》分出）二卷、智顗前出《净名玄义》十卷；后为晋王杨广著疏，并别制《玄疏》。因将前出《玄义》分为三部，即《四教义》六卷、《四悉檀义》二卷、《三观义》二卷）、《请观音经疏》一卷、《观无量寿佛经疏》一卷、《阿弥陀经义记》一卷、《仁王护国般若经疏》五卷、《金刚般若经疏》一卷、《菩萨戒义疏》二卷、《摩诃止观》（初名《圆顿止观》）二十卷、《释禅波罗蜜次第法门》十卷、《六妙法门》（一名《不定止观》）一卷、《小止观》（一名《修习止观坐禅法要》）一卷、《四念处》四卷、《五方便念佛门》一卷、《禅门口诀》一卷、《禅门章》一卷、《禅门要略》一卷、《观心论》一卷、《观心诵经法》一卷、《观心食法》一卷、《释摩诃般若波罗蜜经觉意三昧》一卷、《方等三昧行法》一卷、《法华三昧忏仪》一卷、《请观音忏法》（载《国清百录》卷一）一卷、《金光明忏法》（载《国清百录》卷一）一卷、《天台智者大师发愿文》一卷、《普贤菩萨发愿文》一卷。此外，他的著述还有《大智度论疏》二十卷、《弥勒成佛经疏》五卷等，现已散佚。又《净土十疑论》一卷，有说是后人托名伪撰。

智顗的著述，建立了天台一宗的解行规范，其中主要的是《法华经玄义》《法华经文句》《摩诃止观》世称为天台三大部；又《观音玄义》《观音义疏》《金光明经玄义》《金光明经文句》《观无量寿佛经疏》，称为天台五小部。他的特点在于教观双运，解行并重。在发挥《法华经》的要旨方面，他以化仪四教和化法四教判释释迦一代时教，用五重玄义解释经题，述为《法华玄义》；以四释（一、因缘释；二、约教释；三、本迹释；四、观心释）诠经的文句，述为《法华文句》；以一心三观十乘观法开显圆顿止观法门，述为《摩诃止观》。他的学说，在中国佛教史上产生的影响很大（参照《天台宗》专条）。

（吴明）

二十九 信行（540—594）

信行，我国隋代倡导三阶教（佛教一个支派）的一位大德。俗姓王，魏郡（今河南省安阳市）人。十七岁时，出家于相州（今河南省安阳市）法藏寺。受戒后，博涉经论，重视行持。认为佛教须应时宜，实行济度，不应空讲理论。比丘生活方式对于菩萨行颇多不便，因此，他于法藏寺舍了具足戒。

信行舍戒后，极力宣扬大乘利他精神，并且亲服种种劳役，节衣缩食，救济贫穷并供养三宝。信行虽舍戒而并不还俗，于是远近有一些僧徒造门诘问，信行说明他要创立新宗的企图。他认为隋代已是末法时代，应因时设教，以法验人，从而依末法观创立三阶教义。他把整个佛法分为三阶，阐明机教相应与根行相契。谓第一阶为大乘根机，属于正法时代；第二阶为三乘根机，属于像法时代，以上第一、二阶教中有大小差别之法，名为别法；第三阶为世间普通的根机，属于末法时代。不论大小乘法，必须普敬普信，名为普法。普法就是末法众生唯一得救的法门。有很多人从他化导，奉以师礼。

开皇三年（583），他在相州光严寺，发愿为皇帝、诸师父母乃至一切众生，施舍身命财物、建立礼佛、转经、众僧、众生、离恶、头陀、饮食、食器、衣服、房舍、床坐、灯烛、钟呗、香、柴炭、洗浴十六种无尽藏行，“愿施无尽，日日不断”，直至成佛为期。开皇七年（587），信行已经四十八岁。他写信给相州知事，誓愿顿舍身命财物从事无尽藏的布施。要求相州知事代为奏闻，让他他行这个志愿（《信行遗文》）。

这时，左仆射（丞相）高颖，闻信行盛名，因请隋文帝召他入京，并施资于京师（市今陕西省西安市）真寂寺建立别院，供养信行居住（唐临《冥报记》）。开皇九年（589），信行带着弟子僧邕等自相州至京师，受到了很多僧俗的皈敬。

信行教导门徒，悉行头陀乞食，日止一餐，他又效《法华经》常不轻菩萨的榜样，路上遇人，不问男女，悉行作礼，谓之“普敬”。因此，他所领导的教团很快得到许多道俗的信奉。

信行晚年患病，体气衰弱，不能起床，乃请佛像入房观念。开皇十四年（594）正月四日寂于京师真寂寺，年五十五岁（《续高僧传》作五十四岁，兹据《故大信行禅师塔铭》）。弟子净名、僧邕等三百多人，依林葬法，收其舍利起塔于至相寺旁，弟子裴玄证为撰舍利塔铭。他的教徒殁后，无论僧俗，照例也埋葬于他的墓塔左右，后来那里建了信行塔院，称为百塔寺。

信行创立三阶教的年代，据敦煌发现的《信行遗文》看来，开皇三年至七年（583—587）间，始在相州提倡。后来由相州传入隋都，得到许多道俗的信奉，不几年间，便形成了一个三阶教派。

三阶教所创立的无尽藏布施思想，与《华严经》的菩萨行思想有关。裴玄证《信行塔铭》说：“（禅师）披《杂华》（即《华严经》）之文。起菩提之行，感波崙（常啼菩萨）之志气，慨童子（善财）之精诚。誓欲洞达十二之文，和会百家之说。”可知信行之所以建立无尽藏，是受了《华严》饶益众生思想的启发。

信行认为到了末法时代，应有一种能够满足时代要求的佛法，即所谓三阶佛法。三阶的名称，是依时、处、人三项而建立的。约时三阶，即以经上所说佛灭后的正、像、末三个时代而言，以佛灭后五百年正法时代为第一阶，次五百年像法时代为第二阶，佛灭千年以后末法时代为第三阶。约处三阶，以净土为第一阶一乘（大乘）之处，秽土为第二阶三乘（小乘）之处，第三阶为戒见俱破的众生之处。约人三阶即一乘、三乘和世间根机的区别，分为三阶。他认为众生根性不同，必须因人说法。既然时属末法，处在秽土，人乃劣机的世间则应信修普法。若以下人而修上法，则不合机宜。所以，三阶教的主要教义，在于对根起行。

信行认为第一阶正法时，戒见（行为和认识）俱不破，第二阶像法时，破戒不破见，二者都是具有正见的人。但到第三阶的末法时，则戒见俱破。劣时劣处，又为偏见（空或有）或邪见所支配。对于执著偏见的人，若授以第一、二阶的“别法”，则信此一佛一经者，将谤他佛他经。所以，信行主张在末法时期，不应学习“别法”，应该普遍归依一切佛、一切法、一切僧、断一切恶、修一切善。故他称第一、二阶为“别佛别法”，称第三阶末法为“普佛普法”，略称“普法”。

信行的著作，最初见于隋开皇十七年（597）费长房《历代三宝纪》卷十二，称为《对根起行法集录》三十二卷、《三阶位别集录》三卷，早已散佚。后世学者对于三阶教的内容，只能从窥基的《净土要诀》及怀感的《释净土群疑论》等书中的片段记事，略见其教理大纲而已。到了近代，日本佛教学者矢吹庆辉在欧洲从斯坦因、伯希和自敦煌盗去的许多古写经中，发见了关于三阶教的几种写本，从而进行研究，并参照日本古代所传三阶的典籍加以校订发表。因此，现在可以见到信行的著作有《三阶佛法》四卷、《对根起行法》一卷、《大乘无尽藏法》《三阶佛名经》等残卷。

信行的弟子很多，其传记事迹见于僧传及碑铭的有本济、净名、僧邕、裴玄证、慧了、僧海、道安等。

（林子青）

三十 吉藏（549—623）

吉藏，中国隋代三论宗集大成者。俗姓安，本西域安息人，先世避仇移居南海，住在交广（今越南、中国广西壮族自治区）一带，后迁居金陵而生吉藏。幼年时，父亲带他去见真谛，真谛为他取名吉藏。吉藏的上辈本奉佛教，他的父亲后来出家名道谅。吉藏七岁时（一说十三岁）即从法朗出家，学习经论。十四岁时从法朗受学《百论》，十九岁时开始为众复述，受到大众的称誉。

吉藏受戒以后，学解更进，声望日高。陈桂阳王（伯谋）钦慕他的学问，对他特加尊敬。陈末，隋兵进攻建康，社会极为混乱。吉藏和一些同学前往各寺，搜集佛教文疏，藏于三间堂内，到战事停止后加以整理。他涉猎典籍非常广泛，后来他的著述注引的赅博，就是得力于此。隋朝平定江浙地方以后，吉藏遂移住会稽秦望山嘉祥寺。他在这里弘传佛法，从他受学者多至千余人。后来，学者即因他所住的寺号称他为嘉祥大师。

吉藏在会稽嘉祥寺时，曾开讲《法华经》并自著章疏。及智顗再归天台，他即于开皇十七年（597）八月廿一日与禅众百余人致书请智顗开讲《法华》，智顗因病未赴不久即圆寂。因从智顗弟子灌顶听天台宗义（《续高僧传》卷十九《灌顶传》）。

隋开皇最后几年（581—600），晋王杨广（即隋炀帝）总管扬州，在扬州建置四个道场，延请佛教知名学者入住。吉藏以盛名被延入慧日道场，受到特殊礼遇。开皇十九年（599），杨广自扬州赴长安，邀吉藏同行，到长安后被安置于日严寺，即埋头整理《维摩经》的著述。他的《净名玄论》，就是这个时期的作品（见《净名玄论》）。隋炀帝的次子齐王杨暕，早闻吉藏盛名，于大业五年（609）请他莅临私第，邀集长安名士六十余人举行辩论会，并推吉藏为论主。当时有僧粲和他对论，往复四十余番，结果吉藏获胜。这时他已经六十一岁。

隋朝亡后，唐高祖李渊初到长安，召集佛教知名人物在虔化门下接见。吉藏被推为代表往见。武德初年（618），唐朝设置十大德管理佛教事务，吉藏被选为十人之一。他在长安先住实际寺和定水寺，后来齐王李元吉（唐太宗之弟）请他住延兴寺。武德六年（623）五月得病逝世，世寿七十五。临终还写了一篇《死不怖论》，葬于终南山至相寺的北岩（《续高僧传》卷十一本传）。

吉藏的学说渊源于摄山学系。摄山自梁僧朗、陈僧诠相继，成为江南三论宗的发祥地。僧诠门下最杰出的有兴皇寺法朗、摄山栖霞寺慧布、长干寺慧辩和禅众寺慧勇，尤以法朗为最著名。僧诠在摄山弘布三论及《摩诃般若经》，到了兴皇法朗始兼讲《涅槃经》（吉藏《涅槃经游意》）。吉藏从法朗受业，后来也广弘这些经论，其学问授受的渊源是可以想见的。

吉藏一生的学说有三变，最初宗承他的本师法朗的学说，深究三论和《涅槃》；继而摄取天台宗的《法华玄义》；最后倾其全力于三论的阐扬，著作《三论玄义》，树立了自己的宗要。在他以前的所谓“古三论”，有罗什门下僧肇、道融的“关内义”（或称“关河旧说”），有僧朗、僧诠、法朗三世相承的“山门义”，到了吉藏始集三论教义的大成，因此他的三论学说被称为“新三论”。

吉藏博学多识，历受陈、隋、唐三代王室的尊崇，不免恃才傲物；加以生活不拘细节，时或招受人们的非难。他在学问上虽有成就，并不善于处众。所以，道宣对他的评价是：“纵达论宗，颇怀简略，御众之德，非其所长。”

吉藏弘法五十余年，造就弟子很多。见于史传记载的有慧远、智拔、智凯（同名的两人）、智命、硕法师、慧灌等。慧远晚年住蓝田悟真寺，盛行讲说。智拔，襄阳人，初为智润的弟子，后来京师从吉藏研究《法华》，深得吉藏的器重（《续僧传》卷十四本传）。智凯，丹阳人，因闻吉藏讲《法华·火宅品》而出家，发色较黑，被称为乌凯，随吉藏到会稽嘉祥寺，是吉藏门下的俊才（《续僧传》卷十四本传）。另一智凯是扬都人，闻吉藏在会稽传播佛法，即弃俗从他出家，并受学三论。后随吉藏入京，专攻子史，曾在内殿佛道辩论时折服了道士张鼎，是一个长于辩论的僧人（《续僧传》卷三十本传）。智命，荥阳（今河南省）人，初从吉藏听三论和《法华》，发生了信仰。后来，夫妇同时出家，不久因事被杀（《续僧传》卷二十七本传）。硕法师从吉藏受学，曾著有《中论疏》十二卷。慧灌，高丽国人，曾入隋至会稽嘉祥寺从吉藏研究三论，后入日本传弘三论，被称为日本三论宗的初祖（日本师錬《元亨释书》卷一本传）。

吉藏生平，曾讲三论、《法华》《大品》《智论》《华严》《维摩》等经论多遍，并各著注疏行世。他的著述共计四十余种，其中有的已经散失，有的真伪尚未决定，现存的尚有二十六部。其名如次：《华严经游意》一卷、《净名玄论》八卷、《维摩经游意》（即“维摩经义疏”卷首玄义）一卷、《维摩经义疏》六卷、《维摩经略疏》五卷、《胜鬘经宝窟》六卷、《金光明经疏》一卷、《无量寿经疏》一卷、《观无量寿经义疏》一卷、《弥勒经游意》一卷、《大品经游意》一卷、《大品经义疏》十卷（卷二阙）、《金刚经义疏》四卷、《仁王经疏》六卷、《法华经玄论》十卷、《法华经游意》一卷、《法华经义疏》十二卷、《法华经统略》六卷、《涅槃经游意》一卷、《三论玄义》一卷、《中观论疏》十卷、《百论疏》三卷、《十二门论疏》三卷、《法华论疏》三卷、《二谛章》三卷、《大乘玄论》五卷。

吉藏的著述，自隋唐以来陆续流入朝鲜和日本，曾被广泛研究和翻译刻版，因而有所影响。

（林子青）

三十一　法顺（557—640）

法顺，俗姓杜，一称杜顺，雍州万年县（今陕西省西安市长安区）人，生于陈武帝永定元年（557）。十八岁出家，从因圣寺僧珍禅师（又称魏禅师），受持定业。后来在庆州、清河、骊山、三原、武功等地说教，所说直显正理，删去浮词。当时盛传他有种种神异的事迹，所以《续高僧传》（卷二十五）把他的传记编在《感通类》，并且说唐太宗仰慕他的神德，引入内禁，隆礼崇敬。《佛祖统纪》卷二十九、三十，载有唐太宗和他的问答，并说唐太宗称他为“帝心”，后世遂有帝心尊者之称。他曾游历四方，劝人念阿弥陀佛，著有赞咏净土的《五悔文》。他的门弟子有达法师、智俨、樊玄智、动意等，其中以智俨为特出。据《华严经传记》卷三说法顺于隋炀帝大业九年（613），即智俨十二岁时，向智俨的父母乞智俨为弟子，即交付高足弟子达法师教诲。《华严经传记》卷四又说有居士樊玄智，泾州人，年十六，舍家来从法顺修行，即令以读诵《华严经》为业，并劝他依经修普贤行愿。法顺于唐太宗贞观十四年（640）在南郊义善寺圆寂，时年八十四岁，葬于樊川的北原。

世称法顺为华严宗初祖，其说始于圭峰宗密。《续高僧传·法顺传》虽然没有任何关于法顺弘传《华严》的记载，但在传末说智俨经常讲说《华严》和《摄论》之后，紧接着说是“斯尘不绝矣”，可知杜顺、智俨之间是有华严传承关系的。又《华严经传记》说法顺令樊玄智读诵《华严》，又劝他修普贤行，也可见法顺确是倡导《华严》学说的。

法顺的著述，相传有《华严法界观门》《华严五教止观》各一卷。《法界观》的全文，又见于法藏所撰《华严发菩提心章》，因此有人疑心不是杜顺的著作，但澄观对它有注解，题作“终南山释法顺俗姓杜氏”撰，并作《华严法界玄镜》以阐明它。《五教止观》也题作“京终南山文殊化身杜顺说”，卷末还载明是“华严杜顺和上略出记”，但全文大部分见于法藏的《华严游心法界记》中，这《游心法界记》或者是根据《五教止观》所作。但是《五教止观》中，出现了好些后来玄奘所用的译语，又提到后来的佛授记寺，于是发生了是不是杜顺所说的问题，为学者所聚讼，悬而未决。还有法藏的《妄尽还源观》，孤山智圆也说它是法顺所撰，到了晋水净源才断定是法藏所著（见《妄尽还源观》卷末净源按语）。又智俨所撰的《华严一乘十玄门》，也题作“承杜顺和尚说”，假如这是事实，也可以证明杜顺和智俨《华严》传承的关系。此外，法顺的著作相传还有《十门实相观》和《会诸宗别见颂》各一卷。

（黄忏华）

三十二　道绰（562—645）

道绰，俗姓卫。并州（今山西省太原市）汶水人（迦才《净土论》卷下作并州晋阳人），是继承北魏昙鸾一系净土思想的大师。他十四岁时出家，对《大涅槃经》特别有所研究，曾开讲二十四遍。后于太原蒙山开化寺从慧瓒禅师（536—607）讲究空理，对禅学有很深的造诣。

隋大业五年（609），他到汶水石壁玄中寺。寺为昙鸾所建立，他见到记载昙鸾念佛往生种种瑞应的碑文极为感动，于是即舍《涅槃》讲说，修习净土行业，一心专念阿弥陀佛，观想礼拜，精勤不断。并为信众开讲《观无量寿经》约二百遍，词旨明畅，辩才无碍。每当他讲经散席，大众欢喜赞叹，念佛的声音响彻林谷。他所住的玄中寺属西河汶水之地，故后人又称他为西河禅师。

道绰每日自己念佛，以七万遍为限。他并广劝道俗信众称念阿弥陀佛名，以麻豆等记数，每一称名便下一粒，念念相次，累积得数百斛。其中，最上的念得豆量八九十石，中等的念得五十石，最少的也念得二十石。后来，他又教人穿木槵子作数珠以为数法。他经常自己穿制念珠，送给四众，教他们称念佛号。教导信众不向西方涕唾便利，不背向西方坐卧。有些不信净土法门的人想加毁谤，但一接触到道绰的风采都改容归向。由于他热忱弘化，当时晋阳、太原、汶水三县七岁以上的男女都会称念阿弥陀佛的名号。

唐太宗贞观二年（628）四月八日，他曾大集道俗于玄中寺，祝佛陀降诞，将欲舍命而未遂。其后太宗因文德皇后有病，曾驱车到玄中寺访道绰，供养祈愿。显见道绰当时德望很高（见《金石萃编》卷八十四林谔撰《石壁寺铁弥勒像颂碑》）。他七十岁时，忽然龀齿新生，一如童年，加以神气清健，容光焕发，弘讲净业，滔滔不绝。贞观十九年（645）四月二十四日与道俗告别，二十七日于玄中寺入寂时年八十四。

道绰的著作，现存的有《安乐集》上下二卷（道宣《续高僧传》的《道绰传》中误作为《净土论》）。此外，日本的《东域传灯目录》，别出他的《观经玄义》一卷，现已不传。

道绰净土学的特色，是他重视经证。他在《安乐集》的卷首就说："此所引用的经律论释，多至四十余部。其中常引用的除《无量寿经》《观无量寿经》《阿弥陀经》所谓净土三经外，还引用有《大集》《涅槃》《华严》《维摩》《法华》《般若》《大悲》《增一阿含》《十地》《观佛三昧》《十方随愿往生》《法句》《大乘同性》等经；《大智度》《大乘起信》《俱舍》《往生》等论；以及此土昙鸾《赞阿弥陀佛偈》等。"由此可以窥见他的博学。但他志在阐扬净土教义，并不讲求著述形式，文字不免有堆砌之嫌。因而迦才曾批评《安乐集》说："近代有绰禅师，撰《安乐集》，广引众经，略申道理。其文义参杂，章品混淆，后之读之者，亦踌躇未决。"（见迦才《净土论》序）

道绰主张教法应该和时机相应。他在《安乐集》卷上即根据《大集月藏经》所说，佛灭度后有五个五百年末法开始时期，主张应该修福忏除罪障，并认为念佛一门最为应机。他把佛的教法分为圣道、净土二门。圣道门非末法钝根众生所能悟证；只有净土门简要易行，乘佛的本愿力即能往生净土。所以，他一生宣扬净土法门。

关于净土生因的问题，道绰主张以菩提心为其根本，以念佛三昧为其要行，并引天亲《净土论》"发菩提心即是愿作佛心。愿作佛心即是度众生心"的说法以为证明。他更广引诸经证明念佛三昧的不可思议功德，修此三昧必能见佛，命终之后即生佛前；又念佛三昧具足一切四摄六度。能消灭过去、未来及现在一切诸障。从他所引《般舟经》的"常念我名"及

《观佛三昧经》的“观佛相好”文字看来，道绰的念佛三昧包含着称名和观念两种念佛的意味。这和昙鸾的思想是一脉相承的。

于道绰的师承，他因见昙鸾碑文而归向净土，并非直接的传承。他自己在《安乐集》卷下提到中国净土的师承，曾举了菩提留支、慧宠、道场、昙鸾、大海、齐朝上统（法上）六人，也没有直接传授的迹象。因此迦才《净土论》称道绰为大鸾法师三世之下玄孙弟子，是从昙鸾之法上的隔世关系而推想的。

受了道绰感化归向净土法门的有道抚、僧衍、善导、尼大明月等，而以善导为最杰出。道抚是长安洪福寺的名僧，特地到玄中寺访问道绰，和他共修净土行业，对于净土教义的弘扬起了不少作用。他每和道绰相见，必指净土为会。道绰死后三日，道抚闻讯叹说：“吾常期先行，今乃在后；吾加一息之功，见佛可追矣。”即在像前叩头忏悔，退就其坐而寂。

僧衍（597—642），并州汶水人。初念慈氏菩萨名，期生兜率内院。年九十以后遇道绰讲《观无量寿佛经》，始归心净土。每日早晨礼佛千拜，念佛万声。尼大明月，介州平遥人，也是在晚年六十岁时（贞观初）遇着玄中寺道绰讲《无量寿经》，教念阿弥陀佛。她从此在净室念诵，同时传教其妹少明月，亦同念佛。

善导于贞观十五年（641）访问道绰于玄中寺。道绰授以《观无量寿佛经》并净土教义。他后来到长安，盛唱念佛法门，极受道俗的敬信，成为道绰以后唐代净土教史上最杰出的人物。

（林子青）

三十三　法琳（572—640）

法琳，俗姓陈，原籍颍川。他的远祖曾到襄阳做官，因之留寓该地。他生于陈宣帝太建四年（572），年少即出家，游历金陵、楚郢（江陵）各地，遍学内外典籍。隋开皇十四年（594），二十三岁，夏五月，隐居青溪山鬼谷洞（今湖北省远安县），精勤诵习，白昼钻研佛经，夜间阅览俗典，学业大进，曾撰有《青溪山记》，文词婉丽，传诵一时。仁寿元年（601），他三十岁，出山来游隋京大兴（即长安）。他想了解道教的真实情况，遂在义宁元年（617）著黄巾道服与道家交往，到唐武德元年（618），又还归佛教，住济法寺。武德四年（621）九月，太史令傅奕（原是返俗的道士），上废佛法奏事十一条。唐高祖李渊征询沙门的意见，法琳这时据理回答，李渊无词以对，傅奕之议因而不行。但是傅奕把他奏事的内容公开宣布，因文中有秃丁、胡鬼等语，遂使社会上有鄙视歧视佛教僧徒的风气。这时有总持寺的普应撰《破邪论》二卷，又居士李师政（曾任扶沟令）撰《内德论》和《正邪论》，都广引佛教经论，破斥傅奕之说。但是，法琳以为佛教经论本为傅奕攻击的对象，纵然引用，岂能使其心服，于是自撰《破邪论》一卷（或作二卷），约八千多字，引据孔子老子推敬佛教等中国的古代传说，用傅奕等本身所信的学说以破斥其谬见，此论出后，虞世南特为写了一篇序文，风行一时。法琳为了进一步转移当时社会上的视听，遂在武德五年（622）正月上书于皇太子，武德六年（623）五月二日又上书于秦王（唐太宗）备论傅奕之妄。武德九年（626）三月，唐高祖下诏沙汰寺僧；只京师留三寺千僧，其余寺宇并赐王公，僧徒放还故乡。但到六月三日，高祖退位，太宗大赦天下，佛教又恢复旧观。本来武德初年有道士李仲卿、刘进喜等著《十异九迷论》和《显正论》等论贬量佛教，法琳为了造论破斥著成《辩正论》八卷十二篇，东宫学士陈子良为之制序。贞观元年（627）太宗舍太和宫为高祖立龙田寺，以法琳为寺主，又三年（629），波罗颇迦罗蜜多罗三藏来长安翻译《宝星陀罗尼经》和《般若灯论》等经典，法琳都参加笔受，审定名义，并为《宝星陀罗尼》制序。贞观七年（633）二月，有太子中舍人辛谞设《问难》二条以问纪国寺僧慧净，慧净著《析疑论》答之，并以此论送法琳阅览，法琳因此又著《齐物论》。贞观十一年（637）正月，唐太宗因为自姓李氏，欲推尊以老子李耳为始祖的道教，诏令道士女官的位次排在僧尼之前。当时僧众推法琳上表抗争，太宗不从。贞观十三年（639）九月，有道士秦世英谮毁法琳，说他所著的《辩正论》，讪谤皇帝的祖宗，有调上之罪。太宗大怒，又下诏沙汰僧尼，并逮捕法琳加以推问。到十月二十七日遣刑部尚书刘德威，礼部侍郎令狐德棻，侍御史韦悰，司空毛明素等推问，法琳辞气不屈。至十一月十五日刘德威等以推检状况奏闻，太宗于是亲自审问，当时问答有二百余条。到二十日，太宗又下诏令法琳念观音七天，届期行刑，看有无灵感。到期又遣人询问，法琳对答从容，太宗闻报欢喜，谕令免刑，又召法琳细问佛道优劣，法琳对答如理，太宗遂释其罪，令徙益州为僧。法琳又著《悼屈原篇》以叙己志。贞观十四年（640）六月初一日行至百牢关菩提寺，患疾，七月二十三日卒，年六十九岁。

法琳的著作，除《破邪论》《辩正论》（现存）而外，据同时的沙门彦悰曾加以搜集，谓共有诗赋、碑志、赞颂、箴诫、记传、启论、《三教系谱》、《释老宗源》等合三十卷。又据道宣所述，另有表、章、诔、《大乘教法》等名目，共有三十余卷。他的这部文集现已失传，但是重要的文字大都引用在彦悰和道宣二人分别撰作的《法琳传》中。在法琳当时，佛教和道教的斗争非常剧烈，法琳在此一斗争中，深入了解道教内幕，所以他的文字中保存不少有关道教的原始材料，而为现代研究道教史的重要依据。又因唐朝引老子李耳为祖先，法琳考查出唐代的祖先实出于元魏拓拔氏，这给后代研究隋唐氏族问题得到一个很好的启发，所以近代有些史学家也找出旁证支持法琳的意见。

（郭元兴）

三十四 法融（594—657）

法融，禅宗牛头派创始人。俗姓韦，润州延陵（今江苏省丹阳市延陵镇）人。十九岁（612）入句容茅山从三论宗僧炅法师剃度。后从大明法师钻研三论和《华严》《大品》《大集》《维摩》和《法华》等经数年。大明寂后，漫游各地，从盐官（今浙江省海宁市）邃法师、永嘉旷法师等听讲各种经论，深有造诣；但觉全凭知解不能证入实际，因而复入山凝心宴坐，过了二十年习定的生活。

唐初武德七年（624）平定了吴越，左丞相房玄龄奏请淘汰寺庙僧徒，法融即挺身入京陈理，御史韦挺看了他的《表》辞情文并茂，和房玄龄协议后才把这事打消。贞观十年（636）他到南京牛头山幽栖寺北岩下构筑一所茅茨禅室，日夕参究，数年之间，同住的法侣就有一百余人。这时，牛头山的佛窟寺藏有佛经、道书、佛经史、俗经史和医方图符等七藏，是刘宋初年刘同空造寺时到处访写藏在寺里的著名经藏。法融得到佛窟寺管理藏经的显法师允许，在那里阅读了八年。摘抄各书的精要，然后回到幽栖寺，闭门从事研究。

贞观二十一年（647），法融在幽栖寺开讲《法华经》。永徽三年（652）邑宰请他出至建业讲《大品般若》。江宁县令李修本又请他讲《大集经》。

显庆元年（656）司功萧元善再三请他住建初寺，次年（657）即寂于该寺，时年六十四岁。

法融和禅宗四祖道信的关系，《续高僧传》并无记载。明确的记述法融受道信印可为牛头禅初祖的事实，是晚出的刘禹锡的《融大师新塔记》（《全唐文》第六百零六卷）、李华的《故径山大师碑铭》《故左溪大师碑》（《全唐文》第三百二十卷）、李吉甫的《大觉师碑铭》（《全唐文》第五百一十二卷）和宗密的《禅门师资承袭图》等。

法融的门下，据《续高僧传·法融传》说，他初入牛头山时有道綦和道凭，这两人的事迹都不详了。《宋高僧传》卷八有《昙璀传》，说昙璀晚年曾事牛头山法融，称法融为东夏的达摩。他受了法融诲示以后，即隐居于钟山，后入润州竹林寺。从最初的师承关系说，昙璀应该是牛头宗的第二世，后来却公认智岩为二世。至于牛头宗法系六世的次第，都是比较后起的说法，而各种记载里也互有出入。唐刘禹锡的《融大师新塔记》以法融、智岩、法持、智威、玄素、法钦为牛头宗传承的次第，但未称为六祖。李华的《故径山大师（玄素）碑铭》所记的传承是：法融、智岩、慧方、法持、智威、玄素六世。这种系统传说在玄素（668—752）生前似已成立。到了宗密时（780—841）更确定了牛头宗的世系，以法融为第一祖，智岩第二，慧方第三，法持第四，智威第五，慧忠第六。又说智威的弟子有润州鹤林寺玄素，玄素的弟子有径山道钦（一称法钦），都是相承传授牛头禅的宗旨的。牛头宗的世系，后来即以此为定说。

据宗密《禅门师资承袭图》说，牛头宗是从道信下傍出的一派。初祖慧融（即法融）禅师曾多年精研般若空宗，后遇道信印证所解。道信告诉法融说，此法从上以来只委一人，他已将法付于弘忍了，因而嘱咐法融说，可以自立一支。法融后来果于牛头山创宗，位当初祖，辗转传了六代。这一宗和南北二宗都没有关系。一说是法融在牛头山得自然智慧后，道信亲自过江去加以印证的。但道信当时住蕲州（今湖北省蕲春县）双峰山三十余年，为全国禅徒所仰望，法融到双峰山去问法是可能的。

法融的著述，据《宋高僧传》卷十《唐天台山佛窟岩遗则传》说，遗则曾为法融的文集作序，其书三卷现已失传。现在所传的只有存于《全唐文》卷九百零八和《景德传灯录》卷三十中的《心铭》，共一百九十八句，每句四字。《心铭》主张："心性不生，何须知见；本无一法，谁论熏炼？"

又说："菩提本有，不须用守；烦恼本无，不须用除。"这种思想显然成为后来南宗所倡导的顿悟说的先声。此外，据宗密《圆觉经大疏钞》卷十一及永明延寿《宗镜录》卷九十七所记，法融还有一种著作叫《绝观论》。此论近代出土的卷子本有四本（巴黎国民图书馆藏三本，北京图书馆有一本）。这些大概都是唐贞元十年（794）前后的写本，篇幅似乎不完全，《宗镜录》卷九十七引文未见于他本，但第九卷及七十七卷所引之文，敦煌本都有。

牛头禅的特色在于排遣多言，而着眼于空寂。所以从《宗镜录》卷九十七所引法融《绝观论》的文句看来，法融认为六根所缘的并悉是心，而心性又是空寂的。他说，从境起解是智的作用，而自身心性是智的境界。他从心的照用和静止的状态说明心的舒卷，"舒则弥游法界，卷则定迹难寻"。这和他的《心铭》"目前无物，无物宛然"的说法是一脉相通的。至于他的禅风，重在无心绝观，或绝观忘守。这和道信禅法以坐禅观心守一为主的，不很相同。所以他们中间的有无传授渊源，今人还是有异论的。

据日本古经录所载，法融还有《注金刚般若经》一卷、《金刚般若经意》一卷、《维摩经记》二卷、《维摩经要略疏》一卷、《华严经私记》二卷、《法华名相》一卷（见《惠运律师目录》《智证大师将来目录》和《东域传灯录》等），共有六部七卷之多，都已失传。

（林子青）

三十五　道宣（596—667）

道宣，原籍吴兴（今浙江省湖州市）人（一说丹徒人），俗姓钱，父在陈时曾任吏部尚书，母姚氏。自幼受到家庭教育，九岁便能作赋。因隋朝大兴佛教，他十岁时，便舍家从长安日严寺慧颙受业，第二年就在日严道场落发。二十岁时，到大禅定寺依智首受具足戒。二十一岁就在智首门下听受律学。智首是当时新兴的律学大家，“钞疏山积，学徒云涌”，长安独步三十余年。兼弘《地论》和《四分》的灵裕，以及先在关中弘阐《四分律》的洪遵，都率众预其法筵，听受讲习。道宣在智首门下受教奠定了一生的律学基础。

道宣在受慧颙和智首的教导以外，还经常跋涉山川去到四方广泛参学，自称“居无常师，追千里如咫尺；唯法是务，跨关河如一苇；周游晋魏，披阅累于初闻；顾步江淮，缘构彰于道听。遂以立年（三十岁）方寻铅墨，律仪博要，行事谋猷，图传显于时心，钞疏开于有识；或注或解，引用寄于前经，时抑时扬，专门在于成务”（见《关中创立戒坛图经序》）。说明他在三十岁以前是用咨广学，三十岁以后便从事于各项著述。

武德七年（624），长安日严寺废毁，道宣随慧颙往新造崇义寺。同年，他又往终南山，栖居于仿掌谷修习定慧，时有清泉涌出，因称为白泉寺。他在山整修十余年来的律学心得，于武德九年（626），撰成《四分律删繁补阙行事钞》三卷（今作十二卷），阐发了他为律学开宗的见解。贞观元年（627），撰制《四分律拾毗尼义钞》三卷（今作六卷）。四年（630）出外到诸方参学，广求诸律异传，曾到魏郡访问名德法砺律师，请决疑滞

（见《量处轻重仪序》）。九年（635）入沁部绵上（今山西省沁县绵上镇）山中撰《四分律删补随机羯磨》一卷、《疏》二卷，随后又撰《四分律比丘含注戒本》一卷、《疏》三卷。十一年（637）在隰州益词谷撰《量处轻重仪》（一作《释门亡物轻重仪》）二卷、《尼注戒本》一卷。十六年（642）仍入终南山居丰德寺，至十九年（645）撰成《比丘尼钞》三卷（今作六卷）。时玄奘三藏已由西域归国，他于同年六月被征召至长安弘福寺译场任缀文大德，参与译事。翌年（646），又返终南山，在丰德寺将所撰《羯磨》一卷增广为二卷，又将《疏》二卷增广为四卷（今作八卷），永徽二年（651）九月又增订《含注戒本》并《疏》。于是他所开启的南山宗义的五大部疏钞至此完备。至显庆二年（656），又撰成《释门章服仪》一卷。三年（657）六月，他奉敕为唐京新建的西明寺上座，同年七月迎请玄奘入寺译经，他也参加译业。龙朔元年（661），又撰《释门归敬仪》一卷。乾封二年（667）二月，他在终南山麓清宫精舍创立戒坛，依他所制的仪规为诸州沙门二十余人传授具戒。同年，他撰有《关中创立戒坛图经》一卷、《律相感通传》一卷。此外，他还撰有《释门正行忏悔仪》二卷、《教诫新学比丘行护律仪》一卷、《净心诫观法》二卷等。

道宣在佛教上的主要成就，即在于他对《四分律》的开宗弘化，以及综括诸部会通小大的创见。他对于律学的整理，如他所撰《四分律删繁补阙行事钞》和《四分律删补随机羯磨》两书就可以顾名思义。所谓“补阙”就是以其他部的文补充《四分》的阙义；所谓“随机”即是以《四分律》顺中土大乘的机缘。如他在《行事钞》（卷上一）中说，所以随其乐欲，成立己宗。竞采大众之文，用集一家之典。故有轻重异势，持犯分涂，有无递出，废兴互显，今立《四分》为本，若行事之时必须用诸部者不可不用。又说：“世中持律略有六焉：一、唯执《四分》一部，不用外宗；二、当部缺文，取外引用；三、当宗有义，文非明了；四、此部文义具明，而是异宗所废；五、兼取五藏，通会律宗；六、终穷所归大乘之极。……此《钞》所宗，意存第三、第六，余亦参取得失随机知时故也。”这说明他以

《四分》为本，并对《四分》有义无文的地方参取诸部律，而最后以大乘为归极。同时他所撰的律学著述，则自称是“包异部诚文，括众经随说，及西土圣贤所遗，此方先德文纪，搜驳同异，并皆穷核；长见必录，以辅博知，滥述必剪，用成通意”的。道宣这一综揽诸说成一家言的学风，曾受到当时佛教界的广泛推重。但同时也有少数学者不同意他的见解，如东塔怀素批评说“题云《删补随机羯磨》，斯有近弃自部之正文，远取他宗之旁义，教门既其杂乱，事指屡有乖违”（怀素《僧羯磨序》）。这是代表另一部分学人认为道宣的著述是淆乱了《四分律》的本质而有所指摘的意见。虽然如此，道宣的学说在当时已风靡全佛教界，乃至从那时以来的中土律学家，差不多都以他的著述为圭臬；对于《行事钞》的解记之作，在唐宋两代就已多至六十多家。其影响之大可以想见。道宣以《四分律》会归大乘的主要论据，即为心识戒体说。他认为“戒是警意之缘也……欲了妄情，须知妄业，故作法受，还熏妄心，于本善识，成善种子，此戒体也。由有本种熏心，故力有常，能牵后习起功用故，于诸过境，能忆、能持、能防、随心动用还熏本识，如是辗转能净妄源”（见《四分律删补随机羯磨疏》卷三）。他这一圆教戒体说的提出，当是受自其时旧新两译大乘唯识学说的影响。至于他证明《四分律》能通于大乘，主要有五种理由：一、《四分律》中，沓婆得罗汉后，心念此身不坚固，即厌无学身，求菩萨法。二、戒本回向文：施一切众生，皆共成佛道，即是大乘的圆顿了义，不以其余二乘为归向处。三、律序一再说如是诸佛子，佛子亦如是和大乘《梵网》戒中所称佛子意义同样。四、《四分》舍堕求悔，先须舍财，如僧用不还，只犯突吉罗轻罪，和大乘戒以心意划分轻重相通。五、如《四分》小妄戒，解释见闻触知，说眼识能见、耳识能闻等，以识为了义，也和大乘义理相通。由此五义，即以《四分》会通大乘。

道宣以心识戒体为根据，因而对于佛说的一切教法判为三种，如《行事钞》说：“一者诸法性空无我，此理照心，名为小乘；二者诸法本相是空，惟情妄见，此理照用，属小菩萨；三者诸法外尘本无，实唯有识，此理深妙，惟意缘知，是大菩萨佛果证行。”此中第一种是小乘人行，观事生灭，是性空教；第二种小菩萨行观事是空，是相空教；第三种大菩萨行，观事是心意言分别，是唯识圆教。他所阐述旨在第三。

道宣又将佛陀一切教授、教诫分判为化、行二教，如《行事钞》卷一说：“一谓化教，此则通于道俗，但泛明因果，识达邪正，科其行业，沈密而难知，显其来报，明了而易述。二谓行教，唯局于内众，定其取舍，立其纲致，显于持犯，决于疑滞。……谓内心违顺，托理为宗，则准化教；外用施为，必获身口，便依行教。”此即以属于教理一方面的大小乘经论称为化教，以属于行持一方面的戒律典籍称为行教。这是他判别佛法的另一分类。

道宣基于以上理解，因而主张《四分律》圆融三学，并以大乘三聚净戒为律学的归宿（见《删补随机羯磨疏》卷三）。这正合乎中土学人对大乘佛教的爱乐和机运，因而使他所倡导的南山律学从那时以来即盛行流传。

道宣在佛教文史学上的贡献也很大。他于贞观十九年（645），撰成《续高僧传》三十卷。同年入弘福寺参加译经，兼考证西域方舆，于永徽元年（651）撰成《释迦方志》二卷。显庆五年（660）撰成《佛化东渐图赞》一卷（今佚）。其时佛道二教论诤甚炽，他于龙朔元年（661）撰成《集古今佛道论衡》三卷，麟德元年（664）又撰成一卷，合为四卷。同年又撰成《大唐内典录》十卷、《广弘明集》三十卷和《集神州三宝感通录》（一名《东夏三宝感通记》）三卷。又于麟德二年（665）撰成《释迦氏谱》（一名《释迦略谱》）一卷。此外还撰有《圣迹现在图赞》一卷（今佚）、《后集续高僧传》十卷（今佚、一说已羼入现行的《续高僧传》内）、《法门文记》若干卷（今佚）等，可见他的致力范围极为广博。其中，《续高僧传》《释迦方志》《集古今佛道论衡》《大唐内典录》《广弘明集》等，均为佛教文史上重要名著。唐智昇称他“外博九流，内精三学，戒香芬洁，定水澄齐，存护法城，著述无辍”（见《开元释教录》卷八），这是非常允当的。

道宣生平“三衣皆纻，一食唯蔬，行则杖策，坐不倚床”，他精持戒律的盛名并远传至西域。乾封二年（667）十月三日示寂，年七十二岁，僧腊五十二，窆于坛谷石室，建塔三所，唐高宗诏令天下寺院图写他的真容奉祀，名匠韩伯通并为塑像，以追念他的遗范。后人因他长时期居终南山，并在山树立了他的律学范畴，即称他所传弘的《四分律》学为南山宗，并称他为南山律师。

道宣门下有受法传教弟子千人，特出的有大慈（住西明寺，撰有《行事钞记》）、灵粤（住崇福寺，撰有《行事钞记》）、文纲、名恪、周律师、秀律师等。其中，文纲和文纲的弟子道岸，相继阐扬他的遗教弘化最盛，朝野崇奉，南山一宗风行更广。最后，道岸还请得唐中宗墨敕，在江淮间推行南山律宗，使最后奉持《十诵》的东南一隅，也多改奉南山《四分律》。至今中国出家僧徒，还大多以他的《四分律》学为行持的楷模。

（高观如）

三十六　玄奘（602—664）

玄奘，俗姓陈，本名祎，河南洛州缑氏县（今河南省洛阳市偃师区南境）人。他的曾祖、祖父都是官僚，到了他父亲陈慧，便潜心儒学不做官了。玄奘生于隋文帝仁寿二年（602）。关于玄奘的生平，现存的《传》《状》《塔铭》等都没有记载，而关于他的年岁又有六十三、六十五、六十九诸说，推算不出确实生年来。今以重校内学院本《大慈恩寺三藏法师传》，暂定法师寿六十五岁。少时因为家境困难，跟着他二兄长捷法师住在洛阳净土寺，学习佛经，十一岁（612）就熟习《法华》《维摩》。十三岁时（614）洛阳度僧，破格入选。其后听景法师讲《涅槃》，从严法师学《摄论》，升座复述，分析详尽，博得大众的钦佩。隋炀帝大业末年，兵乱饥荒，玄奘和他的二兄前往长安后，得知当时名僧已多聚在蜀地，因又同往成都。在那里听宝暹讲《摄论》、道基讲《杂心》、慧振讲《八犍度论》。三五年间，究通诸部，声誉大著。武德五年（622），玄奘在成都受具足戒。武德七年（624）离开成都，沿江东下参学。先到了荆州天皇寺。讲《摄论》《杂心》，淮海一带的名僧闻风来聚。六十高龄的大德智琰也对他执礼甚恭。讲毕以后，继往赵州从道深学《成实》，又到扬州听慧休讲《杂心》《摄论》。贞观元年（627），玄奘再到长安，从道岳、法常、僧辩、玄会诸师钻研《俱舍》《摄论》《涅槃》，他很快就穷尽各家学说，受到称赞，声誉满京师。仆射萧瑀，奏请令他住庄严寺。但是，玄奘觉得多年来在各地讲筵所闻，异说不一，特别是当时流行的《摄论》《地论》两家有关法相之说不能统一，很想得着总赅三乘学说的《瑜伽师地论》，以求会通一切（这一见解大概是受了当时来华的波颇蜜多罗的启发而生），于是决心往印度求法。那时出国之禁很严，他正式表请赴印，未得许可，只好做种种准备等待着。贞观三年（629），因北方连遭灾荒，朝廷准许道俗四出就食，他得便西行，到达兰州，应当地人士请求，讲《涅槃》《摄论》《般若经》。西域商侣有参加旁听的，回去以后，便将玄奘求法的事向各地宣传了。玄奘继而潜行到达瓜州，得胡人石槃陀导送，夜渡瓠芦河。从此孑身冒险，过了玉门关外五烽，度莫贺延沙碛，到达伊吾。高昌王麹文泰得知后，遣使迎往，敬礼备至，延留度过夏坐，并要久留在高昌，他坚决未允。当时，西突厥叶护可汗势力遍及雪山以北各地，如去印度，须要取得他的协助，因而高昌王遣使陪送玄奘去叶护可汗衙所，时当贞观三年八月。玄奘离开高昌，过阿耆尼、屈支等国，越凌山到达素叶城，和叶护可汗相见，凭着可汗致所经诸国的信件和陪送的使者，很顺利的经过西域笯赤建等十国，越大雪山，直到邻接北印的迦毕试国。

他从此东行，进入北印度境，过滥波、健驮罗、乌仗那诸国。渡信度河，过呾叉始罗等国，至迦湿弥罗国，于此先后居停两年参学。随后至磔迦、至那仆底、阇烂那达、屈露多等国入中印度境。又经窣禄勒那国，渡阎牟那河至秣底补罗国。过婆罗吸摩补罗等国，至羯若鞠阇国。东南行渡殑伽河至逾陀国。更循殑伽河东下，拟赴阿耶穆佉国，于中途遇盗，几乎丧命。后又过阿耶穆佉等国至吠舍厘国，更南行至摩揭陀国，巡礼华氏城、伽耶等处圣迹，折向那烂陀寺。寺众千余人欢迎他到寺，参谒了戒贤。他离开高昌，进入印度国境以来，随处遇着高僧大德，就停留参学。广学《俱舍》《顺正理》《因明》《声明》《经百论》《广百论》《对法》《显宗》《理门》《众事分毗婆沙》《经部毗婆沙》《萨婆多部辨真》《发智》《日胄毗婆沙论》等。如此且行且学，到达那烂陀时前后约四年，其时为贞观七年（633）。

玄奘到了那烂陀寺，被推为通三藏的十德之一，很受优遇。他请戒贤三藏讲《瑜伽论》，同听者数千人，历一年五个月讲毕，后复重听两遍。

又听讲《顺正理》《显扬》《对法》各一遍，《因明》《声明》《集量》等论各二遍，《中论》《百论》各三遍。《俱舍》《婆沙》《六足》等论，他先在诸国听过，至此更披寻决疑，兼学婆罗门《声明记论》。如是在寺学习，历时五年（贞观八年至十二年，634—638）。

其后，玄奘为了更广泛的参学，便离开那烂陀寺南游，经伊烂那钵伐多国，从怛他揭多毱多和羼底僧诃两师学《毗婆沙》《顺正理》等论。过瞻波等国入东印度境，经羯罗拿苏伐剌那等国，折西北行至中印南侨萨罗国，停一个多月，从善解因明的婆罗门学《集量论》。从此南行入南印度境，过案达罗国至驮那羯磔迦国，停数月从苏部底和苏利耶两僧学《大众部根本阿毗达摩》等论，他们亦从法师学大乘诸论。过珠利耶国至达罗毗荼国，于建志城逢僧伽罗国大德觉自在云和无畏牙，就问《瑜伽要文》及僧伽罗国佛教情况。过那建补罗等国，出伐腊毗国入西印度境，西至狼揭罗国。从此折回，过臂多势罗等国，渡信度河，至北印钵伐多国，于此停两年，学《正量部根本阿毗达摩》《摄正法》《成实》等论。从此东南行，仍还那烂陀寺。又到寺西低罗择迦寺，从般若跋陀罗就萨婆多部三藏及《声明》《因明》等论咨决所疑。往杖林山，从胜军居士学《唯识抉择》《意义理》《成无畏》《不住涅槃》《十二因缘》《庄严经》等论，及问《瑜伽》《因明》等疑，首尾历时两年。这样在各地游历参学凡经四年（贞观十三年至十六年，639—642）。回那烂陀寺后，应戒贤三藏之嘱，为寺众讲《摄论》《唯识抉择论》，并沟通了当时大乘学说中“瑜伽”“中观”两家的论争，著《会宗论》三千颂，得到戒贤三藏和诸大德的赞许。他又应戒日王的请求，拟折服南印正量部论师般若毱多《破大乘论》的异说，著《制恶见论》一千六百颂。

玄奘在印所学至此已经大成，他很想回国弘通，得到戒贤的赞许，遂庄严经像，辞别戒贤，准备东归。时东印迦摩缕波国鸠摩罗王一再遣使迎请前往。适值羯若鞠阇国戒日王征恭御陀回来，又遣使来请，鸠摩罗王就带兵陪送玄奘，到羯朱祇祇罗国，遇着戒日王。戒日王乃决定于曲女城为玄奘建立大会，命五印沙门、婆罗门、外道义解之徒都来参加。到期与会的有十八国王，各国大小乘僧三千多人，那烂陀寺僧千余人，婆罗门及尼乾外二千余人。此会即以玄奘所著《会宗》《制恶见》两论的论点标宗，任人难破，但经过十八天大会终了，没有一人能提出异议。玄奘得到大小乘佛教徒的一致推崇，被给以“大乘天”和“解脱天”的尊称。其后又随喜了在钵罗耶伽两河间举行的五年一次的无遮大施会，这才辞别戒日王，携带几百部梵本和各种佛像，启程东归。路过呾叉始罗渡信度大河时，因遇风浪，失却梵本五十夹及诸异花种，停在乌铎迦汉荼城五十多天，遣人往乌仗那国抄写迦叶维耶部三藏。从此经过滥波等地，出迦毕试境，度雪山，经睹货罗故地，过波迷罗川，越葱岭到了于阗，以国王延留，未得即还。就派人随商侣入朝，表陈还国，日夜为于阗僧人讲《瑜伽》《对法》《俱舍》《摄论》四部论，约停了七八个月。等到使人回来，并奉敕迎令东归。于贞观十九年（645）正月到达长安。

玄奘去洛阳会见了唐太宗。太宗要求他据游历见闻，修西域传；并劝他还俗从政，玄奘力辞。因留他住长安弘福寺译经，由朝廷供给所需，并召集各地名僧二十余人相助，分任证义、缀文、正字、证梵等职，组织了规模完备的译场。玄奘于是年五月，创译《菩萨藏》等经，次年撰《大唐西域记》成。贞观二十二年（648）译完《瑜伽师地论》一百卷的大部之后，请太宗替新译诸经做了总序，即后世所传的《大唐三藏圣教序》。这一年因太宗问功德利益，他建议度僧，太宗诏诸州寺各度五人，并于北阙造弘法院，供译经用。冬十月，东宫新建大慈恩寺告成，寺内也别造译经院，迎他入住。唐高宗永徽三年（652）春，他请就大慈恩寺造西域式石塔，安置带回经像，以运石工大，改用砖造。永徽四年（653）夏，印度大菩提寺智光、慧天来信问候他，次年他分别答书。永徽六年（655），尚药奉御吕才，诵玄奘所译《因明》《理门》二论，自出新解，指议长短。后经玄奘和他亲自辩论，他才辞屈谢退。唐显庆元年（656）二月，玄奘为鹤林寺尼宝乘等五十余人授戒，又为德业寺尼众数百人授菩萨戒。玄奘西游求法的时候，路上备尝辛苦，六十岁前后，身体就有病痛，这一年复间冷疹重发颇剧。他恐怕病危，表请高宗重定佛道名位次第，及废僧尼依俗科罪。显庆三年（658），他迁居新建的西明寺，当时印度僧人阿地瞿多和那提相继来华，译事不专，他因而请求停译，未得允许。继而因大众请详译《大般若经》全部，以京师纷扰，恐难译了，表请赴玉华宫翻译。显庆四年（659）冬，他迁往玉华宫，次年初即开始译《大般若经》，至龙朔三年（663）冬完成，全经十六会，总六百卷。他于译完《大般若经》后，自觉体力衰竭，不再事翻译，专精行道。麟德元年（664）初，他在玉华宫染病，病中命门人嘉尚具录所译经论以及造像、写经、供养、施舍等项，宣读一过，他很觉自庆，到了二月五日中夜便圆寂了。

玄奘回国以后的主要事业，就在翻译经论，并传播新知。因为他对印度佛学全面通达，所以他所译经论亦赅一切，并且他进行翻译，也完全有系统、有计划。他从住弘福寺开始翻译，直到最后迁住玉华宫，译完《大般若》，中间经历十九年，共译出经论七十五部（除《大唐西域记》一种不计入），总一千三百三十五卷。这十九年的翻译，可分几个段落：最初，在太宗贞观末年，约五年间，译出了“瑜伽”学系的“一本十支”各论；其次，在高宗永徽、显庆中间约十年，译出《俱舍》《婆沙》和“一身六足”等“阿毗达摩”；最后四年译成全部《大般若》，这些都是整然自成系统的译业。在这中间，他还曾应东印度童子王的请求，将中国的《老子》译成梵文，流传于迦摩缕波；又以中国流传的《起信论》文出马鸣，印度诸僧很想一读，他也译唐为梵，传到印度。这些都是有关中印文化交流的事业。

玄奘所译各籍，因为他对梵文的造诣精深，又亲自主译，所以名相的安立，文义的贯练，莫不精确异常，而且矫正旧译的讹谬，遂在中国译经史上开辟了一个新纪元，后人通称其译籍为新译。另外，从玄奘由翻译而传播的学说看来，纲举目张充分反映了公元五世纪以后印度佛学的全貌。当时印度那烂陀寺等处的佛学，已显然分为因明、对法、戒律、中观和瑜伽等五科。他于因明科译出《理门》和《入正理论》，树立了在论议基础上的佛家逻辑轨范。于对法科，声闻乘方面以《俱舍》为中心，在它以前有根本的“一身六足”和《婆沙》等论，以及其后发展的《顺正理》《显宗》等论，他都原原本本地传译了出来；大乘对法译出了《集论》和他的注书《杂集论》，显示对法经不同于瑜伽论的特点，并指示大小对法相通的途径。于戒律科，译传大乘唯一的《瑜伽菩萨戒》，并辑出《受戒羯磨》以为实行的规范。于中观科，特别译出护法的《广百论释》，以见瑜伽系贯通中观的成就。于瑜伽科，则“一本（《瑜伽》）十支（《显扬》《庄严》等）”，差不多全部译出，而于最后发展的“唯识”说，则编纂了完备的《成唯识论》，以尽其奥蕴。如上所举，可以说那烂陀寺最盛时期所传承的佛学精华，基本上已都由玄奘译传于中土了。至于他在讲学中阐扬了“理佛性”和“五种姓”之说，这不仅为后来创立慈恩一派的根本典据，即其他宗派也有加以采用，在中国佛学界产生了广泛的影响。

玄奘的著述，除上文说到用梵文写的《会宗论》三千颂，《制恶见论》一千六百颂而外，还应东印度童子王的请求，造了《三身论》三百颂，但这些都没有译成汉文，因而也未流传后世。他回国以后，忙于翻译，无暇撰述，只应太宗的要求而修撰《大唐西域记》十二卷，还是口授辩机写成的。另外，向当时朝廷陈事的表启，现存一卷。至于有关学说，则大都为其门下各家所记的口义，特别是见于圆测一系新罗学人著述上的占多数。通称为法师自作的有《三类境》一颂，载《成唯识论掌中枢要》卷二内，又有《赞弥勒四礼文》，载《法苑珠林》卷十六，另传法师论《五种不翻》，周敦义《翻译名义集序》曾见称引。至后人所传的《八识规矩颂》，文义都有可疑之处，并非他的手笔。

玄奘门人很多，参加译业的也大都从他受业。最著名的是神昉、嘉尚、普光、窥基，称玄门四神足。继承法系的自然要推窥基。基师俗姓尉迟，十七岁得玄奘指导出家，常侍左右，二十五岁参加译场，勤于著述，有“百部疏主”之称。他对玄奘所传的唯识学说尤有领会，糅印度解释唯识十家之说而辑译为《成唯识》一论，即是出于他的建议，他所撰《成唯识论述记》，为后世治此学者所奉的圭臬。他释《瑜伽》有《略纂》，解《杂集》有《述记》，弘五姓说有《法华玄赞》，详三支立破有《因明大疏》，其他重要经论都有《疏》《记》，发扬师说，建立了“慈恩”一宗。其次为普光，于《俱舍》造诣最深，撰《俱舍论记》三十卷，为学者所宗。

神昉和嘉尚，事迹不详。神昉撰有《十轮经抄》三卷，《成唯识论文义记》十卷，《种姓差别集》三卷等。嘉尚参加译事，玄奘临寂之前，特命他具录译经部卷及造像等，玄奘殁后，曾撰《杂集论疏》。

此外，在奘门著名弟子中被视为异流的有圆测和法宝。圆测系新罗人，为奘门新罗学人的领袖。他曾在译场充证义，著有《仁王》《深密》《成唯识》等《疏》，多用真谛等所传的旧说。法宝撰《俱舍论疏》十五卷，与普光《记》并称，见解时有出入。他又著《一乘佛性究竟论》，不同意五姓各别之说。故在奘师门下，都被视为别系。

（游侠）

三十七 智俨（602—668）

智俨，俗姓赵，天水人，生于隋文帝仁寿二年（602）。他父亲赵景，任申州（今河南省信阳市）录事参军。隋炀帝大业九年（613），智俨十二岁，法顺到他家里，请求把智俨给他做弟子，赵景夫妇欣然应允，法顺就把智俨交高足弟子达法师教诲。后来，有两位梵僧来游，智俨从学梵文。十四岁，出家为沙弥。那时正是隋末兵乱，他往北方从摄论学系的法常听受《摄大乘论》，不到几年便洞解精义，为法常同门的僧辩所称赞。二十岁受具足戒后，到处参学，遍听《四分》《八犍陀》《成实》《十地》《地持》《涅槃》等经律论。后来又从名僧静琳参学，感到佛教的经典和派别很多，难以遍学，因而在经藏前发誓，信手探取，获得《华严经》第一卷，于是决定专学《华严》。当时，智正法师正在至相寺开讲此经，他便去听受。经过一年，觉得还有疑义，更遍览藏经，搜寻各种疏释，获得北魏慧光所撰《华严经疏》，对此经所说“别教一乘无尽缘起”的义旨，有所领会。后来又遇到一位僧人，告以要深入一乘，必须先理解十地中六相义。他便从事六相义的研究，作疏解释《华严经》的义理，即《大方广佛华严经搜玄分齐通智方轨》，略称《华严经搜玄记》。那时他才二十七岁。这部著述直到他晚年才在至相寺弘传，同时还讲说《摄论》。《续高僧传·法顺传》中称他“神用清越，振绩京皋”；可以想见他当时宣传经教的情况。后来又在云华寺讲说《华严》，宗风大振。时人称他为云华尊者，或称为至相大师。法藏就在这时投在他的门下。智俨于唐高宗总章元年（668）十月二十九日在清净寺圆寂，年六十七岁。后世称他为华严宗二祖。

智俨的门下有薄尘、法藏、慧晓、怀齐（又作济）、义湘、道成等人，而传承他的华严学说并加以发扬光大实际创立华严宗的是法藏。

据《华严经传记》卷三说，智俨所撰经论的义疏一共有二十余部，章句都很简略，而解释却很新奇。现存的有《大方广佛华严经搜玄分齐通智方轨》十卷、《华严一乘十玄门》一卷、《华严五十要问答》二卷、《华严经内章门等杂孔目章》（略称《华严孔目章》）四卷、《金刚般若波罗蜜经略疏》二卷。还有著作多种，均已失传。

其中，《华严经搜玄记》是解释《华严》本经，显示一经的教相及观行的方轨，后来法藏的《华严经探玄记》即系祖述此书而作。《华严孔目章》是指示一经的大纲。《华严五十要问答》是解释一经的要义。《华严一乘十玄门》是根据经义建立十玄缘起的新说，为法藏的《探玄记》《华严教义章》等阐发十玄所据。因此，华严一宗到智俨就已教相和观行粗备了。

智俨最初受法顺的教育，中间听智正的讲说，末后探讨慧光的文疏。特别是慧光的别教一乘说、无尽缘起说及十地中六相义，影响他的思想最大。他在这个基础上，构成了华严思想体系；所以智俨的思想是与地论师有渊源的。但智俨确是继承法顺的法派，《续高僧传·法顺传》中已有明文，《续高僧传》的作者道宣和法顺、智俨先后同时，他的记载是比较可靠的。

智俨最主要的思想，是十玄缘起。他由六相义的启发，进一步寻绎《华严经》所说缘起法相的条理，于是悟解了十玄的法门。在他所撰《搜玄记》《五十要问答》中，关于六相的解释，还很简略；只说："所谓一总，总成因果也。二别，义别成总故。三同，自同成总故。四异，诸义自异显同故。五成，因果理事成故。六坏，诸义各住自法不移本性故。"而关于十玄，《一乘十玄门》中却有详细的解说，说明《华严经》的根本思想是法界缘起。

华严一家所立判教的五教义，在智俨的撰述中还没有具体成熟。他在《搜玄记》的卷端，继承慧光渐、顿、圆三教的教判说，又在渐教中说有声闻、菩萨二种。又说依陈真谛所译《摄大乘论释》，有一乘、三乘、小乘三种教法。而在《五十要问答》卷上，列举小乘、三乘、一乘三种教，在三乘教中，又分作始（又作初）、终二教；在一乘教中，也分共（又作同教）、不共（又作别教）二教。《华严孔目章》已经有“依教有五位差别不同”等语，然而，关于五教的名目，也还没有固定，并且也还没有成立明确的教相判释，直到他的后继法藏的著述中才有了完备的组织。

（黄忏华）

三十八　弘忍（602—675）

弘忍，俗姓周，湖北黄梅人，生于隋仁寿二年（602）。七岁时，从四祖道信（580—651）出家，年十三，正式剃度为僧。他在道信门下，日间从事劳动，夜间静坐习禅。道信常以禅宗顿渐宗旨考验他，他触事解悟，尽得道信的禅法。永徽三年（651）道信付法传衣给他。同年九月道信圆寂，由他继承法席，后世称他为禅宗第五祖。因为四方来学的人日多，便在双峰山的东面冯茂山另建道场，名东山寺，时称他的禅学为东山法门。

中国禅宗从初祖菩提达摩到三祖僧璨，其门徒都行头陀行，一衣一钵，随缘而住，并不聚徒定居于一处。到了道信、弘忍时代，禅风一变。道信于唐武德元年（618）初入黄梅双峰山，一住三十余年，会众多至五百。后来弘忍移居东山，又二十余年，徒众多至七百人，这两代禅徒都定住一处，过着集体生活。他们实行生产自给，把运水搬柴等一切劳动都当作禅的修行；弘忍并认为学道应该山居，远离嚣尘。这是后来马祖、百丈等于深山幽谷建立丛林，实行农禅生活的指导思想。

唐显庆五年（660），高宗遣使召弘忍入京，他固辞不赴；乃送衣药到山供养。龙朔元年（661），弘忍令会下徒众各作一偈，以呈见解，若语契符，即以衣法相付。上座神秀先呈偈说："身是菩提树，心如明镜台，时时勤拂拭，莫使惹尘埃！"慧能另作一偈："菩提本无树，明镜亦非台，本来无一物（这句是比较通行的记载，敦煌本《坛经》此句作'佛性本清净'），何处惹尘埃。"弘忍以慧能见解透彻，遂授以衣法，叫他南归。上元二年（675），弘忍圆寂，年七十四岁，葬于东山之冈。开元年间（713—

741）学士闾丘均为撰塔碑。代宗时（763—779）谥为大满禅师。

弘忍的禅学传自道信。道信自说他的法门：一依《楞伽经》以心法为宗，二依《文殊般若经》的一行三昧。弘忍常说："欲知法要，心是十二部经之根本。"又说："诸佛只是以心传心，达者印可，更无别法。"（《宗镜录》卷九十七）这是他继承道信以心法为宗的设施。又弘忍评神秀的造诣说："吾与神秀论《楞伽经》，玄理通快。"（《楞伽师资记》引《楞伽人法志》）神秀后来答武则天问东山法门依何典诰时说："依《文殊般若经》一行三昧。"（见《楞伽师资记》）由此可知弘忍和道信的思想是一贯的。又道信说一行三昧的修法，引《文殊师利所说摩诃般若波罗蜜经》："欲入一行三昧，应处空间，舍诸乱意，不取相貌，系心一佛，专念名号，随佛方所端身正向。能于一佛念念相续，即是念中能见过去、未来、现在诸佛，……如是入一行三昧者，尽知恒沙诸佛法界无差别相。"（《楞伽师资记》）弘忍也继承了这一思想，为他的门下建立念佛禅的理论根据。

弘忍的著作，未见记载，仅《楞伽师资记》及《宗镜录》等，散录其法语。《楞伽师资记》且说弘忍常萧然静坐，不出文记，只是口说玄理，默授与人。因此世传有《禅法》一本，云是弘忍禅师所说，是不确实的。但古来传有《最上乘论》（一称《修心要论》）一书，题为"第五祖弘忍禅师述"，朝鲜、日本都有刻本。论中设立问答，阐说守本真心为涅槃根本、入道要门、十二部经之宗和三世诸佛之祖。又说："若有初心学坐禅者，依《观无量寿经》，端坐正念，闭目合口，心前平视，随意近远，作一日想，守真心，念念莫住。"这比弘忍原来说法似更有发展，当是后人所作。

弘忍会下的徒众极多。其及门弟子，据《楞伽师资记》和《历代法宝记》所载有十一人，《景德传灯录》所载有十三人，宗密的《圆觉经大疏钞》及《禅门师资承袭图》所载有十六人，总计见于记载的约二十五人。

《楞伽师资记》引用玄赜《楞伽人法志》的记载说，弘忍临终前二日，亲语玄赜说："吾一生教人无数，好者并亡；后传吾道者，只可十耳。"于玄赜以外，更举出了上首神秀、资州智诜、白松山刘主簿、华州惠藏、随州玄约、嵩山老安、潞州法如、韶州慧能、扬州高丽僧智德、越州义方。宗密《圆觉经大疏钞》卷三之下也举了十人，但人名稍有出入。新见的有襄州通、蕲州显、扬州觉三人。而以岭南新州卢行者慧能最为杰出。又宗密的《禅门师资承袭图》另举出弘忍门下十大弟子，新见的有业州法、江宁持二人。《景德传灯录》所举弘忍弟子十三人，其中新见的有扬州昙光、随州禅慥、舒州法照、枝江道俊四人。《宋高僧传》还载有在广州为慧能剃发的印宗，在大庾岭因慧能的启发而悟道的慧明和越州妙喜寺僧达三人，都出于弘忍门下。此外义净《大唐西域求法高僧传》（卷下）载有曾到印度那烂陀寺留学八年的智弘律师，也曾在黄梅弘忍门下参学过。还有慧能弟子智隍，本出弘忍门下，他修定二十年，后遇慧能弟子智策的启发，始往曹溪参学（《宗镜录》卷九十七）。以上二十五人，可称弘忍门下的著名弟子。他们弘化地域甚广，如慧能、印宗在广东，神秀在长安、洛阳、荆州，玄赜、玄约和道俊等在湖北，智诜在江苏，义方、僧达在浙江，法照在安徽，慧明在江西，各化一方，遂使东山法门传播于全国。因此，达摩一系的禅学，也可说从弘忍门下始发展成为一大宗派。而盛传其法的，首推慧能和神秀。慧能宗《般若》，开法于南方；神秀宗《楞伽》，传禅于北方，成为南顿北渐二系禅学的首导。

（林子青）

三十九　神秀（606—706）

神秀，中国禅宗北派的开创者。陈留尉氏（今河南省尉氏县）人，早年博览经史，唐武德八年（625）在洛阳天宫寺受具足戒。五十岁时，至蕲州黄梅县双峰东山寺（在今湖北省黄梅县东北三十里）参谒弘忍（602—675），从事打柴汲水等劳役以求法。如此六年，深为弘忍所器重。弘忍有一天令门弟子各作一偈呈解所悟，来决定付以衣法的人。神秀作了一偈说：“身是菩提树，心如明镜台，时时勤拂拭，莫使惹尘埃。”弘忍看见此偈，只说依此修行也有大利益，但不许可他见自本性，终于把衣法另外付给慧能。弘忍圆寂后，他去江陵当阳山（今湖北省当阳县东南）玉泉寺，住在寺东七里的山上，大开禅法，二十余年中，四面八方从他就学的徒众很多。武后则天听到他的盛名，于武周久视元年（700）遣使迎请，当时神秀已年过九十（见宋之问《为洛下诸僧请法事迎秀禅师表》）。第二年（武周大足元年，701）他到了东京洛阳，住于内道场，受到特殊的礼遇。武则天时时向他问道，并命于当阳置度门寺、于尉氏置报恩寺，表彰他的道德。到唐中宗即位（705），更受礼重。神秀住东京六年，于唐中宗神龙二年（706）在天宫寺示寂，谥大通禅师。他这时候已经有一百多岁了，但他自己向来不说年龄，所以人们不知其详（见张说撰碑文）。《楞伽师资记》的作者净觉说神秀并没有什么著作，但秀门共传他所作的《大乘五方便》（一作《北宗五方便门》，又作《大乘无生方便门》），晚近在敦煌石窟发现它的写本（巴黎图书馆藏有两本）；又有《观心论》一卷，亦于敦煌发现残本。他的嗣法弟子有十九人，其中嵩山普寂（651—739）、西京义福（658—736），又继续领众，受宫廷与佛徒的崇敬，不下于神秀。普寂的弟子道璇还把北宗禅传到日本。

神秀的根本思想，从他所作示众偈说“一切佛法，自心本有；将心外求，舍父逃走”（见《景德传灯录》卷四），可见一斑。他纯是继承道信以来的东山法门，以“心体清净，体与佛同”立说的。神秀因此主张“坐禅习定”，以“住心看净”，为一种观行方便。《坛经》记载慧能问神秀的弟子志诚，神秀如何示众，志诚说：“常指诲大众：住心观净，常坐不卧。”他的门人张说也说他的“开法大略，则忘念以息想，极力以摄心。其入也品均凡圣；其到也行无先后。趣定之前，万缘皆闭；发慧之后，一切皆如”（张说撰《大通禅师碑》）。这都是说明神秀的禅风。后来，他的弟子普寂、降魔藏更发展为“凝心入定，住心看净，起心外照，摄心内证”之说。

神秀继承了道信、弘忍以心为宗的禅法，故“特奉《楞伽》，递为心要”（见张说《碑》文），楞伽宗也立他为第七祖（此以《楞伽》译者求那跋陀罗为第一祖、达磨为第二祖、慧可为第三祖、僧璨为第四祖、道信为第五祖、弘忍为第六祖，而神秀为第七祖，见《楞伽师资记》）。但此宗从道信以来，即并重《般若》，而提倡一行三昧。神秀更扩大其方便，涉及多种经论。其门下相传有五方便门，即是：一、总彰佛体门，亦称离念门，依《起信论》说心体离念；二、开智慧门，亦称不动门，依《法华经》说开示悟入佛之知见；三、显不思议解脱门，依《维摩经》说无思无想为解脱；四、明诸法正性门，依《思益经》说心不起离自性为正性；五、见不异门，依《华严经》说见诸法无异，自然无碍解脱。由这五门依经论而又沟通其义，故后人称为方便通经（见宗密《圆觉经大疏钞》卷三之下）。

神秀寂后，普寂、义福两大弟子在帝王的支持之下，继续阐扬他的宗风，盛极一时，有“两京之间皆宗神秀”之概。普寂并以神秀为达摩一宗的正统法嗣，立为第六祖而自称为第七祖。其慧能一系，在慧能寂后荷泽神会出而论定是非，指出达摩宗的正统法嗣不是神秀而是慧能，并以神秀之禅由方便入为渐门，不如慧能之顿悟，于是有南顿北渐之分。南顿适应当时佛徒舍繁趋简之要求，日见其盛；神秀的门庭遂日见寂寞，传了几代，法脉就断绝了。

（黄忏华）

四十 善导（613—681）

善导，唐代大弘净土教高僧，后世尊他为莲社第二祖。他俗姓朱，临淄（今山东省临淄县）人（一作泗州人）。幼年从密州（今山东省境）明胜出家，常诵《法华》《维摩》诸经；偶入经藏取读《观无量寿经》，大为欣赏。受戒以后与妙开律师共研《观经》，觉得只此观念法门，最易超脱，其他行业迂僻难行。

善导常依《观经》修十六观，并慕东晋慧远结社念佛的高风，曾亲往庐山叩寻遗范。后更周游各地，访问高德。闻道绰在西河（今山西省境），盛弘净业，即于贞观十五年（641）赴并州（今山西省太原市）石壁山玄中寺相访。其时正值严冬，旅途艰苦，道绰悯他远来，即授以《观经》奥义。

贞观十九年（645），道绰入寂，善导即赴长安，盛弘念佛法门。他于唐永隆二年（681）三月十四日，忽患微疾，怡然长逝，年六十九岁。他的弟子怀恽等，葬其遗骸于长安终南山麓神禾原，建寺立塔纪念，即今香积寺与崇灵塔。一九八〇年五月十四日，中国佛教协会与日本净土宗，云集两国佛徒，于此举行了盛大的法会，纪念善导大师圆寂一千三百年远忌。

善导在长安广行教化时，曾将所得布施的净材，书写《阿弥陀经》数万卷，又画《净土变相》三百余壁。近代新疆吐峪沟高昌故址发掘出的许多古代写经中，即有他写的《阿弥陀经》的断片，卷末记有“愿生比丘善导愿写”一段题记（见薗田宗惠《善导大师与舍身往生》）。

善导兼擅造像艺术。他在西京实际寺时，唐高宗敕于洛阳龙门兴造大卢舍那佛像，命他监督造像工程。调露元年（679）奉敕于大像之南建置奉先寺，为佛教东传以来所开的最大石佛之龛（见《金石萃编》卷七十五《河洛上都龙门之阳大卢舍那像龛记》，简称《奉先寺像龛记》）。龛记文中并称他为“检校僧西京实际寺善道禅师”（“道”与“导”的写法虽然不同，但由于西安碑林所保存的《大唐实际寺故寺主怀恽奉敕赠隆阐大法师碑铭》中，有“时有亲证三昧大德善导阇黎”之语，且与善导时代相合。其为同一善导无疑）。

善导日常持戒极严，常事乞食。澡浴以外，不脱三衣。每合掌胡跪，一心念佛，非力竭不休。后来，宋代宗晓取异代同修净土功高德盛的七人立为莲社七祖，置善导于慧远之次，列为莲宗第二祖（见《佛祖统纪》卷二十六《净土立教志》）。

古代有两位善导的说法，其说起始于宋《新修净土传》中的二《善导传》。后至十二世纪时日本源空所著《类聚净土五祖传》中曾加以引录。十三世纪时良忠撰《观经玄义分传通记》第一，载明《新修净土传》中卷有三十三人的传记，其中第二十五人为善导，第二十六人为善道。此则前者为京师光明寺的善导，后者为终南山悟真寺的善道，《佛祖统纪》于第二十七卷出《善导传》，第二十八卷载《善道传》，于此可以分清两个善导的区别。

善导的著述，现存五部九卷。即《观无量寿佛经疏》四卷、《往生礼赞偈》一卷、《净土法事赞》二卷、《般舟赞》一卷和《观念法门》一卷。《观无量寿佛经疏》，亦称《观经四帖疏》。此疏主要叙述净土法门的教相教义，故又称为教相分或解义分；其《往生礼赞偈》等四部，叙述净土法门的行事仪式，故又称为行义分。《观经四帖疏》于八世纪时传入日本，流传甚广，后来日本高僧法然（即源空）即依它创立日本净土宗，并尊善导为高祖。

《往生礼赞偈》亦称《六时礼赞偈》，说明昼夜六时礼赞弥陀及观音、势至的仪式。《净土法事赞》上卷标题为《转经行道愿生净土法事赞》，下卷标题为《安乐行道转经愿生净土法事赞》，说明《阿弥陀经》转读行道的方法。《般舟赞》具称为《依观经等明般舟三昧行道往生赞》，是依《观经》等说明修学般舟三昧行道的方法。《观念法门》具称为《观念阿弥陀佛相海三昧功德法门》，是说明观念佛三昧的行相和入道场念佛与忏悔发愿的方法。此外，通常附于《观念法门》之中的还有《依经明五种增上缘义》一卷。

又宋宗晓《乐邦文类》卷四载有《临终正念诀》一篇，署名作者为京师比丘善导，王日休《龙舒增广净土文集》卷十二题作《善导和尚临终往生正念文》，内容文字大体相同。

古来关于弥陀的净土问题，有报土和化土的异说。摄论师以彼土为报土，认为凡夫不能往生。迦才等认为彼土有报土和化土两种：地上菩萨生于报土，凡夫二乘生于化土。慧远认为净土是众生的自业所感，随凡圣阶位而有高下之别。善导的著述里，则坚决主张弥陀净土为报土，并认为凡夫能入弥陀报土，以此树立了净土一宗的教法。

善导认为凡夫乘着弥陀的本愿力虽能往生极乐净土，但必须具备一定的条件——往生的正因，即所谓安心、起行和作业。安心，即具足《观无量寿经》所说的至诚心、深心和回向发愿心，如是“具足三心必得往生”。起行，即随身口意三业之行。身业是礼拜阿弥陀佛。口业是称赞弥陀及一切圣众的身相光明及净土庄严。意业是专念观察弥陀及诸圣众的身相光明及净土庄严等。作业，即依以下四修法策励实行。一、恭敬修，礼拜弥陀身心恭敬。二、无余修，即称名忆念弥陀及净土圣众，不杂余业。三、无间修，即修行三业乃至回向发愿，无有间断。四、长时修，即以毕命为期，心行相续，誓不中止（见《往生礼赞偈》）。

善导的弟子，以怀感最为知名，怀恽次之（孟铣的《释净土群疑论序》说，“恽与感师，并为导公神足”）。此外见于史传碑铭的，尚有贞固、净业数人。怀感是长安千福寺沙门，初学法相，博通经论。及谒善导，善导命他入念佛道场，精诚念佛，三年后得念佛三昧，著有《释净土群疑论》七卷行世（《宋高僧传》卷六）。

怀恽，于长安西明寺出家，时善导在光明寺弘法，他即趋侍座下十余年，尽传善导之学。善导示寂，他于神禾原建造灵塔葬之，又于塔边构筑伽蓝，并造十三级大窣堵波。后依敕为长安实际寺主，常讲《观经》《贤护》《弥陀经》等，劝四众专念弥陀名号。寂后谥隆阐大禅师（见《隆阐法师碑》）。

贞固，郑地荥川人，于汜水等慈寺从远法师出家；后于襄州遇善导，接受净土法门，精勤称念阿弥陀佛。至庐山，住东林寺。至广州，邂逅义净，同渡南海达于室利佛逝（见《大唐西域求法高僧传》卷下《贞固传》）。

净业，于弘道元年（683）出家，善讲《观无量寿经》和《释净土群疑论》。他为香积寺主二十余年，劝修净土行业，年五十八岁圆寂。

（林子青）

四十一　圆测（613—696）

圆测，名文雅，玄奘著名弟子之一。他原是新罗国王孙，三岁出家，唐初来中国，十五岁受学于法常（567—645）和僧辩（568—642）。受戒后，住长安玄法寺。钻研《毗昙》《成实》《俱舍》《婆沙》等论，以及其注疏。在玄奘回长安以前，圆测所学的内容已很丰富，并负盛名。公元645年玄奘回到长安，他就开始从玄奘受学。显庆三年，玄奘徙居新建的西明寺，同时敕选名僧五十人同住，圆测也在其中。他在玄奘门下与慈恩寺的窥基并驾齐驱。玄奘去世（664）以后，他就在西明寺继承玄奘弘传唯识教义（因此，后世唯识著作中称他为“西明”）。他的《解深密经疏》大约就在此时写成。他性好山水，约668年，曾往居终南山云际寺，又在离寺三十余里的地方，净修了八年。在地婆诃罗来到长安稍前，他回西明寺讲《成唯识论》。

地婆诃罗于仪凤初至垂拱末（675—687）于两京东西太原寺及西京弘福寺译《大乘显识经》等十八部经论，敕召名僧十人襄助，圆测与薄尘、嘉尚、灵辩等同充证义。武周证圣元年（695），实叉难陀在洛阳大内大遍空寺重译《华严经》，圆测应召前往协助讲译。经还未译完，即于武周万岁通天元年（696）七月二十二日，在洛阳佛授记寺去世。后在龙门香山寺北谷荼毗、起塔。他的弟子西明寺主慈善和大荐福寺胜庄等，分了一部分遗骨，葬在终南山丰德寺东岭上他曾经游历过的地方。宋政和五年（1115），同州龙兴寺仁王院广越又从丰德寺分了一部分遗骨，葬在兴教寺玄奘法师塔左，与窥基塔相对，贡士宋复为作《塔铭》（见宋复撰《大周西明寺故大德圆测法师舍利塔铭序》)。

圆测著述现存的有三种:

一、《解深密经疏》四十卷，第三十五卷以后曾经佚失，但在藏文《丹珠尔》中保存有完整的译本，近年来中国佛教协会观空法师又从藏文译成汉文补齐。本书为圆测仅存的主要著作。书中引及《大般若经》，可能是在玄奘去世后写成的。本书又引玄奘译的《瑜伽》《唯识》《杂集》《俱舍》《婆沙》诸论很多，引真谛译的《决定藏论》《三无性论》《摄大乘论释》《般若疏》《金光明记》《解节经记》等也很多。特别是《解节经记》，几乎随时引到。本书卷一，引真谛翻译目录说，陈天嘉二年(561)于建造寺译《解节经》一卷、《义疏》四卷。《续高僧传》卷一《法泰传》说，法泰与僧宗、惠铠等，于广州制旨寺从真谛笔受文义，前后出经论五十余部，并述《义记》等。因此本书所引真谛《记》，可能是真谛的《义疏》，或法泰的《义记》。真谛的注解久已失传，要了解他的学说，本书实为极重要的资料。

二、《仁王经疏》三卷。本书在说明所诠宗旨中，叙述了真谛、玄奘安立无相法轮的不同。

三、《般若心经疏》一卷。

另外，佚失的著作有《金刚般若经疏》《阿弥陀经疏》《成唯识论疏》等十一种。

圆测关于唯识和因明的著作都已佚失，与窥基一系见解不同之处，只有从惠沼、智周等的著作中见到一部分。特别是惠沼著的《成唯识论了义灯》，主要是驳圆测和他的弟子道证的说法。此外，惠沼在《因明入正理论义断》中，也有驳破圆测和道证的地方。从这些书中可以见到慈恩和西明的种种不同见解。

圆测早年的学说，是渊源于真谛的。他最初从学的法常和僧辩，都出于摄论师道岳(568—636)之门。道岳的师父道尼，曾亲同智敫等听过真谛弟子智恺的讲说，并撰集所传真谛的注疏。智恺死后，在真谛面前立誓弘传《摄大乘论》和《俱舍论》的十二人中，即以道尼为首。道尼于开皇十年（590）到长安，道岳亲从受学，后来又从广州显明寺求得智恺亲笔记录真谛口传的《俱舍论疏》和《十八部论记》，钻研很久，成了摄论师中一大家。另外僧辩又受学于摄论师智凝（？—610?），获得真谛另一弟子法泰通过靖崇（537—614）传受于智凝的学说。因此，圆测从十五岁（627）起即跟着法常、僧辩受学，直到玄奘回到长安之前，将近二十年的时间都寝馈于真谛学说之中。真谛到中国后，受到梁陈之际政局动荡、兵祸相连的影响，没有得到充分弘传所学的机会，这是他和他的弟子们非常悲愤的事，因而他们立誓要奋斗到底。这样的精神，似乎也成功了，圆测在他的著作中就随处显示了努力保存真谛学说的倾向。

圆测的著作中，对真谛和玄奘都称为三藏，似于二人等量齐观，这与窥基、普光等专尊玄奘为亲教师显然有别。他又把窥基等人认为唯识正宗的护法学说，从弥勒学说中分别出来，而称为弥勒宗和护法宗，表示两说不同。而对护法的主张不一定承认。在《解深密经疏》中，圆测引用真谛的解释远远超过玄奘之说，其引玄奘说来驳正真谛的，也只偶一见之而已。他又常将真谛、玄奘以及他们二人以外的各家异说平列叙述，而不加可否。其有意保存真谛的学说，是很显然的。又在《解深密经疏》中他引用梁译（即真谛译）《摄论》很多，所以一般人也认为圆测为《摄论》学者。

西明与慈恩的分歧，在圆测生前不很显著。现存的圆测著作中并没有驳难窥基的痕迹。尽管《宋高僧传》卷四《窥基传》中，说到玄奘给窥基讲《成唯识论》，被圆测隐形听讲，而回到西明寺鸣椎集僧先讲此论，以致窥基甚为不快。似乎测、基二人早就有了门户之见。但实际上这些记载是不近情理的。这很可能是窥基的弟子们，为了要表示窥基独得玄奘的真传，故意附会出来。而他们对圆测的门户之见很深，是不待多说的。现在推究他们分歧的原因，大概是在于圆测没有绝对接受三乘五性教义的一点。圆测本来并重真谛之说，又以为真谛见解接近清辩，与护法针锋相对，这样圆测不能绝对采取护法主张的五性之说，很为自然。也即因此深为窥基弟子们所不满。窥基本以圆测为后进，又死于圆测之前十四年，故未及对圆测的著作有所品评。但其弟子惠沼，却完全把圆测的著作做了批判的对象。像所著《成唯识论了义灯》即主要搜寻圆测著作中的间隙而给他示过。他的批评还有时流露了很重的成见。如《了义灯》卷一中，取窥基说驳了圆测，甚至说："亲承三藏执笔缀文糅《唯识》人（指窥基）传定不谬。余（包含圆测在内）非执笔，纵时谘问，多意定之。所有判文，论大纲纪非可为定。"这是惠沼笔下以窥基有糅《成唯识论》的成就自豪，便认为窥基所说都可为标准，而圆测的一切都该抹杀，这是不公正的。在《了义灯》中，对于圆测著作的批判，近于吹毛求疵，非常苛细。也正因此，可以说慈恩、西明所有不同的意见，已大体概括在《了义灯》一书之中了。

圆测的弟子道证，新罗国人，嗣圣九年（692）归国，著有《成唯识论要集》十四卷、《般若理趣分疏》一卷、《大般若经籍目》二卷、《辩中边论疏》三卷、《因明正理门论疏》二卷、《因明入正理论疏》二卷、《圣教略述章》一卷，均佚失。

道证的弟子太贤，自号青丘沙门，也是新罗国人。他的著述现存有《起信论内义略探记》一卷、《成唯识论学记》八卷、《菩萨戒本宗要》一卷、《梵网经古迹记》二卷。其余佚失的著作还有三十余种。太贤著作主要属于瑜伽学方面，因此称为"海东瑜伽之祖"。

（隆莲）

四十二　阿地瞿多（约七世纪）

阿地瞿多，汉译无极高，中印度人，深通五明、三藏。因欲宣扬佛法，携带很多梵本从中印度来华，于唐永徽三年（652）正月到长安。他来华的时间在玄奘游学印度归来之后。这时，大唐国威远震，国内佛法兴盛，印度高僧陆续前来，阿地瞿多也是应时而来的一人。他到长安以后，唐高宗（李治）很为重视，特下敕安置在大慈恩寺。这时，玄奘正在慈恩寺翻译《俱舍论》和《集论》。后来，沙门大乘琮等十六人、英公徐勣、鄂公尉迟敬德等十二人，又请阿地瞿多到慧日寺的浮图院建立“陀罗尼普集会坛”。沙门玄楷等遂力请阿地瞿多翻译他的“法本”。于是他在慧日寺中从《金刚大道场经》中撮要抄译，集成《陀罗尼集经》十二卷，由沙门玄楷笔受。同时有中印度大菩提寺僧阿难律木义师、迦叶师等在经行寺（与慧日寺同街）译出《功德天法》（阿地瞿多参译），也编在《陀罗尼集经》第十卷中，未另流通。又本经第三卷所收《般若无尽藏陀罗尼》，文末注明为筏嚛耶思蝇伽法师所译，也未单行。阿地瞿多这次关于秘密经典的传译也影响了同时的玄奘译经的品类。就在《陀罗尼集经》译出的同一年（654）九月，玄奘在译完《俱舍论》和《顺正理论》之后，也连续地翻译了很多种陀罗尼；从经文的内容看，似乎都属于《金刚大道场经》的同一个系统。

阿地瞿多译经以后的踪迹无考。他的受法弟子当时有玄楷、大乘琮等人，以后传承情况也不明。唐贞元二十年（804），台州国清寺惟象传阿地瞿多法系的“大佛顶大契曼荼罗行事”于日本最澄。次年五月五日，最澄又在明州开元寺法华院从灵光受“军荼利菩萨坛法”并契象等，又从鄮（音茂）县檀那行者江秘受“善集会坛”并“如意轮坛”等法。灵光和江秘也属阿地瞿多的法系。这一法系以后即在日本台密一派中代代传习。

《金刚大道场经十万颂》本，在印度流行的时间大概在法显、智猛等回华（424）以后。义净的《大唐西域求法高僧传》卷下提到印度在陈那以前有一部《持明咒藏》十万颂，后来由难陀摄集为一万二千颂。《集经序》说《金刚大道场经》即“大明咒藏分”之少分，或者与彼有关。公元535年中即摩揭陀国的阇那耶舍携弟子耶舍掘多和阇那掘多等来华，初译《金刚大道场经》中的《佛顶咒经并功能》一卷和《十一面观世音神咒经》一卷。这两部经现在勘明已收在《陀罗尼集经》中。公元626—627年，来华的波颇密多罗曾传《金刚大道场经》中的《理趣般若陀罗尼》及像法于玄模。公元644年回国的玄奘也传本经中的《随心咒印》于智通。上面几个传译本经密法的大德都出身于那烂陀寺，因此，《金刚大道场经》一向传习于那烂陀寺是无疑的。

《金刚大道场经》现在只有阿地瞿多的这个抄译本十二卷比较完整。虽然这个本子不足以尽《金刚大道场经》大本的内容，也不足以尽阿地瞿多所传密宗的内容（如江秘传给最澄的“如意轮坛法”即不在《陀罗尼集经》中），但是从本经中大体上可以看出公元六、七两世纪印度在胎藏界和金刚界等密法兴起以前所流行的一种古老密法的面貌。在《陀罗尼集经》中所有陀罗尼大致可分为佛部、观音部、金刚部、诸天部和杂部五类。佛部中有佛顶法、药师法、弥陀法等（卷一、二）。次般若佛母法（卷三），但卷一金轮佛顶像法中，以大般若菩萨次佛而为居中之尊，不别出佛顶尊像，故此法也属于佛部法。观音部中有十一面观音法（经本曾由玄奘在656年重译），千转观音法（咒文由玄奘于664年重译，收于《咒五首经》中），白衣观音法（观音母），随心观音法（多罗，咒文由玄奘于664年，重译，收入《咒五首经》中，玄奘并曾传印法于智通），十二臂观音法，不空羂索观音法（经文由玄奘于659年重译），毗俱胝观音法，马头观音法（卷四、五、六）。在卷六末又附诸大菩萨法，包括大势至、文殊师利、弥勒、地藏、普贤、虚空藏等菩萨的印咒。金刚部中有金刚藏法，金刚藏眷属法（包括摩摩鸡、母瑟胝、央俱施等法)，金刚藏随心法，金刚藏荼利法，金刚乌枢沙摩法（卷七、八、九)。诸天部中有摩利支天法，功德天法，大梵摩天法，帝释天法，摩醯首罗天法，四天王各尊法，日天法，星宿天法，那罗延天法，大辩天法，水天法，风天法等（卷十、十一)。杂部法中有龙王、乾闼婆、摩呼啰伽、大孔雀、狮子王、阿修罗王、遮文荼、毗那夜迦、药义、罗刹等法（卷十一)。卷十二说《诸佛大陀罗尼都会道场印品》(又名普集会坛）的建立法。

从内容来看，本经之推尊佛顶法是很显然的。佛顶咒的来源很古。多罗那他《印度佛教史》中，记载弥勒叫无著转告世亲要他持诵最胜佛顶陀罗尼的故事。这个重视佛顶咒法的传统，一直到不空传译的密典中仍然保持。但自阿地瞿多翻译本经时起（653)，到不空广译佛顶部的经轨时(754）为止的一百年间，佛顶法因为流传的地域不同，修法的形式和意义均有变化。由公元693年来华的宝思惟（迦湿密罗）和菩提流志（南印）所译的佛顶部经中，已可看出佛顶法中一些分别。宝思惟所传不另立特定的佛顶本尊，像《一字金轮咒》《帝殊罗施咒》《炽盛光佛顶咒》《佛顶尊胜咒》《大佛顶咒》(《大白伞盖咒》《楞严咒》）等，修法时的尊像仍以释迦为主。流志所传，则在菩提流志的译经中已有各别的五佛顶尊。后来，不空所译《佛顶经法》，大同菩提流志的译本。此种经轨尊像不见于西藏的译述和传承，当是由于流传地域不同所致。

《陀罗尼集经》的法门大体上不外以“咒印”为内容，以“祈求出世间各种功德”为果利。就龙树、弥勒、无著的论著中的思想而论，所谓陀罗尼门也是大乘菩萨必修学行之一。我们看来华传译龙树、弥勒、无著、世亲、安慧、陈那、清辩之学的鸠摩罗什、昙无谶、求那跋摩、求那跋陀罗、菩提流支、真谛、波颇密多罗等人，无不兼娴咒术，备著灵异，足见陀罗尼门的咒术事实上从初期大乘以来为一般学者所通学，与后世胎藏界、金刚界、无上瑜伽等密乘法门不同，后人谓之“杂密”，实在也是一种源远流长的古老密法。

（郭元兴）

四十三　怀素（625—698）

怀素，律宗东塔宗创始人。俗姓范，祖籍南阳。父名强，做过唐朝的左武卫长史，所以他生于京兆。十岁发心出家，不久，玄奘法师回长安（645），他就坚决要求从玄奘受学。显庆年间（656—660），二十二岁时，从道成受戒并学律。学了法砺的《四分律疏》和道宣的《行事钞》等，对于两家著作，都感到不满意，认为“古人义章未能尽善”，决心自己另撰新疏（参照《宋高僧传》卷十五《如净传》）。咸亨元年（670）开始撰《四分律开宗记》，上元三年（676）奉诏住西太原寺，仍继续听道成讲律并撰述。永淳元年（682）撰成了新疏。又自讲了五十余遍，后去世。年七十四岁。

怀素的著作，现存有三种：一、《四分律开宗记》二十卷，一称《律疏》，或作十卷。因为《四分律》的传译较迟，建宗在后，直到法砺著《四分律疏》，还注重于开宗之说，怀素即在法砺著书的基础上，发挥了自己的新意而写成了这一部新的《四分律疏》，即以“开宗”为题。二、《四分僧羯磨》三卷（或作一卷，《宋僧传·怀素传》同《尼羯磨》合为《四分僧尼羯磨文》二卷）。据本书自序说，因研究了曹魏康僧铠、昙谛，元魏惠光、隋法愿、唐道宣五人所集的羯磨，感觉未尽恰当，才集成此书。内容分：方便、结果、授戒、师资、说戒、安居、受日、自恣、衣钵药受净、摄物、德衣、除罪、治人、设谏、灭诤、杂行、修奉十七篇，正文下并有略注。三、《四分尼羯磨》三卷（或作一卷），分十七篇，同上。

佚失的著作有：《遗教经疏》二卷、《钞》三卷、《四分比丘戒本》一卷、《四分比丘尼戒本》一卷、《开四分宗拾遗钞》二十卷、《俱舍论疏》

十五卷（或作十卷）等。因怀素从玄奘受学，对于戒体采取有部的色法说，显然是受自《俱舍》学的影响。

怀素住长安西太原寺的东塔，因而由他创立的这一派律宗即称为东塔宗，这和道成另一弟子住在同寺西塔的满意、定宾师弟们相对峙。东塔宗立说和律宗中南山（道宣）相部（法砺）两宗不同之处，最重要的是关于戒体的问题。最初四分律家解释戒体，原有两种主张，一种以为戒体是色法，一种以为是非色非心。法砺疏中肯定了非色非心之说。他引证《成实论》，认为《成实论》是昙无德部的著作，谓须依据此论以解释同部的《四分律》。道宣的著作，本来也主张非色非心，到了接受唯识思想之后，遂改变主张而以心法为戒体。怀素在两家之外，独树一帜的肯定戒体是色法。他的理由是昙无德部的著作，中国不传，但此部出于化地部，而化地出于说一切有部，故解《四分律》应依说一切有部之书，以色法为戒体（见《四分律开宗记》卷十二）。因此，他在疏文中引了不少《俱舍》《婆沙》和迦湿弥罗诸大论师的主张。只许心、心所、及不相应行为戒因，而不认为是戒体。他的立说精神，始终不出于声闻乘的范围。

其次，则为《四分律》的宗旨问题。怀素在《四分律开宗记》中以戒行为律藏之宗，而破斥七家异解。其中第二家以“受随”为宗的，正是法砺。怀素破此说云：“受随二法，对初行者分行不同，始终有异，如何即得以此为宗?”又云：“夫论宗者取‘诠’所显，‘诠’既显戒即是其宗。故《婆沙》云奈耶‘论’戒。又宗谓是族义、尊义、崇义、重义。此教始终崇尊戒行，故用戒行为宗。余止作等是别明法，不可就别立以为宗。”“受随”即包在止作之内，是戒行的前后两部分；既有前后不同，就不好立以为宗。只有戒行才能通贯始终，算是宗旨。

由此，关于受随的界限，怀素亦有二解：一、约能诠之教说，以律藏中受戒犍度全文和比丘尼犍度中关于受戒的部分为受，余文为随。二、约所诠之行说，第三羯磨以前，根本和加行都能成办戒体，判之为受，第三羯磨以后，所有说戒相等事都名为随。其说亦与他家不同。

不过，怀素学说原是渊源于相部和南山的。《四分律开宗记》的内容，基本上采用法砺旧疏的原文，其修正旧疏发明自己新意的只占了一部分。同时他也吸收了道宣的学说，如化制二教的建立等。他还从玄奘接受了俱舍学。所以怀素的学说性质，是比较复杂的。他尊重前人说的成果，也富于批判前人的勇气。如说“相部无知”“南山犯重”，都是大胆的批评。他又批评道宣的《删补随机羯磨》，说“近弃自部之正文，远取他宗之旁义，教门既其杂乱。指事屡有乖违”。

怀素对于前人的著作很能舍短取长，所以他的主张曾轰动了一时。他的弟子最有名的是法慎，也为当时的士大夫所推重。后来元载（八世纪时唐朝的宰相）支持东塔宗，其根源也许就在这里。

西塔门下，不但出了著疏破怀素的定宾，还出了法藏等有名人物。他们都为相部宗张目，南山宗也同情相部。因此，相部与东塔势均力敌，“两疏传授，学者如林，执见相朋，互兴违诤”。大历十三年（778）由于元载生前的建议，朝廷特令两街临坛大德十四人齐集安国寺，定夺新旧两疏的是非（见《宋高僧传》卷十五《圆照传》及《大唐贞元续开元释教录》卷中）。主持其事的人是学《新疏》的如净。当时佥定的原则是“新章有理义准新章，旧疏理长义依旧疏，两疏有据二义双全，两疏无凭则依经律”（见《贞元续开元录》），似乎很为公允，但元载的意思是要如净从怀素的《新疏》中删去一些引证和论辩，只留正义，以便学习。如净主持其事，照此进行。到建中元年（780）十二月佥定疏成，送上祠部，当日就有不服的学者，具状出过。结果，只好仍让新、旧两疏并行，任学者所好。元载的同事韦皋，于贞元元年（785）作剑南四川节度使，为了贯彻元载的遗志，自以俸钱写《佥定新疏》四十本，使如净弟子光翌在成都传行，并且自制了《宝园灵坛传授毗尼新疏记》（见《全蜀艺文志》卷三十八上），于贞元十八年（802）十一月刻石。自此三宗并传，直到宋初不替（见《宋高僧传》卷十六《澄楚传》）。但是，传东塔宗的学者，在如净、澄楚、圆照数人之后，著名的人物就很少了。

（隆莲）

四十四　窥基（632—682）

窥基，玄奘高足弟子，俗姓尉迟，因其著述常题名基，或大乘基，后人称为窥基，京兆长安人。他生长于以武功受封的贵族家庭里；父亲尉迟宗，唐左金吾将军、松州都督，封江油县开国公。窥基出身将门，少习儒经，善于属文。九岁丧母，平时常感孤单，渐疏浮俗，早有出家志向。唐贞观十九年（645），玄奘游印归来，回到长安，从事于传译事业，并很注意物色、培养传法的人才。偶然在路上遇窥基，见其眉目秀朗，举止大方，便有意度他为弟子，亲自去和他的父亲商量，得其允许。但因为窥基出身贵族，出家须经手续，直到贞观二十二年（648）十七岁时，才正式舍家受度为玄奘弟子。先住弘福寺，同年十二月随玄奘迁入大慈恩寺。高宗永徽五年（654），复有朝命度窥基为大僧，并应选学习五印语文，这时他年二十三岁。两年后，即应诏参预译经。从此，他一直跟着玄奘参加慈恩、西明、玉华等的译场，随从受业。麟德元年（664），玄奘在玉华宫译场逝世，译经事业中止。窥基重新回到大慈恩寺，专事撰述。以后曾有一段时间，在他的祖籍附近游历，沿途仍讲经造疏，从事弘化。他还曾在五台山造玉石文殊像，写金字《般若经》。永淳元年（682）十一月十三日，窥基在慈恩寺翻经院圆寂，年五十一岁。十二月四日葬于樊村北渠，靠近玄奘茔垄。后于文宗太和三年（829）七月启塔荼毗，迁入平原新塔。

窥基随侍玄奘参加译场，前后九年，据《开元释教录》记载，玄奘译籍中标明窥基笔受的，有《成唯识论》十卷、《辨中边论颂》一卷、《辨中边论》三卷、《唯识二十论》一卷、《异部宗轮论》一卷、《阿毗达磨界身足论》三卷。其中特别值得注意的是《成唯识论》的翻译。这是一部解释世亲所造《唯识三十论》而属于集注性质的论书，是中国传译瑜伽学一本十支中的主要一支。世亲造《三十颂》时，没有造释就去世了，后经亲胜、火辨等诸论师相继作释。玄奘在印度，将著名的十大家的注释都搜集了回来。开始翻译时，拟将十家注释各别分译。但不久，窥基就向玄奘建议：将十家的注释糅合起来，成为一部，做出定解，以免后人无所适从。玄奘同意了他的建议。窥基自己说这一部译典是"商榷华梵，甄权重轻，陶甄诸义之差，有叶一师之制"。对于十家疏义，他采取了护法的注释为主，加以抉择组织。这种糅译的体裁是窥基独创的，他在《唯识枢要序》里说："虽复本出五天，然彼无兹糅释，直尔十师之别作，鸠集尤难，况更摭此幽文，诚为未有。"可见他对于本论的译成，是有创造性贡献的。《唯识二十论》，原有后魏瞿昙般若流支和陈真谛的两种译本。窥基《唯识二十论述记自序》说："今我和上三藏法师玄奘校诸梵本，睹先再译，知其不闲奥理，难具陈述……基受旨执笔……删整增讹，缀补纰阙，既睹新本，方类世亲。"这段话是他对于佛典新、旧译本优劣的总评，也说明了新译是从哪些方面来校正旧译的。

玄奘在译经期间，每"黄昏二时讲新经论"，"译僚僧伍竞造文疏，笔记玄章并行于世"；玄奘在印度所学的微言大义，就通过这种方式流传。窥基随侍受业，多闻第一，他又是当时造疏最多的一人，称为百部疏主。他的注疏，很多是在玄奘亲自指导之下写成的，如《成唯识论述记自序》说："凡兹纂叙，备受指麾。"《唯识二十论述记自序》说："我师不以庸愚，命旌厥趣，随翻受旨，编头述记。"他在撰述中遇有疑难，随时向玄奘请示，惜《二十论》疏尚未完成，玄奘就去世了。一部分著作是在玄奘去世后才着手写的，如《杂集述记·归敬颂》说："微言咸绝杳无依，随昔所闻今述记。"这些述记，大体上包罗了玄奘学说的主要内容。

窥基的著作，共四十三种，计现存三十一种。其所注疏的经典，除

《金刚般若》《法华》《弥陀》《弥勒》《胜鬘》等经外，其余所释诸经论本文，都用玄奘译本。

窥基的著作，善于提纲挈领，建立体系，如《法苑义林章》七卷，把瑜伽一本十支和各宗不同的法义都归纳起来，抉择贯通，细至一字之微，也有专章分析，如《法华为为章》把《法华经》中所有“为”字归纳起来，得出平声“为”有九训，去声“为”有三训，表现出他所提出的“示纪纲之旨，陈幽隐之宗”的特征。他不但通达声明，并且精熟因明，“大善三支，纵横立破”，他的著述内也常常表现运用因明以立说的倾向。要了解玄奘的学说，现在所可依据的，最主要的就是窥基这些著作。

玄奘去印之前，曾在国内到洛阳、长安、成都等处参访研求，对《摄论》《杂心》《成实》《俱舍》都深有造诣，觉得好多问题还不能解决，才发愿往印度求法，以极大的努力，穷佛学的底蕴。他回国以后所译《般若》《瑜伽》《婆沙》《俱舍》《杂集》《因明》等重要教典，包罗很广。其学说要点折中于总赅三乘教学的《瑜伽师地论》，而以之贯通一切，这是依据部派佛教、大乘中观学说的发展而得出来的结论。玄奘在印度就学于那烂陀寺戒贤三藏，对继续发扬龙树、提婆学说的无著、世亲，及其后继者陈那、护法之学，均亲所禀受，回国以授门下，各有专弘。窥基组织师说，广制诸疏，加以发扬，对于法相唯识之学，尤其精辟独到。玄奘逝世后，学人多认窥基为玄奘的继承者，讲习取为准据，成为奘门的权威，为国内外同所景仰，后遂成为慈恩一宗。

玄奘在世时，中国佛学的瑜伽学说盛极一时，但在窥基以后，华严、天台、禅宗渐次兴盛。华严宗反对三时判教，天台宗反对五种姓之说，禅宗不重文字、排遣名相，也立于相反的地位，法相唯识之学就逐渐消沉下去。再经过天宝以后的兵乱，唐武宗的灭法，窥基著作在其时就佚失了一部分。宋仁宗天圣初年（1023），内廷出所藏窥基著作十四种，四十三卷入藏刻版，《金藏》曾据以复刻，元代的《弘法藏》原由《金藏》留在燕都的遗版蜕化而成，所以《至元法宝勘同录》上仍见著录。明代刻藏以南方通行的《碛砂藏》为据，未及搜罗，因而散佚失传，后人讲习失所依据，此学遂终于寥落。窥基一传弟子慧沼，再传智周，均能继述阐扬。智周弟子有新罗智凤、日本玄昉等，于第八世纪初并将窥基著述传到日本，成为日本法相宗。十九世纪中叶，中国从日本搜罗得慈恩宗著作多种，次第刊行，重加整理和研究。

（隆莲）

四十五 普光（约七世纪）

普光，唐玄奘的上首弟子，乡贯和生卒年月不详。玄奘于贞观二十一年（647）在弘福寺译出《解深密经》和《大乘五蕴论》时，他就担任了笔受。直到麟德元年（664），玄奘在玉华宫译出《咒五首经》，他还参预译场（见《开元释教录》卷八）。他师事玄奘，非常勤恳，又以闻少证多，为玄奘所默许，因而与玄奘的译事相始终。玄奘译出的经论，经普光笔受的最多。

除助玄奘译经外，普光还勤于著述，现存的有三种：

一、《俱舍论记》三十卷（或作十五卷），此论与神泰、法宝二疏并称为俱舍三大疏。泰疏今残缺、仅存七卷。宝疏多引众贤《顺正理论》直译《俱舍》，又好独抒己见。三疏中，比较稳健完整的，要算此记。这是关于俱舍学的一部权威著作。

二、《俱舍论法宗原》一卷，此依《俱舍论》扼要地说明一切有部，总以七十五法为诸法体，并决定寻、伺、睡眠、恶作、贪、瞋、慢、疑八法为不定法。此书除略说诸法体相外，还以百门分别诸法色非色、有见无见等。

三、《百法明门论疏》二卷（或作一卷）。本书以缘境、四缘、四界、重数、三性等五门料简八识，以诸论不同、假实、四界、三性、废立等五门料简心所有法、以诸论不同、释妨难、辨假相三门料简二十四不相应行法，比窥基所解为详。

此外，普光的著述，已佚的有两种：

一、《婆沙论钞》若干卷；

二、《大因明记》二卷。

关于俱舍学的传习，后世公认普光得玄奘正传。贾曾作《俱舍论颂疏序》云："大唐三藏玄奘法师躬得梵本，再译真文。其徒大乘光法师亲承密诲，初传正释，既尽善矣，又何加焉。"后唐法盈作《俱舍论颂疏序记》解贾曾序云："'亲承密诲'者，三藏西方大乘诸师立破口授基法师，小乘义授光法师。"故普光的俱舍学，实总集玄奘法师所传西方小乘诸部立破教义的大成。《俱舍》本来宗于经部，但一般俱舍学者如慧恺、法宝皆许《俱舍》"理长为是，非定一宗"。普光也许《俱舍》"据理为宗"，与慧恺、法宝无异。但他解释《俱舍》，总的倾向还是偏重有部。他著《俱舍论记》，兼采各宗各家的解释，又每平列地援引多种异说而不加评判，故有时失之繁杂。但忠实地记录了玄奘法师所传印度小乘诸部的主张，保存了诸家异解的本来面目，也正是普光的功绩。

普光的弟子最有名的是圆晖。他略摄普光《俱舍论记》正义，并兼采法宝《俱舍论疏》，作《俱舍论颂释疏》二十九卷（后有人补作第三十卷，佚名）。他的见解往往调停于普光、法宝之间。圆晖弟子有崇廙、慧晖、道（遁）麟。崇廙作《俱舍论颂疏义府钞》二十卷，慧晖作《俱舍论颂疏义钞》六卷，道麟作《俱舍论颂疏记》二十九卷，俱释圆晖疏。后唐法盈（即虚受）作《俱舍论颂疏序记》一卷，解圆晖疏的自序和贾曾序。当时，圆晖疏于两河间二京道江表燕齐楚蜀盛行，所以后来关于这部著作的论释有好多种。

（隆莲）

四十六　义净（635—713）

义净，俗姓张，名文明，唐齐州（今山东省济南地区）山庄人。十四岁出家，即仰慕法显、玄奘西行求法的高风。及从慧智禅师受具足戒后，学习道宣、法砺两家律部的文疏五年，前往洛阳学《对法》（《集论》）、《摄论》，又往长安学《俱舍》《唯识》。唐高宗咸亨元年（670），他在长安曾和同学处一、弘祎等相约西游；但处一未能成行，弘祎亦至江宁而中止。后来，他途经丹阳，有玄逵同行。翌年（671），他在扬州坐夏，遇着将赴龚州（今广西壮族自治区平南县）上任的州官冯孝诠，一同去广州，得到冯氏的资助，这年十一月间，从广州搭乘波斯商船泛海南行。这时，只有他弟子善行相随。他们海行二十天到达室利佛逝（今苏门答腊），停留了六个月，在此学习声明。善行因病返国，他即孤身泛海前行，经末罗瑜（后改隶室利佛逝）、羯荼等国，于咸亨四年（673）二月到达东印耽摩梨底国，和另一住在那里多年的唐僧大乘灯相遇，停留一年，学习梵语。其后，他们一同随着商侣前往中印，瞻礼各处圣迹。往来各地参学，经历三十余国，留学那烂陀寺历时十一载，亲近过那烂陀寺宝师子等当时著名大德，研究过瑜伽、中观、因明和俱舍，并和道琳法师屡入坛场，最后求得梵本三藏近四百部，合五十余万颂，方才言旋。武周垂拱三年（687），他归途重经室利佛逝，就在那里停留两年多，从事译述。他为了求得纸墨和写手，曾于永昌元年（689）随商船回到广州，获贞固律师等的相助，仍于是年十一月返回室利佛逝，随授随译，并抄补梵本。天授二年（691），他遣大津回国，把自己在室利佛逝新译的经论及所撰《南海寄归传》等送回。到了证圣元年（695），他才偕贞固、道宏离开室利佛逝，归抵洛阳，受到盛大的欢迎，住在佛授记寺。他先共于阗实叉难陀、大福先寺主复礼、西崇福寺主法藏等译《华严经》。久视元年（700）以后，他才组织译场，自主译事。从此直到睿宗景云二年（711）止，译钞经典并撰述共六十一部，二百三十九卷（《贞元录》"敕荐福寺翻经"下一百零七部，四百二十八卷）。他所译述虽遍三藏，但力行专攻律部，译事之暇，常细心地把日常重要律仪教授学徒，漉囊护生，净瓶涤秽，严守规矩，树立新范，学僧传习，遍于京洛，为一时所称叹。玄宗先天二年（713）正月，卒于长安大荐福寺翻经院，享年七十有九。

义净西行求法，意在传宏，在那烂陀寺参学时，即已试译有《根本说一切有部毗奈耶颂》及《一百五十赞佛颂》等，后在东印耽摩梨底及南海室利佛逝，续有翻译。回国专主译场以来，所译各书，可分为三部分：最初，从武周久视元年到长安三年（700—703），于洛阳福先寺及长安西明寺，译出《金光明》等经，《根本说一切有部毗奈耶》等律及《掌中论》共二十部，一百一十五卷。其次，唐中宗神龙元年到景龙四年（705—710），在洛阳内道场、福先寺及长安大荐福寺翻经院，译出《大孔雀咒王》等经、《根本说一切有部毗奈耶》等律及《成唯识宝生》等论著二十四部，九十四卷。最后，于睿宗景云二年（711），在长安大荐福寺翻经院，译出《称赞如来功德神咒》等经、《能断金刚论颂》及《释》等论共十二部，二十一卷。当时在译场担任证梵的有沙门北印阿你真那、吐火罗达摩末摩、中印拔弩、罽宾达摩难陀，及槃度、慧积等；担任笔受的有沙门波仑、复礼等；担任证义的有沙门法宝、法藏等；担任证译的有居士东印瞿昙金刚、迦湿弥罗国王子阿顺；监护的有成均太学助教许观、秘书监杨慎交等；参加润文的有崔湜、卢粲、韦嗣立、张说等，皆一时名流，保证了译籍的高质量。

在那些译籍中，《根本说一切有部毗奈耶十七事》原已全部译出，中经散失，后再搜列《药事》等七事，共四十七卷，其余十事约十余卷（据西藏译本分量估计）终于佚缺。他如《集量》《法华》二论，比较重要，今亦失传。综观义净所译，律籍最为完全，除上面已提到的几部以外，还有《根本说一切有部毗奈耶戒经》一卷、《尼戒经》一卷、《杂事》四十卷、《尼陀那目得迦》十卷、《百一羯磨》十卷、《毗奈耶颂》五卷、《律摄》二十卷等。

义净在那烂陀寺所学是一种综合性而偏重瑜伽一系的学问，所以他在尽量译出律部各书以外，还译出瑜伽系方面的书好几种，如无著、世亲的《金刚般若论颂》和《释》，陈那的《集量》《观总相论颂》等，护法的《成唯识宝生论》（释《二十唯识论》）、《观所缘论释》等，现存本虽不完全，但可以见到陈那、护法学说的要点，都是玄奘翻译所遗漏而有待补缺的。此外，他还适应当时崇尚密教的风气，因而重译了《金光明经》及一些陀罗尼经（在他所著《求法高僧传》内，还附述明咒藏概略，保存了有关密宗源流的重要资料）。不过，他之所译在文字方面偏于直译，润饰不足，因而时有生涩欠畅之处。只是他对于梵语音义的翻译极其认真，常于译文下加注以作分析说明，并着重订正译音、译义，以及考核名物制度。译音方面，除分别俗语、典语（如说明和尚是印度俗语，非是典语，梵本经律皆云邬波陀耶，见《有部百一羯磨》卷一）及校补略音（如说明褒洒陁旧译为布萨之讹，褒洒是长养义，陁是清净洗涤义，有遮现在及惩未来之慢法二义，不可省略，见《有部百一羯磨》卷三）外，对于咒语中一些字的读音多附注四声或反切，分别发声的长短轻重，弹舌音借字则加口旁（见《佛说大孔雀咒王经·前方便法》），又对二三合音之字，选用适当字音，也能曲尽其妙。译义方面，指出旧译如理作意应正翻寂因作意（见《六门教授习定论》），以及《金刚般若经》译文保留陀罗音译，以见梵文一词含多义之例（见《金刚般若论释》卷二）等。考核名物方面如《有部百一羯磨》卷二注释尼用五衣，卷八注释五种畜水罗等。在这些注文里，可见他对于译事一丝不苟，有独到之处，不愧为新译时代之一大家。

义净的撰述，关于律仪方面的有《别说罪要行法》《受用三水要法》《护命放生轨仪法》各一卷。另有《略明般若末后一颂赞述》一卷，述印度《金刚般若》译的传承及以九事解九喻的观行要义。他归途停留南海佛逝时，曾撰《大唐西域求法高僧传》二卷，《南海寄归内法传》四卷（二书各有专条）。此外，尚有《南海录》（见《寄归传》序）、《西方十德传》（见《寄归传》卷四）和《中方录》（见《求法高僧传》卷上末），从前的经录都未见著录。

义净在译籍和撰述上介绍了印度当时的综合学风，并表明他对于佛学的认识。他以为大乘无过中观、瑜伽，二者同契涅槃，理无乖意，应该和合。并谓般若大宗实即含斯两意（见《寄归传》序及《略明般若末后一颂赞述》序）。他对律部一宗则以其在印度专业的关系，独尊根本说一切有部的传统。日常行仪特别注意，以为含生之类，衣食为先，受用失度，易招罪累，特致意慎护。他所撰《南海寄归传》，意欲据十七事重要节目，纠正中土僧徒实践上失当之处。如当时持律者诸部互牵，混淆派别；律家章疏繁杂，不切践行，他都表示不满。可惜他的主张没有发生多大影响，所传根本说一切有部律仪，随着他的去世，就归寥寂了。他的门人参加译事的有智积等。他赏识的有崇庆、崇勖、元廓、玄秀、玄睿、慧神等。分布诸州的有法明、敬忠、慧福等；常侍左右的有崇俊、玄晖、昙杰、宝严等，事迹都不详。后来德宗建中、贞元间（780—803），有京兆律师道澄，以律范著称。他不满南山律学缺点，所至常以瓶杖自随，护生为切，又不常住一寺，以为西方三时分房，防止贪著，观门易立（见《宋僧传》卷十六）。他的风范，似乎是受了义净主张的影响，在当时四分律盛行的律学界是罕见的。

（游侠）

四十七　李通玄（635—730）

李通玄，世称李长者，又称枣柏大士，唐代华严学者，沧州（今河北省沧州市东南）人。青年时钻研易理，到四十余岁时，专攻佛典，潜心《华严》。当时正值八十《华严》译成。于开元七年（719）春，他携带新译《华严经》到太原盂县西南同颖乡大贤村高山（一作仙）奴家，造论阐明经义。三年足不出户，据说每天早晨只食枣十颗、柏叶饼一枚，由此世称枣柏大士。他后来携带论稿移居神福山原下的土龛（即太原寿阳方山土龛）继续撰述，经过五年告成，这就是《新华严经论》四十卷。继而，又作《略释新华严经修行次第决疑论》四卷。开元十八年（730，一说开元二十八年，740）三月二十八日圆寂，寿九十六岁。

他的著述除上述两种而外，还有《会释》七卷（后附论文）、《略释》（即《华严经中卷大意略叙》）一卷、《解迷显智成悲十明论》一卷均现存。此外还著有《十玄六相》《百门义海》《普贤行门》《华严观》，又《十门玄义排科释略》一卷、《眼目论》一卷等及诸诗赋均散佚。《新华严经论》在李通玄死后四五年，才由僧人广超等传写弘通，到了宣宗大中年（847—859）中，福州开元寺比丘志宁又将论文会入经文之下，成一百二十卷，后又经思研整理，称为《华严经合论》，就流传得更普遍了。宋戒环的《大方广佛华严经要解》一卷，便是依据李通玄的学说而辅以澄观的学说而作。又有关于他的合论提要之书，有明李贽作的《华严经合论简要》四卷，明方泽作的《华严经合论纂要》三卷。

他在智俨、法藏一系以外，别树一帜，于华严一宗传统的学说，有不少的变更，如志宁在《华严经合论序》中说："其论所明，与诸家疏义稍有差别。"通玄自己也说他的分宗立教，和先德所立有少分不同。但大体仍不出法界圆融的义旨。他在《新华严经论》的卷首，立十门解释《华严》一经的义旨：一、明依教分宗，二、明依宗教别，三、明教义差别，四、明成佛同别，五、明见佛差别，六、明说教时分，七、明净土权实，八、明摄化境界，九、明因果延促，十、明会教始终。这十门都是自出机杼，特别是所立十宗、十教的教判，和法藏一系的五教十宗说迥不相同。十宗是：一、小乘戒经，以情有为宗；二、《梵网》菩萨戒经，以情有及真俱示为宗；三、《般若经》，以说空彰实为宗；四、《解深密经》，以不空不有为宗；五、《楞伽经》，以五法、三自性、八识、二无我为宗；六、《维摩经》，以会融染净二见现不思议为宗；七、《法华经》，以会权就实为宗；八、《大集经》，以守护正法为宗；九、《涅槃经》，以明佛性为宗；十、《大方广佛华严经》，以此经名根本佛乘为宗，又以因圆果满，法界理事自在缘起无碍为宗。十教是：第一时说小乘纯有教；第二时说《般若经》破有明空教；第三时说《解深密经》和会空有明不空不有教；第四时说《楞伽经》明说假即真教；第五时说《维摩经》明即俗恒真教；第六时说《法华经》明引权归实起信教；第七时说《涅槃经》令诸三乘舍权向实教；第八时说《华严经》于刹那之际通摄三世及十世圆融无始终前后通该教；第九共不共教，即闻共同法领解获益不共教；第十不共共教，即不共机闻共同法获益教。

他把八十《华严》一经的组织分作十段：第一明（毗卢遮那）始成正觉，即《世主妙严品》。第二明举果劝修，即《如来现相品》以下五品。第三明信心成备（又作以果成信），即《佛名号品》以下六品。第四明入真实证，即《昇须弥山顶品》以下六品。第五明发心修行，即《昇夜摩天宫品》以下四品。第六明理事（又作智悲）相入，即《昇兜率天宫品》以下三品。第七明蕴修成德，即《十地品》。第八明随缘（又作利生）无碍，即《十地品》以下到《普贤行品》等十一品。第九明诸贤寄位，即以上三十七品诸菩萨并佛，是《如来出现》《离世间》二品寄位成十信、十住、十行、十回向、十地及等觉位十一地。第十明令凡实证，即《入法界品》。他在第一“明始成正觉”中，不同意于法藏一系的佛七处八会或七处九会说《华严经》，而立十处十会说。他认为《华严经》是重重无尽圆满无碍的法门，所以它的说处，也应当用十来作为它的次数，以表无尽之意。但晋译《华严·十地品》次、《十明品》前，唐译《十地品》次、《十定品》前，都缺少说第十一地等觉位的一品一会。而《菩萨璎珞本业经》却说了第十一地。因此他把《璎珞经》看做《华严经》的一品，加在九会三十九品，而成立十处十会四十品。十处十会是：第一菩提场会，第二普光明殿会，第三须弥山顶会，第四夜摩天会，第五兜率天会，第六他化自在天会，第七三禅天会，第八给孤独园会，第九觉城东大塔庙处会，第十于一切国刹及尘中一切虚空法界会。此中第二会是把九会中普光明殿三会合作一时一处一会。第七会是依据《璎珞经》所增加。第八、第九两会是把九会中《入法界品》的说处分作两处。第十会是把诸会和十方刹海法界虚空界总为一会。通玄在阐明第十“令凡实证”之后，更因法藏一系的五周因果说，而说《华严》一经总有五种因果遍周义：一、示成正觉因果遍周，即《世主妙严品》，通下五品。二、信位及进修因果遍周，从《佛名号品》以下六品，通《十住》《十行》《十回向》《十地》，共十品。三、定体遍周，即《十定》《十通》《十忍》等品。四、行海遍周，即《普贤行》《离世间》二品。五、法界不思议大圆明智海遍周，即《入法界品》。

他又将《华严》一经科为序、正、流通三分：《世主妙严品》，总括全经，作为序分。《入法界》一品，总通前后四十品，作为正宗，而以余品为伴。《如来出现品》，具说付嘱、流通，作为流通分。又品品之中、会会之内，都有序、正、流通三分。

又解释《入法界品》中，法藏在《华严经探玄记》卷十八内，说文殊当般若门，是能入；普贤当法界门，是所入；非般若无以入法界，非入法界无以显般若。李通玄于此则在《新华严经论》卷八、三十一、三十二及《华严经决疑论》卷一之上中，倡导他独创的三圣圆融说，他说文殊、普贤、佛（毗卢遮那）等三德，体用主伴无碍。又说文殊以理会行，普贤以行会理，体用相彻，成一真法界。又说文殊为法身的妙慧，普贤为万行的盛德，二圣合体，体用自在，即名为佛。又说文殊为法界体，普贤为法界用，或互为体用。文殊为因，普贤为果，或互为因果。进而说一一位次（十信、十住、十行、十回向、十地等）、法门，旨在互相成就；如帝释网，互相彻入；一中无量，无量中一；诸佛菩萨，体用相成，因果相入，同时无二。更进而说十方诸佛心不动智与众生自心（即无明）与十方诸佛心无异，无明本空，所以信自心所有无始无明能分别心，即是信自心的根本不动智佛，从而用自心根本无明的体用，观不动智与诸佛及众生同一体性、同一境界、同一智海，即是发心；才发心时即于十方世界现身成佛。他还在《解迷显智成悲十明论》中，说十二缘生是一切众生逐妄迷真随生死流转的大苦海，也是诸佛及众圣贤的宝庄严大城，又是文殊、普贤常游止的华林园苑。这个一切诸佛功德海，重重无尽，与一切众生，犹如光影，无有障碍。只由迷之则为众生；悟之即是诸佛，所以众生及十二有支皆无自性，随无明等而有生死流转。用戒、定、慧观照的方便力，照见自身心境体相皆自性空，即众生心就是全佛智海。

李通玄关于十玄六相的专著，已经逸失不传，只在《新华严经论》卷八、二十三、二十四及《华严经决疑论》卷一下中有些简单的陈述。六相圆融义，本来源出六十《华严》初欢喜地十大愿中第四修行愿，所以他也在《决疑论》中就十地立说。他先说初地一地中，总摄十地及如来义，六相圆融，如天帝释宝网，自在无碍。次说地与地的关系，有六相。如十地修行，其智用地地逐步殊胜，为别相。一一地中智用都不离根本智，为总相。心从事修行，一切境界自体无作，为同相（原文缺异相）。一一位次能净除业障，智用增明，为成相。一一地中修行，不见修，不见行，不见成，不见菩提，涅槃等事，为坏相。后说一切诸法皆具足六相。

李通玄的《新华严经论》中有不少独创的见解，所以能于贤首、清凉等华严宗师的著述外别树一帜。而论中应用《易经》的思想来解释《华严》，也是引起学者注意并促使此论推广、流行的一个因素。

（黄忏华）

四十八　善无畏（637—735）

善无畏（正翻净师子），中印摩揭陀国人。他的先代出身刹帝利，因国难出奔乌荼，做了国王，承传到他，十三岁就依父亲佛手王的遗命即位。兄弟们不服，起兵相争，他于平乱之后，让位于兄，决意出家。先至南印海滨觅得殊胜招提，修习法华三昧。又由水路搭乘商船，游历中印诸国，密修禅观。及到摩揭陀，访国王，王妃原是他的女兄，他们了解到善无畏舍位出家的经过，大加敬重，由是名声远播。他曾把自己所携传国宝珠施给那烂陀寺，装饰在大佛像的额端上。后归依寺内以禅、密著名的长老达磨鞠多，研习密教，受到鞠多的赏识，将总持瑜伽三密及诸印契完全传授给他，得了灌顶，号为三藏。他又周行各地，遍礼圣迹，方便诱化。八十岁左右，依着师教东行弘法，携带梵本，经过北印迦湿弥罗、乌苌等国，到了素叶城，应突厥可汗之请，讲《毗卢遮那经》，然后再前进通过天山北路，达于西州（今新疆维吾尔族自治区吐鲁番市东南高昌故城）。因为他的声誉早已传至汉地，唐睿宗特派西僧若那和将军史宪，远出玉门迎接。他于玄宗开元四年（716）到达长安，被礼为国师。先住兴福寺南塔院，后迁西明寺；玄宗并严饰内廷道场，尊为教主。开元五年（717），开始在西明寺菩提院译出《虚空藏菩萨求闻持法》一卷。写定进内之后，即有敕令将带来的梵本全部送藏内廷。从此他便注意另访未译的密典梵本。先有江陵（今湖北省江陵县）无行求法，游历南海、东印、中印各地，曾住大觉、那烂陀等寺闻法，并访求梵本。学毕回国，途经北印病卒（见义净《大唐西域求法高僧传》卷下），所将梵本，由同行者带回中土，存于长安华严寺。善无畏和一行同往选取前未译过的重要密典数种。开元十二年（724），他随玄宗到洛阳，于开元十三、十四年间，在奉先寺译出《大毗卢遮那神变加持经》等三种。开元二十年（732），他曾请求还归印度，优诏慰留。二十三年（735）得病，十一月卒于洛阳大圣善寺，年九十有九。开元二十八年（740）葬于龙门西山广化寺。肃宗乾元元年（758），于塔院侧建碑，其弟子李华撰文。

善无畏是汉地真言教的奠基者，所译经典全属于秘密部。他最初据自己所带梵本译出的《虚空藏菩萨能满诸愿最胜心陀罗尼求闻持法》，由沙门悉达译语，无著笔受缀文，经题下注云：出《金刚顶经成就一切义品》，实系密轨一类。以后就无行所将梵本内选译的有三种，其一是《大毗卢遮那成佛神变加持经》七卷，沙门宝月译语，一行笔受缀文，为纯密教的根本经典，通称《大日经》。本经于所说诸曼荼罗中，特以大悲胎藏生曼荼罗为正式灌顶曼荼罗，所传密教胎藏部大法即从此出。其第七卷为供养念诵法，末后有阿阇梨所集之文，是无畏依经教而撰集的修习胎藏密法的仪轨。其余两部是《苏悉地羯罗经》和《苏婆呼童子请问经》三卷，则广说三部（佛部、观音部、金刚部）和五部（加般支迦部和摩尼部）的持诵通则。以上四部、十四卷，都见于《开元录》。另有属于密轨的《苏悉地羯罗供养法》二卷，题善无畏译，实际是善无畏依《苏悉地经》撰集以传授门弟子者。此外，流传于日本的，还有《金刚顶毗卢遮那一百八尊法身契印》一卷，共一行译，《释迦文尼佛金刚乘修行仪轨法品》一卷、《尊胜佛顶修瑜伽法仪轨》二卷，以及其他秘密陀罗尼法、念诵法、略要法等，内容都有可疑之处，或出于后人的伪托。在无畏译籍中，《大毗卢遮那成佛神变加持经》内的密咒，全部都写出梵字，逐字用汉音对译，他所集《苏悉地羯罗供养法》中部分密咒，亦复如是。此由密教重视文字，为求念诵、观想精确，故创此例，以后不空传译密典即沿用之。由此可见善无畏当时传授密教，已同时教授梵文拼法，开始讲求“悉昙”这一门学问，这在中国佛教史上，是值得注意的。

善无畏的撰述，除上述密教仪轨外，还传有《无畏三藏禅要》一卷，这是他和嵩岳会善寺敬贤对论佛法，而由西明寺慧警记录的。本书先开发心、供养、忏悔、受戒等十一门，次说观智密要、禅定法门，列举陀罗尼十首和月轮观法等。其中评论初习禅人多怕起心动念，或专守无念以为究竟，认为如是便无法增长善念。他主张先正念增修，后方至于究竟清净，不怕起心，而患亏于进学。在这段话里，可以见到当时的禅风和他对于修禅的见解。相传他平时静虑怡神，时以禅观奖劝初学，遇有问疑，剖析无滞，本书所记即其一例。

善无畏兼长工巧艺术，相传他自制模型，铸造金铜灵塔，备极庄严。他所画的曼荼罗，尤其精妙。他这一法系的传布，对于汉地工巧艺术，也发生了一定的影响。

善无畏弟子，入室的有宝思、妙思二人。宝思俗姓郑，荥阳人；妙思俗姓王，琅琊人。俗弟子有著名的文士李华，赵州赞皇人，是善无畏行状和碑铭的撰者。又传喜无畏是他的最后弟子，行事不详。传承善无畏胎藏法的是大兴善寺沙门一行和保寿寺新罗国沙门玄超。一行撰《大日经疏》七卷（或开为十四卷），善释经文，阐明教相和事相，对于纯密理论体系尤多所发挥。玄超事实不详，传说不空法系的青龙寺沙门慧果（746—805）曾从他受大日和苏悉地密法，又于田沙门智严、嵩岳沙门温古，也曾受学于善无畏。

真言宗在唐武宗废佛（845）以后，中土传承即以衰歇。惟善无畏所传胎藏部密法，后由不空的弟子慧果传于日本空海，而和金刚智所传的金刚部密法相并传习，在日本一直到现在还存在着。

（游侠）

四十九　慧能（638—713）

慧能，中国禅宗第六祖。俗姓卢，先世河北范阳（今河北省涿州市）人，其父谪官至岭南新州（今广东省新兴县东），唐贞观十二年（638）生慧能，遂为广东新州人。慧能幼年丧父，后移南海，家境贫困，靠卖柴养母。有一天，能在市中，闻客店有人诵《金刚经》，颇有领会，便问此经何处得来，客人告以从黄梅东冯茂山弘忍禅师受持此经。他因之有寻师之志。龙朔元年（661），他把母亲安顿后，即北行。到了韶州曹溪，遇村人刘志略，引其出家之姑无尽藏尼，持《涅槃经》来问字。慧能说："我虽不识字，但还了解其义"。尼说："既不识字，如何解义？"慧能说："诸佛妙理，非关文字。"尼闻其言，深为惊异，遂告乡里耆老，竞来礼敬，即请慧能居于当地宝林古寺，称他为卢行者。

慧能在宝林寺住了不久，又至乐昌西石窟，从智远禅师学禅，智远劝他到黄梅东禅寺（寺在黄梅双峰之东，亦称东山）去从弘忍受学。慧能于咸亨二年（671）到了黄梅东山，弘忍见着他即问："居士从何处来，欲求何物？"慧能说："弟子是岭南人，唯求作佛！"弘忍说："你是岭南人，又是獦獠（当时中原对南方少数民族的称呼），如何堪作佛？！"慧能说："人有南北，佛性岂有南北？和尚佛性与獦獠佛性无别；和尚能作佛，弟子当能作佛。"弘忍遂命他随众劳动，在碓房舂米。

慧能在碓房间踏碓八个月，当时东山禅众达七百人。相传，弘忍有一天为了考验大众禅解的浅深，准备付以衣法，命各人作偈呈验。时神秀为众中上座，即作一偈云："身是菩提树，心如明镜台，时时勤拂拭，莫使惹尘埃。”一时传诵全寺。弘忍看后对大众说，后世如能依此修行，亦得胜果，并劝大众诵之。慧能在碓房间，闻僧诵这一偈，以为还不究竟，便改作一偈，请人写在壁上。偈云：“菩提本无树，明镜亦非台；本来无一物（这句是较通行的记载，敦煌本《坛经》此句作“佛性本清净”），何处惹尘埃！”众见此偈，皆甚惊异。弘忍见了，即于夜间，召慧能试以禅学造诣，传与衣钵，并即送他往九江渡口。临别又叮嘱他南去暂作隐晦，待时行化。因此，慧能回到广东曹溪后，隐遁于四会、怀集（今广西壮族自治区怀集县）二县间，过了十余年，至广州法性寺；值印宗法师讲《涅槃经》，因有二僧辩论风幡，一个说风动，一个说幡动，争论不已。慧能便插口说：“不是风动，也不是幡动，是你们的心动！”大家听了很为诧异。印宗便延他至上席，请问深义，慧能回答，言简理当。印宗便问：“久闻黄梅衣法南来，莫非就是行者？”慧能便出示衣钵，印宗欢喜赞叹，即集众就法性寺菩提树下为慧能剃发。又请名德智光律师等为他授具足戒（按法性寺即今广州光孝寺。寺中有六祖瘗发塔、菩提树、风幡堂、六祖殿诸古迹）。两月后，慧能即于寺中菩提树下，为大众开示禅门，说般若波罗蜜法。

不久，慧能辞众归曹溪宝林寺，印宗与道俗千余人相送。那时，韶州刺史韦璩仰其道风，率同僚入山请慧能入城，于大梵寺讲堂为众说法，兼授无相戒。僧尼道俗集者千余人，门人法海编录其法语，又加入后来的法语，即世所行《法宝坛经》（今世流通的《法宝坛经》有四本：一、敦煌本，二、惠昕本，三、德异本，四、宗宝本。参照本书“法宝坛经”条）。从此以后，慧能在曹溪宝林寺说法三十余年。其间，中宗曾请慧安、神秀二师于宫中供养，并问禅法。二师皆说：“南方有能禅师，密受忍大师衣法，可就彼问”。神龙元年（705），中宗即遣内侍薛简往曹溪召他入京。他以久处山林，年迈风疾，辞却不去。薛简恳请说法，将记录带回报命。中宗因赠摩纳袈裟一领及绢五百匹以为供养。并命改称宝林为中兴寺，由韶州刺史重修，又给予法泉寺额，并以慧能新州故宅为国恩寺。延和元年（712）慧能回至新州小住，命门人建报恩塔。先天二年（713）圆寂于新州国恩寺，世寿七十六。弟子等就在那一年迎其遗体归曹溪。宪宗时（806—820）赠以大鉴禅师谥号，柳州刺史柳宗元为撰《曹溪第六祖大鉴禅师碑并序》。元和十年（815）刘禹锡因曹溪僧道琳之请，又撰《曹溪大师第二碑》。从达磨六传而至慧能，故一般称他为六祖大师。

慧能的遗体未坏，弟子方辩裹纻涂漆于其上，形象生动逼真，现存于广东曹溪南华寺（即古代的宝林寺）。

中国禅宗从达摩始百余年间皆以《楞伽经》相印证，故亦称为楞伽宗。达摩的三传弟子道信开始兼以《金刚》等经为典据，到了慧能即以文句简单的《金刚经》义代替了《楞伽经》，其目的在于摆脱名相烦琐的思想束缚，而单刀直入求得开悟。

能本与神秀同为弘忍门下的大弟子，但因对禅的看法不同，后来遂分为南北二宗。北宗禅法多弘传于北方贵族阶层，南宗初行于岭南一带。后由慧能弟子神会于开元十八年（730）在洛阳定南北宗是非大会上，极力批评北宗禅为“师承是旁，法门是渐”，影响所及，北宗的势力遂逐渐衰退。

慧能的禅学思想，见于其弟子法海集记的《法宝坛经》。此经后来曾被神会系一度改编作为传宗的典据，故其中夹杂后起之说，但大体上还可见到慧能主张是舍离文字义解，而直澈心源。他说这种境界是“如人饮水，冷暖自知”。又说，心量广大，遍周法界，去来自由，心体无滞，即是般若。一切般若智，皆从自性而生，不从外入。若识自性，一悟即至佛地。

慧能的禅法以定慧为本。他以为定是慧体，慧是定用，犹如灯光，有灯即有光，灯是光之体，这是所谓定慧一体观。他又认为觉性本有，烦恼本无。直接契证觉性，便是顿悟。他说自心既不攀缘善恶，也不可沉空守寂，即须广学多闻，识自本心，达诸佛理。因此，他并不以静坐敛心才算是禅，就是一切时中行住坐卧动作云谓里，也可体会禅的境界。这就不同于北宗的教人静坐看心，以为那样将心境分为两截，不能契自心性而生智慧。他教人只从无念着手，并不限于静坐一途。

慧能强调“见自性清净，自修自作法身，自行佛行，自成佛道”。因此他对于当时僧俗念佛愿生西方的净土法门，另有一种看法。他对韦刺史开示说：“人有两种，法无两般，迷悟有殊，见有迟疾。迷人念佛求生于彼，悟人自净其心。所以佛言，随其心净，即佛土净。凡愚不了自性，不识身中净土，愿东愿西。悟人在处一般。所以佛言：随所住处恒安乐。使君但行十善，何须更愿往生？”

慧能的弟子很多，《景德传灯录》及《传法正宗记》皆载有嗣法四十三人。《法宝坛经》说有门人十人，《祖堂集》列举八人。但是最著名于后世的，即青原行思、南岳怀让、荷泽神会、南阳慧忠、永嘉玄觉五人。他们得法后，都各成一家。其中以青原、南岳二家弘传最盛；南岳下数传衍为临济、沩仰二派；青原下数传分为曹洞、云门、法眼三派，形成了禅宗五派法流。

此外，《僧传》《传灯录》所未载而见于金石著录者有净藏（675—746），也是六祖知名弟子，他把南宗禅传入嵩山（《金石萃编》卷八十七《净藏禅师身塔铭》）。

（林子青）

五十　法藏（643—712）

法藏，本是康居国人，他祖父侨居长安，因而以康为姓。他生于唐太宗贞观十七年（643），十七岁时，入太白山求法。后来，听说智俨在云华寺讲《华严经》，就去听讲，因设数问请教，为智俨所赞赏，从此列为门徒，前后数年，深深领会智俨的妙旨。高宗总章元年（668），法藏年二十六岁，还未出家，智俨圆寂前把他付托于弟子道成、薄尘，说他将要绍隆遗法。既而就长年婆罗门请授菩萨戒，讲《华严》兼讲《梵网》。高宗咸亨元年（670）法藏年二十八岁，荣国夫人（杨氏）死，武后为树福田，度僧，并把住宅施舍作太原寺。于是，道成、薄尘等京城耆德连状荐举，度他为僧，得到许可，并且令隶属太原寺。此时法藏只受了沙弥戒（《五祖略记》谓在上元元年，674），奉诏在太原寺讲《华严经》。后来，又在云华寺开讲，有旨命京城十大德为授具足戒，并把《华严经》中贤首菩萨的名字赐给他作称号，一般称为贤首国师。自此以后，经常参加翻译、广事讲说和著述，大振华严的宗风。他常常慨叹晋译《华严经》的《入法界品》内有阙文。高宗永隆元年（680），中印度沙门地婆诃罗（译云日照）来到长安，法藏往问西方的古德有没有关于佛一代教法的判释。据地婆诃罗说：近代印度那烂陀寺，同时有两大论师，一位是戒贤，远承弥勒、无著，近继护法、难陀，依《深密》等经、《瑜伽》等论，立有、空、中的三时教判。一位是智光，远承文殊、龙树，近禀提婆、清辨、依《般若》等经、《中观》等论，立心境俱有、境空心有、心境俱空的三时教判（见《华严经探玄记》卷一）。于是，有建立华严五教以对抗慈恩宗三时说的根据。继而闻知地婆诃罗从印度带来的梵本中，有《入法界品》，遂亲自和他对校，果然获得善财求天主光等十善知识和文殊伸手按善财顶两段，旋即请他于西太原寺译出，这就是《大方广佛华严经续（或无续字）入法界品》。既而又奉诏和地婆诃罗及道成、薄尘等同译《密严》《显识》等经论十余部，合共二十卷。武后天授二年（690），于田沙门提云般若（译云无智）在魏国东寺译经，他也列席译场，提云般若译出《大乘法界无差别论》，他特为作疏，发挥新义。证圣元年（695），于田沙门实叉难陀（译云喜学）在洛阳大遍空寺，重新翻译《华严经》，他奉诏笔受，后来并补入日照所译两段。长安三年（703），义净等华梵十四人，先后在洛阳福先寺及长安西明寺，共同翻译《金光明最胜王经》等二十一部，他奉诏证义。中宗神龙二年（706，作元年），南印度沙门提流志（译云觉爱），在大内林光殿翻译《大宝积经》，他也奉诏为证义。又新译的《华严经》，虽然增加了《如来现相》《普贤三昧》《华严世界》及《十定》等品，却脱漏地婆诃罗所补译的文殊伸手过百一十由旬按善财顶文。法藏用晋唐两译对勘梵本，把地婆诃罗的译文，补在实叉难陀的脱处，于是得以文续义连，现行即此本。总之，法藏对于当时的译事，特别是《华严经》的翻译是有贡献的。当武后圣历二年（699），重新翻译的《华严经》告成，诏令法藏在洛阳佛授记寺宣讲。《宋高僧传》等说他尝为武后讲新《华严经》，讲到天帝网义十重玄门、海印三昧门、六相和合义门、普眼境界门等。武后骤听之下，茫然不解。他于是指殿隅金狮子作譬喻，讲到一一毛头各有金狮子，一一毛头狮子同时顿入一毛中，一一毛中皆有无边狮子，重重无尽。武后于是豁然领解。因而把当时所说集录成文，叫作《金狮子章》。又为不了解刹海涉入重重无尽义的学者，拿十面镜子，安排在八方（四方四角），又在上下各安排一面，相去一丈余，面面相对，中间安置一尊佛像，然后燃烧一支火炬去照着他，令互影交光，使学者通晓刹海涉入重重无尽的义旨。前后讲新旧《华严经》三十余遍。中宗、睿宗都礼请他作菩萨戒师。睿宗先天元年（712），在长安大荐福寺圆寂，年七十岁。葬在神禾原华严寺的南边，秘书少监阎朝隐为作碑文，概略地陈述他一生行化的事迹，这就是现存的“大唐大荐福寺故大德康藏法师之碑”。智俨所创教相和观行的新说，得到法藏详尽的发挥，才使一宗的教观建立周备，所以法藏是华严宗的实际创立者，世称他为华严宗三祖。

法藏的门下“从学如云”，其中知名的弟子有宏观、文超、智光、宗一、慧苑、慧英六人。慧苑的传记见《开元释教录》卷九、《贞元新定释教目录》卷十四及《宋高僧传》卷六。又《法藏和尚传》说宗一续法藏的《华严略疏》遗稿达二十卷，慧苑也续成十六卷。

法藏的著述，据说约百余卷，其中关于《华严》的著述，现存的有《华严探玄记》二十卷、《华严经文义纲目》一卷、《华严一乘教义分齐章》（略称《华严教义章》，又称《华严五教章》）四卷、《华严经旨归》一卷、《华严策林》一卷、《华严经问答》二卷、《华严经明法品内立三宝章》（《十世》《玄义》等章同卷）二卷、《华严经义海百门》一卷、《修华严奥旨妄尽还源观》一卷，《华严游心法界记》一卷、《华严三昧章》一卷、《华严经普贤观行法门》一卷、《华严经关脉义记》一卷、《华严金狮子章》一卷、《华严经传记》五卷。已佚的有《新华严经序注》一卷、《新华严经略疏》十二卷等近二十种。《探玄记》是旧译《华严经》的疏释。他晚年作新译《华严经》的略疏，未成全书，遽告入灭。此外，他的一般著述，现存的有《般若波罗蜜多心经略疏》《入楞伽心玄义》等近十种。还有已佚的《法华经疏》等几种。

法藏继承了智俨的法界缘起思想，用缘起因分、性海果分二门阐明宇宙万法的实相。性海果分就是诸佛的境界。缘起，就是法界缘起，其相状为无尽圆融。宇宙万法，有为无为，色心依正，过去未来，通通互为因果。因此，一法为因，万法为果；万法为因，一法为果。自它互为能、所缘起，相资相待，圆融无碍。所谓一即一切，一切即一；举一尽收，以一尘为主诸法尽伴；相即相入，重重无尽。

（黄忏华）

五十一　慧苑（约七、八世纪间）

慧苑，唐代京兆（今陕西省西安市）人，少年出家，礼法藏为师，深通经义，尤精于《华严》，为同门的上首。法藏在八十卷本《华严经》译成后曾作《略疏》，才写了四分之一就去世了，慧苑和同门宗一分别续写，宗一续满二十卷，其文现已逸失；慧苑所续名为《续华严经略疏刊定记》。据他在《记》中说，此书是他“鸠集广略之文，会撮旧新之说；再勘梵本，雠校异同；顺宗和教，存之以折衷，简言通义，笺之以笔削”而成的。但《记》中所说，往往和法藏的宗旨大异其趣。其中主要是改五教为四教、改十玄为十种德相和十种业用的两重十玄，因此后来正统的华严宗人都以他为异系。慧苑还博览经书，考核诂训，写成《新译大方广佛华严经音义》二卷，以便初学。他在此书的《自序》中，说到他从法藏受业十九年，曾住长安静法寺和洛阳佛授记寺，生卒年月不详。

慧苑著述的《续华严经略疏刊定记》一书，现存不足十三卷，原书卷数已不详。此外有改订法藏所著《华严经传记》而成的《纂灵记》五卷，屡见澄观的著述所引用；《刊定记》还说他有《华严旋澓章》一书，现已无考。

慧苑的学说和华严宗的传统说法分歧最大的是他的判教说。他在《刊定记》卷一的“立教差别”中，批判了古来菩提留支等十九家的教判说，其中就包括了法藏（称之为古德）的小、始、终、顿、圆的五教说，认为五教说是受了天台宗“化法四教”的影响而作，在藏（改作小乘教）、通（改作大乘始教）、别（改作终教）、圆（仍旧）的基础上，只加了一个顿教。又以法藏所立的顿教是用离言说相以显法性的，不应作为能诠的教相，能所不应混为一谈。故另依《究竟一乘宝性论》卷四立迷真异执（相当于人天教）、真一分半（相当于声闻、辟支佛）、真一分满（相当于初心菩萨）、真具分满（相当于如来藏）四教，并就后三教各立通宗、别宗、随部宗、随义宗四宗，把全部佛教教义概括在“四教”之中，废除了华严宗传统的“五教”说。智俨、法藏两代相承的十玄缘起说，到了慧苑，也改作十种德相和十种业用两重。十种德相是：一同时具足相应德、二相即德、三相在德、四隐显德、五主伴德、六同体成即德、七具足无尽德、八纯杂德、九微细德、十如因陀罗网德。十种业用是：一同时具足相应用、二相即用、三相在用、四相入用、五相作用、六纯杂用、七隐显用、八主伴用、九微细用、十如因陀罗网用。澄观在《华严经疏钞》卷三、卷十中对慧苑的两重十玄说有详尽的批判，说他“析十玄之妙旨分成两重，徒益繁多，别无异辙”；又说“德相、业用虽异，不妨同一十玄，无不该摄”。

慧苑所有违反传统学说的观点，受到后来推崇贤首的华严教徒的排斥，因而他所遗留的著述，未为后世佛教学人所重视。

（黄忏华）

五十二　慧沼（650—714）

慧沼，一作惠沼（或惠照），俗姓刘名玄，祖籍彭城，后迁淄州，因此亦称淄州沼。十五岁时，高宗为新生儿子（即睿宗）祈福度僧，他就此时受度出家。

相传他曾亲近过玄奘。青年时已博通经藏，讲《法华》《般若》《涅槃》等经。咸亨三年（672）始从窥基、普光受学。慧解超群，被称为“山东一遍照”。他的唯识、因明诸疏，大概即在此时禀受师说渐次写成。窥基去世（682）后，慧沼游行诸郡，讲经二十余年，同时写成了《金刚般若》等经疏，和《慧日论》《了义灯》等著作。

慧沼晚年又在义净译场任证义大德。唐中宗神龙三年（707）曾召义净入宫同译经沙门九旬坐夏，他也参加在内（见《开元录》）。景龙四年（710），义净于大荐福寺译《浴像功德》等经、《根本说一切有部苾刍尼毗奈耶》等律、《唯识宝生》等论，慧沼与文纲、胜庄等同任证义。景云二年（711）义净于大荐福寺译《称赞如来功德神咒》等经，和《能断般若论颂》等论，亦慧沼证义。慧沼所疏《金光明最胜王经》，即是义净的新译本。他晚年的思想受到义净的一些影响。

慧沼于开元二年（714）十二月十七日去世（见李邕碑文后日本释善珠记），寿六十四岁。他生平曾被驿征三次，诏讲二次，补纲维大德六次，敕译经论四次。他是慈恩宗的嫡传，或许因此受到当时朝廷的重视。

慧沼的著作现存有十种，共四十卷：一、《金光明最胜王经疏》十卷，经文是武周长安二年（702）义净译。疏文也同时写出，发挥了三乘五性的宗义，并订正以真如为三身正因的旧说。二、《十一面神咒心经义疏》一卷，经文玄奘译。三、《法华玄赞义决》一卷，释窥基著《法华玄赞》中难义。四、《成唯识论了义灯》十四卷，与窥基的《成唯识论枢要》、智周的《成唯识论演秘》总称唯识三疏，多分祖述窥基学说加以阐明补充；对圆测、道证等诸家异说一一批判。五、《因明入正理论义纂要》一卷。六、《因明入正理论义断》二卷。七、《因明入正理论续疏》，慧沼自跋云“于师曾获半珠，缘阙未蒙全宝”，这是因窥基著《因明入正理论疏》到了喻过部分就绝笔了，慧沼接着做了下文的注解，所以称为《续疏》。八、《大乘法苑义林章补阙》八卷，现存卷四、卷七、卷八。九、《能显中边慧日论》四卷，略名《慧日论》。十、《劝发菩提心集》三卷，第二卷中有受菩萨戒仪轨。

此外，慧沼的著作佚失了的还有《能断金刚般若经疏》《发菩提心论疏》等十种二十九卷。

玄奘所传的瑜伽唯识学，由窥基的传述，建立了以三乘五性说为主的慈恩宗，又由日沙门道昭、智通、智凤、玄昉等传衍至日本而建立了日本的法相宗。慈恩宗窥基是奠定者，智周为传播者，而作为他们中间枢纽的就是慧沼。玄奘的学说虽然通过窥基等诸大弟子记录下来，但有许多微言奥义未见得尽能一一笔之于书。同时，玄奘在世时，门下对于教理的见解本来就不一致，作为继承慈恩嫡传的慧沼，就担当了力排异说的任务。

慧沼的著作充满追求真理的精神，他为了对真理的探讨，做到了“当仁不让于师”的地步。他不但对于圆测、法宝等前辈没有随便妥协的态度；就是对于窥基的主张，有怀疑的地方也要求得一个是非；甚至对于玄奘的教授，也要透过思考才接受。用这种服从真理的精神来治学，是值得后人效法的。他的努力，进一步充实并推进了窥基的学说。在西明与慈恩的论争中，慈恩之能得到最后的胜利，慧沼起了决定性的作用。

慧沼的弟子最著名的首推智周，他从慧沼学，于公元703年和706年，先后有日本僧人智凤、玄昉等来从他受学，回国弘传。智周的著作，很多是辅翼或解释慧沼的著述的。义忠、道巘、道邑、如理等当时也很出名。此外，碑序所载，还有惠冲微、惠胜说、耶含胐、惠日、福林、无著、惠融、惠祥、惠光、惠灯、惠嵩、惠先等。

（隆莲）

五十三　实叉难陀（652—710）

实叉难陀（华言学喜），唐于田（今新疆维吾尔自治区和田市）人，以通大小乘学和外论著名。武周时，则天后听说于田有完备的《华严经》梵本，即遣使访求并聘请译人，实叉难陀便以此因缘，带着《华严》梵本来华。他于证圣元年（695）到达洛阳，住在内廷大遍空寺，重译《华严》。武后很重视，开始还亲自参加。难陀后来又在洛阳三阳宫、佛授记寺、长安清禅寺等处续译诸经。长安四年（704），他以母亲年老，请求归省，朝廷特派御史霍嗣光送他回归于田。唐中宗即位，再度邀请他到长安，住大荐福寺。未遑翻译，即患病，睿宗景云元年（710）十月卒，年五十九岁。他的遗体于死后一个月焚化，骨灰由他的门人悲智和唐使哥舒道元，护归原籍。后人在长安焚化难陀的遗体处建起七层浮图以为纪念，号称华严三藏塔。

实叉难陀来华的主要工作，就是翻译于田所传的大本《华严》。他在大遍空寺主译《华严》时，由菩提流志和义净同读梵本，参加笔受、证义的有弘景、圆测、神英、法宝、法藏等，缀文的为复礼，至圣历二年（699）完毕，共计八十卷。接着又于久视元年（700）在洛阳三阳宫重译《大乘入楞伽经》七卷，由沙门复礼、法藏等笔受、缀文，至长安四年厘定。以上两经，武后都亲制序文弘扬。在此期间，他还译出属于华严部的《入如来智德不思议经》《如来不思议境界经》《普贤菩萨所说经》各一卷，属于宝积部的《文殊师利授记经》三卷，属于大乘律部的《十善业道经》一卷，属于秘密部的《观世音菩萨秘密藏神咒经》等陀罗尼经四种、四卷；另有

《右绕佛塔功德经》《大乘四法经》各一卷。参加笔受的还有沙门波崙、玄轨等，监护译事的是太子中舍人贾膺福。据《开元录》载，他译的经共计十九部，一百零七卷。

实叉难陀所译《华严》《楞伽》，都是时人公认的要典，以前虽有译本，但或者篇幅不全，或者文义不备，不能令人满意，所以须得重译。其中，先出的晋译《华严》，经本亦来自于田，但全经只有八会、三十四品，而新译的《华严》则为九会、三十九品，就更觉完备了。此新译开初会二品为六品，又《十定》一品，重新集会于普光明殿，连以下十品开为第七会，故较旧译增多一会、五品。另外，新译经的文颂也增加了许多处（据澄观《华严疏》说，晋译梵本三万六千颂，唐译梵本增加九千颂，但仍未备，法藏后又将中印沙门提婆诃罗于垂拱三年即687年，所译《入法界品》内文殊伸手摩善财顶一段文补入）。新经译出后，法藏未及详注，但其后慧苑、澄观、李通玄等都依新经发挥经义，特别是澄观从新经文义上理会到理事法门的重要，而大畅其说，乃将《华严》理论更推进了一步。又新译《楞伽》，梵本的来源不详，与刘宋求那跋陀罗所译四卷本对勘，经首多出《罗婆那王劝请》一品，中间开出《无常》《现证》《如来常无常》《刹那》《变化》《断食肉》等六品，末又多出《陀罗尼》《偈颂》二品，计十品、七卷，比四卷本详尽得多了。据武后所作经序说，此译“讨三本之要诠，成七卷之了教”，似乎所据梵本还不止一种，或者随处对旧译有过比较研究。经序又说“三十九门，破邪见而宣经旨”，这指经文的章段，似乎也是参考到印度的经疏而大分段落（藏文译本经疏，即作三十九章）。因此，这一经本是比较完备的。他如《入如来智德不思议经》为第四出，《如来不思议境界经》和《妙臂印幢陀罗尼经》同为第二出，《文殊师利授记经》为第三出，都属于重译的一类。在这些译本上，他表现出一种独有的译风。就他的时代说，是在玄奘新译流行已三十年之后，应该受到新译的影响，而他的译文以简约顺适为宗，倾向意译，反和旧译更相接近；甚至许多法相名目，当时已有比较正确的意译或音译的，反不采用，而仍沿袭罗什以来的旧译（如文殊师利、维摩诘、兜率陀、由旬、塔，以及妄计、缘起、圆成三自性，建立及诽谤等）。因此，他所译《华严》，在译风上完全是旧译的继续，《楞伽》亦复相同。这当然和其时参加译场笔受、缀文者的好尚有关，如圆测、法宝、法藏，都对玄奘翻译怀有不满的情绪。这种倾向，形成难陀译籍的特征，并给后来以影响。

以《大乘起信论》的重译归之于难陀，是很有问题的。初出于隋代而盛行于唐代的《大乘起信论》，旧传为真谛所译，但成书于真谛殁后二十五年的隋法经等所撰的《众经目录》，即说“勘《真谛录》无此论”，并列之于疑惑部，而且在法藏所撰难陀的传记里，并无翻译《起信》明文。法藏始终参与难陀译事，但他注解《起信》仍用旧译，并未提到难陀重译的话。这些都可证明法藏犹不知有重译的《起信》，其本必系后出无疑。今从它的内容看，也完全是重点改订旧译而成。所以说，难陀重译此论，是很难使人相信的（唐代华严家立说，很受了旧《起信》一系的思想影响，或即是这一派人将重译《起信》归之于难陀，也未可知）。后世还流行着一种不见于旧录的疑伪经——《地藏菩萨本愿经》，亦题为唐实叉难陀译，亦为伪托。

（游侠）

五十四　智周（678—733）

智周，俗姓徐，濮阳人，十九岁受戒，二十三岁入慧沼门下，得慈恩宗嫡传。学成后，行化诸郡。但据唐昙旷《入道次第开决》说，他未尝至长安，而声闻遐被。在玄奘门下的慈恩、西明两系的论争中，慧沼著《成唯识论了义灯》等书，驳破圆测等异说，而阐发了窥基所传的微言奥义。智周即继承慧沼的事业，继续著述。专宏基师一系之说。他于开元二十一年（723）去世，年五十六岁。其后，慈恩宗势骤衰，著述亦渐次零落，惟新罗与日本学僧智凤、智鸾、智雄、玄昉先后入唐，从智周受学，玄昉留学时间最久（716—735），他们返日后，即建立了法相宗，为慈恩一系的海外传承。奘门诸师重要著述亦赖以流传不绝。

智周的著作，据《东域传灯目录》所载有十三种，现存十种：一、《法华玄赞摄释》四卷，是对窥基《法华玄赞》“细绎疏意，问答释难”。二、《大乘法苑义林章决择记》四卷，是对窥基《大乘法苑义林章》的决择释难。三、《大乘入道次第》一卷，一作《入道章》，扼要地说明自宗修行次第的境行果。四、《梵网经菩萨戒本疏》五卷，现存二、四两卷。《东域传灯目录》云：“智周师依天台撰之。”五、《因明入正理论疏记》三卷，亦名《前记》《因明纪衡》，是对窥基所著《因明入正理论疏》文义的释难。六、《因明入正理论疏后记》三卷，补《前记》之缺。七、《因明入正理论疏钞》一卷，亦名《略记》（或云伪作），是对窥基《疏》的简略补充解释。八、《成唯识论枢要记》二卷，现存上卷，亦名《成唯识论方志》，或《枢要方志》。九、《成唯识论了义灯记》二卷，现存下卷（起《了义灯》卷三末至卷六末），是对慧沼所著《成唯识论了义灯》的释难。十、《成唯识论演秘（钞）》七卷，是对窥基所著《成唯识论述记》的随文释难。本书与窥基的《成唯识论枢要》和慧沼的《成唯识论了义灯》，并称唯识三疏。

以上十种，除《大乘入道次第》和《梵网经菩萨戒本疏》外，都是禀受师承的记述。此外，他的著作还有存目无书的三种：《因明入正理论纂要记》一卷、《因明入正理论断记》一卷、《瑜伽论疏》四十卷。

智周的著述虽多从慧沼禀受而来，但也包含一部分由玄奘传来而未经前人记述的印土学说。例如，《枢要记》中释相见影质种子的异解；又如，《演秘》卷四释《述记》所引和《瑜伽》五十二说“出世间法由真如所缘缘种子生”一义有关的天竺三释；又如《枢要记》述《能断金刚般若》用杜行顗梵本的经过，都可见智周著述是另有亲闻依据的。但慈恩宗的势力，到智周已成弩末；他对于自宗的学说，只限于祖述师传，并没有显著的发展。

（隆莲）

五十五　菩提流志（？—727）

菩提流志原名达摩流支（意译法希），南印度人。出身婆罗门，姓迦叶。十二岁从外道出家，熟悉数论学说，并通晓声明、术数等。直到六十岁，遇着大乘上座部三藏耶舍瞿沙（称音），辩论屈服，才改信佛教，注意实践，五年间就通达了三藏教典，名称远闻。唐高宗于永淳二年（683）派人去印度邀请，十年之后即武周长寿二年（693）到达了东都洛阳。当年，他在佛授记寺译出《宝雨经》，于序分末加入东方月光天子受记在中国现女人身统治世间一段，博得武后喜欢，替他改名菩提流志，意译觉爱。他在那时还译了《实相般若经》等小部经典十几种。不久实叉难陀来华，翻译大部《华严经》，菩提流志即停止译事，和义净一同帮助他。后来中宗复位，菩提流志随着回到长安，住在崇福寺，从神龙二年（706）起，他重新专译《广大宝楼阁善住秘密陀罗尼》等经，并开始编译《大宝积经》，历时七年，到睿宗先天二年（713）完毕。这中间还夹着译出密典《不空羂索神变》等经。菩提流志译完《宝积经》之后，就不再翻译了，专门修持，十分精进；又经十几年，到玄宗开元十五年（727）去世，据说寿一百五十六岁。菩提流志所译的经本流通的，依《开元释教录》记载，共四十三种，一百零一卷。此外，菩提流志最初所译的《般若波罗蜜多那经》等小部十二种十二卷，未曾流传就散失了。

菩提流志翻译经籍最值得称道的是完成了《大宝积经》全部一百二十卷的编译。这一大部，原来玄奘在临死前一年（663）曾试译过几行，感觉气力衰竭而辍笔。这样一搁数十年，无人问津。菩提流志携来新的梵本，重新引起注意，中宗复位之后，就加强了译场组织（译语，证梵义等都聘请了印度人），使菩提流志主译来完成玄奘未尽的伟业。菩提流志利用《宝积经》独有的丛书体裁，变通办法，尽量勘同从前译过的零本编入大部，遇到旧本文义不全或旧无译本的，才出新译。因此，全经四十九会几乎一半用了旧本，只二十六会新译，其中还多数是参酌旧本重出，纯粹的初译本只十一会而已。菩提流志译本的译文质量较高，因为当时译场组织相当完备，翻译经验丰富。特别是颂文翻译，旧本有些形式是六言或八言不很符合中国诗歌体裁的，菩提流志重翻都改为五七言，且曲尽其意。所以，徐谔替《宝积经》译本做的《述》里说：“大乘章句义不唐捐，小品精微拯无遗溺，能事毕矣，佛何言哉！”

另外，菩提流志的译籍一部分与密教有关，大都是当时增订过的本子（如《不空罥索神变真言经》就比较旧译本为繁广等），并有南印度密教重视观法的特征。

（吕澂）

五十六　神会（668，一说686—760）

神会，禅宗六祖慧能晚期弟子，荷泽宗创始者，建立南宗的得力人物。俗姓高，湖北襄阳人。童年从师学五经，继而研究老、庄，都很有造诣。后来读《后汉书》知道有佛教，由此倾心于佛法，遂至本府国昌寺从颢元出家。他理解经论，但不喜讲说。三十岁到三十四岁（697—701），他在荆州玉泉寺从神秀学习禅法。久视元年（700）神秀因则天武后召他入宫说法，便劝弟子们到广东韶州从慧能学习。神会去曹溪后，在那里住了几年，很受慧能器重。为了增广见闻，他不久又北游参学。先到江西青原山参行思，继至西京受戒。景龙年中（707—709）神会又回到曹溪，慧能知道他的禅学已经纯熟，将示寂时即授与印记。开元八年（720）敕配住南阳龙兴寺。这时他的声望已著，南阳太守王弼和诗人王维等都曾来向他问法。

神会北归以后，看见北宗禅在北方已很盛行，于是提出南宗顿教优于北宗渐教的说法，并且指出达摩禅的真髓存于南宗的顿教。他认为北宗的“师承是傍，法门是渐”，慧能才是达摩以来的禅宗正统。

开元十二年（724）正月十五日，神会在滑台（今河南省滑县）大云寺设无遮大会和当时著名学者崇远大开辩论，建立南宗宗旨，同时批评了当日最有声望的神秀门下普寂。普寂以神秀为达摩的正统，他自己则是继承神秀的人。据李邕的《大照（普寂）禅师碑》记普寂临终诲门人说：“吾受托先师，传兹密印。远自达摩菩萨导于可、可进于璨、璨钟于信、信传于忍、忍授于大通（神秀）、大通贻于吾，今七叶矣。”（《全唐文》

卷二百六十二）当时神秀门下的声势很大，他们所立的法统无人敢加以怀疑。神会却认为这个法统是伪造的，说弘忍不曾传法给神秀。他提出一个修正的传法系统："（达摩）传一领袈裟以为法信授与慧可，慧可传僧璨，僧璨传道信，道信传弘忍，弘忍传慧能，六代相承，连绵不绝。"（独孤沛《菩提达摩南宗定是非论》）神会又说："秀禅师在日，指第六代传法袈裟在韶州，口不自称为第六代。今普寂禅师自称第七代，妄竖和尚（神秀）为第六代，所以不许。"当时，大云寺崇远质问他说："普寂禅师是全国知名的人物，你这样非难他，不怕生命的危险吗？"神会从容地说："我是为了辨别是非、决定宗旨，为了弘扬大乘建立正法，哪里能顾惜身命？"他的坚强态度和言论惊动了当时参与大会的人。从此，南北两宗的界线更加分明，争论也更加激烈了。（《神会语录》第三残卷）

天宝四载（745）神会以七十八岁的高龄应请入住东都荷泽寺，这时普寂和义福都先后去世，由于他的弘传，使曹溪的顿悟法门大播于洛阳而流行于天下（宗密《圆觉大疏钞》卷三之下）。天宝八载（749）神会在洛阳荷泽寺又楷定南宗的宗旨而非斥北宗，且每月作坛场为人说法：抑清净禅，弘达摩禅。（《历代三宝记》中《无相传》）这时，北宗门下信仰普寂的御史卢奕于天宝十二载（753）诬奏神会聚徒企图不利朝廷。唐玄宗即召他赴京，因他据理直言，把他贬往江西弋阳郡，不久移湖北武当郡。天宝十三载（754）春又移襄州，七月间又敕移住荆州开元寺。这些都是北宗的人对神会的报复。（《宋高僧传》卷八《本传》《圆觉大疏钞》卷三之下）神会虽过着贬逐的生活，两年之间转徙四处，但他的声望并未下降。

神会被贬的第三年，即天宝十四载（755），范阳节度使安禄山举兵，攻陷洛阳，将逼长安，玄宗仓皇出奔西蜀。副元帅郭子仪带兵征讨，因为军饷缺乏，采用右仆射裴冕的临时建议，通令全国郡府各置戒坛度僧，收取一定的税钱（香水钱）以助军需。这时，神会尚谪居荆州，诬奏他的卢奕已被贼所杀，群议请他出来主持设坛度僧，于是他才回到洛阳。至德元年（756）神会已经八十九岁，当时洛阳寺宇已被战火摧毁，他即临时创立寺院，中间建筑方坛，所有度僧的收入全部支援军费，对于代宗、郭子仪收复两京起了相当的作用。

安禄山之乱平定以后，肃宗便诏他入内供养，并敕建筑工程师在他曾住过的荷泽寺中建造禅宇给他居住，所以时人称他所弘的禅学为荷泽宗。

上元元年（760）五月十三日，神会寂于洛阳荷泽寺，年九十三岁。建塔于洛阳宝应寺，谥真宗大师。

荷泽宗的基本理论，具见于神会所著的《显宗记》和《传灯录》卷二十八所保存的《荷泽神会语录》，以及敦煌出土的《大乘开心显性顿悟真宗论》。《显宗记》的思想内容，大体和《法宝坛经》的定慧第四品相同。而近代敦煌出土的《顿悟无生般若颂》的写本，其文字和《显宗记》又几乎一致。敦煌本的《般若颂》尚无西天二十八祖之说，而《显宗记》却多了“自世尊灭后，西天二十八祖共传无住之心，同说如来知见”二十三字。因此，敦煌本当是早出的写本，初题《顿悟无生般若颂》，后来改称《显宗记》。

《顿悟无生般若颂》虽无二十八祖的记载，却有“传衣”之说，和《显宗记》所记一样。所谓“衣为法信，法是衣宗，衣法相传，更无别付。非衣不弘于法，非法不受于衣”。可见传衣之说似乎是从神会倡始。

宗密在《禅源诸诠集都序》记述荷泽一宗的教义说：“诸法如梦，诸圣同说。故妄念本寂，尘境本空。空寂之心，灵知不昧，即此空寂之知是汝真性。任迷任悟，心本自知，不藉缘生，不因境起。知之一字，众妙之门，由无始迷之，故妄执身心为我，起贪瞋等念；若得善友开示，顿悟空寂之知。……故虽备修万行，唯以无念为宗。”

因此，神会的禅也称为“无念禅”，谓“不作意即是无念”（《神会语录》第一残卷《与拓跋开府书》）。又说：“法无去来，前后际断，故知无念为最上乘。”（《传灯录》卷二十八《神会语录》）神会虽说无念，但据宗密所传，荷泽是主张“知之一字”为“众妙之门”的。可见，他最重知见解脱。南北二宗的根本不同是：北宗重行、南宗重知。北宗重在由定发慧，而南宗重在以慧摄定。神会答王维说："慧澄禅师要先修定，得定以后发慧。会则不然。"他又引《涅槃经》的"定多慧少，增长无明；慧多定少，增长邪见"的说法而主张定慧同等。（《神会语录》第一残卷）

神会传法的弟子，据宗密《圆觉略疏钞》所记有二十二人，《禅门师资承袭图》有十八人，《宋高僧传》及碑文所见得十六人，《景德传灯录》载十八人。以上各书所列除重复者外合共有三十余人。比较知名的有磁州法观寺法如（723—811），法如传成都圣寿寺唯忠，唯忠传遂州大云寺道圆，这是宗密继承的系统。宗密出于道圆门下，自称为神会的第四代法嗣。

神会的法派大约继续了一百五十年，到唐末就中断了。但德宗贞元十二年（796）曾敕皇太子邀集诸禅师制定禅门宗旨，搜求传法的正傍系统，终于敕立荷泽神会为第七祖，并御制七代祖师赞文（宗密《禅门师资承袭图》）。这是在神会寂后三十五年的事情。五代以后，只有当时与神会同门的青原行思和南岳怀让两支系统平分禅宗势力而日行繁衍，这个当年曾大力为南宗争取正统的神会的法系至此寂然无闻。

（林子青）

五十七　慧日（680—748）

慧日，唐代净土宗高僧，俗姓辛，山东东莱人。唐中宗时出家，受具足戒后遇到义净，听到义净述说巡礼如来遗迹的情况，心里很羡慕，就立志远游。武周大足年间（701），泛船渡海，经昆仑（今康道尔群岛）、佛誓（今苏门答腊）、狮子洲（今斯里兰卡）等地，三年之后，到达了现在的印巴次大陆。并在那里寻求梵本，访问善知识，历时十三年，最后翻越雪岭而东归，于开元七年（719）回到长安。他回国后，曾受到唐玄宗的接待，并颁与“慈愍三藏”的称号。天宝七载（748）圆寂于洛阳罔极寺，年六十九岁。

慧日在印度受净土学的影响，归国后主要弘传净土法门。他的净土思想有独特之点，因此而有人把他的净土学说同净土大师慧远和善导两流并列，称为慈愍派。

慧日的根本思想在于禅、教、律、净四行并修而着重于净土。他批评当时的禅家忽视斋戒，又指摘求生净土者不断酒肉五辛。宋延寿的禅净双修说，对于后世发生很大的影响，其思想似多渊源于慧日，如在他著的《万善同归集》中就曾引用了慧日的说法。慧日强调戒律修持的理论极为宋代元照律师所推重。元照愤慨当时禅家轻视律仪生活，曾于宋绍圣三年（1096）翻刻了《慈愍三藏文集》流通于世，并且作了《论慈愍三藏集书》一文，详论教禅律不可偏废。

慧日的著作流传至今的有：《净土慈悲集》《般舟三昧赞》《愿生净土赞》《西方赞》。《净土慈悲集》具名《略诸经论念佛法门往生净土集》，此书散佚已久，1925年才在朝鲜的桐华寺发现其残本（卷上）。慧日的思想全貌现在不得其详，由这部书里尚可窥见其梗概（参看本书《净土慈悲集》条）。其余三种收于唐法照作的《净土五会念佛诵经观行仪》中，也可供佛教学者的参考。

慧日的弟子，诸传录中未有所载。据唐吕温《南岳大师远公塔铭》，知道承远曾赴广州师事慧日；而法照出于承远门下，创唱五会念佛，他曾受慧日思想的影响是无疑的。

（林子青）

五十八　一行（683，一说673—727）

一行，我国古代有数的天文学家，密宗教理组织者。他生于唐高宗弘道元年（683），圆寂于唐玄宗开元十五年（727）十月，年仅四十五岁。

一行原籍魏州昌乐县（依《旧唐书》卷一百九十一之说，当今河南省南乐县境，《宋高僧传》作钜鹿），本姓张，名遂，是唐初功臣张公谨的后裔。天资聪敏，过目不忘。二十岁左右，已博览经史，精于历象阴阳五行之学。一次，他几天之内写成《大衍玄图》及《义诀》各一卷，阐释扬雄的《太玄经》，得到名藏书家尹崇的奖誉而声名大震。当时，武三思独揽朝政，猜忌正士，出于某种意图，想与一行结交。一行鄙薄他的行为，隐而不见，适遇普寂禅师在嵩山弘扬禅要，参听之后，深受感动，就礼普寂为师，落发出家，时年二十四五岁。

出家之后，得到普寂的许可，四处参访，《高僧传》说他不远千里到浙江天台山国清寺从一位隐名的大德学习算术，内外学的造诣因而更深，名声也更大了。唐睿宗即位（710，一行二十八岁）之后，曾派东都留守韦安石以礼征聘，一行称疾坚辞，却徒步走到湖北当阳去从悟真律师学习毗尼。

开元五年（717），唐玄宗命一行的族叔礼部郎中洽亲自去湖北请他入朝，协助善无畏翻译《大毗卢遮那成佛神变加持经》（即《大日经》）。

唐玄宗请一行进京，主要的目的是整理历法，从新旧《唐书·律历志》的记载看来，一行开始草拟《大衍历》是在开元九年（721），到开元十五年（727）完成，共经过六七年的时间。在这六七年间，他的工作非常紧张。在历法方面，他要做许多准备工作，如《新唐书·艺文志》所载的《历议》十卷、《立成佉》十二卷、《历草》二十四卷、《七政长历》三卷等书，都是为草拟《大衍历》所提出的重要文献。此外，他还要收集实测的资料，如《旧唐书·天文志》云："玄宗开元九年，太史频奏日蚀不效，诏沙门一行改造新历。一行奏云：今欲创历立元，须知黄道进退，请太史令测候星度。"这是从天象方面去找立论的客观根据，因此他又必须制造天文仪器以供测候之用。

《新唐书·天文志》说，开元十一年（723），一行和率府兵曹参军梁令瓒，用铜铁铸成可以测量星宿运动和考察月球运行规律的黄道游仪。测候结果，证实了恒星的位置有移动，画成三十六张图，深得唐玄宗的嘉许，亲为黄道游仪制铭。接着，一行又受诏和梁令瓒等制造浑天仪。浑天仪又称浑仪，是我国古代研究天文的重要仪器，创始于西汉武帝时代的洛下闳。东汉安帝元初四年（117），张衡就改用漏水来转动；后来又屡有修改，经过一行和梁令瓒的改制，才比较完备。《旧唐书·天文志》说："铸铜为圆天之象，上具列宿赤道及周天度数。注水激轮，令其自转，一日一夜，天转一周。又别置二轮络在天外，缀以日月，令得运行。每天西转一匝，日东行一度，月行十三度十九分度之七，凡二十九转有余而日月会，三百六十五转而日行匝。仍置木柜以为地平，令仪半在地下，晦明朔望，迟速有准。又立二木人于地平之上，前置钟鼓以候辰刻，每一刻自动击鼓，每辰则自动撞钟。皆于柜中各施轮轴，钩键交错，关锁相持。既与天道合同，当时共称其妙。铸成，命之曰水运浑天俯视图，置于武成殿前以示百僚。"由此可以考见当时的创造之精妙。

《新唐书·天文志》又说："中晷之法：初（李）淳风造历，定二十四气中晷，与祖冲之短长颇异，然未知其孰是。及一行作《大衍历》，诏太史（按即太史监南宫说、太史官大相元太等）测天下之晷，求其土中，以为定数。"这就是用圭表测量日影于同一时间在各地投影的差数（即所谓"影差"），以计算太阳距离赤道南北远近的方法。如太阳走到最北而位置最高的时候，圭影最短，就是夏至节；太阳走到最南而位置最低的时候，圭影最长，就是冬至节，依此可以区分二十四节气和测定时刻。一行根据当时实测的结果，计算出来大约五百二十六里（唐里小程每里为三百步，合454.363公尺）二百七十步，影差二寸有余，纠正了《周髀算经》“王畿千里影差一寸”的说法。影差与北极的高度有关，而一地的北极高度即等于该地的纬度。所以一行“大率三百五十一里八十步而极差一度”的议论（《新唐书·天文志》），就是说明纬度一度的长度，亦即子午线一度的长度，比公元814年回教王阿尔马蒙的实测子午线早九十年。《新唐书·天文志》说，一行根据许多资料作《复矩图》，南自丹穴，北至幽都，每极高移动一度，就注明它的差数，可用以确定日蚀的偏全和昼夜的长短。后来，昭宗时代（889—903）的边冈重订历法，认为一行此图非常精粹，是不可磨灭的作品。

《大衍历》的主要著作《经七章》一卷（《新唐书·艺文志》作《开元大衍历》一卷），大约是一行在开元十二年（724）开始写的。一行圆寂后，经过张说的编次，和《长历》三卷、《历议》十卷、《立成法》十二卷、《天竺九执历》一卷、《古今历书》二十四卷（或即《新唐书·艺文志》之《历草》二十四卷）、《略例奏章》一卷，合并为五十二卷，总称为《开元大衍历》。

后来，太史令用灵台候簿核对，证明《大衍历》相合的十之七八。所以，《新唐书·历志》说：“自太初（汉武帝）至麟德（唐高宗），历有二十三家，与天虽近而未密也；至一行，密矣。其倚数立法，固无以易也；后世虽有改作者，皆依仿而已。”

一行关于《大衍历》的著作，可惜流传下来的已经不多；当时及后代对于他的技术之巧、历算之精，非常景仰，因此别人的许多有关著作，也用一行的名字。查各书所载，用一行名的计有三十二种七十五卷，多数出于依托，因为大都佚失，现已无法详细楷定。至于《旧唐书·一行传》所说的《大衍玄图》一卷、《义诀》一卷和《后魏书》中的《天文志》（《宋史·艺文志》著录后魏《天文志》四卷），可能是一行的作品，可惜也已散失，无从稽考了，但他对于天文学的巨大贡献和功绩，是不可磨灭的。

一行的佛教著作见于著录的有：《摄调伏藏》十卷（《宋高僧传》作六十卷）、《释氏系录》一卷、《大日经疏》二十卷、《药师琉璃光如来消灾除难念诵仪轨》一卷、《大毗卢遮那佛眼修行仪轨》一卷、《曼殊室利焰曼德迦万爱秘术如意法》一卷、《七曜星辰别行法》一卷、《北斗七星护摩法》一卷、《宿曜仪轨》一卷，共八种。其中，《释氏系录》已佚。《药师琉璃光如来消灾除难念诵仪轨》等，或属于金、胎合部，或属于胎藏部，都是通常的密教仪轨。《七曜星辰别行法》前面有一段似序非序的文字，可以证明它和相传是“一行禅师修述”的《梵天火罗九曜》，皆出于后人的依托。所以，一行的佛教著作应以组织密宗教理的《大日经疏》为代表。

据《续古今译经图记》所说，善无畏为一行在洛阳大福先寺翻译《大毗卢遮那成佛神变加持经》是在开元十二年（724）。而崔牧《大日经序》说，译毕之后，一行“重请三藏和上敷畅厥义，随录撰为记释十四卷”。换言之，《大日经疏》的著作年代，大约在开元十三年（725）。至于《经疏》的名称，或称《义释》，或称《义记》，卷数也有七卷、十卷、十一卷、十四卷和二十卷的不同，内容也不完全一致。据说，一行临终命弟子智俨、温古改治《疏文》，更名《义释》，因而传抄有异，但理论上并无出入。

《大日经疏》对于中国密宗的贡献，除了把经中“文有隐伏，前后相明，事理互陈”（温古《大日经义释序》）的地方解释明白，保存了善无畏所传的图位，和注明许多事相的作法与意义之外，更重要的是发扬大乘佛教世出世间不二的积极精神，使密宗教理合理化，而一行就是这种精神的实践者。

据《开元释教录》《续古今译经图记》《宋高僧传》等书所说，一行又曾从金刚智咨询密法，请译金刚顶瑜伽中《念诵法》四卷，《佛说七俱胝佛母准提大明陀罗尼经》一卷，并受灌顶。因此，一行是传承胎藏、金刚两部密法的大阿阇黎。他在我国佛教史上的地位是极为重要的。可惜他积劳成疾（玄宗撰碑文有“吐血忘倦”之语），不到五十岁就圆寂了。《旧唐书·一行传》说，玄宗赐谥曰大慧禅师，并“为一行制碑文，亲书于石，出内库钱五十万为起塔于铜人之原。明年，幸温汤，过其塔前，又驻骑徘徊，令品官就塔以告其出豫之意。更赐绢五十匹以莳塔前松柏焉”。可以想见，当时朝廷对于一行的尊仰和怀念；一行所贡献于我国古代文化的功绩，也将永远昭垂史册。

（巨赞）

五十九　鉴真（688—763）

鉴真，我国唐代赴日本传戒并首创日本律宗的高僧。唐垂拱四年（688），生于扬州江阳县，俗姓淳于，十四岁从智满禅师出家为沙弥，神龙元年（705），从光州道岸律师受菩萨戒，景龙元年（707），游学东都洛阳，继入西京长安，次年，于长安实际寺从恒景律师受具足戒。这两位律师都是当时的律宗大德。道岸（654—717）是继承道宣的弟子文纲（636—727）大兴南山律宗于江淮的人（《宋高僧传》卷十四）。恒景（634—712）初从文纲受律学，后来又到荆州玉泉寺研究天台止观，有名于时。（《宋高僧传》卷五）鉴真受了这些名师的熏陶，数年之间便通达了三藏教法。后来，他又从融济研习道宣的《四分律行事钞》《羯磨疏》《量处轻重仪》；从义威、智全、大亮等钻研了相部律宗法砺的《四分律疏》。融济是南山道宣的高足，义威是道岸的弟子，大亮是法砺弟子满意的法嗣。这些师承关系和律学修养，是鉴真后来在传持律学上能有重大成就的增上因缘。

开元二十一年（733），鉴真四十六岁。这时，他已经学成名立，于是自长安回到扬州，先后十年间在江淮地区努力讲律传戒，声名远播，成为当时道岸之后独步江淮的律学大师。《宋高僧传》说他有著名弟子三十五人，各自倡导一方，共弘师教。他同时建造了许多寺院和佛像，书写过三部大藏经，又兴办救济孤贫疾病等社会事业，并曾亲自为病者煎调药物。在长期从事这许多活动中，他掌握了当时许多方面的文化成就，积累了不少实际的领导经验，团结和培养了一批有专门造诣的工技人才。这一切都为他后来东渡日本准备了有利条件。

日本的学问僧荣睿和普照等于开元二十一年随遣唐大师丹墀真人广成来中国留学。他们同时负有邀请中国传戒师东渡日本传戒的任务，乃先请洛阳大福先寺道璿律师（702—760）乘了日本副使的船先行赴日，为正式传戒做准备。

天宝元年（742），荣睿、普照留学中国已经十年了，他们始终不忘请师传戒的使命，为此做了许多努力。他们托宰相李林甫之兄林宗写信给扬州仓曹李凑，请他造船备粮，以备东渡，同时邀请了西京僧道航、澄观，东都僧德清，高丽僧如海，与日本同学僧玄朗、玄法同下扬州，访谒鉴真。这一年十月，鉴真正在扬州大明寺为众讲律，荣睿和普照前往参见，恳切祈请东渡传戒。当时鉴真回答，日本是“有缘之国”，便问弟子们有谁愿意应请到日本国去传法。大众默然良久，无人对答。于是，弟子祥彦说，日本和中国，隔着大海，路途危险，前往者很少能够安全到达，而我等“进修未备，道果未克”，所以大家不敢表示。鉴真说：“为是法事也，何惜生命？诸人不去，我即去耳！”弟子们经他这样激励，祥彦首先表示愿意随师同去。接着，表示愿意随去的有道航、思托等二十一人。

鉴真接受邀请，决心东渡之后，便立即着手筹划，于当年冬天进行造船及其他准备工作，其间得到了李凑的协助。到第二年春天定期出发之前，道航认为这次东行是为传戒法，去的僧人要求品行端严，提议不让如海等少学的人同去。这件事引起了如海极大的不满，便向淮南采访厅诬告道航造船入海和海贼勾结，因而闹出了一场大风波。经州官调查结果非实，只将所造的船没收，杂物还与僧人，如海坐诬告罪，荣睿和普照依例遣送回国。这是鉴真遭遇的第一次挫折。

荣睿和普照因为没有达到目的，便让玄朗和玄法先回日本，他们二人在克服了许多困难之后再去恳求鉴真。鉴真便安慰他们，并表示要积极创造条件，以求达到目的，同时托人买得岭南道采访使刘臣邻的军用船一只，雇得乘务员十八人，备办大量的佛像、经典、法器、名香、钱币、罗袱头、麻靴、粮食、药物、蔗糖等，和祥彦、道兴、德清、荣睿、普照、思托等十七人，连同琢玉匠人、画师、雕镂、铸写、刺绣、修文、镌碑等工手共有八十五人，于天宝二年（743）十二月乘船东下。船到了狼沟浦就被恶风急浪打破了。这是第二次挫折。鉴真和随同人员涉寒潮上岸，经过一番艰苦努力，修理了船再走，到下屿山住一个月，待得好风出发，拟到桑石山，又被风浪打坏了船，幸而人员没有伤亡，但水米俱尽，饥渴三日，得到当地州官救济，被安置于明州（今宁波）阿育王寺，那时是天宝三载（744）的初春。这是第三次挫折。

这时，越州（今浙江省绍兴市）龙兴寺僧众听到鉴真在明州，便首先请他去传戒；杭州、湖州、宣州（今安徽省宣城市）各寺也都来请讲律，他依次巡游开讲授戒，然后又回到阿育王寺。有些越州弟子舍不得他出国，就向州官控告荣睿引诱鉴真要去日本，荣睿因而被逮，解送长安，途经杭州，以卧病假释医疗，经过许多周折，方得脱难。鉴真看到荣睿、普照二人备历艰辛，毫无退悔，深嘉其志，就派法进等三人到福州去买船，并置办食粮用品。他自己率领祥彦、荣睿、普照、思托等三十余人离阿育王寺巡礼天台山，经临海、黄岩，想从温州到福州乘船出国。不料，这时扬州弟子灵祐和诸寺负责人商议说：“我大师和上发愿向日本国，登山涉海数年艰苦，沧溟万里，死生莫测，可共告官，遮令留住。”于是请得江东采访使下牒诸州，派遣差使，追踪拦截。鉴真于是在被严密防护之下送回扬州本寺。据《东征传》记载，当时诸州道俗，闻大和尚还至，竞来供养庆贺，独大和尚忧愁不乐，呵责灵祐，数月不见笑容，灵祐和诸寺负责人不断忏悔礼谢，始勉为开颜。这是鉴真遭遇的第四次挫折。

天宝七载（748）春，荣睿、普照从同安郡来扬州，这时年已六十的鉴真仍然充满信心，重做东渡准备，积极造船，备办百物，一如天宝二年所备。扬州道俗一再受到鉴真的启发与感动，发心随行的，有祥彦、神仓、光演、顿悟、道祖、如高、德清、日悟、思托等十二人，连同荣睿、普照共十四人，水手十八人，及其余乐于相随的共三十五人。六月廿七日从扬州出发，至常州界狼山便遇风浪，后来至越州界三塔山和暑风山各停住一月。十月间再行启航，不久怒涛又至，在海上漂流十四日，经过无数险阻，竟被漂到海南岛的振州（今海南省三亚市）。在那里得到地方官员的护送，东行经万安州（今海南省万宁市），然后取道澄迈渡海至雷州。从此经广西的藤州、梧州而至桂州，在这里留住一年，然后受请赴广州。至端州龙兴寺，日僧荣睿以屡经艰险，因患重病，奄然迁化，鉴真哀恸悲切，送丧而去。至广州住了一春，又往韶州，停住开元寺。普照在这里辞别鉴真，向岭北去明州阿育王寺，临别，鉴真和普照执手悲泣。此时，鉴真感慨过海传戒之本愿不遂，悼念荣睿之为法忘躯，葬身异域，加以受了旅途的热气，眼病突发，遂至失明，那是天宝九载（750）。后经大庾岭至江西虔州，次至吉州，他的高足祥彦又死于船上。北行经江州（今江西省九江市）乘船到江宁（今江苏省南京市），弟子灵祐远迎到栖霞山，旋即重返扬州。此番水陆往返一万余里，费时最久，颠沛最甚。这是第五次挫折。

鉴真最后的一次东渡是天宝十二载（753）十月，这时他已六十六岁。这一年，日本遣唐大使藤原清河、副使大伴宿祢胡麿、吉备真备、安倍朝衡等到扬州来访鉴真，更请东渡传戒，他即毅然允许，乘日本使船出发。同行的有扬州白塔寺僧法进、泉州超功寺僧昙静、台州开元寺僧思托、扬州兴云寺僧义静、衢州灵耀寺僧法载、窦州（今广东省信宜县）开元寺僧法成等十四人、藤州通善寺尼智首等三人、扬州优婆塞潘仙童、胡国人安如宝、昆仑国人军法力、瞻波国人善听共二十四人。带去的经像法物有：如来舍利、弥陀、药师、观音、弥勒等造像，金字《华严经》《大佛名经》《大品经》《大集经》，南本《涅槃经》《四分律》，法砺、光统《四分律疏》，天台《止观法门》《玄义》《文句》《四教仪》《小止观》《六妙门》等，定宾《饰宗义记》，观者寺亮律师《义记》，南山道宣《含注戒本疏》《行事钞》《羯磨疏》，怀素《戒本疏》《比丘尼传》《西域记》《戒坛图经》等共四十八部。菩提子、青莲华茎、天竺革履及晋代大书法家王羲之、王献之之真迹行书等。

这次搭乘日本使船出发，事先做了周密布置，避免了道俗的拦阻，是时日僧普照也从余姚赶来同行，十一月十五日由扬州出发，取道苏州黄泗浦东航，十二月七日到了日本九洲西南的益救岛，二十日到达九洲萨摩国的秋妻屋浦。日本天平胜宝六年（754）二月一日到难波（今日本大阪市），中国僧人崇道等赶来供养。四日入平城京（今日本奈良县）日朝廷遣正四位下安宿王于罗城门外迎拜慰劳，引入东大寺安置。二月五日，鉴真等人先往日本作传戒准备的道璿和印度菩提仙那前来慰问。日皇的特使吉备真备宣读诏书对鉴真表示慰劳和欢迎，并请他就东大寺设坛传戒。同时，又令僧都良辨录诸监坛大德名单送进宫内，特授鉴真为传灯大法师。

四月初，在鉴真的指导下于东大寺毗卢遮那大佛殿前筑了一座戒坛。这座戒坛是依南山道宣的《戒坛图经》建筑的，但在第三重坛上安置着多宝塔，塔中安置释迦和多宝二佛像，则是鉴真依据天台宗的教理而有所改变。鉴真传戒时，日本的天皇、皇后、皇太子以下都次第登坛受菩萨戒；又为沙弥证修等四百四十余人授戒；大僧灵祐、贤璟、忍基等八十余人都舍旧戒重受。这是日本佛教史上正规传戒的开始。后来，他在东大寺大佛殿西方造了一所戒坛院，四方闻名来学戒的渐多。天平宝字元年（757），日皇将故新田部亲王旧宅送给鉴真作为建筑伽兰之用。鉴真即指导弟子们开工建筑，至天平宝字三年（759）落成，这就是现在奈良日本律宗的本山“唐昭提寺”。

鉴真从此在唐昭提寺讲律传戒，极受日本朝野的尊敬。天平宝字五年（761），他又在下野的药师寺、筑紫的观音寺各造戒坛一所。这两所戒坛和东大寺戒坛并称为日本三戒坛。鉴真的律学正宗南山，旁兼相部，所以日人尊他为南山系的第三祖，相部系的第五祖（凝然《律宗纲要》）。天平宝字七年（763）五月六日入灭于唐昭提寺，年七十六岁。他的遗体荼毗后，即葬在这寺东北角的松林中。在鉴真生前，他的弟子们为他所制的夹纻坐像，至今还供奉在寺中的开山堂，视为日本的国宝。唐昭提寺还藏有鉴真的《东征绘传》五个长卷，是日本名画家莲行为了纪念他们东渡传律而画的。

鉴真自从发愿东渡传戒，受了五次航海的挫折，第六次到达日本时，前后同伴已死去36人，道俗退心的二百余人；只有他和日本学问僧普照、天台僧思托始终六渡，不顾生命的危险，经过十二年终于达到了赴日传戒的目的。1963年是鉴真圆寂一千二百年，中日两国佛教界和文化界同时举行了广泛、隆重的纪念活动，并互派代表参加，日本人士将鉴真事迹写成小说，编演戏剧。中国佛教界则在日僧荣睿示寂的端州地方（今广东省肇庆），建立了一座纪念碑。1980年，鉴真像回国探亲，在扬州和北京都受到中国人民和佛教徒的瞻礼。这两次纪念活动，加强了中日两国佛教徒和人民的友好关系。

鉴真和他的弟子除律学之外，对于天台宗义也深有研究，他们带到日本去的经典中以天台章疏为最完备。鉴真、法进、如宝、法载、思托等都先后在唐昭提寺讲说天台宗义（《唐招提寺缘起略集》），因此，他们是天台宗传到日本的先驱者。鉴真对于建寺造像又富有经验，随他东渡的弟子如思托、如宝、法力等人都是精于塑造佛像的雕刻家和建造寺塔的建筑家。唐昭提寺的佛殿、讲堂、食堂、文殊堂、不动堂、地藏堂、影堂、开山堂、藏经楼、钟鼓楼及各堂佛像，都是鉴真及其弟子们所计划建造的。唐昭提寺之建立，成为后来日本佛教艺术的范例，平安朝以后佛教各宗大本山的佛殿建筑几乎都受唐昭提寺的影响。

鉴真到日本时虽已双目失明，但他博通三藏，而且记忆力极强。公元760年，日淳仁天皇令就东大寺校正一切经论，因为从中国传到日本的经论，展转抄写，误字不少，鉴真多凭记忆和理解加以校正。相传他在日本刊刻了戒律三大部。鉴真又通医学，精于本草。日本医药界遵奉为始祖。据日本史籍记载，当时日本人对于药物有不了解的，请鉴真加以辨正，鉴真以鼻别之，无一错误。藤原佐世所著《日本国现在书目录》中载有《鉴上人秘方》一卷，这是鉴真留在日本医学上的宝贵遗产。

鉴真弟子中多长于汉学诗文，这对于古代日本汉学的风行很有影响。

其中，思托的诗文造诣最深，他著有《鉴真和尚传》三卷、《延历僧录》一卷，可惜两书都散佚不传。与他同时的日本淡海真人元开所著《唐大和上东征传》，则是依据思托的《鉴真和尚传》所载事实而写的。法进也有著作，今尚流传。

（施无畏）

六十　希迁（700—790）

希迁，俗姓陈，端州高要（今广东省高要县）人。年轻时即沉毅果断，自信力特强。他反对乡邑迷信神祠、定期杀牛酒酒的祭祀，每逢祀期，就前往毁祠夺牛，态度坚决。旋赴曹溪，投禅家南宗慧能门下，受度为沙弥。慧能逝世时，他还没有受具足戒。不久，前往吉州青原山静居寺，依止先得曹溪心法的行思禅师，机辩敏捷，受到行思的器重，有“众角虽多，一麟已足”的称誉。不久，行思又命希迁持书往参曹溪门下的另一位宗匠南岳怀让，经过一番锻炼，再回到静居寺。后来，行思付法于他。唐玄宗天宝元年（742），希迁离开青原山到南岳，受请住衡山南寺。寺东有大石，平坦如台，希迁就石上结庵而居，因此时人多称他为石头和尚。唐代宗广德二年（764），希迁应门人之请，下山住端梁弘化，和当时师承南岳怀让住江西南康弘化的马祖道一，称并世二大士。希迁弟子甚多，晚年付法给药山惟俨。于唐德宗贞元六年（790）逝世。

希迁先在曹溪门下受了熏陶，已有所证悟。当他初到青原山和行思见面时，行思问他从曹溪那里带着什么来了，他说，未到曹溪以前，原未曾失落过什么。行思再问，那末为什么要到曹溪去，他就说，若不到曹溪，怎知不失。在这番简短的问答里，可以想见希迁直下承当，自信之切。后来，希迁亦常以此旨接引门下，如慧朗问如何是佛，希迁就呵道汝无佛性。朗再问，一切含灵都有佛性，他为何却没有？希迁直示道，为汝不肯承当，朗因于言下悟入，即其一例。希迁自说他的法门“不论禅定精进，惟达佛之知见”，并说“能自知之，即无所不备”，都着重在这一点。希迁自从依止行思以后，受到进一步的陶冶，禅境有了新的开展，禅法益臻灵活细致。门人道悟问佛法大意，希迁答以“不得，不知”。又问，向上更有转处否，答云“心空不碍白云飞”，即暗示在悟入以后，机境可以无限开拓，自在运用。

希迁的禅法总结于他所撰的《参同契》。相传希迁因读《肇论》至“圣人会万物为己”句，得到启发，对于《肇论》中所说的“法身不隔自他，圆镜体现万象”之旨深有契会，于是有《参同契》之作。“参同”二字，原出于道家，希迁盖取其意，以发挥他的以“回互”为眼目的禅法。其所谓“参”是指万殊诸法各守其位，互不相犯。其所谓“同”，意示诸法虽万殊而统于一元，以见个别之非孤立地存在。而他所创倡的“回互”，则指见于万殊诸法间的互不相犯而又相涉相入的关系。修禅者领会此旨，于日用行事上着着证验，灵照不昧，是谓之“契”。他把这种思想导入禅观，加以发挥，丰富了禅法的内容，遂开辟了他这一系的宗风。《参同契》中反复阐明一心与诸法间的本末显隐交互流注的关系，以见从个别的事上显现出全体的理的联系。要是将理事分开来看，则“执事原是迷，契理亦非悟”；如果统一起来看，则每一门都有一切境界在，即所谓“门门一切境，回互不回互”；这里面有相互含摄的地方，也有互相排斥的地方。中间说到诸法自复其性，如子得母，以见会末归本之不待安排；同时一法体而用（动态的）处（静态的）兼具，而彼此互相倚待，如明暗相生，往来转化，展转无住。能这样地体认一切事象，自然事存理应，举足知路，而达到“即事而真”的境界。其禅法运用之妙，圆转无碍，如环无端。和希迁同时异派的禅家马祖道一，对于希迁的禅风，常有“石头路滑”之说，很足以道出它的特征。

希迁的禅风，显然带有哲学的思索的倾向，和同时的马祖道一之盛倡大机大用相比较，它是近于静态的。因而他所创倡的禅法，也可以说就是一种禅思想，这种思想以后还结合了坐禅而续有发展。承受希迁付法的药山惟俨即常事闲坐，并有“思量个不思量底”之说。再传到云岩昙晟

(782—841)，又提出了“宝镜三昧”法门，以临镜形、影对显的关系，说明由个别上体现全体的境界。续传到洞山良价（807—869）、曹山本寂（840—901）师弟，都向这方向发展，成为曹洞一派。他们更从事象各别相涉的关系上建立了偏正回互、五位功勋等说法，禅法的运用愈趋细密。曹洞一派和同时马祖下再传临济一派，并世各行其是。临济宗风以棒喝峻烈著称；而曹洞禅则回互丁宁，亲切绵密，颇重传授，表现出慧能门下青原行思和南岳怀让两大系各自发展，形成不同宗风之显著的对照。

希迁的禅法，还经他的门下天皇道悟弘传，到五代时，更衍为云门、法眼两系，他们同样着重在“一切现成”，都和希迁所主张的“即事而真”的宗旨一脉相通。禅宗五家中，沩仰一家早绝，其余四家除临济外，曹洞、云门和法眼三家，在传承上都渊源于希迁。曹洞禅后传入日本，迄今传习不衰。法眼的再传也曾繁衍于高丽，对于国内外的禅学界，希迁的禅思想的影响是相当大的。

希迁的门下颇多，著名的法嗣有药山惟俨、天皇道悟、丹霞天然、招提慧朗、兴国振朗、潭州大川、潮州大颠等。惟俨在同门中最受希迁器重，他传法于云岩昙晟，昙晟传洞山良价，良价传曹山本寂和云居道膺。后曹山一脉中断，赖云居门下单传，到了南宋而再兴。道悟传龙潭崇信、信传德山宣鉴、鉴传雪峰义存而续传于云门文偃，行化自南而北。义存的别系经玄沙师备、地藏桂琛而传法于清凉文益，为五家中最后出的法眼宗的开祖。文益的再传永明延寿（904—975），著有《宗镜录》一百卷，导天台、唯识、贤首以归于宗门，集禅理之大成。延寿又以禅来融摄净土法门，开后世禅净一致之风，尤为中国佛教从教、禅竞弘转入诸宗融合的一个重要转折点。

（游侠）

六十一　莲华生（约八世纪）

莲华生是西藏地区佛教密宗初兴时的一位大阿阇黎（译作“轨范”）。他在西藏佛教中很受尊重，开创了西藏佛教的宁玛派。

据公元1610年多罗那他（1575—1633）所著《莲华生传》记载，莲华生在东印度提婆波罗王时，生于乌长国。于大众部出家受具戒。遍参知识，广学显密教典。公元750年，到尼泊尔。次年离尼泊尔来到西藏地区。752年，他和藏王持松德赞见面，与菩提萨埵等共议建寺事。754年，桑耶寺建成。次年，他和菩提萨埵二人欲回印度，藏王挽留未成，即遣使送他返印。一说藏王逝世后始返印。

莲华生离藏后先到达罗毗荼洲，教化国王皈依佛教，从摩揭陀请来三藏的亲教师多人，建立毗陀、遏陀、苏陀三大寺。莲华生住此洲弘扬佛教十二年。

莲华生的著述收入《西藏大藏经》的有《圣青衣金刚手修法广释》《金刚摧坏陀罗尼释金刚炬》《吉祥空行世间怙主修法》《秘密书状》《五三摩耶》《普遍怡悦修法》《长行述阿啰波左那修法》《照明宫殿现观除暗灯》等。另外还有一些题名莲花金刚著的作品，其中一部分也可能是他的著作。他还和遍照同译一部《金刚恐怖真言集根本续》也收在《甘珠尔》（经藏）中。

莲华生的思想学说，他本人没有系统的著述流传。和他有密切关系的寂护及莲华戒属于中观自续派；无垢友则是弘扬般若的一位大师，撰有《文殊般若广释》和《心经广释》等著作。莲华生的思想可能和他们相近。

莲华生在西藏培养造就人才很多，传说其中得到密宗悉地的，有藏王和臣民二十五人：如虚空藏、佛智、遍照、玉扎宁波、智童、柱德积等人均为当时有名的译师。

（郭元兴）

六十二　不空（705—774）

不空，具名不空金刚，是他受灌顶的号，名智藏，或称不空智。狮子国（今斯里兰卡）人，生于公元705年（唐神龙元年），幼年出家，十四岁在阇婆国（今印度尼西亚爪哇）遇见金刚智三藏，随来中国，720年（开元八年）到洛阳（此据《贞元释教录》卷十五。另据赵迁《不空三藏行状》说，他是西域人，幼随舅父来中国，十岁周游武威、太原，十三岁遇金刚智云）。开元十二年（724），年二十岁，他在洛阳广福寺说一切有部石戒坛受比丘戒。此后十八年中学习律仪和唐梵经论，并随金刚智译语。开元二十九年（741），唐玄宗诏许金刚智和弟子回国。但金刚智从长安到洛阳时就生病，于同年八月三十日圆寂，不空奉金刚智遗命，仍想前往天竺。这时，他又奉到朝廷的命令，教他赍送国书往狮子国（今斯里兰卡）。他先到广州率弟子含光、惠䂮等僧俗三十七人，携带国书，于十二月附昆仑舶，经诃陵国（在今爪哇中部），未满一年到狮子国。当时，狮子国王因不空是大唐来使，殊礼接待，把他安置在佛牙寺。不空遂依止普贤阿阇黎，请求开坛重受灌顶。他和他的弟子含光、惠䂮同时入坛受学密法，前后三年。他并广事搜求密藏和各种经论，获得陀罗尼教《金刚顶瑜伽经》等八十部，大小乘经论二十部，共计一千二百卷（依不空于774年奏表）。后来，不空要回中国，狮子国王尸罗迷伽（戒云，719—759）请附表，并托献方物。不空遂同使者弥陀携带献物和梵夹等回唐，于天宝五载（746）到达长安。最初，他奉敕在净影寺从事翻译和开坛灌顶。天宝九载（750）又奉旨放回本国，但不空到韶州时得病不能前进。天宝十二载（753）因西平郡王哥舒翰的奏请，玄宗又降敕将不空追回。他到长安保寿寺休息月余后，即又奉诏令往河西。不空遂到武威，住开元寺从事灌顶译经。天宝十三载（754），又征安西法月的弟子利言（一称礼言，有《梵语杂名》一书传世）来参加译事。唐肃宗至德元年（756）征召不空入朝，住兴善寺开坛灌顶。后来，长安被安禄山的军队攻陷，不空仍然秘密派人和肃宗通消息。因此至德二年（757）肃宗还都以后，不空备受皇帝的礼遇。唐肃宗乾元元年（758），不空上表请搜访梵文经夹加以修补，并翻译传授，得敕许将中京（长安）慈恩、荐福等寺，东京圣善、长寿等寺，以及各县的寺舍、村坊，凡有旧日大遍觉（玄奘）、义净、善无畏、流支、宝胜等三藏所带来的梵夹，都集中起来，交给不空陆续翻译奏闻。这是唐代梵夹一次大规模的集中（在兴善寺）。后来，会昌五年（845），唐武宗灭法，大兴善寺被毁，大批的梵夹也就损失了。在肃宗还都以后十七年中，不空得到朝野的倾心崇奉，广译显密经教，灌顶传法，教化颇盛。晚年（766）使弟子含光到五台山造金阁寺，继又造玉华寺，并奏请于金阁寺等五寺各置定额僧二十一人，自后遂成为密教重心。大历九年（774）示寂，世寿七十，僧腊五十。唐代宗敕赠“司空”，更加“大辩正”的谥号。建中二年（781），德宗敕准不空弟子慧朗在大兴善寺为不空立碑。

不空的弟子很多，在他赴狮子国以前已有弟子含光、惠謍等人。诸弟子中，不空认为能尽传五部之法的除早亡二人外，仅余六人（时称六哲），即金阁寺含光、新罗惠超、青龙寺惠果、崇福寺惠朗、保寿寺元皎和觉超。其中，惠朗年最长，不空殁后，继他的法位，教授后学。又疏勒人慧琳也是不空弟子，撰有《一切经音义》一百卷，广引内外典籍，详释梵汉名义，对于经论的解诂、正字乃至外典的考据、辑佚都有很大的贡献。又当时大德如良贲、潜真、法崇等也都参与不空译场，承受法义，造作注疏。中唐诸帝如玄宗、肃宗、代宗、德宗（时为太子）都曾依他受法灌顶或参加译事，其余王公大臣都对不空的译经传法尽力护持。翰林待诏赵迁撰有《不空三藏行状》，说他居灌顶师位四十余年，受法门人约万计，由他授比丘戒的弟子也有二千人，因此他也是说一切有部的一代戒师。

关于不空的思想和学说，可以注意的是，他自幼来华能够通晓中国的语文和文化，这个优越条件是历代来华的译师所少有的。当时佛教中各宗竞立，密法渐行，有一种要求抉择统一的趋势。不空长期住在中国，对于这种情况有很深的认识，所以从他的译述中可以看出他正是以毕生的精力从事这种努力并且取得了很大的成就。虽然他在后代人的心目中是一位密宗的祖师，但他的译述并没有独尊密法抵抑显教的意思，不过认为真言门的修行证果比显教为速而已。

不空的译籍可以分为五类：

一、显教类：《般若》《华严》《大集》三部大经包含了大乘佛教的主要内容，其“译汉”工作在不空以前基本上已经完毕。不空特改译《仁王般若经》二卷以发明般若余蕴；又重译《密严经》三卷以沟通《华严》《胜鬘》等经；又重译《大虚空藏菩萨所问经》八卷以抉择大集法门。又佛教的显密经典及历代中印传说，都认为中国汉地是文殊菩萨应化之域，不空因此重译《文殊师利佛刹功德庄严经》二卷，以加强这一信仰。此外，还译有《慈氏菩萨所说大乘缘生稻芉喻经》一卷、圣者郁楞伽造《大乘缘生论》一卷、《佛为优填王说王法正论经》一卷、《大方广如来藏经》一卷、《大圣文殊师利赞佛法身礼》一卷、《百千颂大集经地藏菩萨请问法身赞》一卷。这几部经论的译出对于当时佛教中流行的几个重要句义（范畴）象缘生、正法正理、如来藏、法身等都提供了经典性的根据和解释。

二、杂密类：所谓杂密一般是指金刚界和胎藏界两部法以外的密部经轨，但这是在金、胎两部法特别受到推崇以后所立的名称，不空时代还没有确定这一说法。对于杂密法门，不空不但非常重视，而且为提高它们的位置做了很大的努力。他在返唐之初（754），曾特别提出《金刚大道场经》一系里“一字佛顶法”的各种经轨加以译述。其中，观想由日轮出生本尊，这和胎藏界的观想莲华上月轮以及金刚界的观想月轮中莲华的意义都有不同。事实上，日轮观在佛教显密经典中是一个比较古老的传统，而月轮观则是在金、胎两部法兴起以后才普遍的。不空在《三十七尊出生义》中，以为从释迦（能仁）的普贤金刚性海中流出三十七尊，而以顶轮法为“胜绝唯一法”，可见他对于这一系法的推崇。另外，可以归入本类法的文殊咒藏各法，不空也广事翻译，如焰鬘德迦法、金翅鸟法、摩利支法等。

三、金刚界类：金刚界法是不空早岁从金刚智研学的重心，也是他后来发展所学的基础。据不空所译《金刚顶十八会指归》，金刚界法只是初会中一部分的内容。不空曾选译初会一分为《金刚顶一切如来真实摄大乘现证大教王经》三卷，其全经四千颂到宋代施护才完全译出为三十卷。不空另有《三十七尊出生义》《不空心要》和《金刚顶经义诀》（残）等述作，都属这一类。从印度佛教密宗发展的经过看，金刚界法的观想组织是后来流行的各种秘密瑜伽法门的重要依据。但自金刚智于公元701年学得本法起，以后百余年间其内容一再的变化。如不空所译经文就和金刚智所传不同，而公元774年前后到乌荼国王寺从灌顶师达摩枳栗底（法称）受瑜伽教法的罽宾人般若，来华后所译的《诸佛境界摄真实经》又和不空所传有别。

四、大乐类：以《般若理趣经》为本源的大乐系密法，在不空的译述中也特别值得注意。他所译关于本类的经、释、仪轨共有十多种。当时代宗也从不空受学此法，其受到重视可想而知。《般若理趣经》的翻译虽从玄奘开始，但经末咒文早由波颇密多罗（626年来华）传与玄模（见《法苑珠林·咒术篇》）。又《理趣经》末的咒也已收入阿地瞿多的《金刚大道场经》抄译本《陀罗尼集经》中。《金刚大道场经》十万颂本在公元535年以前成立，所以《理趣经》咒的传世是很早的。《理趣经》的义理是《大般若经》中实相般若一分的略要，所以菩提流支的重译本即题名《实相般若波罗蜜多经》，般若实相就是法界，所以本系法中以表示周遍于器世间和有情世间的法界身普贤金刚萨埵为本尊，同以他受用身的毗卢遮那或持金刚和自受用身（智法身）的四面毗卢遮那或金轮佛顶为本尊的法门相比，意义上更深入一层。大乐系的法门和公元八世纪中到我国西藏地区的莲华生、无垢友等所传授的大圆满，以及印度超岩寺后出的大手印法门在理论和修法上都一脉相通。而且大圆满和大手印都别称实相般若，而大乐金刚萨埵的修法也别称大印法门，足见它们在义理上有共同的渊源。

五、杂撰类：不空译述一百一十部共一百四十三卷（依《贞元录》）的显密经轨中，有他和当时天文家杨景风共译的《文殊师利菩萨及诸仙所说吉凶时日善恶宿曜经》二卷，为后代密宗所常用，其中具见印度当时的一般天文星历的知识。此外还有《金刚顶经义诀》一种（残），据说是他赴印以前的著述，也为后世密教所诵习，他还遗有奏表若干篇，由圆照集为《表制集》六卷（兼收不空弟子表文）。从这些遗表中可以看出，他对中国文学的修养也达到很高的水平；圆照并称赞他“冠绝古今，首出僧伦”。

（郭元兴）

六十三　道一（709—788）

道一，中国唐代著名禅师，汉州什邡（今四川省什邡市）人，俗姓马，后人尊为马祖。他幼年依资州处寂出家，从渝州圆律师受具戒。开元中（735年顷），到衡山，结庵而住，整日坐禅。当时南岳怀让住在般若寺，见他很不凡，便去问他说："大德坐禅图什么？"道一说："图作佛。"怀让于是拿一块砖在庵前石上磨。道一说："师作什么？"怀让说："磨作镜。"道一说："磨砖岂得成镜耶？"怀让说："磨砖既不成镜，坐禅岂得成佛耶？"道一因问法要。怀让给以开示，最后说偈："心地含佛种，遇泽悉皆萌，三昧华无相，何坏复何成。"言下道一豁然契会，侍奉十年，才离南岳。后在江西开堂说法，起初住建阳佛迹岭，既而迁临川，又迁南康龚公山，所至聚徒说法，创建禅林。大历年中（766—779），住钟陵（今江西省进贤县）开元寺，四方学者云集，法嗣有百丈怀海、西堂智藏等一百三十九人，后各为一方宗主，散布天下。六祖慧能的后世，以道一的门叶最繁荣，禅宗至此而大盛。道一在洪州弘传怀让的宗旨，当时称为洪州宗。道一的言行，后人辑有《马祖道一禅师语录》（又称《大寂禅师语录》，收入《古尊宿语录》卷一）、《马祖道一禅师广录》（收入《四家语录》卷一）各一卷。

道一虽得法于怀让，但其思想实渊源于曹溪，而对接机方面更有所开展。首先他根据六祖慧能的主张，倡导"即心即佛"，一切皆真；后来又恐人落于知解窠臼，于是进而倡导"非心非佛"。有一天，他对大众说："汝等诸人各信自心是佛，此心即是佛心，达摩大师从南天竺国来，躬至中华，传上乘一心之法，令汝等开悟，又引《楞伽经》文以印众生心地……”后有一人问他：“和尚为什么说即心即佛？”道一说：“为止小儿啼。”那人又问：“啼止时如何？”道一说：“非心非佛。”道一有个弟子名叫法常（752—839），听到他说即心即佛，立即大悟，就到余姚南七十里大梅山去住。道一想了解他领悟的程度，派一个人去问他：“和尚见马师得个什么便住此山？”法常说：“马师回我道即心即佛。”那人说：“马师近日佛法又别……又道非心非佛。”法常说：“这老汉惑乱人未有了日，任汝非心非佛，我只管即心即佛。”那人回去告诉道一，道一却印可他说：“大众！梅子熟也。”这都是从遮、表两方面说明众生心性与佛性无异的。

从“心即是佛”的解释出发，他更认为“道不用修，但莫污染”。此即慧能传怀让“即此不污染，诸佛之所护念”的思想进一步发展。他说，自性本来具足，只要在日常行事上于善恶两方面都不沾滞，就唤作修道人。又说，一切众生，从无量劫以来，长在法性三昧之中，穿衣吃饭，言谈应对，六根运用，一切施为都是法性；只为不了解返本还源，于是随名逐相，起惑造业；假如能一念回光返照，就全体都是圣心；假如能了解圣心，更无他事。因此，他更具体地主张“平常心是道”，平常心即是本来具足的圣心，悟得此心则行住坐卧、应机接物都是道，只须护持不染，更无别样修持。这一思想对于后来修禅定的人起了很大的影响。特别是慧海、法常、惟宽、景岑、从谂等都有平常心是道一说。

又接机的方式，他和慧能有所不同。慧能作风甚为平实，处处透露真谛；而道一则机锋峻峭，变化无方，卷舒擒纵，杀活自如。他的作略有打、画地、竖拂、喝及蹋等，不外乎随事截断学人的情解，而使悟得本心。这方式经其弟子西堂智藏等的发展运用，遂开后世临济一宗的家风。

（黄忏华）

六十四　湛然（711—782）

湛然，唐代天台宗的高僧，俗姓戚，常州晋陵荆溪（今江苏省宜兴市）人，其家世习儒学，幼年便超然有迈俗志。玄宗开元十五年（727），他年十七岁，游浙东，寻师访道。至十八年（730），于东阳遇金华方岩，示以天台教门并授以《摩诃止观》等书，于是求学于台宗八祖左溪玄朗（673—754）门下。玄朗知为道器，诲以所传天台教观的大旨，其后十余年间专究此学。到天宝七载（748），三十八岁，才在宜兴君山乡的净乐寺出家。既而往会稽的开元寺，就四分律相部宗名僧昙一，广究律部。又在吴郡开元寺，敷讲《摩诃止观》。过了六年（天宝十三载，754），玄朗圆寂，于是在东南各地盛弘天台的教法。当时禅、华严、法相诸宗，名僧辈出，各阐宗风，湛然慨然以中兴天台为己任，常对弟子说："今之人或荡于空，或胶于有，自病病他，道用不振，将欲取正，舍予谁归？"从而祖述所传，撰天台三大部的注释及其他凡数十万言，显扬宗义，对抗他家，于是台学复兴。天宝、大历间（742—779），玄、肃、代三宗前后征召他，都托病固辞。初住兰陵（今江苏省常州市武进区），晚年迁天台国清寺，以身诲人，耆年不倦，当大兵大饥之际，学徒来集的更多。德宗建中三年（782），在佛陇道场圆寂。天台宗人尊为第九祖。一般称为荆溪尊者，又称妙乐大师。弟子有道邃、行满、元浩等三十九人，其中吴门元浩（—817）于《法华》《止观》之学深有所得，为湛然嘱累弟子。道邃、行满后来传教观于日僧最澄（767—822），最澄尽写此宗的教籍以归，开立日本的天台宗。贤首宗的名德清凉澄观，早年亦尝从湛然受学止观及《法华》《维摩》等疏。又有翰林学士梁肃，也曾从湛然学教观，深得心要，尝以《摩诃止观》文义弘博，删定为六卷，又述《止观统例》一卷等。其说出入儒释，和宋代理学极有关系。此外从湛然受学的人士，有李华等数十人。

湛然的著作，有《法华玄义释签》二十卷、《法华文句记》三十卷、《摩诃止观辅行传弘决》四十卷，注释三大部，阐明智顗教观的深旨。又有《金刚錍》一卷、《止观义例》二卷、《法华五百问论》三卷，建立自宗的正义，破斥他家的异解。此外有《摩诃止观辅行搜要记》、《维摩经略疏》各十卷、《维摩经疏记》六卷或三卷、《华严经骨目》二卷、《法华经大意》《十不二门》《始终心要》《法华三昧行事运想补助仪》各一卷等。其中《十不二门》，原是《法华玄义释签》卷十四的一节，湛然在《释签》中，立色心、内外、修性等十种不二门，发挥本、迹十妙的深旨，后人以其说在天台教学上占重要的地位，录出别行，注解多到五十余部。《玄义释签》《文句记》《止观辅行》《金刚錍》《始终心要》也都有后人的注解。

湛然极力发挥智顗的宗义，然而有时借助《大乘起信论》，有时接近贤首家言，其独特的学说，是“无情有性”论，他在《金刚錍》《止观义例》及其他著作中，按依正不二、色心一如之理，说佛性遍法界，不隔有情、无情、一草一木、一砾一尘，皆有佛性。但他在这里所说佛性，是三因（正因、了因、缘因）佛性中的正因佛性，即是法性，又即真如。他进而应用《起信论》的真如随缘不变说，来证明无情有性。依他说，假如依不变随缘理，常住的真如和变化的万法是一体，有情、无情都不在万法之外，那就彼此真如同一。犹如波虽有清浊之分，湿性却无彼此之别。如《金刚錍》说：“万法是真如，由不变故。真如是万法，由随缘故。子信无情无佛性者，岂非万法无真如耶？故法之称宁隔于纤尘，真如之体何专于彼我？是则无有无波之水，未有不湿之波。在湿讵间于混澄，为波自分于清浊。虽有清有浊而一性无殊，纵造正造依依理终无异辙。”认为不仅有情具有佛性，无情也本来具有。原来早年从湛然受学教观的澄观，后来转入贤首宗，在所撰《华严大疏钞》中说："经（《涅槃经》）云'佛性除于瓦石'，论（《大智度论》）云：'在非情数中名为法性，在有情数中名为佛性'，明知非情非有觉性。"（《疏》卷三十）又说："此段疏为遮妄执一切无情有佛性义。"（《钞》卷五十二）湛然的《金刚錍论》，主要对其说而发，间及唯识家的决定二乘及无性有情无佛性论。

（黄忏华）

六十五　怀海（720—814）

怀海，福州长乐人，依潮阳西山慧照出家，从衡山法朝受具戒。后往庐江（今安徽省庐江县）浮槎寺阅藏经多年。他听说马祖道一在南康（今江西省赣县）开法，即前往参学，与西堂智藏同称入室。他侍奉道一六年，得到印可。道一圆寂后，他初住石门（今江西省靖安县），继往新吴（今江西省奉新县），住大雄山，岩峦高峻，又称为百丈山。不久，四方禅者奔凑而来，以沩山灵祐、黄檗希运为其上首。他传播禅风二十余年而圆寂，有《百丈怀海禅师语录》《百丈怀海禅师广录》各一卷。

怀海禅学的主要特点，是主张众生心性本来圆满成就，只要不被妄想所系缚，就和诸佛无异。他有一段很著名的语句："灵光独耀，迥脱根尘，体露真常，不拘文字；心性无染，本自圆成，但离妄缘，即如如佛。"这些语句显示心性本自寂照与随事即用显体的禅宗心要，较道一所说更为具体。他的修行法门，就是根据这个思想，他说："先歇诸缘，休息万事，善与不善、世出世间，一切诸法并皆放却，莫记、莫忆、莫缘、莫念。放舍身心，全令自在。心如木石，口无所辩，心无所行。心地若空，慧日自现，如云开日出。"

怀海的作略，如打、笑、喝、举拂等，和道一相似。他每逢说法下堂，大众已经出去，却呼唤大众，等到大众回过头来，他又问："是什么？"他这种提醒学人反省的方法，诸方称为"百丈下堂句"。

怀海并运用禅学于劳动实践中，实行"一日不作，一日不食"的规制，他本人就是"作务执劳，必先于众"；他还在《禅门规式》里规定实行“普请”（集众作务）法，上下协力劳动。

禅宗僧众以前多半住在律寺，后来参学的人日见其多，感到在律寺中对于说法和住持多有不便，道一才开辟荒山另建丛林，然而还没有规章制度；怀海乃折衷大小乘的戒律，制定禅院清规。禅院的最大特点是不立佛殿，只设法堂，表示佛祖亲自嘱咐，以现前的人法为重。又规定以具道眼的禅僧为化主，称为长老，住在方丈；参学的大众，都住在僧堂；长老说法，两序雁行立听，宾主问答，激扬宗要。此外还有关于禅院事务的种种规定，此即所谓《百丈清规》（《传灯录》卷六题作《禅门规式》）。其书在宋时就失传了，别行宗赜所编《禅苑清规》。元代朝廷令百丈山德辉重编，至元元年（1335）颁行，书名《敕修百丈清规》，八卷，但已全非百丈原来的面目了。明永乐二十二年（1424）同山忠智重刊，即今所传之本。

（黄忏华）

六十六　澄观（737—838，一说738—839）

澄观，姓夏侯，越州山阴（今浙江省绍兴市）人，生于唐玄宗开元二十五年（737），十一岁时，从本州宝林寺霈禅师出家，肃宗至德二年（757），从妙善寺常照受具足戒。乾元年间（758—759）中依润州栖霞寺醴律师，学相部律；后回本州，依开元寺昙一受南山律学；更往金陵依玄璧，受学关河的三论。唐代宗大历（766）年中在瓦官寺听受《大乘起信论》及《涅槃经》。又从淮南法藏学新罗元晓的《大乘起信论海东疏》。随后又到钱塘（今浙江省杭州市）天竺寺听华严宗法铣讲《华严经》。大历七年（772）又往剡溪从成都慧量重新研究三论。大历十年（775）往苏州从天台宗学者荆溪湛然学天台止观及《法华》《维摩》等经疏。又走谒牛头慧忠、径山道钦及洛阳无名，谘决南宗的禅法。更从禅僧慧云，探习北宗的禅理。他一方面广学律、禅、三论、天台、华严各宗的教义；一方面还研究佛教以外的各种学问。大历十一年（776）历游五台、峨嵋诸山，后仍回五台，住大华严寺，行方等忏法。同时应寺主贤林之请，讲《华严经》，感觉《华严经》的旧疏文繁义约，发愿撰新《华严经疏》，从德宗兴元元年（784）正月开始，到贞元三年（787）十二月，历时四年，撰成《华严经疏》二十卷，即是现行的《大方广佛华严经疏》。然后在本寺及崇福寺一再讲演。又为弟子僧叡等作新疏的演义数十卷，即是现行的《大方广佛华严经随疏演义钞》（后世把疏、钞合刻，略称《华严经疏钞》）。故有华严疏主之称。贞元十二年（796）朝廷召他到长安，协助罽宾沙门般若翻译南印度乌荼国送来的《华严经》后分梵本，由他加以审定，到十四年

（798）译成四十卷，也题名《大方广佛华严经》，世称四十《华严》。又诏令他作疏解释，于是在终南山草堂寺撰成《贞元新译华严经疏》（又作《华严经行愿品疏》或《普贤行愿品疏》）十卷。次年，为德宗皇帝讲《华严》，被授以“清凉国师”的称号。不久又参与翻译《守护国界主陀罗尼经》，由他证义。以后顺宗、宪宗、穆宗、敬宗各朝，他都很受尊敬。文宗开成三年（838）三月圆寂，年一百零二岁（这是依《隆兴佛教编年通论》卷二十五，古来佛教史家多取此说；《宋高僧传》（卷五）本传则说于元和年中圆寂，年七十余，未详所据）。后世尊他为华严宗四祖。

澄观的弟子有一百多人，就中圭峰宗密、东都僧睿、海印法（一作宝）印及寂光四人称门下四哲，其中继承他法统的是宗密。

澄观一生著有《华严经疏》等书四百余卷，讲《华严经》达五十遍。他的著述现存有《大方广佛华严经疏》六十卷、《大方广佛华严经随疏演义钞》九十卷、《华严经行愿品疏》十卷、《大华严经略策》一卷、《新译华严经七处九会颂释章》一卷、《华严经入法界品十八问答》一卷、《三圣圆融观门》一卷、《华严法界玄镜》二卷、《五蕴观》一卷、《华严心要法门》（内题《答顺宗心要法门》）一卷、《华严经纲要》三卷。已佚的有《十二因缘观》一卷等。此外，据说还有《法华经》《楞伽经》《中观论》等疏钞，今不传。

澄观早年曾广泛参学禅教各家，对《大乘起信论》领契特深。在此基础上，他虽以振兴华严学说为己任，但思想中掺有禅宗、天台及《起信论》的成分，从而融会禅教，强调唯心，着重于一心法界的论述。他认为：“总该万有，即是一心；心融万有，便成四种法界。”立一心法界无尽缘起说，以发扬华严性起的教义。

澄观以前，法藏的弟子慧苑，违反师说，在所著《续华严经略疏刊定记》中篡改法藏的“十玄”宗义，作德相、业用两重十玄说。经澄观在《大方广佛华严经疏》（卷二）及《随疏演义钞》（卷一、二、十）中加以反驳，从而恢复了法藏《华严经探玄记》的十玄说，并加以发挥。又慧苑说法藏的“五教判”是受了天台四教的影响（在四教基础上，只加了一个顿教），因而另立了迷真异执、真一分半、真一分满、具分满的四教。澄观在《华严经疏》里，对慧苑此说也加以驳斥，力彰法藏的“五教”义，更具体地以南北禅宗作为顿教（见《随疏演义钞》卷八）。

此外，由于澄观所处的时代正是六祖慧能下南岳怀让、青原行思、荷泽神会等弘布禅法的时期。早年又参访过牛头宗的慧忠、道钦，荷泽宗的无名，以及北宗神秀一系的慧云等，受禅宗影响颇大，从而极力融会禅教，如《随疏演义钞》卷二自述其心得说：“造解成观，即事即行，口谈其言，心诣其理，用以心传心之旨，开示诸佛所证之门。会南北二宗之禅门，摄台（天台）衡（南岳）三观之玄趣。使教合亡言之旨，心同诸佛之心……”

同时，他在解述华严家理事无碍、真妄交彻的教义上，也采用天台家的性恶说，如《随疏演义钞》卷一说：“若论（一作依）交彻，亦合言即圣心而见凡心，如湿中见波。故如来不断性恶，又佛心中有众生等。”又《华严经疏》卷二十一说：“无尽即是无别之相。应云‘心佛与众生，体性皆无尽’，以妄体本真故缘无尽，是以如来不断性恶，亦就阐提不断性善。”

澄观这一诸宗融会、禅教一致的宗趣，对于中唐以后的佛教界影响很大。

（黄忏华）

六十七　宗密（780—841）

宗密，俗姓何，果州西充（今四川省西充县）人，生于唐德宗建中元年（780）。少时，通儒书。宪宗元和二年（807）二十八岁，将参加贡举考试，偶然造谒荷泽神会系下的遂州大云寺道圆，言下相契，便从他出家，当年从拯律师受具足戒。有一天，随众僧赴斋，受得《圆觉经》，读罢有悟，回去向道圆陈述。道圆即印可他当大弘圆顿之教，于是授与《华严法界观门》。元和五年（810），游方到襄汉，在恢觉寺遇澄观弟子灵峰，授与澄观所撰《华严经疏》及《随疏演义钞》，昼夜披寻，认为此疏辞源流畅，幽赜焕然。于是作书寄疏主澄观遥叙弟子之礼，并述所领解，遣弟子玄珪，智辉送往。澄观答书称赞，希望见一面印证所解。他就亲自到长安礼觐。这时宗密三十二岁，澄观已七十四岁。自后二年间，昼夜随侍。元和十一年（816）春，在终南山智炬寺，遍阅藏经三年，撰《圆觉经科文》《圆觉经纂要》各一卷。后来入长安，住兴禅寺。穆宗长庆元年（821）正月，游清凉山，回到鄠县（属陕西省，在长安县西南），住终南山草堂寺，起草《圆觉经疏》。后到丰德寺，撰述《华严经纶贯》五卷，阐明《华严经》的关节次第。入草堂寺南的圭峰兰若，诵经修禅。太和年中，文宗邀入内殿，问佛法大意。赐紫方袍，敕号大德。以后又累次诏入内殿问法。朝臣及士庶归崇的也很多，特别是宰相裴休常受他的教旨，深入堂奥。武宗会昌元年（841）正月，在兴福塔院圆寂，年六十二岁。宣宗即位（847），追谥定慧禅师，世称圭峰禅师，尊为华严五祖。他的著述现存的有《华严经行愿品疏钞》六卷、《华严经行愿品疏科》一卷、《注华严法界观门》一卷、《注华严法界观科文》一卷、《原人论》一卷、《华严心要法门注》一卷、《圆觉经大疏》十二卷、《圆觉经大疏释义钞》十三卷、《圆觉经大疏钞科》中下二卷、《圆觉经略疏》四卷、《圆觉经略疏科》一卷、《圆觉经略疏之钞》十二卷、《圆觉经道场修证仪》十八卷、《金刚经疏论纂要》二卷（会入《金刚经疏记科会》）、《佛说盂兰盆经疏》二卷、《起信论疏注》四卷（会入《起信论疏笔削记会阅》）、《禅源诸诠集都序》四卷、《中华传心地禅门师资承袭图》一卷（裴休问，宗密答）。

宗密的弟子甚多，据《景德传灯录》卷十三所载，著名的有圭峰温、慈恩寺太恭、兴善寺太锡、万乘寺宗、瑞圣寺觉、化度寺仁瑜等六人，此外还有见于《遥禀清凉国师书》的玄珪、智辉等，事迹不详。

宗密的思想体系，如裴休在《大方广圆觉经疏序》中所说："禅师既佩南宗密印，受《圆觉》悬记；于是阅大藏经律，通《唯识》《起信》等论；然后顿辔于华严法界，冥坐于圆觉妙场；究一雨之所沾，穷五教之殊致。"宗密起初传承荷泽宗的禅法，精研《圆觉经》，后来又从澄观学《华严》，从而融会教禅盛倡教禅一致。他早年曾治儒学，所以也主张佛、儒一源。

宗密的主要思想是继承智俨以后的性起说。他在《华严经行愿品疏钞》卷一中，根据《起信论》一心二门的学说，认为一真法界有性起、缘起二门。性起是说一真法界的体性，全体起为迷悟、染净、情非情一切诸法。一真法界的体性，湛然灵明，全体即用；所以法尔常为万法，法尔常自寂然。寂然是全万法的寂然，这和虚空、断空不同。万法是全寂然的万法，这也不同于遍计倒见定相的物体。既然世间出世间一切诸法全是性起，法性之外更无别法。所以诸佛和众生交彻，净土和秽土融通。法法皆彼此互收，尘尘悉包含世界。相即相入，重重无尽。至于缘起，有染缘起，净缘起。染缘起又有无始根本、展转枝末。无始根本是说独头无明，有迷真和执妄。展转枝末也有惑、业、苦分别。净缘起有分净、圆净。分净又有声闻、缘觉、权教六度菩萨。圆净也有顿悟和渐修。顿悟是说圆机听闻圆教，了知一切众生皆如来藏，烦恼生死即是菩提涅槃。渐修是说已经顿悟，更为断尽多劫颠倒妄执的习气而修行。这又有离过（即离惑、业、苦）成德（称性修行），和显发性上尘沙功德妙用，即是与展转枝末的三障相对的。总之，净缘起门对治染缘起门以和性起门相合。

宗密思想的另一特点，是教禅一致论。他把各家所述诠表禅门根源道理的文字偈句集录成书，称为《禅源诸诠集》（又称《禅那理行诸诠集》，也略称《禅源诠》），全书已佚。并且作了一篇《都序》（现存），来建立禅教一致的理论。他说，佛说顿教、渐教，禅开顿门、渐门，二教、二门各相符契。又说，一部大藏经论只有三种教，禅门言教也只有三宗；而这三教三宗也是相应符合的。禅的三宗是：（一）息妄修心宗，说众生虽然本来有佛性，但是无始无明把它覆蔽，不知不见，所以必须依师言教，背境观心，息灭妄念，念尽即觉悟，无所不知。如南侁（智侁）、北秀（神秀）保唐（益州保唐寺无住）、宣什（南山的念佛禅门）等的门下，都属这一类。（二）泯绝无寄宗，说一切凡圣等法，如同梦幻一般，都无所有，本来空寂，非今始无，无法可执，无佛可作，凡有所作，皆是虚妄。如此了达本来无事，心无所寄，才免于颠倒，称为解脱。从石头（希迁）、牛头（法融）到径山（道钦）都提示此理。（三）直显心性宗，说一切诸法都只是真性，无相无为，其体非凡圣、因果、善恶等法，而即体之用，能造作凡圣、色相等法。这是指洪州、荷泽等宗。教的三种是：（一）密意依性说相教，说佛见三界六道众生只是迷真性而起，无别自体；但根钝者很难卒然开悟，所以姑且随他们所见的境相，说法渐度。这又有三类：其一是人天因果教，说善恶业报，令知因果不差；其二是说断惑灭苦教，说三界皆苦，令断集、修道、证灭；其三是将识破境教，说前面所说的境相，只是众生无始以来法尔具有的藏识等八种所变现。此教了知外境皆空，所以只息我法之妄，修唯识之心，和禅三宗的息妄修心宗相合。（二）密意破相显性教，说所变之境，能变之识，皆是虚妄，和禅三宗中泯绝无寄宗相合。（三）显示真心即性教，说一切众生皆有空寂真心，无始本来性自清净，灵知不昧，和禅三宗中直显心性宗相合。如此，宗密以三教配对三宗，最后他做了一个结论说：“三教三宗是一味法，故须先约三种佛教证三种禅心，然后禅教双忘，心佛俱寂。俱寂即念念皆佛，无一念而非佛心；双忘即句句皆禅，无一句而非禅教。”

宗密在所著《原人论》中，说究人的本源，先在第一“破迷执”破斥习儒、道者的迷执，次在第二“斥偏浅”中破斥习佛不了义教者的偏浅，其中先将佛教分为人天教、小乘教、大乘法相教、大乘破相教、一乘显性教五等，后略述人天等四教的教义而加以批判。在第三“直显真源”中，以一乘显性教“顿指一真心体”为佛了义实教。最后在第四“会通本末”中，将以前所破斥诸教会归一真灵性一源，以明华严一乘的教旨。但在宗密的种种议论里，都见得他推崇灵知之心以为本源，其受荷泽禅法（主知为众妙之门）影响之深，可不待言。

（黄忏华）

六十八　希运（约八、九世纪间）

希运，福州人，幼年在本州黄檗山出家，后来因人启发，到江西去参马祖道一。那时道一已经圆寂，于是往见百丈怀海，问道一平日的机缘，怀海向他说起关于“竖拂”被喝、三日耳聋的一段话。希运自称得见道一的大机大用，怀海印可他，说他有超师之见。希运后来在洪州高安县鹫峰山建寺弘法，并改其山名为黄檗山，往来的学众很多。会昌二年（842），裴休在钟陵（今江西省进贤县）为廉镇（即观察使），迎请希运上山安置在钟陵龙兴寺，日夕问道。大中二年（848）、裴休移镇宛陵（今安徽省宣城县），又迎请希运至开元寺，常去参问，并记录所说，即为现行的《黄檗希运禅师传心法要》。当时，黄檗的门风盛于江南，圆寂后谥断际禅师。有《语录》《传心法要》《宛陵录》各一卷行世。他的法嗣有临济义玄、睦州陈、千顷楚南等十二人，而以义玄最为特出。

希运继承马祖道一“即心即佛”的思想，而力倡“心即是佛”之说。他说：“诸佛与一切众生唯是一心，更无别法，此心无始以来，不曾生，不曾灭……超过一切限量、名言、踪迹、对待，当体便是，动念即乖，犹如虚空，无有边际，不可测度。唯此一心即是佛，佛与众生更无别异。”但他认为这个所谓心，不是见闻觉知之心，他说：“此本源清净心，常自圆明遍照。世人不悟，以知识见闻觉知为心。为见闻觉知所覆，所以不睹精本体。然本心虽不属见闻觉知，亦不离见闻觉知，但直下无心，本体自现。”假如“当下无心，决定了知一切法本无所有，亦无所得，无依无住，无能无所，不动妄念，便证菩提。”又说：“诸佛菩萨与一切蠢动众生同大涅槃性，性即是心，心即是佛，佛即是法。”而发挥其心佛一如的思想。希运的禅风即是沿这一思想基础出发，主张“心即是法、法即是心”，为反对以“见闻觉知为心”，有时也以打、棒、喝等为接机的方便。后来临济的宗风，即渊源于此。

（黄忏华）

六十九　天息灾（？—1000）、法天（？—1001）、施护（？—1017）

中国佛教典籍的汉译，从唐宪宗元和六年（811）译成《本生心地观经》之后就中断了，直到宋太宗太平兴国七年（982）才复兴，当时主持翻译工作的即是天息灾、法天、施护三人。

法天是中印度摩伽陀国那烂陀寺僧，原出刹帝利族，通达三藏。宋初，印度内地的佛教徒因回教的侵入受到逼迫，外出的很多，法天和兄法护也携带梵本经典来到了中国的鄜州。他们在那里遇见河中府梵学僧法进，共同翻译了《大乘圣无量寿决定光明如来陀罗尼经》《最胜佛顶陀罗尼经》《七佛赞呗伽陀》。由于法天熟习教典，所以译文委婉简约，具备传统的风格。开宝七年（974）鄜州守吏王龟从将这些译本送到汴京，宋太祖很喜欢，召见了他们，并允许他们去朝礼五台山，游历江浙、岭表、巴蜀各地［那三部译典，后来在太宗端拱元年（988），经过校订，都编入大藏经］。

天息灾生在北印度迦湿弥罗国，是中印度惹烂驮罗国密林寺僧，施护则是北印度乌填曩国帝释宫寺僧。他们原系同母兄弟，在太平兴国五年（980）一同携带梵本来京，也受到优待。那时法天等已游历归来，太宗叫他们审查宫廷收藏的各种梵本。因为他们兼通华语，能够翻译，太宗动了重兴译经的念头，遣内侍郑守钧计划在京中太平兴国寺的西边建筑译经院。过了两年，院屋建成，天息灾等便受命住入开始翻译。

天息灾等参酌密教仪轨，布置了译场。场内设一金刚界的种子圆坛，分布诸尊的种子梵字，称为“大法曼拏罗”。每天用香华灯水果品等二时供养，礼拜旋绕，做着祈祷。坛外安排了译场各种职事的坐位。其职事有以下几种：第一，译主，是通达梵本的三藏，正坐在坛的北面。第二，证梵义，评较梵本的解释。第三，证梵文，审定梵本的读法；他们都坐在译主的左边。第四，笔受。第五，缀文。第六、证义。第七，参详，这些是跟着读文译义记录下来并改定为译本的，都坐在译主的右边（其中参详一职不常设，后来更改设校勘华字一职）。第八，润文，对译本为最后的笔削刊定。第九，监译，维持译场的秩序；他们分坐在东南西南两面。

这样的译场制度很适合当时的具体情况。那时主译的虽为印度人，但通达华语，自不必再设传译。还有参加译事的印度三藏不止一人，所以又设了证梵义、证梵文两职，以便合作。在宋初较长的一段时期里，天息灾等便是在这种组织下进行翻译的。

天息灾、法天和施护最初于太平兴国七年（982）七月，分别试译《圣佛母小字般若波罗蜜多经》《大乘圣吉祥持世陀罗尼经》《无能胜幡王如来庄严陀罗尼经》各一卷。当时集合了京城义学沙门一百人共同审查，左街僧录神曜等以为译事久废，新译不见得会合式，经过对勘证明，才肯定它的价值，继续编入大藏。从此更充实了译场各职（证义的扩充到十人），经常翻译，译成即随时附表进上；特别是在每年十月间太宗生日的一天，必定准备新经献祝，以为点缀（后来帝诞献经，即成为定例，历太宗、真宗、仁宗三朝不改）。

译事进行不久，天息灾等就注意到翻译人才的培养。他们以为，历代译经都依赖印度僧人，但道路远隔，假使没有人来（这当然是由于那时印度佛教的衰势而引起的远虑），译事岂不又要停顿？因此，他们建议选拔童行，进修梵学，以储译才。当时从京城童行五百人中选出惟净等五十人，送入译经院（随后改名传法院）学习。后来惟净、澄珠、文一等数人均学有成就而参加了译事。

天息灾等新译的经典在雍熙元年（984）九月刻版流通，太宗还做了《新译三藏圣教序》加在各经的前面。二年（985），他们因为翻译有成绩，加给了朝散大夫试鸿胪少卿官衔（以后历有升迁）。四年（987），天息灾奉诏改名法贤。他们从此一直工作不辍；到了真宗咸平三年（1000），法贤病死；后一年，法天也死了。剩了施护一人主译，由惟净协助（证梵文），景德三年（1006）才有北印度僧人法护（梵名“达理摩波罗”，和法天之兄同名，其实是两个人）参加证梵义。祥符二年（1009），惟净、法护便协同施护主译。五年（1012），施护等建议将宋代译出的新经，接着《开元》《贞元》两种经录之后，编辑新录。后来即由译场润文大臣赵安仁、杨亿和惟净等编成《大中祥符法宝录》二十二卷。施护的翻译一直继续到天禧元年（1017）病死时为止（和法天之兄同来的法护，最初也曾参加译事，在太平兴国八年译出《大力明王经》二卷后便回印去了）。

天息灾等所译典籍的种类、名目、卷数，都详细记载在《大中祥符法宝录》和《景祐新修法宝录》里。

太平兴国七年（982）天息灾等试译新经成功以后，译经院的东西两边更扩建了殿堂，分别安置佛像和经藏；宋代宫廷所藏梵本都取了出来，供给翻译之用。当时太宗诏令用新刻的大藏经目录（大体同于《开元录》）对勘，拣未有的经翻译，避免重复；因此，印度新流行的密教经典译出最多。在天息灾等译籍总数二百五十二部四百八十一卷里，大乘秘密部经就有一百二十六部二百四十卷，整整占了一半。再就它的内容说，像大部《金刚顶经》十八会的初会（《一切如来真实摄大乘现证三昧大教王经》三十卷，施护译）、六会（《最上根本大乐金刚不空三昧大教王经》七卷，法贤译）、十五会（《一切如来金刚三业最上秘密大教王经》七卷，施护译），都有了新译。另外像观音六字明咒信仰的根本经典《大乘庄严宝王经》也翻译了过来（天息灾译）。但在密典的翻译里面也夹杂一些不纯的作品，像淳化五年（994）法贤译的《频那夜迦成就仪轨经》说到种种成就法，而荤血之祀甚渎于真乘，厌诅之辞尤乖于妙理，这些都违反佛教根本精神。天禧元年（1017）发现了它的错误，便禁止入藏；但以后各版藏经仍旧将它保存下来，只是密典的翻译从此无形中受到了限制。

天息灾等译本在显教方面，也有几种是中观、瑜伽学派的重要论著，如龙树的《六十颂如理论》《大乘二十颂论》，陈那的《佛母般若圆集要义论》，三宝尊的同论《释论》（以上都是施护所译），寂天的《菩提行经》（天息灾译）等。不过，译文晦涩，且多错误，这大概是由于当时的翻译流于形式不求甚解所致；因此译出之后，对于当时佛教义学并没有发生什么作用。另外，天息灾等译本为了正确地念诵陀罗尼和讽咏赞呗，在音译方面却有它相当的发展，特别是译出了好多梵赞。这当法天初到中国鄜州时译了《七佛赞呗伽陀》，就已开端。此译现存本虽已经过改订，但仍可看出它是如何着重对音的正确，以致七佛名称都没有沿用旧译（如迦叶波改译为迦引舍钵，释迦牟尼改译为设枳也二合母等）。其后这类译本，更有法天译的《文殊师利一百八名梵赞》《圣观自在菩萨梵赞》，法贤译的《三身梵赞》《八大灵塔梵赞》《犍椎梵赞》《圣金刚手菩萨一百八名梵赞》《曼殊室利菩萨吉祥伽陀》，施护译的《圣多罗菩萨梵赞》。有了这些华梵对翻的经验，后来法护、惟净更加以总结，依着悉昙章十二番字母编成《景祐天竺字源》一书，即作为一代音译的典范；这和旧译对照看来，是有其特色的。

（吕澂）

七十　延寿（904—975）

延寿，字冲元，王姓，本贯江苏丹阳，后迁余杭。年十六，曾献《齐天赋》于吴越王钱镠。后曾为余杭库吏，又迁华亭镇将，督纳军需。他因为自幼信佛，戒杀放生，擅自动用库钱买鱼虾等物放生，事发被判死刑，押赴市曹而面无戚容。典刑者怪而问之，他回答说，动用库钱是为了放生，自己没有私用一文，于心无愧。因此被无罪释放，并听其从龙册寺翠岩禅师出家，时年三十。

当时法眼宗文益的弟子德韶在天台山弘化，延寿前往参学，得到印可。由于文益洞悉当时禅宗学人空疏不通教理的弊病，提倡研究教理，延寿深受影响，在国清寺结坛修《法华忏》，又到金华天柱峰诵《法华经》三年。据《景德传灯录》卷二十六及《净慈寺志》卷八所说，延寿于后周太祖广顺二年（952）住持奉化雪窦寺，从他参学的人很多，其中当不乏深明教理，宗眼明澈的学者，因此《雪窦寺志》有在雪窦寺写成《宗镜录》初稿的说法。

宋太祖建隆元年（960），吴越国忠懿王弘俶见灵隐寺颓废倾圮，请延寿到杭州主持复兴工作，重建殿宇，前后共计一千三百余间，加以四面围廊，自山门绕至方丈，左右相通，灵隐因而中兴。次年又接住永明寺（即净慈寺），忠懿王赐智觉禅师号，从学的多至二千余人。《宗镜录》一百卷在此寺的演法堂定稿，因此改名为宗镜堂。开宝三年（970）奉诏于钱塘江边的月轮峰创建六和塔，高九级，五十余丈，作为镇潮之用。当时高丽国王抄读了《宗镜录》，深受启发，遣使航海来宋赍书叙弟子礼，并奉金线织成袈裟、水晶数珠、金澡罐等。延寿为随同使者前来问道的学僧三十六人印可记莂，法眼宗旨因而弘传高丽。

开宝七年（974），又入天台山传菩萨戒，求受者约万余人。开宝八年十二月二十四日示疾，越二日晨起焚香趺坐而逝，世寿七十二，僧腊四十二。太平兴国元年（976）建塔于大慈山，宋太宗赐额曰寿宁禅院。延寿著作，除《宗镜录》外，又有《万善同归集》三卷、《唯心诀》一卷、《神栖安养赋》一卷、《定慧相资歌》一卷、《警世》一卷，而以《宗镜录》对于后世的影响为最大。

《宗镜录》全书约共八十余万言，分为三章，第一卷前半为标宗章，自第一卷后半至第九十三卷为问答章，第九十四卷至第一百卷为引证章。所谓“标宗”，即“举一心为宗”。此一心宗，“照万法如镜”，《宗镜录》的立名，即自此义而来。据卷三十四所说，教是《华严》，宗是达摩，因《华严》示一心广大之文，达摩标众生心性之旨，其实是发扬了法眼的宗旨。因为法眼有《三界唯心颂》和《华严六相义颂》。《宗镜录》全书在诠释“一心”处，引用《华严经》及贤首宗的理论最多。这是由于贤首宗兴起在天台宗和慈恩宗之后，法藏、澄观博涉教诲而极意谈“圆”，重重无尽，圆融无碍的说教，与禅宗门下经常提举的“佛语心为宗，无门为法门”，互相呼应。有时禅家宗旨得到《华严》义理的引证而愈益显豁，所以禅宗五家宗派最后一宗的开山祖师法眼及其法孙延寿重视华严，乃是佛教发展史上必然会出现的现象。

由于法眼宗重视华严，所以《宗镜录》卷二十四说：“此宗镜内，无有一法而非佛事。”又卷六十六说：“生老病死之中尽能发觉，行住坐卧之内俱可证真。”这与六祖慧能所说的：“念念时中，于一切法上无住。一念若住，念念即住名系缚。”马祖道一所说的：“若欲直会其道，平常心是道。何谓平常心，无造作，无是非，无取舍，无断常，无凡无圣，只如今行住坐卧应机接物尽是道。”沩山灵祐所说的：“一切时中，视听寻常，更无委曲，亦不闭眼塞耳，但情不附物即得。”并无二致。这“情不附物”

的一念心行，可以说是禅宗的特色，也是历代禅师们行持的心髓，所以他们之中，有的风标超逸，行谊可风，有的自在解脱，坐亡立化，都是从这种涵养而来的。《宗镜录》全书，虽然问答联绵，引证繁富，而千回百转也是着眼于此，所以《宗镜录》毕竟是借教明宗的著作，而不是混宗于教的书集。因此，在九十几卷的问答章里虽然罗列了天台、贤首、慈恩的教义，而只是一味会通，借以证明心宗的深妙，并没有料拣异同，解决教理上的问题，这又是《宗镜录》的一大特色。

引证章引证了大乘经一百二十种，诸祖语一百二十种，贤圣集六十种，共三百种。其中保存了一些宝贵的文献。例如，南岳怀让和青原行思的两段法语，都未见于《景德传灯录》《古尊宿语录》等书。此外在问答章里所引用的《中论玄枢》《唯识义镜》等书，现在皆已失传，幸而《宗镜录》保存一点资料，还能从而考见原书的大概。

延寿的教理宗眼，非常明澈，相传他又重视净土法门，未免与六祖慧能所说的“凡愚不了自性，不识身中净土，愿东愿西，悟人在处一般”有些凿枘，这又是佛教发展史上不可避免的现象，存而不论可也。

（巨赞）

七十一　知礼（960—1028）

知礼，字约言，宋代天台宗义学高僧，俗姓金，四明（今浙江省宁波市鄞州区）人，七岁时（966）依汴京太平兴国寺洪选出家。十五岁受具足戒，专研律部。二十岁（979）从天台螺溪传教院义通（927—988）学天台教观。太宗端拱元年（988）义通圆寂。淳化二年（991），受请住四明祥符寺，遂开讲席，学徒云集。既而以堂舍狭隘，于至道元年（995）迁城东南隅保恩院，次年，院主显通舍院与知礼永作十方住持传演天台教法之地。真宗咸平二年（999）以后，专以讲经、修忏为事。六年（1003），日僧寂照等携带其国天台宗学者源信有关天台教义的疑问二十七条来询，他依教答释。其后先后撰《十不二门指要钞》《别理随缘二十问》《十义书》《观心二百问》等，使天台宗蔚然中兴。大中祥符六年（1013），创设念佛施戒会，结合僧俗男女一万人，同修念佛、发菩提心，求生净土。七年，撰《观经融心解》。天禧五年（1021），撰《修忏要旨》《观音别行玄义记》《观无量寿经疏妙宗钞》。仁宗天圣六年（1028）圆寂。天台宗人尊为第十七祖。一般称为四明尊者。禀法领徒的弟子，有广智尚贤、神照本如、南屏梵臻等三十余人。

知礼的著作，有《金光明经玄义拾遗记》六卷，《金光明经文句记》十二卷，《观音经玄义记》《观音经义疏记》各四卷及宁宗嘉泰二年（1202）四明宗晓所编《四明尊者教行录》七卷等。

天台宗有山家、山外之分，即起于知礼时代。知礼一派自认为是天台一宗的正统，以山家自称；而把和他们见解不同的晤恩、洪敏、源清、天昭、智圆一派贬称为山外。知礼极力发挥智顗、湛然的宗义，其要点是“别理随缘”说，他在《十不二门指要钞》卷下成立此义。认为真如缘起的涵义，别、圆二教所说不同。别教所说的真如，超然在差别的事相之外，就是和事相隔别的理体，所以称为“别理”，或称为“但理”“一理”。圆教则认为真如理中本来就具有差别的事相，事理相即熔融。其随缘而作一切诸法，乃是举体随缘，举体不变，即不变而随缘，即随缘而不变；所以称为“理具随缘”。如《指要钞》说：“他宗明一理随缘作差别法，差别是无明之相，淳一是真如之相，随缘时则有差别，不随缘时则无差别；故知一性与无明和合方有差别，正是合义，非体不二，以除无明无差别故。……应知不谈理具，单说真如随缘，仍是离义。……故知他宗极圆，祇云性起，不云性具，深可思量。”

由于山外派的奉先源清著《十不二门示珠指》二卷，主张真心观，慧光宗昱（与义通同门）著《注十不二门》二卷，又倡灵知心性之说，皆在教理上出入于贤首家言。知礼起而著《指要钞》指出“别理随缘”之义；其用意是在捍卫天台一家宗义，而贬低贤首家性起义的价值。以为他们不说性具三千，单说真如随缘变造诸法，和天台家相望，止是别教隔历之谈，未臻圆极。然而，山外诸师反对此说，如梵天庆昭（963—1017）的弟子永嘉继齐作《指滥》，说真如不变随缘正是今家圆教之理，别教岂有随缘？知礼于是作《别理随缘二十问》反破。其时有天台元颖，作《征决》，支持继齐；又有嘉禾子玄，作《随缘补》助之。知礼的弟子净觉仁岳（？—1064）又作《别理随缘十门析难书》，析破诸难，成立知礼之说，其辩难乃渐息。

又智顗的《金光明经玄义》，有广略二本并行于世。义通即曾讲过广本，并对广本著有《金光明玄义赞释》及《金光明文句备急钞》（均佚）。但同时慈光晤恩（912—986）作《金光明玄义发挥记》，专解释略本，说《玄义》已经在教义释一段用十种三法说广示法性圆妙之理，不须更作观心释；广本有此，是后人所擅添；并依略本唱真心观。其弟子奉先源清、灵光洪敏共构难词，非议广本的观心释，辅成师义。知礼应同门善信之请，作《释难扶宗记》，阐明广本观心之义，唱妄心观。说晤恩废除观心，是有教而无观。源清的弟子梵天庆昭（？—1017）、孤山智圆（976—1022）又合作《辩讹》，以破《释难》，知礼继之次第作《问难书》《诘难书》《问疑书》《复问书》诘问，庆昭也先后作《答疑书》《五义书》《释难书》答辩，往复五次，绵亘七年，知礼更于景德三年（1006），总括前后十番问答释难集为《十难义书》二卷，更作《观心二百问》，遣弟子神照本如携往钱塘面请庆昭作答。智圆闻知此事，请钱塘太守令他们停止论争，始暂告结束。其后天禧二年（1018），智圆又作《金光明经玄义表微记》一卷，非议广本的观心释。知礼对之也在智圆示寂的次年（1023），作《光明玄义拾遗记》加以破斥。另外，和这些论争相关联的，还有色具心具、三千有相无相、理毒性恶等论争，特别是知礼于《观经疏妙宗钞》卷一中作色心双具说，主张色法也和心法一样，圆具十界三千诸法。庆昭的弟子永福咸润作《指瑕》，固执独头的色法，不具三千等义。仁岳作《抉膜》述心色不二义评破他。然而，后来仁岳也不满于知礼约心观佛之谈，先后作《十谏书》等和知礼争论，其说到知礼示寂后为其再传弟子妙悟希最所破，知礼之说于是大行。

（黄忏华）

七十二　智圆（976—1022）

智圆，宋代天台宗山外一派义学名僧，字无外，自号中庸子，或称潜夫。钱塘（今浙江省杭州市）人，俗姓徐。幼时出家，随后于钱塘龙兴寺受戒。二十一岁，受儒学，但仍以习释氏为本务，即往奉先寺依源清学习天台教观。后隐居于西湖孤山的玛瑙坡，与处士林和靖（逋）为友，又与当时天台宗义学沙门慈云遵式相交，以天台三观教人，孜孜不倦，著述甚富。先是源清承其师慈光晤恩（912—986）之说，谓智顗《金光明经玄义》广本（这部经的《玄义》有广本、略本）中的观心释为后人所增，乃撰《法华十妙不二门示珠指》二卷，主张真心观。四明知礼起而作《释难扶宗记》，以难源清而扶广本。智圆为救师说和同门梵天庆昭（？—1017）合撰《辩讹》对抗知礼。其后十余年，更撰《金光明经玄义表微记》一卷，以词鄙、义疏、理乖和事误四难，批判广本的观心释。又撰《请观音经阐义钞》，提出智顗在《请观音经疏》中所说的理毒（法界无染而染为理性之毒）能消伏，所以不是性恶。知礼对此又撰《释请观音疏中消伏三用》及《对阐义钞辩三用一十九问》（收入《四明尊者教行录》卷二），难破智圆之说，而主张理毒即性恶。庆昭的弟子咸润，作《释签》救智圆，知礼的弟子仁岳（？—1064）也作《止疑》摧咸润。如此双方争论不绝，达十余年之久。智圆于行禅讲道之外，好读儒书，又喜为诗文（见《闲居编自序》），年四十七圆寂。因他隐居孤山，众称为孤山法师，弟子孤山惟雅传其学。智圆曾于真宗天禧五年（1021）冬，就自造的《阿弥陀经疏》撰《西资钞》，扶病口述，即由惟雅笔录成书。

后人以四明知礼一系为天台宗的山家派，以钱塘晤恩、源清一系为天台宗的山外派。而智圆为山外派中著述最宏富的学者，他著有《文殊般若经疏》《遗教经疏》各二卷，《般若心经疏》《瑞应经疏》《四十二章经注》《不思议法门经疏》《无量义经疏》《观普贤行法经疏》《阿弥陀经疏》各一卷，《首楞严经疏》十卷，世称十本疏主。十疏中仅《般若心经疏》现存。其余著作现存的还有《请观音经疏阐义钞》三卷（现行本作四卷）、《维摩经略疏垂裕记》十卷、《涅槃玄义发源机要》二卷（现行本作四卷）、《涅槃经疏三德指归》二十卷（现存十九卷）、《涅槃经治定疏科》十卷、《金刚錍显性录》四卷和《般若心经诒谋钞》一卷。此外有《闲居编》收杂著及诗文五十一卷。

智圆的学说，在教理方面，大体不出山外诸师一般的见解，主张心是能造、能具的通体，色是所造、所具的别相，所以心具三千，色不具三千。又主张心、佛、众生三法中，只有心是理，是能造的总体，生、佛诸法只是事，是所造的别相；所以理具三千，事不具三千。而在观行的方面，却同于山家主张以凡夫的妄心为观法的对境，但以异于知礼所立为但妄观，而以自家所立为即妄（即真之妄）观。他又在《西资钞序》（载《闲居编》卷六）中表示他的志趣是："始以般若真空荡系著于前，终依净土行门求往生于后。"他又说儒、释其言虽异，其理相通；而主张"修身以儒，治心以释"（见《闲居编》卷十九《中庸子传》上），从而背离了纯粹的佛教，但代表了宋代一部分僧人思想的倾向。

（黄忏华）

七十三　阿底峡（982—1054）

阿底峡，是中国西藏地区在朗达玛王灭法之后，复兴佛教的第一位重要人物。他是社护罗国（即今孟加拉国）人。他的父亲就是当地的国王，名叫善祥；他的母亲名叫吉祥光。这位国王有三个儿子，长子叫莲花藏，次子叫月藏，幼子叫吉藏。长子继承王位。次子月藏当受具足戒之后，取名吉祥燃灯智，也就是阿底峡尊者（阿底峡是人们对他的一个尊称。后人对这个称呼的解释很多，但多不可置信。据《菩提道次第广论字诂》引宗喀巴和《迦当教法史》的说法，是有“卓越，优胜”等义，由此推测，这个名称当系由梵语转来）。

他幼年很聪颖。十岁以内，学会医方、工巧、文学等，并常时皈依三宝，守持斋戒，对于佛法的信仰和修持，都有明显的表现。十一岁的时候，他对宫中的宝车彩女等繁华享用起厌离想，便到山林去参见佛教出家人胜敌婆罗门。起初王子故意示现骄慢，自称是当地主人。胜敌说：“我已超出人群，没有主子也没有奴隶。”说完这些话，王子供上弓箭宝剑，表示渴望出离，乞求摄受。胜敌最后指示他到那烂陀寺，使他寻求菩提贤论师。王子到了那烂陀，拜见菩提贤论师以后，菩提贤又指他去参见那烂陀寺北面的明杜鹃菩萨。他见了明杜鹃菩萨之后，又被指示往见黑山之南的阿嚩都帝巴。经过阿嚩都帝巴的开示之后，王子回到本国，请求父母许可他离开家庭，父母无可奈何，就暂时答应了他。于是他又到阿嚩都帝巴那里，恭敬供养，乞求教授。阿嚩都帝巴传给他发心法之后，又指点他到黑山寺去亲近大瑜伽师罗睺罗笈多伐折罗，在那里，他受了欢喜金刚灌顶。此后，先到王宫向父母诀别，再到阿嚩都帝巴处修难行，学中观，获得月称一派的中观见。二十一岁之内，内外声明、因明之学完全学会。在与其他宗教信徒的辩论中得到胜利。二十九岁时，在金刚座末底寺从持律上座戒护论师出家。他从论师学习了两年论藏。到了三十岁，他已遍学四部（大众、上座、正量、一切有部）的三藏教典，通达各派的持戒行法。他曾长久住在毗讫罗摩尸罗寺，主要依止那罗巴。又曾从飞行寺法护学《毗婆娑论》十二年。尊者不但精通了佛教学术，对于当时的其他学派：如正理派、数论派、胜论派、瑜伽派的根本经典都能通晓。

他不但在印度大陆上研习大法，为了求法的缘故，也曾三度入海。当时金洲（据说即今苏门答腊）有一位大法师法称，或称法护，　般称为金洲大师，学识渊博，名驰远近。阿底峡对他极为崇敬，于是决意参拜依止，与一百二十五位弟子入海，乘船航行了十三个月，才到达金洲。金洲大师给予热忱的欢迎，以后十二年中，尊者与大师共同起居，学得一切大乘佛法。特别注意学习的是《现观庄严》一切教授，和《集菩萨学论》《入菩萨行论》等不共教授。此外，以清净增上意乐修自他换菩提心的不共教授，也是从金洲大师获得。学成之后，与赡部洲的商人结伴回到印度，那时他年四十四岁。

当时印度有四大寺，即那烂陀、飞行寺、金刚座和毗讫罗摩尸罗寺。他回国之后，先住在金刚座寺，其后因为护法王迎请，在毗讫罗摩尸罗寺驻锡。由于他卓越的才学和声望，成为该寺的首要人物。当时这个寺院的前面，右边画着龙树论师的像，左边画着他的像，可见当时人以为他可与龙树并论。还有，殿的左右墙壁一边画着通达五明的人，一边画着得成就者，而左右两墙都有他的画像。那时印度的寺规，只有大善巧者才能掌管钥匙，而他掌管了十八把钥匙。

当时，中国西藏地区阿里地方出家人智光，本是王族的后裔，而且曾摄持王位。他看到当时西藏地区佛教内部异说竞起，理论分歧，即在经典之中，这部经与那部经也常常有互相矛盾的说法。他心里想，只有到佛教基础厚的地方去求法，才能决定谁是谁非。于是派遣七位智者到迦湿弥罗去留学，并且每人给予童仆，共二十一人，嘱咐他们除了求法以外，并应设法迎请当地的大德，而且还要打听哪位大德能来西藏地区弘传佛法。被派遣的二十一人因为不服水土，陆续死了十九个，只剩下宝贤译师和善慧译师两个人。这两个人回阿里以后，除了把学法的结果报告智光以外，并且向智光述说他们所听到的吉祥燃灯智尊者的学识与声望。智光于是派贾精进狮子前往迎请。但是，这次贾精进狮子失败了，无论他怎样请求，阿底峡只是不答应。他回到阿里向智光报告经过之后，智光让他再去迎请阿底峡以下的大德，于是，贾精进狮子再度入印。

这时，智光为了迎请而筹募供养，到了西藏地区南方边境，不幸被一个信奉异教的国王所俘获。智光的侄孙菩提光带兵往救，与那个王讲条件，结果是须要用与智光身量相等的金子来赎智光。菩提光在阿里广事征募，结果还欠一头之量。拿了这些金子去赎，未能达到目的。不过，这次菩提光在牢狱中见到智光。智光告诉菩提光说：“这个罪恶的国王你不要给他一两金子，把所有的金子都作为迎请阿底峡之需。我宁愿为法舍身，死在这里。”菩提光回去之后，还要再寻觅金子，但这时他听说智光已经死了，于是中止这件事。又请戒胜律师往迎阿底峡。

戒胜到了毗讫罗摩尸罗寺中，晤见先来此地的贾精进狮子。贾劝告他先不提迎请，只说是来求学，因为恐怕操之过急更容易失败。又告诉他不要提迎请阿底峡以下的大德，因为除了阿底峡以外，没有第二个人能在西藏地方弘传佛法。他们过了一些时日之后，把阿底峡请到贾精进的房间里，奉上带来的金子，并且把西藏异说流行的情形、智光如何为迎请他牺牲性命、智光菩提光受到多少痛苦，耗费多少资财，以及智光迎请他的言辞，一一都告诉了他。他对于他们所说的话表示非常同情，说智光一定是一位菩萨，但是告诉他们因为自己任务太重，恐怕不能成行。但他又说自己也要考虑一下，能不能在西藏地方弘阐佛法。当时嘱咐他们暂时把金子存起来。

他当时虽然没有马上答应使者的要求，但此后经常考虑赴藏的问题。一天，到了金刚座，智光所派遣的使者顶礼足下，涕泣请求。他才答应了他们，把寺院的职务交卸清楚，决定赴藏。第二天，他到毗讫罗摩尸罗寺的上座宝生寂处辞行，只说带着外来的香客朝礼圣地。宝生寂听了，也要和他们结伴到各地去瞻拜。到了中途，宝生寂发觉他们是设好圈套，打算与阿底峡共赴西藏地区。当时，他就和戒胜译师等人商量，允许阿底峡赴西藏地区弘法，以三年为限。因此，他们越过边界到达尼泊尔，受到尼泊尔国王竭诚的敬礼和盛大的欢迎。不幸在这里贾精进狮子译师因病去世。阿底峡很悲哀地说："我现在没有舌头了，到西藏也没用了。"

在尼泊尔的时候，弘扬正法，并将王子莲花光摄受为弟子。一年以后，启程赴藏。那时是公元1041年。

到达阿里的时候，菩提光迎请他住在智光所建的沱庭寺里，在那里讲说多种教法，传授多种灌顶，翻译了多种经论。又应菩提光的启请，造《菩提道灯论》，辟斥违背佛法的异说，开示三士道次第。这部书直到现在还为藏族佛教徒所尊奉。

那时八十五岁的宝贤译师最初以为自己对显密诸法都已完全通达。虽然有阿底峡来，也不会再有什么可求的法。可是，阿底峡既是王族请来的，只好虚与委蛇。但以后逐渐被阿底峡高深的学识、卓越的德行所感动，于是化轻视为崇敬信仰，后来帮助他翻译了不少经论。

阿底峡在阿里住了三年，将要返回本国的时候，西藏一位通晓梵文名叫种敦巴的居士（后来成为他最大的弟子），赶到补让地方谒见他，得他的灌顶加持。种敦巴为了转移他返国的念头，盛赞拉萨、桑耶等地的道场殊胜，僧侣众多，并说那些僧众都希望他到那里去弘法。他听了，很高兴说："这么多修梵行的，在我的家乡也没有，其中一定有大阿罗汉。"说完向东方顶礼，于是答应了种敦巴。种敦巴恐怕中途生变故，急忙写信给前藏的僧众，使他们秋季以前赶来迎接。那时，戒胜译师因为不愿失信于毗讫罗摩尸罗寺的上座，曾经陪同他南下。但走到尼泊尔的时候，路途前面有兵乱，于是中止南返的计划。回到芒宇住了一年，前藏的一些大德不久也赶来迎接，因此启程一齐前往前藏。一路上讲经传法，经过拉多绛、宁措、桑耶等地，最后到达拉萨。在拉多绛时，供敦永仲、迦格瓦、杰吉迦瓦勤波、迦瓦释迦自在、枯敦尊主永仲、善慧六人以五事请他决断：一、方便和慧，单运一支能不能成佛？二、菩萨律仪须要不须要依别解脱戒？三、未得金刚阿阇黎灌顶的，可不可为说续部？四、修梵行的可否受秘密和智慧灌顶？五、未得灌顶可否行密咒行？他回答说："比这更多的问题菩提光都问过了，都载在《菩提道灯论》中。"在桑耶时，他曾翻阅该寺所收藏的梵文典籍，看到好多在印度已经失传的孤本，他异常惊喜。他于是抄写了《明显中观论》《华严经》等寄回国。此后，他一面讲经弘法，一面与藏地译师合作，翻译了好多经论，最后回到聂塘。这时，他体力已渐衰老，公元1054年阴历十月十八日示寂于聂塘，寿七十二岁。

阿底峡生存的时代，印度佛教的主要宗派中观和瑜伽都很发达。密教此时也早已兴起。尊者驻锡的毗讫罗摩尸罗寺，就是兼弘显密的道场。能上承显密诸师的传统，下启中国西藏地区迦当派的端绪的，即是阿底峡。所谓迦当派的教义，即是把佛所说的经律论三藏都摄在三士道次第中。对于一切佛说都不弃舍，没有一法不是成佛的顺缘。这是阿底峡学说亦即迦当派教义的特色，同时也是中国西藏语系佛学主要特色之一。关于他的学说的详细内容和"迦当派"的源流，可参看全书"菩提道灯论"条和"迦当派"条。这里把他的重要著译列目于后：

一、著作

甲、怛特罗部：

《现观分别论》《独勇成就法》《金刚座金刚歌》《吉祥集密世自在成就法》《圣观自在成就法》《大威德遍照现观》《法界见歌》《定资粮品》《超世间七支仪轨》《不动成就法》《一切如来三摩耶守护成就法》《摄一切三

摩耶论》。

乙、般若部：

《般若波罗蜜多摄义灯》《般若心经解》。

丙、中观部：

《入二谛论》《一念优波提舍》《中观优波提舍》《经集摄义》《菩提道灯论》《心要略摄》《菩萨宝鬘论》《显示归依论》《成大乘道方便略录》《经义集优波提舍》《业分别论》。

丁、经疏部：

《业障清净仪轨疏》。

二、译籍

顿毗波著《十真性》，法称祥著《现观庄严论注释难疏》，善观自在称著《金刚手成就法》《大威德成就法》，圣天著《中观破迷论》，清辨著《中观心要颂》《中观心要分别燃论》《摄中观义论》，德光著《菩萨地注》，世亲著《摄大乘论释》，清辨著《异部分派解说》。

丹珠尔中有一函名为"阿底峡小品集"，专收阿底峡自著的和阿底峡学说所依据的小品著作。但所收的书目都重见于其他各帙，这里所开列的书目已包括其中的主要作品。

（张建木）

七十四　净源（1011—1088）

净源，宋代华严宗学者。先世是泉州晋水（今福建省晋江市）人，所以学者以晋水称之，也有尊他为华严宗七祖或十祖的。俗姓杨，出家受具足戒后，到处参学，起初从五台承迁学《华严经》，继从横海明覃学李通玄的《新华严经论》，其后回到南方，师事长水子璇，听《楞严经》《圆觉经》《大乘起信论》。华严宗在圭峰宗密圆寂后不久，遭遇会昌的法难，经论散佚，和其他各宗一同衰落。宋初，子璇起而兴复，以贤首宗旨作《楞严经疏》十卷行于世。净源继其后，四方的宿学推为"义龙"。先后住持泉州清凉寺、苏州报恩寺、杭州祥符寺，既而迁到秀水（今浙江省嘉兴县）青镇的密印宝阁、华亭（又称云间，今江苏省松江县）普照的善住宝阁，盛弘华严宗。时高丽僧统义天于哲宗元祐元年（1086），航海来中国问道，上表四次，请传授贤首教，朝廷令主客杨杰送到慧因寺受法于净源。华严一宗久已散佚的疏钞，因义天持来咨决所疑，于是得以复传于中国。义天回国之后，又于元祐二年（1087），遣使者送来金书《华严经》三种译本一百八十卷（晋译本六十卷、唐译本八十卷、又四十卷）。净源特建华严阁安置。三年（1088）三月，依命把慧因禅寺改名为教寺，永远作为弘布《华严》的道场，而慧因寺也有高丽寺之称。净源继子璇之后，振兴华严的宗风，当时称为中兴教主。

净源的著述，现存有《仁王经疏》（内题《注仁王护国般若经》）四卷、《科》一卷、《佛遗教经论疏节要》一卷、《科》一卷、《法界观门助修记》二卷、《科》一卷、《金狮子章云间类解》一卷、《华严妄尽还源观疏钞补解》一卷、《华严原人论发微录》三卷、《科》一卷、《华严普贤行愿修证仪》一卷、《圆觉经道场略本修证仪》一卷、《首楞严坛场修证仪》一卷、《肇论中吴集解》三卷、《科》一卷（依净源的题辞本书原是中吴秘思法师“提疏钞之绳墨，举笺注之权衡”所说，而净源把它集录成书）。此外，尚有钞、科、序赞、策门等六种。

净源的著述大都取材于华严宗诸祖的疏钞，但也有他特殊的见解。他在《妄尽还源观疏钞补解》中说：“帝心（杜顺）冥挟《起信》，集三重法界（法界观）于前；贤首显用论（《起信》）文，述六门还源（妄尽还源观）于后。”由此推论到华严宗应当以《起信论》著者的马鸣为初祖。这等于把从杜顺的法界观、法藏的妄尽还源观以来的华严宗学说，都看作《起信论》思想的演绎，可说是他的创见。他还说，还源观六门中的一体，即华严一真法界。二用中海印常住用阐明自性深广，圆明自在用阐明随缘成德。三遍中普周法界遍阐明尘性依真，出生无尽遍阐明依真起用，含容空有遍阐明体用交参。四德中妙用无方德多半显示悲心利他，住持有则德多半说明智体自利，柔和质直德悲智双流自他俱济，代生受苦德只是大悲利他普救群品。五止中照法离缘止正显示法空，观人寂泊止兼阐明人空，性起繁兴止会缘归寂，光定显现止寄功忘照，理事玄通止寂照融泯。六观中摄境从心观显出法身，从心现境观修成报身，心境圆融观法报无碍，智身影现观一智现多，身入境象观多身入一，主伴帝网观一多同时，身智无尽。这些都确实可以补充法藏原著的解释。净源又说这六重观法即是《华严经·贤首品》中阐明普贤的功德周遍一切时处无边大用的十门三昧，而将十门三昧合作六重的观法。一体和二用中海印森罗常住用摄第一圆明海印三昧门；法界圆明自在用摄第二华严妙行三昧门。这是依法藏及澄观所说。二用中所引《华严经》四偈，又摄四种三昧门。三遍摄第三因陀罗网三昧门。四德摄第五现诸法三昧门及第六四摄摄生三昧门。五止摄第十寂用无碍三昧门。六观摄第九主伴严明三昧门。他还说，一体是澄观所说一心法界，宗密所说众生万法的根源，即是《起信论》的如来藏。这也是把华严家理论归结于《起信论》之说的。

净源的《华严普贤行愿修证议》是以华严一宗圆融法界无尽缘起思想为基础来修习普贤十大行愿的。他说，依圆教修行略分二种：其一是了悟毗卢法界，其二是修行普贤行海。毗卢法界即一真无碍法界，亦即一心，其中本来具足三世间、四法界、一切染净诸法。既然了悟一心本来具足无数的相好、无尽的神通功德，便须称自家的毗卢法界，修本有的普贤行海，令无尽的功用得以速疾现前。于中又有帝网无尽观、无障碍法界观二门。帝网无尽观是观想遍法界帝网无尽的三宝前，各各有帝网无尽的自身，每一一身各个礼敬帝网无尽的三宝，乃至供养、忏悔、发愿、持诵等。无障碍法界观是观想一切染净诸法，皆是重重无尽的法界，全此全彼，互无障碍；这就是修习普贤境界。

（黄忏华）

七十五　元照（1048—1116）

元照，字湛然，俗姓唐，浙江余杭人，是北宋时期弘传律宗和净土教的高僧。他幼时依钱塘祥符寺慧鉴律师为童行（沙弥候补者），治平二年（1065）遇度僧考试，因通诵《妙法莲华经》得度，时年十八岁。熙宁元年（1068）和同学择瑛从神悟处谦（1011—1075）习天台教观，同时博究诸宗，而以戒律为主。后览天台《净土十疑论》，始归心净土法门。并依善导之说一意专持阿弥陀佛名号，发愿领众同修念佛，更编成《净业礼忏仪》（只今佚），以自修持。又因神悟劝令“阐明《法华》宗旨，以弘四分戒律”，于是历游温、台二州，从事参学。元丰元年（1078），他从广慈慧才受菩萨戒于西湖雷峰。此后，博究南山一宗律学，搜集道宣著作，撰《南山律师撰集录》。常布衣持钵，乞食于市。后住灵芝崇福寺从事著述。

元丰八年（1085）十二月，高丽僧统义天（？—1101）率弟子众来求法，主客（接待外宾官名）学士杨杰陪伴到杭州，曾至西湖灵芝寺谒请元照开示律仪，时元照正讲《四分律删补羯磨疏》，即为演说律宗纲要并授菩萨戒，义天并请得元照所著书携归高丽雕板流通。

其后，元照鉴于当时禅僧轻视戒律和念佛，乃于绍圣三年（1096）翻刻唐《慈愍三藏文集》（即慧日著《往生净土集》），倡导依经律修持，因此引起僧众的攻击，并被控伪造《慈愍文集》。元照乃上书叙明颠末，并检附古本为证，其事始寝。

绍圣五年（1098）二月，元照于明州（今浙江省宁波市）开元寺，建筑戒坛依律传戒。政和六年（1116）九月一日圆寂，年六十九，葬于灵芝寺西北隅。南宋高宗绍兴十一年（1141），谥号大智律师，一般称为灵芝律师。

元照的思想，主张戒律和净土并重。他常对门徒说："生弘律范，死归安养，平生所得，唯此法门。"又说："化当世无如讲说，垂将来莫若著书。"因此，他出家后数十年间，以奉持戒律，专修净土自行；以聚徒讲学，弘法著书，并详究律宗传承，楷定南山九祖，后世称为律宗中兴的大师。

元照力说比丘受持净戒的必要。他说："出家之人，若禅若教，以至房居，所习虽殊，未有不登坛受戒者。世多偏学，见学律者薄为小乘，见持戒者斥为执相；而不观已身削发染衣，复不思自心登坛纳具。且受而不持，虽受何益？"元照认为入道归心，须有始有终。有始即须受戒，专志奉持，一切时中，不可暂忘。有终谓归心净土，决誓往生。他的往生观，又属于他力本愿的范畴。他说末法之时，自无道力，唯净土法门是修行径路。因此门全假他力，即弥陀世尊本誓愿力，光明摄取之力，但具信愿行三法，即得往生。

元照以二种教观，判别释迦一代佛教，以求在娑婆世界入圣得果的教法，为娑婆入道教观；以修行往生净土的教法，为净土往生教观。此土入圣的教观，有大小偏圆之殊；净土往生的教观，则是圆顿纯一大乘。元照的弟子戒度评价这二教观说："约娑婆、净土二土，分别教观之纯杂，为前古所未闻。"（《观无量寿经义疏正观记》）元照以为娑婆入道，以观心为主；净土往生，以观佛为要。他在《观经义疏》，盛倡观佛之法；后来在《阿弥陀经义疏》，一转而高扬执持名号的功德。他劝不能观佛者，可依称名之法而往生。元照又因得襄阳龙兴寺石刻《阿弥陀经》拓本，有"专持名号即是多善根"之语，遂依之以称名为首要，布施、造寺等一切福业次之。由于称名善根故，即能灭罪往生（戒度《阿弥陀经疏闻持记》）。

元照又唱律、禅、教三学一源之说。他说：“律，佛所制也，教，佛所说也，禅，佛所示也。”这是远承慈愍慧日的思想而来的。他又说，律非学无以自明，教非学无以自辨，禅非学无以自悟。故律、教、禅，同出而异名，即同出于一心，主张无分别地加以修学。显见他对律教禅三学的调和主张。

元照倡导律、净二学相结合，并著书、造像、讲学、传戒，从事多方面的弘法活动，在当时享有很高的声望。苏东坡即受其影响为母和妻的冥福而画弥陀佛像供养于佛寺中。元照在传戒方面，撰有《受戒方便》《授大乘菩萨戒仪》《剃发仪式》等文（俱见《芝苑遗编》卷中），是今日研究北宋时代传戒仪式的重要史料。他说，三藏三学，以戒律为首，但受戒的人心有明昧，对于初受戒时未发大心的人，佛开重增（一作重受或增受）一法，是名增戒。他的弟子中如宗利和思敏，就是依律增受戒法的，其一生为人增授戒法达六十余会。但有些同道以他为矫异骇众，故寻短失，以致斗讼，几欲置之于狱。因而他在推行增戒中也受到不少挫折。

律宗传至宋代，以南山道宣一系为盛。但南山律宗祖承，历代取舍不一，元照乃作《南山律宗祖承图录》，楷定南山九祖。他认为南山道宣传承出于智首，智首以上，为法聪、道复、慧光、道云、道洪相承。法聪初传四分，其本则承受于昙摩迦罗（法时），而宗于昙无德（法正）部。故元照以四分开宗为始，断自昙无德，而下至于南山（道宣）蹑迹传通共九人。宋志磐《佛祖统纪》卷二十九依之，作为南山律宗传承，后附允堪和元照二人略传。清初福聚著《南山宗统》，即依元照所立九祖次第，于道宣下续文纲、满意、大亮、量一、辩一、道澄、澄楚、允堪至灵芝元照，定为中国律宗十六祖。

元照的著述，在律学方面有解释南山三大部的《四分律行事钞资持记》四十二卷、《四分律羯磨疏济缘记》二十二卷、《四分律含注戒本疏行宗记》二十一卷。净土方面有《观无量寿佛经义疏》（对天台、善导等所著《观经疏》旧疏，称为新疏）三卷、《阿弥陀经义疏》一卷。杂著《芝园集》二卷、《补续芝园集》一卷、《芝苑遗编》三卷。他又撰《法住记》（释《遗教经论》）、《报恩记》（释《盂兰盆经疏》）、《应法记》（释道宣《释门章服仪》）、《佛制比丘六物图》《道具赋》（三衣、钵、坐具、漉水囊）等各一卷，并删定《比丘尼戒本》，共计著书百余卷。道宣所著《行事钞》，自唐至宋，解者六十余家，而以允堪的《会正记》和元照的《资持记》二书最负盛名。允堪于庆历间（1041—1048）主钱塘西湖菩提寺（即后之昭庆寺），撰《会正记》，以释南山的《行事钞》。后来，元照律师出，因争论绕佛左右、衣制短长等，遂别撰《资持记》。于是《会正》《资持》，遂分二家（《佛祖统纪》卷二十九）。当时，律宗学者称之为会正派和资持派；但后代学者专弘《资持记》，推为南山律宗正统，允堪《会正记》遂不流传。

元照的及门弟子见于史传的有用钦、戒度、行诜、慧亨、道言、宗利、思敏等，而传持他的律宗法脉的为智交。

用钦，从元照学律，并专修净业。著有《白莲记》四卷释元照《观经疏》，《超玄记》一卷释《阿弥陀经疏》。

戒度，号拙庵，居四明龙山。学《四分律》，晚年专修净业，撰《正观记》三卷释元照《观经疏》，《无量寿佛赞注》一卷释《无量寿佛赞》等。当时山家学匠草庵道因，见元照的《观经疏》中有排斥知礼的《约心观佛之说》，作《辅正解》一卷破之。戒度因撰《观经扶新论》一卷反破，大张元照之说。淳熙四年（1177）又作《和陶渊明归去来辞》一篇，以见归心净土之志。

行诜、慧亨、道言、宗利、思敏也都修习念佛法门。

智交的事迹不详。他的门下出惟一，惟一门下出法政，法政门下出如庵了宏和石鼓法久，了宏门下出铁翁守一，法久门下出上翁妙莲。这些人到南宋时还传持着元照的律系。铁翁守一著有《律宗会元》《终南家业》；上翁妙莲著有《蓬折直辨》和《蓬折箴》各二卷，都是有关律学的著作。

南宋庆元五年（1199），日僧俊芿（1166—1227）入宋，于四明景福寺，师事了宏三年，专修律学，于大小部文，悉皆通达。不久，净业（1187—1259）继之，于嘉定七年（1214）、绍定六年（1233）两度入宋，从守一增受戒法，并究律藏，守一为撰《重受戒文》示之（《终南家业》卷中）。后来，真照又入宋，于开庆元年（1259）从妙莲和其门人行居传受戒法。俊芿回国时，请回许多律宗典籍和南山、灵芝真影各一幅，于日本京都大弘律法，成为日本律宗泉涌寺派的开祖。净业等亦于京都戒光寺、西林寺、东林寺等广说戒法，盛传元照一系的律学（望月信亨《中国净土教理史》第二十九章）。

（林子青）

七十六　胆巴（1230—1303）

胆巴，元代藏族高僧。原名叫庆喜称，西藏地区突甘斯旦麻人。幼时父亲去世，依靠叔父生活。九岁时，便能流利地背诵一些梵咒。十二岁时，对经咒坛法也能通达。二十四岁时，讲演大喜乐本续，四众悦服。以后到印巴次大陆的西部参礼大德古达麻室利，尽得其传。蒙古中统年间（1260—1263）经帕思巴推荐，谒见忽必烈汗（即后来的元世祖），受命住在五台山寿宁寺。至元九年（1272）在京师为王公授戒。至元十八年（1281）奉元世祖命，赴长春宫辩论《老子化胡经》的是非。至元十九年（1282）坚请西归，先到云中，再到西夏，又到临洮，各地从他求法的人很多。在临洮接受元帝的命令回到故乡，住了六年。至元二十六年（1289）回京，住在圣安寺。同年四月，受命往潮州，八月到达，住开元寺。后在潮州传法建寺。不久即被召还。至元三十年（1293）在内殿建观音狮子吼道场，为元帝疾病祈禳。元世祖病愈之后，打算在五台山为他建寺，尚未动工，世祖就去世了。后成宗嗣位，胆巴奏请蠲免僧道税粮，得到许可。元贞元年（1295）四月，奉皇帝命令住在当时京师最大的庙宇大护国仁王寺。移居时，皇帝命令太府给他使用皇帝出行时用的仪仗，并由百官护送。这一年，西藏边界有警，奉皇帝命在京师西北瓮山（即今万寿山）建曼拏罗祈禳。大德六年（1302）二月，成宗出巡到柳林，在那里得了病，胆巴奉令前往探视。成宗病愈之后，命令天下僧人普阅藏经，并大赦天下。对于胆巴，所给布施极为丰厚。三月成宗继续北巡，命胆巴乘象舆行于皇帝车驾之前。大德七年（1303）夏，胆巴在上都（今内蒙古自治区多伦县西北）示疾，五月十八日午时逝世。世寿七十四，僧腊六十二。遗体就上都庆安寺结塔荼毗，舍利被迎归大都（今北京市），葬于仁王寺庆安塔。

元仁宗皇庆二年（1313），追号胆巴为大觉普惠广照无上巴帝师。

（张建木）

七十七　帕思巴（1235—1280）

帕思巴，元代西藏萨嘉派佛教第五代祖师，曾任元世祖忽必烈帝师。他是中国西藏萨嘉人，他的家族在历史上从宝王建萨嘉寺后叫“萨嘉”。此后，这个家族的名声遍传各地。

帕思巴生于公元1235年。据说三岁时，便能讲喜金刚修法，措辞流畅，听众叹为稀有，因此大家就称他为帕思巴（圣者）。四岁随萨嘉班底达赴阿里的吉庄帕巴瓦底寺。九岁讲喜金刚本续《二观察》，名声大著。十岁在拉萨大召寺释迦佛像前受沙弥戒，并从杰隆堪布听受《三百学处》。后来，忽必烈慕萨嘉班底达的名声，通过西凉廓丹汗来邀请，帕思巴及其弟金刚手随侍前往。十七岁在蒙古地区从萨嘉班底达广闻显密之学，深得班底达嘉许，授予释迦金像和经钵，举行教主传法典礼，并将所有徒众托他摄受。班底达付法事毕即逝世。后经廓丹汗的介绍，帕思巴十九岁往晤忽必烈于潜邸，为忽必烈夫妇等二十五人传喜金刚四种灌顶。忽必烈感彼法恩，遂将西藏十三万户（前藏、后藏各六万户、延卓一万户）作为求密法的供养。此后七十多年间，萨嘉派执掌了西藏的政教全权。当时，他的一个好友西藏大学者奈塘正理剑对此表示不满，寄诗讥讽他：“嘎厦乌云障佛教，国王夺去众生乐。浊世沙门贪富贵，不悟此理非圣人。”读后，他亦作诗回答：“教有盛衰佛明训，有情安乐系自业。随类被机施教化，不解此理非学者。”那时，忽必烈对帕思巴崇奉备至，打算下令使西藏各派教徒一律改从萨嘉。帕思巴加以谏阻，认为应该谕示各派依照自宗传承清净修学。二十一岁在蒙藏民族聚居区的交界处从聂塘的名称狮子受具足戒。

忽必烈即位，为元世祖。中统元年（1260）尊帕思巴为国师，授以玉印，任中原法主，统天下教门。中统四年（1263），帕思巴辞元帝西归，不满一月，又被召还。

至元年间，奉诏制蒙古字，即后世所传的帕思巴文。这是一种拼音文字，但在形式上也可以写成大致的方块形，书写格式一般是从右到左，直行。制成之后，元朝廷曾借政治力量大力推行。有这种文字的钱币、碑刻、印刷品等文物，有不少流传到今日。

三十三岁再应元帝迎聘，率领司膳、司寝等十三司的贵族组织盛装出发，抵达大都（今北京市），先以法供养，后以财布施，共计银两千锭，彩缎六千匹。灌顶时，元帝以西藏三部及一部分汉族地区作供养，并献六角水晶章及册文，颁给帝师的封号。以后曾和许多汉族、印度学者校对佛经，深获元帝崇敬。

四十三岁由世祖作施主，集七万康藏僧众，在后藏的曲弥仁摩寺举行有名的法轮泉法会。

至元十七年（1280）十一月二十二日，帕思巴圆寂，享年四十六岁。元帝为建大窣堵波于京师。并谥为“皇天之下一人之上开教宣文辅治大圣至德普觉真智佑国如意大宝法王西天佛子大元帝师”的称号。

他去世之后，元朝廷仍然念念不忘。仁宗延祐五年（1318）建帝师帕思巴殿于大兴教寺，给钞万锭。延祐七年（1320）诏各郡建帝师殿。英宗初即位，亦诏各郡建帝师帕思巴殿，其制视孔子庙有加。英宗至治三年（1323）建帕思巴帝师寺于上都。泰定帝元年（1324）图绘帕思巴像十一幅，颁行各省，使据以塑像奉祀。元朝德辉重编的《百丈清规》里载有帕思巴涅槃日的法会仪式和诵文。

现在，汉文大藏中保存帕思巴的著述三种：一、《彰所知论》，系应真金太子启请而造，主要依据《起世》《俱舍》等经论而写成；二、《根本说一切有部出家授近圆羯磨仪范》；三、《根本说一切有部苾蒭习学略法》。

第三种并曾译为维吾尔文字。

帕思巴的弟子很多（参看本书第一册“元代佛教”条），为汉族人士所习知的是沙罗巴。沙罗巴（1259—1314），西域积宁人，幼时即依帕思巴剃染，习诸部灌顶法。又从其他上师广学显密诸法。善吐番语，兼解诸国文字。世祖命译汉地未备的经典，所译现存于大藏的有《药师琉璃光王七佛本愿功德经念诵仪轨》《药师琉璃光王七佛本愿功德经念诵仪轨供养法》等。辞旨明晰，特赐大辩广智之号。为了革除当时佛教的流弊，世祖特授他为江浙等处释教都总统，后改统福广。又以皇太子令召回燕京，拜光禄大夫司徒，皇太子及诸王尝从问法要，皇帝命他住在燕京的庆寿寺。延祐元年十月五日示寂。

此外，尼泊尔的雕塑师阿尼哥，是经帕思巴的劝导而从之祝发受具的。并由帕思巴把他带到北京，中国的雕塑艺术很受他的影响。北京妙应寺白塔，是他设计并指挥建造的。这是中尼两国人民友谊的象征。

（喜饶嘉措）

七十八　布敦（1290—1364）

布敦，名宝成，西藏迦举派中绰普系著名学者。他的父亲胜幢吉祥贤和母亲福亿都是密宗的阿阇黎。他生于肖梅公奈的寺院里，时元至元二十七年（1290）仲春。幼年从母学法，五六岁时，他母亲教他读诵《临终智慧经》《地藏十轮经》等。七岁时，曾到绰普巴处求受发菩提心的教授，八岁时从绰普巴求受萨嘉派的胜乐铃师曼荼罗四种灌顶、持明律仪和甚深口诀等。又在幼年期中曾从余师学习算术、草书、卦宫、咒术等。另外，又从他的祖父学习旧派的大圆满数年，对于大圆满的普行续、前译五部、后译十三部、心部母子十八部、界部等法，都圆满受学。

他十八岁从福怙出家为沙弥，更从其学《千颂般若》《二万颂般若注解》《入行论》等经论，《律经》《本生鬘》等律部，《集量论》《量决定论》及各种释疏等量论，约二年。后来，又从阿阇黎量士和宝狮子等学习各种密法，都得善巧。二十三岁，受近圆戒为比丘，仍广学各派显密教法。又到解脱译师处学声明，对于《旃陀罗记论释》《迦罗波经释》《阿摩罗俱舍》等都能通达。同时，印度东西两方，迦湿弥罗、信度、僧伽罗岛、海边等各种不同语言也都学通，成为当时的一大译师。

他又从胜德狮子学时轮灌顶教授拉卓两派密意汇合之法及其他密法多种。此后，仍然广事参学，据说他自幼至长共参学二十八位大阿阇黎，对当时西藏所有的显密法门，几乎全部学到。

三十岁左右，布敦的学业和思想即已成熟，此后从事著述、翻译和编订大藏等工作。公元1320年他到霞鲁寺，以后大部分时间都住持该寺。他的弟子继承法座，衍为霞鲁一派。后来，他的名声远扬，公元1333年元顺帝妥懽铁木儿汗即位后，曾派遣使臣前来问候。当时的印度法王福基也派人前来致意。公元1344年，元顺帝派使臣拔得青恩及藏拔拉都悉立官等带诏书来请，他谢绝未去。这时，他翻译了狮子难胜的《记论迦罗波经释》，并另造大疏。又译无垢藏造《金刚甘露释难》、极寂友造《金刚藏庄严释难》、游戏金刚造《金刚萨埵修法释》、大悲尊造《明炬释难》、牟尼室利造《五次第释》等。又阿婆耶（无畏）所造《五次第释》旧译本，特为补译缺文。又应喇嘛滚邦清波之请，译出《吉祥无二最胜大教王经》。总之，他对佛说、论著两种经典，伪造的加以破斥，不妥的另行重译或加以勘正，或补译缺佚，有的加以注解分疏。他经常有书手若干人相随，翻译、编订、著述等事同时进行。而他对于灌顶、说法、教授等事从来也不间断。不轻末学，平等摄受，弟子很多。

公元1351年，他六十二岁，住里浦。次年，作了《大菩提塔样尺寸》（有汉译本）；并修建一砖砌大菩提窣堵波于里浦，高六十九肘，广袤二十三肘，收藏文物甚多。公元1353年，他六十四岁，应蒙古成吉思汗六世孙般若景色乌景王等之请，传授时轮等无上深法。又作《吉祥胜乐根本续大疏》等。六十五岁，住霞鲁寺内修定，外则讲说、辩论、著述、翻译，从不间断，并且兴建了七十余种大曼荼罗仪轨，广事宣扬密法。公元1357年，他六十八岁时，有迦湿弥罗班胝多苏摩那室利来藏，布敦又从其受学观自在无上莲华网灌顶，并翻译修法、坛仪、灌顶仪、开光、护摩等梵本。公元1364年，他七十五岁，頞婆荼月二十一日（约当农历五月初六日）晨去世。弟子宝胜嗣法。随后构成了霞鲁派。

西藏从公元972年（或作978年）开始佛教的后弘期，到布敦出生时（1290）已有三百多年。这一阶段的藏地佛教，由于传承的源流不同而各宗竞起，平行发展，而且译籍也逐渐增多。到了公元十四世纪（布敦时代），西藏佛教不管新旧宗派，都有总结教义、整理教典的要求。布敦可以说是应运而生并且出色地完成了这种工作。他的一生，翻译、著述涉及的范围很广，但他对于西藏佛教的突出贡献，不能不首推他对于大藏经的整理、分类和编目的工作，他三十二岁时完成《善逝教法史》。这是西藏很早的一部佛教通史著作，其中保存了不少有价值的佛教史料及当地一般史地资料。他在此书最后部分曾对西藏所译佛教教典做了理论性的分析和编目，后来布敦自编大藏经目录，大体上就是依此订定的规模。他分译典为经咒两部分（即显密两类），又各分佛语（佛说）和论著两类。后来，编订入藏之籍以译典为限，即有甘珠和丹珠两藏的名称，意思是“佛说译典”和“论著译典”。经部佛说分三法轮：初、四谛法轮，如《毗奈耶》《别解脱经》等；中、无相法轮，如《般若十万颂》《二万五千颂》等；后、胜谛了义法轮，如《华严》《宝积》等及诸大乘经。论著又分三类：初、释经别意，依三法轮再细分；次、释经总意，如因明、声明论等；三、散类，如《智慧百论》等。咒部佛说分为四类“本续”：初、事续，如文殊续类、观音续类、金刚手续类等；次、行续，如《大日经》《金刚手灌顶续》等；三、瑜伽续，如《真实摄》《金刚顶》《降三世》等；四、无上瑜伽，又分父续和母续，前者如《密集》《大威德》等，后者如《喜金刚》《三补吒》《胜乐》《大手印明点》《金刚四座》等。或者另从母续中分出一部为无二续，如《时轮》等。咒部论著译典分“别译”和“总译”两类。别译类依上述佛说四续部分四，分别收各该部的注疏和撰述。总释类则为一般的修法、坛仪、咒道次第、三昧耶律仪、开光、护摩、会供等著述。

布敦后来又编次大藏中《续部总目录》，（收入拉萨版全集第二十六套）和《论著译典目录》。《论典目录》先后编定两次，初编本别名《如意珠自在王鬘》（收入拉萨版全集第二十六帙），作于1335年；重编本别名《如意珠宝箧》（收入拉萨版全集第二十八帙），补订于1362年，这算是布敦的晚年定本。这些目录在各种译典的编次、分类、卷数、译人等方面，都对旧目录的记载有所考订改正，十分精细，成为后世各版大藏经的依据。

布敦对于西藏翻译的教典这一种分类法，实际是他对于藏地佛教文献的一种整理总结。经他刊定的那种分类，如密典之分四续，到后代就成为一种定说了。后来，宗喀巴（1357—1419）出世，学说思想虽然继承阿底峡，但关于教典的组织分部仍然遵循布敦之说。

布敦的著作（译典除外），在旧编全集内，约有一百八十二种，分十七帙。后来，拉萨新版重新补订编次，得二百二十种，分二十六帙（末附弟子宝胜集二帙）。

（郭元兴）

七十九　宗喀巴（1357—1419）

宗喀巴，开展西藏佛教最有权威的人。原名善慧称吉祥，这是他受沙弥戒时的名称。宗喀巴是后来人对他的一个尊称。“宗喀”是距离青海西宁五十里的一个地名，“巴”是藏语的语尾之一。“宗喀巴”原义即是宗喀地方的人。

元顺帝至正十七年（1357），他生于宗喀的一个佛教家庭。父亲名叫达尔喀且鲁崩格，母亲名叫馨茂阿却，两个人都是虔诚的佛教徒。

他三岁时，正值法王迦玛巴游戏金刚，授给他近事戒，赐号庆喜藏。

这一年，附近有位名喇嘛敦珠仁钦，施舍给他父亲好多马羊等财物，请求把这小孩送给他，得到应允。从此直至入藏以前，他依止敦珠仁钦，学了很多经论，并且受了密教的灌顶，他的密号叫不空金刚。七岁时，依敦珠仁钦受沙弥戒。

为了进一步深造，十六岁时（1372）他辞别敦珠仁钦前往西藏。十七岁到达拉萨东面的止公山林，在止公寺向阿仁波且座前听受大乘发心仪轨、大印五法、拿热六法等教法。以后又到拉萨西面的极乐寺，从吉祥狮子和善满听闻经论。又奉功德海和乌锦巴为正副阿阇黎学习《现观庄严论》。又依曼殊宝听受《大乘庄严论》等及弥勒菩萨所造诸论。几年之内学习了很多显密经论。十九岁在那塘时，学习《现观庄严论》；由于论中多引《俱舍》原文，比较难懂，因此又发心学《俱舍》。在那里，他又从义贤译师听受意乐贤的《俱舍释》。第二年夏天，他又到泽钦请庆喜祥讲《现观庄严论》。庆喜祥又介绍他到仁达巴那里听闻《俱舍》和《入中论》。

仁达巴的学问修持都极好，因此成为宗喀巴一生中最重要的师长。那年秋季，又从大译师菩提顶受学《集论》。冬天从慧明律师听受《毗奈耶根本经》及其《释论》。二十二岁时仁达巴为他讲《集论》《入中论》。那年秋后闭关专修，兼阅经论，对于法称的理论，生起了无限的信心。二十四岁那年的春天，他到那塘，听受高僧义贤讲受所著《释量论》的注释。夏季，他在那塘立《释量》、《集论》、《俱舍》、戒律四部之宗，同时受学许多密法。秋间在蔼寺从空贤学诗词，同时从那塘住持庆喜幢受得中观宗重要经论的传承。当时，西藏中观宗诸论传承的人很少，由于宗喀巴得到传承，加以宣扬，后来受到中观宗诸论传承的人就很多了。以上仅仅是把他所学的经论略举几个例子，实际所学决不限于这些。大概藏中所有经论，他没有不听到讲授或受到传承或接触过的。

他学习圆满，即改戴黄帽，以后他的弟子们也戴黄帽，因此形成黄帽派。黄帽原是持律者所戴，据土官《宗派源流》说："贡巴饶塞（朗达玛灭法后复兴佛法的大律师）送卢梅到西藏去的时候，把自己戴的一顶黄帽子送给卢梅，说戴上这个就想起我来了。因此，过去一些大持律者都戴黄帽子。宗喀巴想振兴戒律，因而也就戴上了与过去的持律者们同样的黄色的帽子。"（德格版一百零一至一百零二页）据此，黄帽并不自宗喀巴始，宗喀巴采用黄帽，用意是复兴戒律，并没有改革宗教的含义。

三十岁时，他在雅垅地方恭请错钦薄寺住持戒宝律师为亲教师，错巴吉津寺住持慧依为羯磨阿阇黎，错巴吉津的维那福德金刚为屏教阿阇黎，还有两个寺院的持律比丘为证戒僧众，受比丘戒。受比丘戒后，他曾从名称菩提请问法义，印证所学，并听受有关道果的传授、拏热六法、帕摩主巴与世间依怙的著述。

之后，他到闻道场，讲《现观庄严》《因明》《中观》诸论，并到前藏，住在刹寺阅读大藏。他三十一岁那年造《现观庄严论狮子贤释广疏》，取名《善说金曼》。此后一两年中，除了自己修习以外，并在各地讲大小乘经论，如在贡迦的五明道场，为贡迦法王和七十多位三藏法师讲《现观庄严论》《因明》《集论》《俱舍》《比丘戒》《入中论》等。住在门喀札喜栋寺时，曾以十五部论，同日开讲。每天从早到晚讲十五座，没有间缺。历时三月，共讲了《因明疏》《现观庄严论》等十七部论。后来，他又在一法会中，同时开讲二十一部大论。又在专修时，曾合讲二十九部大论。一切缁素，叹为稀有。

三十四岁时，他打算学金刚乘讲授、灌顶、密传、事相等法。于是到了后藏，住在努却从错寺住持称友受五种次第密乘法类。会见精进狮子喇嘛，详谈法义。这一期间，他了知中观月称、清辨的差别，而肯定月称论师是解释龙树论的正宗。

宗喀巴以前所学偏重显教经论，此后打算专攻密法，于是到仰垛的德钦寺，从布敦的上首弟子法祥学习《时轮疏释》、修行事相、六加行法等。以后又从瑜伽寿自在学习各种瑜伽事相。学毕，仍旧回到法祥座前，听受《金刚心释》《金刚手赞释》等时轮的各种注解，并布敦所造全部二派集密的各种释疏。后又听受了布敦所造的《金刚出生大疏》《瑜伽部根本经》等重要经续和注释。

三十六岁时，赴拉萨朝礼释迦佛像。此后一两年内闭关专修。三十八岁时，培修精基地方的慈氏菩萨殿。四十岁时，从法依听闻《菩提道灯论释》《集密五种次第法》等。这一年中，曾往娘地的金沙奔巴行广大供养，在那里讲比丘戒，安立无量众生住戒律仪。在若种安居时，大弟子达玛仁钦阿阇黎开始来谒见。达玛仁钦最初看不起宗喀巴，但听了他讲经之后，肃然起敬，并愿作他的随身弟子。后来，宗喀巴圆寂，即由达玛仁钦继承法位。

之后，从娘回到俄喀，住拉顶阿兰若一年，自修教他，并造称赞缘起性空的《缘起赞》。

四十四岁那年的春天到迦瓦栋，讲说《菩萨戒品》《事师五十颂》和密宗十四根本戒等。之后，与仁达巴共赴若珍，冬季在若珍广演《大乘庄严经论》《辨中边论》等诸大乘法。次年夏，与仁达巴、胜依法王在囊则敦寺安居时，抉择正法，广弘戒律。四十六岁时，造《菩提道次第广论》，这部著作，总依慈氏《现观庄严论》、别依阿底峡《菩提道灯论》，开演三士道次第。后半别明止观，更是他的精心之作。之后，又造菩萨戒品广释《密宗根本罪释》《事师五十颂释》等。四十七岁时，宣讲《现观庄严论》，讲授完毕，令弟子达玛仁钦依照所讲要义造成释论，即现在西藏讲《现观庄严论》的根本依。四十八岁时，移锡雷扑寺，广演法称论师的《因明广释》，达玛仁钦加以记录造论。之后，又到俄喀住慈氏洲讲经，因胜依法王等的劝请，造《密宗道次第》，总明四部密宗的全部。这部论与《菩提道次第》，一明密乘，一明显教，是宗喀巴生平两部主要著作。

五十一岁时，赴前藏，在塞若却顶安居，大弟子克主杰初次参谒，为授大威德灌顶。这一年造《中观论广释》。

五十二岁时，造《辨了不了义论》。这一年（永乐六年，1408）六月，明成祖派大臣四人，随员数百人，到西藏迎请宗喀巴来汉地，他婉然辞谢。大臣们转请派一上首弟子代表前往，他便令大弟子释迦智到京，谒见了永乐帝以后，被封为大慈法王。同年《中观论广释》造讫，在有六百多位三藏法师的聚会中，广为宣讲。此外还讲了《中论》《密宗道次第》等。又应徒众之请，兴建根本道场格登寺。第二年来到格登寺，讲述《菩提道次第》《集密月称释》等。

五十八岁时，藏王名称幢迎请他赴闻地的札西朵喀安居，为三藏法王数百人宣讲《中观》《因明》《菩提道次第》等。大弟子根敦主初次参谒。之后，回到格登寺。五十九岁时，另造《菩提道次第略论》。六十二岁时，在格登寺《入中论广释》造迄。岁末，令刻《集密根本经》，第二年刻成。六十三岁时（1419），宣讲《胜乐轮根本经》等显密诸法，《胜乐轮根本经释》也在这一年作成。同年十月二十五日圆寂。

宗喀巴的平生，在学问修持各方面都具有很高的造诣。对于教理，他总结大小乘、显密一切教诫理论，而自成一家之言。他一方面有囊括大典、网罗众家的气度，另一方面又以深刻谨严的态度抉择佛教各宗的见地，以中观为正宗，以月称为依止。他对于戒律，能矫正旧派佛教的流弊。他所创的格鲁派至今为我国藏地第一大教派。藏语系统的佛教徒，大多崇奉他为教主。

宗喀巴的弟子很多，最著名的有：

一、嘉曹杰（1364—1432），名叫达玛仁钦。最初在萨嘉派出家，亲近仁达巴等，以十部大论在各寺立宗。后来，作宗喀巴的弟子，十二年中受学一切显密教授。宗喀巴圆寂以后，他继承法位，为噶登寺的第一代坐床者。以后依据宗喀巴的成规，以戒律为本，宣扬显密教法。在位十三年（1419—1431）中，宗喀巴的弟子把他当作宗喀巴一样侍奉。

二、克主杰（1385—1438），名叫格雷倍桑。最初也在萨嘉派出家，亲近仁达巴和达玛仁钦，也立过十部大论宗。后来，因仁达巴的介绍而为宗喀巴的弟子。宗喀巴殁后，他到后藏弘扬显密教法。之后，被达玛仁钦迎回噶登寺，继承法位凡八年。他的学说完全祖述宗喀巴的主张。

三、妙音法王（1379—1448），名叫札喜倍丹。在宗喀巴弟子中称为闻持第一，受持显密经论一百零八部。永乐十二年（1414）受宗喀巴的嘱咐，于次年建立哲蚌寺。讲授《中观》《因明》等，一切依宗喀巴为依止，摄受弟子极多。

四、大慈法王（1354—1435），释迦智。曾经代表宗喀巴到京谒见明成祖，回藏后创建色拉寺。之后，又晋京作永乐、宣德两代的国师，把宗喀巴的教法传布到蒙古和汉地，为向内地弘法的最有力者。

五、根敦主巴（1391—1474），最初依止慧狮子，其后归依宗喀巴门下，后随慧狮子到后藏弘法，在那里创建札什伦布寺，住持三十八年。这是后藏第一大寺，历代班禅在该寺主持。

六、上慧贤，阿里人。学成后回阿里莽域建立达莫寺，弘布宗喀巴的教法。

七、下慧贤，西康人。起初在色拉寺求学，后回西康，在昌都建立寺院，从此黄教即盛行于西康。

宗喀巴的著述极多。他的全集拉萨版共十八帙，凡一百六十多种。此外，还有一些比较重要的著作，如《密宗戒注释成就穗》《囊则敬寺所说比丘学处》《金刚持道次第秘密枢要解》《一切怛特罗吉祥集密广释明灯论贯注》《安立次第解说集密要义明释》《怛特罗王吉祥集密优波提舍五次第明灯论》等。

（张建木）

八十　嘉曹杰（1364—1432）

嘉曹杰，西藏黄教派宗喀巴首位大弟子，在宗喀巴去世后，继承噶登寺的法座，为宗喀巴的弟子所尊敬。

嘉曹杰是别人对他的尊称，意思是绍胜尊，法名为盛宝，是后藏仰垛地方人，公元1364年生。十岁时在内宁寺以宝幢为亲教师，以童戒为阿阇黎而出家受沙弥戒，“盛宝”即是这时取的法名。他依止二人学习沙弥律仪，又从祥怙学习藏文文法，次依岗仅庆喜祥学习《释量论》《决定量论》等因明诸书。依宝金刚学习《现观庄严论》等般若部教义。依仰垛巴义成宝学习对法。依慧贤学习戒律。复从胜依详贤译师响巴遍智等听讲显密经论。特别是依止惹达瓦童慧复习般若、因明、戒律、对法、中观等显教经论，进学集密等密教诸法，对于内外各种宗派教义，均能贯通，成为惹达瓦的上首弟子。二十五岁时（1388）在后藏拉垛受近圆戒，成为比丘。

此后往萨嘉寺等后藏各大寺院立十部大论之宗，名扬各处。又赴前藏诸寺立宗，会见宗喀巴，发愿为其长随弟子。此后直至宗喀巴入灭以前二十余年一直随侍师侧，凡师所讲显密教授，随所听闻，详为记录，或依意旨作注。《曩则敦玛学处》《圆满次第春期明点笔记》等，都是他记录师说之作。

1409年春，宗喀巴在拉萨大召寺广兴供养之后，初建噶登寺，即由嘉曹杰与持律名称幢二人负责修建。凡有一切修造仪式，如观地、白僧、规定净厨、差职事人等，皆照律中的制度。

宗喀巴在世时，其徒众已都从嘉曹杰受学，凡经宗喀巴度令出家受戒的弟子，嘉曹杰都摄护使他学业增长，不令荒废。

1419年，宗喀巴临终时，把自己的衣帽赐给嘉曹杰，令他继承法位，因此称为嘉曹杰。此后十三年中，每年夏冬二季闭关自修，春秋两季，讲经说法。

1431年，赴后藏内宁寺，朝礼供养宝幢的遗塔并广供僧众。这时，宗喀巴另一大弟子克主杰来见，于是一同回噶登寺，并请克主杰住持法座，他自己则退居于嘉康则静修。

次年（1432），在拉萨布达拉宫示寂，寿六十九岁。由克主杰率众，将遗体运回噶登寺，在嘉康则院中火化。

嘉曹杰的弟子，都是宗喀巴的徒众。他自己所摄化的有宝吉祥、慈训、宝祥、名称祥、慧怙、慧坚、功德海等，克主杰、僧成等，也都是嘉曹杰的弟子。

嘉曹杰的著述很多，现在刻版流行的共有八函，包括显密各方面。关于因明方面的有：《释量论颂释》《决定量论大疏》《正理滴量论释》《集量论释》《论量备忘录》《现量品备忘录》《因明道论》《观察关系论释》《相违连系建立》《释量论略义》。拉卜楞寺所刻全集本内有《因明正理藏论》的注解。中观方面的有：《中论八大难义备忘录》《中论八大难义释》《入中论略义》《中观宝鬘论释》《中观四百论释》《中观庄严论备忘录》《六十正理论释》《六十正理论讲录》《二谛建立正见讲授》。《现观庄严论》方面有：《现观庄严论显义解心藏庄严论》《现观庄严论略义》《现观次第修法》《入现观七十义修法》。其余尚有：《大乘宝性论释》《集论释》《入菩萨行论释》《入行论慧品笔记》《苾蒭学处》《沙弥学处》《三十五佛名号功德》。密宗方面的有：《集密妙吉祥金刚曼荼罗仪轨》《集密师承祈祷文》《修法普贤义释》《集密难义笔记》《时轮二次第道修法》《修法品四印笔记》《时轮六支瑜伽略讲》《圆满次第春期明点笔记》。

（法尊）

八十一　克主杰（1385—1438）

克主杰，是宗喀巴的两位大弟子之一（另一个是嘉曹杰），被称为宗喀巴心目中的唯一弟子，是噶登寺法座第三代。对于宗喀巴的不共教义，弘扬功劳极大。

1385年，他生于后藏拉朵绛，父名吉祥德贤，母名补珍嘉摩。稍长依狮子幢为亲教师，功德光为阿阇黎出家受沙弥戒，法名善利吉祥贤。先从二师学沙弥律仪，后亲近惹达瓦童慧，受学七部因明，大小对法，《慈氏五论》《中观理聚》和毗奈耶等，通达无碍。复从智祥受欢喜金刚的灌顶，并学道果等教授。再从福幢等广学显密教法，获得辩才，通达宗派深义。

诸部大论学完后，遂往后藏地区各大寺院立宗辩论。1400年冬，克主杰十六岁，到昂仁寺立宗。正巧薄栋班禅无畏尊胜也在该寺立宗。班禅学位很高，名震一时，对萨嘉班墀达所著的《因明正理藏论》从头到尾举出了好多过失，传布于昂仁、萨嘉等各大寺院，并说，萨嘉派格西都不能解答，大家转请克主杰和薄栋班禅辩论。克主杰允诺，于是在大众之中，以佛教正理，将薄栋班禅的主张，逐条破斥。薄栋班禅无辞可解，于是推诿说这是经部自宗的过失。薄栋班禅对克主杰之智慧辩才深为折服，曾造文赞颂他。

克主杰很有文学之才华，十八岁时造的《说法狮子文殊菩萨赞》，就是著名的文学作品。以后的著述更为完好。

1405年克主杰二十一岁，依惹达瓦童慧为亲教师，拔觉协饶为羯磨师，无等慧为屏教师受苾刍戒。此后常于惹达瓦座前听诸法要。1407年，他二十三岁，持惹达瓦的介绍信到前藏色拉却顶谒见宗喀巴。他见宗喀巴衣食住行皆如律制，而自己素以大学者自居，所着服装，都不合律，感觉惶愧。接着，他把惹达瓦的介绍信呈上，行弟子礼。宗喀巴因他原以红色大威德为本尊，于是给他传授十三尊能怖金刚大灌顶，并传授以大威德为根本经典《七观察续》《三观察续》《四瑜伽次第》等关于大威德的一切教授。自此以后，他改修能怖金刚为本尊。又从嘉曹杰、持律名称幢等的弟子听闻法要。在噶登寺中，凡经十月，依止宗师日间讲授《菩提道次第》、中观、对法、因明等显教经论和集密、欢喜金刚、胜乐、时轮等密教经论，夜间讲授生起次第，圆满次第要义。

他学得一切教授之后返回后藏，作仰朵绛惹住持，广播教法，因此有绛惹迦巴的称号。又建日窝觉仅寺，常住寺中净修宗喀巴所传的显密教授。

当时，法王饶敦巴（当地官长）对克主杰深为敬慕，自为施主请克主杰建祥轮大乐寺宣扬宗喀巴的教法。但后来两人的意见发生不合，克主杰因此离开祥轮大乐寺，仍回日窝觉仅寺静修。

以后数年常在日窝觉仅寺、伦拔梭寺、结凌寺等处弘法著述。

1431年，嘉曹杰到后藏内宁寺时，克主杰往见。嘉曹杰请他继承噶登寺法位，于是同返前藏。到噶登寺时，上座宝幢率寺内全体僧众迎接礼敬。嘉曹杰退位，请克主杰昇登宗师的狮子宝座，依照成规如法教化大众，每年广讲《菩提道次第论》一遍，并传授请尊灌顶、教授，还在宗喀巴肉身殿顶上建造金顶。嘉曹杰去世后，将其遗体迎回噶登寺火化，并在宗喀巴塔右侧建造银塔供养遗骨。此外他又在噶登寺兴建讲经扎仓，派释迦室利等为教经阿阇黎，宣传五部大论弘扬宗喀巴的教法。1438年2月殁，寿五十四，据说转世的班禅，以他为第一代。

克主杰的得法弟子很多。其上首有法王慧法护、霞炉善幢、堪勤福胜成、遍智圣光、具法善现、拔梭法幢、宝海慧、仅俄慧幢、刹廓瓦法称、法王义成祥、漾绒瓦法自在称、上座法护等。

克主杰的著述，现在流通的有十二函。显教方面的有：《宗喀巴大师传》《现观庄严论注疏》《释量论大疏》《显示甚深空真实义论》《三律仪建立论》等多种，都是现在西藏佛教学者所必须参考的书籍。密教方面的有：集密的各种修法，能怖金刚、胜乐论、欢喜金刚、时轮等各种修法经的注释。又有总贯诸部密教的《续部总建立论》等。

（法尊）

八十二　僧成（1391—1474）

僧成，西藏佛教格鲁派宗喀巴的大弟子之一，达赖喇嘛第一世。

僧成于1391年，生在萨嘉寺附近的一处牧场，父名滚波多杰，母名觉摩曩吉，幼年为人牧羊。七岁时丧父。他亲手写出《药师经》一部为亡父忏罪。并在拏塘寺从成就慧受五戒。又从释迦祥学习梵文、藏文、胡文等各种文字。出家后，在拏塘寺长期教授徒众读诵和书写，遂称为僧成字师。由于他书写善巧，后来扎什伦布寺的佛菩萨名号、赞颂、吗呢等咒文及各佛殿中梵文字书，多半是他亲手所写。

僧成十五岁（1405）出家。是年三月，在拏塘寺，依成就慧为亲教师，罗敦巴为阿阇黎，受沙弥戒，起法名僧成祥，后在末后自添贤字，具名“僧成祥贤”，简称僧成。

僧成出家后，住拏塘寺依僧祥学习声明五种结合等。又从福慧、温敦能仁祥贤受学各种灌顶及经论讲解等。年满二十岁时（1410），仍依成就慧为亲教师，在拏塘寺受近圆戒。遵师嘱听讲全部迦当派法类。又依罗敦巴的指示，先学因明论。同时在亲教师前，受欢喜金刚九尊等多种密法灌顶，以及幕依怙、药师佛、能仁、十六尊者仪轨等许多随许法，又受中观派的发菩提心的仪轨，并受菩萨戒。还听了迦当派六论等许多教法。

僧成在二十五岁时（1415）与饶却巴结伴赴前藏。先到茶主寺，后到塘波伽寺，从绒敦释迦幢听讲《现观庄严论》。此时，宗喀巴受藏王名称幢邀请，到扎什朵喀讲经。僧成随侍滚桑巴往见，请决《决定量论》之疑义。听讲《辩了不了义论》《中观论释》《事师五十颂释》《根本罪释》等。

他智慧聪颖，深得宗喀巴嘉许，给以一件穿过的五衣作为将来弘扬律学的因缘，继而他从师命，回塘波伽依日幢受学集密不动等、十三尊金刚怖畏、十三尊红大威德、五尊红大威德等密法。后来到噶登寺，仍从宗喀巴闻法。次年（1416）秋，他又到噶登寺从宗喀巴听讲《菩提道次第广论》和《胜乐轮根本经》等。并从嘉曹杰听讲因明、《现观庄严论》等法。如是经过三年学法很多。

1419年，宗喀巴到哲蚌寺时，他又从听讲《菩提道次第论》，并受拏热六法、《入中论》等许多法。宗喀巴后到色拉寺会释迦智法王，依着清净戒律为基础，树立讲授集密和胜乐的道场。僧成以随从慧狮子参加。之后，到弘扬戒律的根本道场卓萨寺学律。

1426年，三十六岁，随同慧狮子回后藏，先住绛勒寺给僧众讲经。五六年间，在拏塘寺、绛勒寺、达拏日库等处讲经。四十岁（1430）在拏塘寺造《入中论释善显密意镜论》，这是僧成著书之始。

次年，往拉朵区宏法，朝礼各处胜迹，并参访著名僧侣。又在协迦寺和班禅尊胜的弟子拔敦桑杰巴辩论佛法，以此亲近班禅尊胜。学了“二十一尊度母”“十七尊度母”等灌顶，和妙音天女、大白伞盖等许多随许法。并回答了班禅所提的许多问题，得到班禅欢喜嘉许，称他为“一切智僧成”。

1432年，开始著《释觉论疏》。之后，去萨嘉寺朝礼幕依怙后，到绛绷摩且廓弘法。翌年返回拏塘寺，著《中观论疏宝鬘论》。之后，继慧狮子担任日库寺住持。四十七岁那年（1437）十月，他完成了《因明正理庄严论》的撰著。此后自己多次讲说此论，至今仍为西藏三十六寺学习因明时必备的要论。同年把日库寺住持让位于善慧法王，自己暂在格塔寺闭关自修。

次年，由格塔寺动身赴前藏，在噶登寺从虚空祥法王受大轮加持续的灌顶和教授等，所讲《菩提道次第论》中修菩提心等许多深广法门。又到鄂王寺从妙音宝幢受到时轮的圆满灌顶，六支加行的讲授，续师的广讲并一切支分教授，之后回到噶登寺，又从虚空祥法王学到许多法。这时，因应后藏施主的迎请，与慧狮子一同返回后藏。此后多在拏塘和绛勒两寺讲经，并著《毗奈耶因缘起大集》和《别解脱经疏》。后又著《戒学规章》实行布萨、安居、解制的行持，有时闭关静修，并造了许多赞颂和发愿文等。从此即在后藏讲经弘法。

僧成自从慧狮子圆寂之后，为了纪念恩师，想造佛像安置寺中供养。因此募缘，于1447年夏，铸成小型度母像一座，后又铸释迦坐像，高二十五手。像内装有宗喀巴等的舍利，慧狮子的头盖骨和经像珍宝。为了安置佛像，同年十月，他偕诸施主观察地基，建造扎什伦布寺。此后，他就多在此寺广讲经论，寺僧日增，遂成格鲁派在后藏的唯一大寺，并为西藏格鲁派四大寺之一。

僧成又想建立集密诸像，树立讲说集密法的规则，命其弟子贤吉祥在寺讲说。同时，铸造集密五部像及白度母像。又在大殿中，塑造教主、无量寿佛、药师佛、八大菩萨和二十五肘高的弥勒像。

七十四岁（1464），他邀请各处善书者，抄写经藏一部，并彩绘佛殿的壁画。随后又铸各种尊像。七十九岁（1469）开始著《律经大疏》。

后又刻贤劫千佛像，历代传承师长、三十五佛、十方诸佛、药师八佛及诸本尊的石像，并佛名号等很多。教化完毕，遂把寺事嘱诸大弟子，于1474年十二月，圆寂于扎什伦布寺，寿八十四岁。

僧成一生广事弘法，弟子很多，前藏、后藏大小寺院的住持，讲经法师多半是他的弟子。初期最著名的有慧密、祥贤两律师，又有愿祥，班禅贤吉祥、无垢友、施祥等。中期有班禅教理海、名称如意、具力光明等。晚期有庆喜利乐、善慧日、班禅福顶等。

僧成讲说经论，多依据宗喀巴、嘉曹杰和克主杰的注疏而讲，自己的著述有《毗奈耶因缘大集》《律经大疏》《别解脱经注》《释觉论疏》《正理庄严论》《中观论疏》《入中论疏》，诸佛菩萨的赞颂、愿文等，约数十种。另有《俱舍颂释》，是他的大弟子菩提祥等听他讲说作的笔记。

（法尊）

八十三　袾宏（1535—1615）

袾宏，杭州人，俗姓沈。他十七岁时补诸生。二十七岁以后，在四年之间，连遭丧父、失儿、悼亡和丧母的刺激，即作《七笔勾》而出家受具，自号莲池。晚年居云栖寺，所以世称莲池大师或云栖大师。他提倡念佛风化被于一代，被推为莲宗第八祖；他又和紫柏真可、憨山德清、蕅益智旭，并称为明代四高僧。

隆庆五年（1571）他从外地参访回到杭州，乞食梵村，见云栖山水幽寂，就在那里结茅安居。由于得到梵村居民的随喜，为他建立禅堂、法堂，不久竟成了著名的丛林。云栖的宗风以净土法门为主，冬季坐禅，余时兼讲经论。这时，南北戒坛久被禁止，他令受戒者自备三衣于佛前受戒而为作证明。在律学方面著有《沙弥要略》《具戒便蒙》《菩萨戒疏发隐》等，建立了律制的范例。他竭力提倡戒杀放生，同时修订了《瑜伽焰口》《水陆仪轨》及《朝暮二时课诵》（《诸经日诵》）的仪式。这些仪式，一直流传到今天。

云栖的教学是多方面的。他不但是净土宗的大师，也是华严宗的名僧，因此受到两宗学人的崇奉，清守一的《宗教律诸宗演派》以他为华严圭峰下第二十二世。清道光四年（1824）悟开撰《莲宗九祖传略》，列云栖为莲宗第八祖。

云栖对于华严和禅学的造诣虽都很深，但其思想的归趣则在净土。他认为净土教并非和各宗对立。他的《普劝念佛往生净土》说："若人持律，律是佛制，正好念佛；若人看经，经是佛说，正好念佛；若人参禅，禅是佛心，正好念佛。”（《云栖遗稿》卷三）但他也同样重视经教。他说：“予一生崇尚念佛，然勤勤恳恳劝人看教。何以故，念佛之说何自来乎？非金口所宣明载简册，今日众生何由而知十万亿刹之外有阿弥陀也？其参禅者借口教外别传，不知离教而参是邪因也，离教而悟是邪解也。……是故学佛者必以三藏十二部为模楷。”（《竹窗随笔·经教》）这都说明他极力要把净土思想和各宗教义统一起来。

云栖提倡的净土法门仍以“持名”为中心。他撰《阿弥陀经疏钞》说：“今此经者，崇简去繁，举约该博，更无他说。单指持名，但得一心，便生彼国，可谓愈简愈约，愈妙愈玄，径中径矣。”他以摄心为学佛的要道，念佛为摄心的捷径，并开“念佛门”“止观门”“参禅门”为方便门，而指出“念佛一门止观双备”，从教理上阐明禅净的一致（《云栖遗稿》卷三《答何武峨给谏》）。又说：“念佛一门而分四种：曰持名念佛、曰观像念佛、曰观想念佛、曰实相念佛。虽有四种之殊，究竟归乎实相而已。”（《云栖遗稿》卷三《普示持名念佛三昧》）他又引古德说明观想念佛的困难而强调持名的功德说：“观法理微，众生心杂，杂心修观，观想难成。大圣悲怜，直劝专持名号。良由称名易故，相续即生。此阐扬持名念佛之功，最为往生净土之要。若其持名深达实相，则与妙观同功。”（同上）

云栖对《阿弥陀经》的教理判释，是采用华严家的主张。他认为就教相来说，《弥陀经》为顿教所摄，并且兼通前后二教（终与圆）。他说：“此经摄于顿者，盖谓持名即生，疾超速证无迂曲故。”（《弥陀疏钞》卷一）

云栖对于儒佛两家的看法，虽认为两者根本不同，却采取调和的态度。从《竹窗随笔》的《儒释和会》和《竹窗二笔》的《儒佛交非》《儒佛配合》三条看来，可以理解他的思想。他说：“有聪明人以禅宗与儒典和会，不惟慧解圆融，亦引进诸浅识者不复以儒谤释，其意固甚美矣……若按文析理，穷深极微，则翻成戏论，已入门者又不可不知也。”（《儒释和会》）他又说：“自昔儒者非佛，佛者复非儒，予以为佛法初入中国，崇佛者众，儒者为世道计，非之未为过。儒既非佛，疑佛者众，佛者为出世道计反非之，亦未为过。迨夫傅（奕）、韩（愈）非佛之后，后人又仿效而非则过矣。……迨夫明教（契嵩）、空谷（景隆）非儒之后，后人又仿效而非则过矣。”（《儒佛交非》）他又说：“儒佛二教圣人，其设法各有所主，固不必歧而二之，亦不必强而合之。何也？儒主治世，佛主出世。……故二之合之，其病均也。”（《儒佛配合》）他在这里说明儒佛两家应该采取的态度。

云栖一生虽专弘净土，但也以文字作佛事。他的著述有《菩萨戒疏发隐》五卷、《弥陀疏钞》四卷、《具戒便蒙》一卷、《禅关策进》一卷、《缁门崇行录》一卷、《水陆法会仪轨》六卷、《楞严摸象记》十卷、《竹窗随笔》三卷、《山房杂录》二卷、《云栖遗稿》二卷等三十余种。这些著述于云栖寂后由他的僧俗弟子大贤、邹匡明等搜集编次，分为释经、辑古和手著三类，总称之为《云栖法汇》。崇祯十年（1637）比丘智瑛刊为方册本，现在流行的刻本则是清光绪二十三年（1897）金陵刻经处所重刻。

云栖在明末享有盛名，当时信佛的朝野人士如宋应昌、陆光祖、张元忭、冯梦祯、陶望龄等都受过他感化。他的弟子不下数千人（德清的《莲池大师塔铭》）。其中居士多于僧众，且多为海内知名之士。出家弟子中比较知名的，有广应、广心、大真、仲光、广润等。

（林子青）

八十四　真可（1543—1603）

真可，字达观，号紫柏，世称紫柏尊者，是明末四大师之一。俗姓沈，江苏吴江人。十七岁时，辞亲远游，欲立功塞上。行至苏州，宿虎丘云岩寺，闻寺僧诵八十八佛名号，内心欢喜；次日晨，即解腰缠十余金设斋供佛，从寺僧明觉出家。

真可出家后，常闭户读书。年二十，受具足戒。不久，至武塘景德寺闭关，专研经教，历时三年。后至匡山，深究相宗。万历元年（1573）至北京，亲近华严宗匠遍融于法通寺，又从禅门老宿笑岩、暹理等参学。万历三年（1575）至嵩山少林寺参谒大千常润。见常润上堂讲公案，以口耳为心印，以帕子为真传，不以为然，遂不入众。不久南还，至浙江嘉兴。时密藏（道开）钦仰真可的风范，特自普陀山来访，真可即留他为侍者。嘉兴楞严寺是宋代名僧子璿著经疏处，已久荒废，真可发愿重修，命密藏主持其事。

真可在万历初年，曾听法本（幻予）谈起袁了凡慨叹请经困难，有易梵夹为方册以便于印造流布的愿望，而法本自顾力弱难行。至是，真可为撰《刻藏缘起》，陈说刻藏利益，鼓励募刻全藏。得到陆光祖、冯梦祯等热心赞助，真可即令密藏筹备刻经事。万历十七年（1589），方册藏始刻于山西五台山紫霞谷妙德庵，由真可门人如奇等主持。因山中气候严寒，不便刻经工作，四年后（1593）南移至浙江余杭径山寂照庵。他的门人桐城吴用先为他修复径山下院化城寺，作为贮藏经板之处，并施资刻经数百卷。

万历二十年（1592），他游房山云居寺，礼访隋代高僧静琬所刻石经，于石经山雷音洞佛座下得静琬所藏佛舍利三枚。神宗生母李太后曾请舍利入宫内供养三日，并出帑金布施重藏之于石窟。后来，他又与高僧德清（明末四大师之一，详见本书《德清》条）同游石经山，以皇太后所施斋衬赎还静琬塔院等，请德清为撰《复涿州石经山琬公塔院记》（碑现存云居寺）。并与德清共议续修明代的《传灯录》。旋德清被官厅认为私建寺院，谪戍广东，续修《传灯录》之愿未能成就。

万历二十八年（1600），真可因对南康太守吴宝秀拒不执行朝廷征收矿税命令而被逮捕表示同情。他常慨叹着说："憨山不归，则我出世一大负；矿税不止，则我救世一大负；传灯未续，则我慧命一大负。"因而遭到一些宦官的嫉恨。这时，他的门人为他的安全着想，相继写信劝他出都。不久京城发生了一个谣言，称神宗要改立太子，以挑拨起宫廷纠纷的妖书事件。神宗下令搜索犯人。忌恨他的人以太后曾因真可在石经山发见舍利而施资供养，遂诬他以滥用帑金之罪，捕之下狱。并诬陷他是《妖书》的造作人（《紫柏尊者别集》附录《东厂缉访妖书底簿》），但未得罪证。万历三十一年（1603）十二月十七日圆寂于狱中，世寿六十一，法腊四十有奇。他的弟子们把他的遗骸浮葬于西郊慈慧寺外，后又移龛至浙江余杭径山之寂照庵，以后又移葬于开山。万历四十四年（1616）在开山前文殊台荼毗立塔。

真可现存的著作，有经德清校阅过的《紫柏尊者全集》三十卷和别人纂校的《紫柏尊者别集》四卷，《附录》一卷。全集收载他的法语、经释、序跋、铭传、书信和诗歌等；别集则补收全集所未收的杂文、赞偈、诗、书问、语录和附录等。

真可对于佛教各宗的思想采取调和的态度。他所订的《礼佛仪式》（见《紫柏尊者别集》卷四），除发愿礼拜十方三世一切诸佛外，还教人礼拜西天东土历代传宗判教并翻传秘密章句诸祖，这是他调和诸宗思想的具体表现。

真可喜拈《毗舍浮佛偈》教人，有时则教人持诵半偈。所谓“假借四大以为身，心本无生因境有；前境若无心亦无，罪福如幻起亦灭”（《毗舍浮佛颂说示如裴》）。他的僧俗弟子很多，从他问道的人士有陆光祖、冯梦祯、瞿汝稷、王肯堂等。瞿汝稷通内外学，著有《指月录》三十二卷，王肯堂为著名医学大家，著有《成唯识论证义》十卷等。

真可一生参扣诸方尊宿，但他并没有专一的师承。他在祭北京法通寺遍融的文中说：“余往来遍老之门，观其动履，冥启予多矣。……予于遍老之门，未敢言嗣，若所谓德，则此老启迪不浅，焉敢忘之！”

真可虽到处兴修古刹，而从未受请担任寺院住持，所以没有“上堂”“普说”。他只是随缘接引，略说法语而已。他与当时一般排斥文字的禅僧不同，而极重视文字经教。他认为佛弟子不通文字般若，即不得观照般若，不能契会实相般若。他不同意悟道只依靠禅家机缘及念佛求生净土等说法，曾列举盲眼师资七大错误，一一加以辨难（《紫柏全集》卷三《法语》）。德清称他的宗风足以远追临济，上接大慧（《达观大师塔铭》），可见真可在明末佛教界的名望。

（施无畏）

八十五　德清（1546—1623）

德清，明末四大师之一。俗姓蔡，安徽全椒人。年二十，投南京报恩寺出家，住持西林命法孙俊公教他读《法华经》，四月即能背诵。西林见他聪颖，为延师教读四书、《易经》及古文诗赋。因此，他在童年即能写诗作文。

嘉靖四十三年（1564），他谒云谷（法会）于摄山栖霞寺，获读《中峰广录》，大为感动，因决意学禅。同年冬又从无极（明信）听讲《华严玄谈》并受具足戒；因仰慕清凉，自号为“澄印”。过了几年，报恩寺设立义学，教育僧徒，他被延为教师，其后又应聘至镇江金山寺教馆二年。

隆庆五年（1571），他北游参学，先至北京听讲《法华》和唯识，并参徧融（真圆）、笑岩（德宝）二巨匠，请示禅要。继往游五台山，见北台憨山风景奇秀，即有取为自号之意。不久又回北京西山，获识当时名士王凤洲、汪次公、欧桢伯等，以诗文相唱酬。

万历二年（1574）他又离京行脚，游嵩山、洛阳，至山西蒲州会见妙峰，和他同上五台山，居北台之龙门，专事参禅。万历四年（1576），袾宏游五台山，特访他叙谈五日而别。万历九年（1581），神宗慈圣太后派人至五台山设“祈储道场”并修造舍利塔，他和妙峰共建无遮会为道场回向。越年在山讲《华严玄谈》，听众近万人。

万历十一年（1583），他赴东海牢山（山东劳山）那罗延窟结庐安居，开始用憨山为别号。皇太后遣使送三千金为他建庵居住，时山东遭灾荒，他即建议将此费全数施与孤苦。万历十四年（1586），神宗印刷大藏经十五部分送全国名山，慈圣太后特送一部与东海牢山，因无处安置，又施材修寺，称海印寺。这一年真可（达观）与弟子道开为刻藏事特来访他，住了两旬而去。万历二十年（1592），他访达观于房山上方山，同游石经山，巡礼隋静琬所刻石经。时静琬塔院为僧所卖，达观出资赎回，德清为撰《复涿州石经山琬公塔院记》（现存）。

万历二十三年（1595），神宗不满意皇太后为佛事耗费巨资，恰恰太后又派了个当时大臣所忌的使者送经到牢山，这样就迁罪于德清。他刚从北京回来，就被捕下狱，结果以私创寺院罪名充军去广东雷州。他于十月间携侍者福善南行，至韶关，入曹溪南华寺礼六祖肉身，越三年三月到达雷州。时雷州旱荒，饥民死亡载道，他发动群众掩埋并建济度道场。八月间，镇府令他还广州，当地官民仰慕他的学德，经常有人去访问他。他即以罪犯服装登座为众说法，创开岭南的佛教风气。

万历二十八年（1600）秋，南韶长官祝公请他入曹溪，时南华寺衰落已久，他到寺后，开辟祖庭，选僧受戒，设立僧学，订立清规，一年之间，百废俱兴。万历三十一年（1603），达观在京师因《妖书》事，被捕下狱，又累及德清，仍被遣还雷州。这中间他曾渡海游海南岛，访苏东坡故居，作《琼海探奇记》。

万历三十四年（1606）八月，明廷大赦，德清于是再回曹溪。他为复修南华寺大殿，自往端州采运大木。有僧挟嫌诬他私用净财，讼于按察院，他船居芙蓉江上二年待讯，大病几死。后来虽真相大白，他却坚决辞去曹溪的住持，至广州长春庵，为众讲经。

万历四十一年（1613），他从广州至衡阳，居灵湖万圣寺。缁素又在寺傍为他建成昙华精舍。他在衡阳写成了《楞严通议》《法华通议》《起信论略疏》，并自开讲。

万历四十四年（1616）四月，他离湖南，至九江，登庐山。九江四众弟子为建静室于五乳峰下，他很爱其环境幽寂，有终老其地之意。后到径山，即为达观举行荼毗佛事并撰塔铭。

万历四十五年（1617）正月，他又去杭州云栖寺为袾宏作《莲池大师塔铭》。时各地僧徒领袖在西湖集会欢迎他，盛况一时。归途经苏州，华严学者巢松、一雨请入华山游览。又被弟子洞闻、汉月及居士钱谦益迎至常熟虞山，说法于三峰清凉寺。同年五月回庐山。

这时，九江众弟子为他在五乳峰下扩建道场，他即命名为法云寺，于此为众开讲《法华》《楞严》《金刚》《起信》《唯识》诸经论，并效远公六时礼念，专心净业。又为继续华严一宗的遗绪，据《华严经疏钞》撰成《华严经纲要》八十卷。

天启二年（1622）十二月，他受请回到曹溪，为众说戒讲经，次年（1623）十月十一日圆寂于南华寺，寿七十八岁。崇祯十三年（1640），弟子等将其遗骸漆布升座，安放塔院，即今曹溪南华寺内供奉的憨山肉身像（刘起相《本师憨山大和尚灵龛还曹溪供奉始末》）。

曹溪原是中国禅宗的祖庭，但到了明末久已荒废，经德清锐意经营，始恢复旧观。因此，他被称为曹溪中兴祖师。

德清一生弘法，所度弟子很多。经常随侍他的，出家弟子有福善、通炯等。颛愚（观衡）入曹溪请益后，退居南岳，为一方宗师，也是他的弟子（观衡《华严经纲要序》）。当时士大夫如汪德玉、吴应宾、钱谦益、董其昌、屠赤水等，也都对他非常敬仰。

德清早年诗文和书法都很知名。他说古人都以禅比诗，不知诗乃真禅。他认为陶渊明、李太白的诗境玄妙，在不知禅而有禅味，若王维的诗多杂佛语，后人虽夸他善禅，不过是文字禅而已（《梦游集》卷三十九《杂说》）。他在《梦游集》的《杂说》中叙自己的书法说："余生平爱书晋唐诸帖，或雅事之。宋之四家（即苏、黄、米、蔡）犹未经思。及被放海外，每想东坡居儋耳时桄榔庵中风味，不觉书法近之。"德清一生很有文名，他往来南北，多为人撰写碑记塔铭，所作序跋题赞亦不少。

他博通内外学，他的著作有：《观楞伽经记》八卷、《楞伽补遗》一卷、《华严经纲要》八十卷、《法华击节》一卷、《金刚经决疑》一卷、《圆觉经直解》二卷、《般若心经直说》一卷、《大乘起信论疏略》二卷、《大乘起信论直解》二卷、《性相通说》二卷（卷上为《百法明门论论义》，卷下为《八识规矩颂通说》）、《肇论略注》六卷、《道德经解》（一名《老子解》）二卷、《观老庄影响论》一卷、《庄子内篇注》四卷、《大学中庸直指》一卷、《春秋左氏心法》一卷、《梦游诗集》三卷、《曹溪通志》四卷、《八十八祖道影传赞》一卷、《憨山老人自叙年谱实录》二卷等。德清寂后，由门人福善、通炯、刘起相编辑刊行的有《憨山老人梦游集》四十卷（现流通本五十五卷）。这些著作都被收入明方册本《续藏》。

他的思想学说，表现在许多方面，并不拘守一宗一派。吴应宾认为："纵其乐说无碍之辩，曲示单传，而熔入一尘法界，似圭峰（宗密）；解说文字般若，而多得世间障难，似觉范（慧洪）；森罗万行以宗一心，而产无生往生之土，又似永明（延寿）。"（吴应宾《憨山大师塔铭》，见《梦游集》卷五十五）

他最初在南京从无极听《华严玄谈》，继入摄山从云谷学禅。云谷是禅净兼修而又深达华严的大德，德清受他的影响最深（德清《云谷先大师传》）。所以他虽是禅门宗匠，而极力倡导禅净一致，尤致意于华严。他说，古人说参禅、提话头，都是不得已。公案虽多，唯独念佛审实的话头，尘劳中极易得力（《梦游集》卷二《答郑崑岩中丞》）。他谪居广州时，即集信徒结社，授以念佛三昧，教以专心净业，月会以期，立有规制。晚年在庐山法云寺，又效慧远修六时净业。他主张禅净双修，认为："参禅看话头一路，最为明心切要。……是故念佛参禅兼修之行，极为稳当法门。"（《梦游集》卷五《示刘存赤》）

德清对坐禅念佛也有他的特别见解，他说："所云坐禅，而禅亦不属坐。若以坐为禅，则行住四仪又是何事？殊不知禅乃心之异名，若了心体寂灭，本自不动，又何行住之可拘？苟不达自心，虽坐亦剩法耳。定亦非可入，若有可入，则非大定。所谓'那伽常在定，无有不定时'，又何出入之有？"（《梦游集》卷十五《答许鉴湖锦衣》）他教人念佛说："今所念之佛，即自性弥陀，所求净土，即唯心极乐。诸人苟能念念不忘，心心弥陀出现，步步极乐家乡，又何必远企于十万亿国之外，别有净土可归耶？”（《梦游集》卷二《示优婆塞结社念佛》）

德清在佛教内主张禅净双修，对外又宣传儒、道、释三教的调和。他在《道德经解》卷头《观老庄影响论》中，极力主张调和三教的思想。他说：“为学有三要：所谓不知《春秋》，不能涉世；不精老庄，不能忘世；不参禅，不能出世。”（《梦游集》卷三十九《学要》条）

（林子青）

八十六　善慧法幢（四世班禅，1570—1662）

善慧法幢，西藏黄教中宗喀巴的大弟子克主杰（1385—1438）转生的第四世（克主杰是第一世；二世梭囊却朗，1439—1504；三世善慧义成，1505—1566），所以叫作第四世班禅。这一世才作扎什伦布寺的住持，大兴扎什伦布寺，自此以后历代班禅都成了扎什伦布寺的主人。“班禅”的名称是从他开始的，但班禅额尔德尼的称号，似乎是到第五世善慧智（1663—1737）五十一岁时（康熙五十二年，1713）康熙册封以后才有的。

善慧法幢于明穆宗隆兴四年（1570）生于后藏楞主贾，俗姓拔，父名策仁拔觉，母名措嘉，俗名却贾拔桑薄。自幼在家常听诵《文殊菩萨真实名经》。十三岁时（明神宗万历十年，1582），在闻寺依佛智大师出家，受沙弥戒，法名善慧法幢。

十四岁时（万历十一年，1583），被认为是善慧义成的转世。自此以后，广学经教，勤修定慧。年二十二岁（1591），在扎什伦布寺以正法增长为亲教师，受比丘戒。此后数年间，先后往前藏朝礼大昭寺释迦佛等，在噶登寺从智自在和虚空幢等，受得时轮金刚大灌顶及时轮略续，大疏等的传承。又从僧幢受《集密四疏合本》和僧海（第二世达赖）著述的传承。又从尊胜吉祥贤听受《五次第明灯论》的讲授传承。又从噶登墀巴正法祥然学习多种觉字的法门传承。同时，他为许多学者讲授多种教法，开展弘法事业。

二十三岁至三十岁，住后藏闻寺。应寺中诸大德的请求，宣讲《菩提道次第略论》，这时他经常住在山里，一面修持，一面阅读《现观庄严论》

《宝性论》《中观论》《宝鬘论》《六十正理论》《入中论》《入菩萨行论》《菩提道灯论》等许多重要典籍。

三十一岁（万历二十八年，1600），春季到赛举寺从佛海学曼殊金刚，红黑两种大威德，三派能怖威德等无上瑜伽部法、金刚界、吉祥顶等瑜伽部法，《毗卢遮那成佛》《金刚手灌顶》等行部法，立三三昧耶、尊胜摧坏、大白伞盖、光明天女等事部法，总有四部密法的三十多种灌顶及多种修法。

在赛举寺从佛海受学密法以后，归途又往布敦的霞炉寺朝礼圣迹，并到大乐轮寺弘宣佛法，传授罗伊巴派的胜乐灌顶。夏季回闻寺安居。

这年秋天，扎什伦布寺殷诚请为该寺住持，十二月初三日，升扎什伦布寺的法座。三十四岁（万历三十一年，1603），这时后藏非常混乱，他密往拉萨，为诸佛像穿金，祈愿消除灾障。以后回闻寺。

这年秋天，四世达赖功德海（万历十七年，1589，生于蒙古）经北路来藏。次年（1604）七月，善慧法幢仍回扎什伦布寺，闭关修时轮金刚承事法。

三十六岁（万历三十三年，1605），春季到前藏，建设彩绘曼荼罗为达赖喇嘛传授时轮金刚大灌顶。这年又应西藏南部诸寺的邀请，往各处弘法。夏天回扎什伦布寺安居。

万历三十五年（1607）六月，迎达赖喇嘛功德海莅扎什伦布寺。

万历三十七年（1609）冬，应诸大德的请求，开讲《集密经释》，开启金刚乘道，成立“密咒院”。

万历三十九年（1611），应哲蚌寺的邀请，到前藏为达赖喇嘛和色拉，哲蚌寺诸大格西传授《金刚鬘论》中的大灌顶法。

万历四十一年（1613）春，应达赖喇嘛的请求，往拉萨主持传大招法会，会后并为福善祥活佛和四十多位格西传比丘戒。

万历四十二年（1614），在大招法会中为达赖喇嘛传授比丘戒。

万历四十四年（1616）十二月，开始兴建扎什伦布寺密咒院的大殿。达赖喇嘛功德海在十二月中入灭。

万历四十五年（1617），应色拉寺和哲蚌寺大众的邀请，就任两寺的住持。

万历四十六年（1618）春，受西藏西部古格（即阿里地区）之请，到那里弘法四个月。九月，从古格起锡，十一月返抵扎什伦布寺。

天启二年（1622），第五世达赖在哲蚌寺升座，班禅为落发，法名善慧海。后于天启四年（1624），为他传授沙弥戒和长寿灌顶。

天启三年（1623），止贡派和帕主派互相争斗，他从中调解。并将大昭寺中的观音殿重修一新。

天启六年（1626），噶登寺大众邀请他任绛则法王。于三月初一日到噶登寺升座讲法。

崇祯元年（1628）春，到拉萨主持大昭寺法会，又到噶登寺讲经，夏季回扎什伦布寺安居。

崇祯二年（1629），又到拉萨主持大昭寺法会。会后到噶登寺，修建宗喀巴大师塔殿的金瓦顶。同时也修建绛则殿上的金顶。七月回扎什伦布寺。

崇祯四年（1631）三月至十月，书写大藏经全部。之后应前藏诸大德的邀请，到拉萨传授金刚鬘大灌顶等，并传比丘戒。

崇祯五年（1632）春，主持大昭寺法会，宣讲《本生论》，会后又在哲蚌寺给五世达赖喇嘛等传授时轮大灌顶等法。

崇祯八年（1635），开始用纯金书写藏经全部。

崇祯十年（1637）十月到拉萨，次年四月，给达赖喇嘛传比丘戒。

崇祯十二年（1639）秋，蒙王赛钦法王等到藏请莅拉萨，传授大威德灌顶和文殊法类，修法海等许多随许法。又传授达赖喇嘛《无垢光大疏》（《时轮经》的大疏）等经论传承。

崇祯十五年（1642），接受霞炉寺的请求，升霞炉法座。夏季仍回扎什伦布寺安居。

清顺治元年（1644）十月，清帝派使臣来藏修福，供养达赖、班禅财施甚多。十一月中培修霞炉寺布敦所建石塔。

顺治二年（1645），修建闻寺的大殿。四月，又写金字大藏经全部。并塑诸护法神像。之后历年到各地弘法、修福。

顺治四年（1647）秋，清顺治帝差官赠送珠宝绸缎甚多，师都用以庄严三宝。

顺治九年（1652）三月，达赖喇嘛临赴京时，善慧法幢到那迦玛送行，又传修《菩提心教授》等多种教法。这时，他已八十三岁，返扎什伦布寺后，虽仍时常讲经说法，作供养法事，但不常出外。

明末清初之际，西藏地方派系之间多次发生战争。例如，后藏在万历三十一年（1603）时，迦玛彭措囊贾父子和红帽语自在法称，嫉视黄教，到了万历三十三年（1605），迦玛彭措派兵到前藏，拆毁吉穴碉堡，杀害许多藏官，前后藏都很混乱。

1610年，迦玛彭措囊贾又派兵占据亚觉。1612年，又占领后藏各要寨，遂称藏王。后在1618年，又领兵到前藏，驱走蒙古兵，毁坏色拉、哲蚌两寺，驱逐僧众，并在拉萨和哲蚌寺的后山，杀害一千多人。这是黄教寺院遭迦玛派摧毁的一大劫难。

光宗泰定元年（1620）秋，蒙古大军重返西藏，将和后藏军队大战，这时地方政府劝请善慧法幢为调停和解。他虽到绒薄觉（地名）进行说和，但未得结果。暂到哲蚌寺居住，并广行救济。

熹宗天启元年（1621）七月，藏军屯集在绛塘岗，蒙古马军突然扑来，杀死了几百人。师闻说匆忙赶来调解，结果藏蒙两方都以拉萨为共同供养处，由于师的盛名感召，两方立誓不在大昭寺金顶光辉照临处打仗。这时，迦玛派夺占的黄教寺庙产业，也都纷纷退还寺主。

崇祯十四年（1641），蒙古乱徒劫掠措朴牛群，并侵犯止贡地界，又引起战争，师不顾身命危险又往调解，获得和解，救护了许多人生命。

1640年，固始汗法王差人迎请师到拉萨，以便谒见。当时藏王（后藏王迦玛敦回旺薄即迦玛彭措囊贾之子），也极力劝行。于是在四月十八日由扎什伦布寺起身。这时地方混乱。辗转被蒙军百余骑迎到蒙古兵营中，会见固始汗。固始汗表示七年决不退兵，并请师速往前藏。师遂经北路到拉萨，并到哲蚌寺给达赖喇嘛传授灌顶等法。

顺治十四年（1657），对于蒙古军和康巴达贡等争执，加以调解，使双方拘禁的大德等二百多人都得自由释放，地方也得以平息。

清康熙元年（1662）二月十三日，大师示寂于扎什伦布寺，寿九十三。

师的学问修证，都极高深，所有著述都是发挥经论深义利益时机的言教，现存四函，可分如下七类：

1. 传纪类十五种；
2. 上师瑜伽类四种；
3. 显密教授类十八种；
4. 密法类三十五种；
5. 最密法类十种；
6. 密法附传类十五种；
7. 杂法类八种。

（法尊）

八十七　智旭（1599—1655）

智旭，字蕅益，俗姓钟，江苏吴县木渎镇人。十二岁读儒书，辟释老。十七岁阅袾宏《自知录》及《竹窗随笔》，始不谤佛。二十三岁听讲《楞严经》，怀疑何故有“大觉”，何以生起虚空和世界，决意出家体究此一问题。二十四岁三次梦见德清，当时德清住在曹溪，路远不能往，因从德清的弟子雪岭剃度，命名智旭。此年夏秋在云栖寺听讲《成唯识论》，闻性相二宗不许和会，甚以为疑，因往径山（杭州西北）坐禅，至次年夏，自觉性相二宗的义理一齐透彻。腊月八日，在袾宏塔前受四分戒。二十六岁又在袾宏塔前受菩萨戒。二十七岁起，遍阅律藏，见当时禅宗流弊，决意弘律。三十二岁开始研究天台教理。三十三岁秋始入灵峰（浙江孝丰县东南十五里），造西湖寺。此后历游江浙闽皖诸省，均不断从事阅藏、讲述和著作。五十岁冬，自金陵归灵峰，仍继续著述。清顺治十二年（1655）正月示寂，寿五十七岁。两年后，门弟子将其遗体火化，起塔于灵峰大殿右。

智旭生平的著述，经其弟子成时编次，分为宗论和释论两类。宗论即《灵峰宗论》，共十卷；释论包含释经论和宗经论及其他著述共六十余种一百六十四卷。

智旭的学说，综合禅教律而会归净土，同时又融会儒释，是多面性的。

智旭的禅，是承延寿、梵琦、真可的文字禅。他参禅的最初动机，是由听《楞严经》和《成唯识论》，于性相二宗教理不能融会而起疑。后来他教人参究，也只是“究此瞥起一念，起处无从，全依真性。然真非妄因，何因起妄？真非有外，妄岂外来？展转简责”，以为银墙铁壁话头（《宗论》五之二）。这只是寻求性相会通的推理而已。他常自述学禅经过，力戒“堕禅病”和“误中宗门恶毒”；痛斥狂禅暗证，以为“独自远行不问路程，必定有误”（《宗论》四之三）。主张“教内自有真传”（《宗论》六之二），自称“但从龙树通消息，不向黄梅觅破衣”（《宗论》九之二）。所以他修的禅，后来就会归于天台教观了。

智旭于三十二岁注《梵网经》，才开始研究天台教义。他于宋人极推崇知礼的《妙宗钞》，以为不可更动一字；于明人唯称许传灯的《生无生论》。他的天台宗的学说，即是继承这两人的系统的。但他也有与两人不同的见解。关于教判，智旭安立了贯通前后的五时说，修正了《四教仪备释》“阿含十二（年）方等八（年）”等说法（《教观纲宗》通判五时论）。在化仪四教的秘密教中，他区分秘密教与秘密咒，将一切陀罗尼章句收于秘密咒下，这也与台宗旧有教判不同。关于教理，他主张性具善恶与色心双具理事两重三千，与山家的主张完全相同。虽然他有时也说“众生现前介尔心性，本无实我实法，亦无五位百法百界千如差别相”，略近山外“理具三千无相”的主张，但不是他的主要思想。关于观法，他也沿用山家的妄心观，以现前一念妄心为止观的直接对象，但更注重实际应用。他与传灯仅曾见过一面，并没有从传灯学教。传灯继承善月、真觉的主张，判《楞严》属于方等，又批判华严宗和禅宗，智旭都不同意，以为台宗应遍摄禅、律、法相，否则就不能成其绝待之妙了（《宗论》二之五）。他常以《起信论》解释天台宗旨，又用唯识解《起信论》，乃至用唯识解天台教义。在智旭的时代，唯识宗的注疏是很贫乏的。他所根据的有关唯识的著述，主要是《宗镜录》。此录即是会通天台、贤首、慈恩诸宗的，智旭继承了这种思想，也说“马鸣、龙树、护法同契佛心”（《起信论裂网疏》自跋）。他虽深究台宗，但因不满台宗末流的门户之争，所以一再声明自己“究心台部不肯为台家子孙”，“私淑台宗，不敢冒认法脉”。

智旭为纠正宗门流弊，决意宏律，曾遍阅律藏三次，致力于大小乘律藏的疏释和讲说。他著《梵网经疏》依据台宗见解，对于别解脱戒直宗《四分律》，旁采诸家，并参考大乘律。主要著作则为《毗尼事义集要》。在律学这一方面，他可称为元照以后的唯一大家。但他对于戒律重视实践，当时响应的人很少，他为此事非常痛心，在文字里常流露他的悲观失望之情。

智旭的禅教律学，后来都指归净土。一般净土宗徒，都以为智旭是袾宏的继承者。但智旭平时推崇袾宏的却偏重在戒律，而不在净土，只以净土摄一切佛教，以《阿弥陀经》为中心教典而重视持名，又主张禅净合一，这些都与袾宏一致而已。智旭所认为净土的要典，都收在《净土十要》内，但其中并没有收袾宏的著作，而特别推崇的却是传灯的《生无生论》和袁宏道的《西方合论》。

智旭的净土思想，曾经过几个时期的演变。他二十二岁丧父，闻地藏本愿而发心念佛。这是结合儒家思想为报父母恩而念佛，只是单纯的持名。二十八岁丧母闭关，以参禅工夫求生净土，说“禅者欲生西方，不必改为念佛。但具信愿，参禅即净土行”（《宗论》四之三）则又偏重于理持。三十岁至四十岁，他多疏释律部，结坛忏愿，以“生宏律范，死归安养”自矢。后十年中，他多疏释经论，融通性相诸宗教理，于四十九岁著《弥陀要解》，始形成最后的净土思想体系。

智旭于净土三经中主要所宗的是《阿弥陀经》；所以他关于净土教理的主要著作，也就是《弥陀要解》。此书先依天台宗五重玄义方式，说明此经以能说所说人为名，实相为体，信愿持名为宗，往生不退为用，大乘菩萨藏无问自说为教相。又以《阿弥陀经》总摄一切佛教，以信愿行总摄《阿弥陀经》一经宗旨。在智旭以前，宋代遵式作《往生净土决疑行愿二门》，已包含了信愿行。传灯《生无生论》更正式提出“一念之道有三，曰信、曰行、曰愿”。智旭所立信愿行，即是继承他们的主张，而加以更深细的阐发。《要解》将信的内容分为：信自（一念回心决定得生，自心本具极乐），信他（弥陀决无虚愿，释迦及六方佛决无诳语），信因（散乱称名犹为佛种，一心不乱宁不往生），信果（净土诸上善人皆由念佛得生，如影随形决无虚弃），信事（实有极乐国土，不同庄生寓言），信理（西方依正，不出现前一念心外）。愿的内容是“厌离娑婆，欣求极乐”。行的内容是“执持名号，一心不乱。六字持名，念念欣厌具足，信决愿切，由此就能历九品生，净四种土”。他主张“即以执持名号为正行，不必更涉参究”，“参禅必不可无净土，净土必不可夹禅机”。所以，他所宏的是偏重持名的净土教。

但智旭又将持名分为“事持”与“理持”，说“事持者，信有西方阿弥陀佛，未达是心作佛，是心是佛，但以决志愿求生故，如子忆母无时暂忘；理持者，信西方阿弥陀佛是我心具心造，即以自心所具所造洪名为系心之境，令不暂忘”。理持就是唯心净土的教义。因此，智旭所说的念佛，有广狭二义：狭义唯指持名，广义即含摄一切佛教。他说念佛三昧有三种：一、念他佛，以弥陀果德庄严为所念境，或念名号，或念相好，或念功德，或观正报，或观依报，如东林诸上善人；二、念自佛，观此现前一念介尔之心，具足百界千如，与三世佛平等，功深力到，豁破无明，如南岳、天台、禅宗诸祖；三、自他俱念，了知心佛众生三无差别，托彼果上依正，显我自心理智，感应道交自然不隔，如永明（延寿）、楚石（梵琦）（《宗论》七之四）。于此，他最推重的是禅教合一摄归净土的延寿和梵琦。智旭最后的净土思想，是将禅宗的参究归纳于天台教观，又以天台教观应用于念佛法门；他作念佛即禅观论，说“究此现前一念心性名为参禅，达此现前一念心性名为止观，思维忆持现前一念心性名为念佛”（《宗论》五之三）。天台既圆摄一切佛教，念佛也就圆摄一切佛教，持名一法就能统摄一切宗、教、事、理，故智旭晚年的持名是“以般若为导，以净土为归”，“以悟道为先锋，念佛为后劲”，悟后起修的持名，与祩宏所说“无智称念”有别。

智旭目睹当时佛教中门户分歧的流弊，所以发扬延寿、祩宏等的思想，力求佛教诸宗的调和。他在理论上融会性相，在实践上调和禅净，而主张禅教律三学统一。他说“禅者佛心，教者佛语，律者佛行……不于心外别觅禅教律，又岂于禅教律外别觅自心，如此则终日参禅，看教、学律，皆与大事大心正法眼藏相应于一念间”（《宗论》二之三）。三学摄归一念，以念佛总摄释迦一代时教，为智旭思想一大总结。清以后台家讲教大多依据他的经论经疏，形成了合教、观、律归入净土的灵峰派，一直延续到今。后人并奉他为净土宗第九祖。

智旭受儒家思想影响处甚多，自称“身为释子，喜研孔颜心法示人”。他由于读了袾宏的《自知录》始不辟佛，《自知录》就是综合儒佛的著作。对于儒佛的异同，智旭以为约迹约权而说是不同的，儒家所说“天命之谓性”“太极生两仪”等都是“非因计因”的见论；约实约本来说，儒家的圣人都是菩萨化现，方便说法（《宗论》六之二）。他说“儒禅教律无非杨叶与空拳”，又说“以禅入儒，是为诱儒知禅”。所以，他说儒释一致，事实上是一种化导方便，并不是真将儒释等量齐观的。

（隆莲）

八十八　读体（1601—1679）

读体，号见月，明末清初重兴律宗的巨匠，世称见月律师。俗姓许，明万历二十九年（1601）生于云南楚雄。崇祯元年（1628）伯父去世，他信了道教，后来有老僧送他一部《华严经》，阅至《世主妙严品》，幡然有悟，即决心舍道入佛。崇祯五年（1632）三十二岁从宝洪山亮如剃度，法名读体。

他自崇祯六年（1633）起，离滇经贵州至湖南宝庆五台庵，参颛愚（观衡）。礼别后游庐山，又渡江至黄梅破额山、冯尧山、潜山等道场，遍礼三昧律师重修的诸祖庭。顺流朝礼青阳九华山，至南京报恩寺，闻三昧在五台传戒，北上参礼。但他这时因衣钵萧条，未能受戒。暂住塔院寺，阅《楞严义海》。崇祯九年（1636）离五台南行，到了镇江。第二年（1637）四月才于镇江海潮庵从三昧受了具足戒。从此以后，随侍三昧传戒诸方，开始阅读律藏，为各方所推重。

崇祯十二年（1639），三昧应请入南京宝华山，擢用他为监院，并为众讲戒。清顺治二年（1645）三昧将示寂，嘱他继任法席。从此以后，他住持宝华山三十余年，重建殿阁，筑石戒坛，定制每年春冬传戒，结夏安居，寺规整肃，成为各方的模范。他治事之暇，即从事著述，对于近世律学的重兴，起了一定的作用。顺治三年（1646），清兵借口“华山通贼”，派兵围寺，捕去许多僧众。他以至诚无畏的精神从容应付，使华山转危为安。他圆寂前数年，应弟子请，曾自撰《一梦漫言》，追述行脚时事和他一生为法奋斗的历史。康熙十八年（1679）正月二十二日示寂于宝华山，世寿七十九，僧腊四十八。御史李模为撰《见月大师塔铭》，方咸亨、尤侗各撰《见月和尚传》，都非常推崇他。

见月戒行精严，护法能干。三昧曾对人说，今日道场魔事不兴，则不显见月的才能。这是我在这一戒期中的收获。可见三昧对他的器重。三昧令他继任华山住持时，他无法固辞，认为要整顿佛门，应该建立规制，革除弊端，按照制度办事。于是提出十条规约，要求全寺僧众共遵。后来，华山宗风闻名于全国，应归功于他所建立的制度。弘一跋《一梦漫言》说："师一生接人行事，皆威胜于恩，或有疑其严厉太过未近人情者；然末世善知识多无刚骨，同流合污，犹谓权巧方便、慈悲顺俗以自文饰；师之言行正是对症良药。"（《佛学丛刊》第一辑）

见月禀性正直，规过无隐。他的生平做事，力求依照律仪。顺治七年（1650）蕅益重治《毗尼事义集要》成，致书见月说："律学之讹，将及千载。义净、怀素二师既殁，能知开遮持犯，轻重缓急者，绝无其人。……闻座下奋金刚志，秉智慧炬，革弊遵古，喜而不寐。冀获良晤，尽献片长，以益明圣。"可见对他推重的情形。天童木陈（道忞）在清初望重朝野，目空一切；但他撰《见翁法兄华山大和尚七十寿序》（《宝华山志》卷十一），对于见月秉承佛制整饬僧纪的业绩也表示极大敬意。

他的著述有：《毗尼止持会集》十六卷、《毗尼作持续释》十五卷、《传戒正范》四卷、《毗尼日用切要》一卷、《沙弥尼律仪要略》一卷（以上五种均收于《续藏》，前三种于乾隆二年由福聚奏请入藏），《薙度正范》《僧行规则》《三归五八戒正范》《黑白布萨》《出幽冥戒》《大乘玄义》《药师忏法》等各一卷。

见月弘戒数十年，戒弟子以数万计，法嗣亦有数十人。《南山宗统》卷五记载他的法嗣有：定庵基、宜洁玉等六十八人。定庵德基继席华山，著有《羯磨会释》十四卷、《毗尼关要》十六卷、《毗尼关要事义》一卷（后两种收入《续藏》）、《比丘尼律本会义》十二卷，又尝辑《宝华山志》十二卷未行世（今本《宝华山志》十五卷，系刘名芳纂修，福聚参校）。

宜洁书玉别号佛庵，自华山分住杭州昭庆寺，重振戒坛。著有《梵网经菩萨戒初津》八卷、《毗尼日用切要香乳记》二卷、《沙弥律仪要略述义》二卷、《二部僧授戒仪式》二卷、《羯磨仪式》二卷（以上俱收入《续藏》）。清守一的《诸家宗派》中南山律派，以道宣律师为第一世，十三传至金陵古林庵慧云如馨。馨传三昧寂光，为宝华山第一代。自"如"字起演派五十六字，传至浩净发圆为第十六世（蒋维乔：《中国佛教史》卷四）。其中，第七世文海福聚分灯于北京，为法源寺第一代律祖，清代中叶以后颇隆盛。

（林子青）

八十九　善慧海（1617—1682）

善慧海，第五世达赖喇嘛。达赖的称号开始于第三世福海，因受蒙古俺答汗的邀请，在万历六年（1578）到蒙古弘法，俺答汗上以尊号“达赖喇嘛金刚持”。从此以后历代都称“达赖喇嘛”。

善慧海，明万历四十五年（1617），生在雅陇穹结钦瓦达则宫，父名货都堵饶敦，母名墀绛滚噶拉则，到天启二年（1622），他六岁由班禅善慧法幢认定，于二月二十五日，由藏王福法增和色拉、哲蚌两寺的僧俗一万多人，隆重迎接到哲蚌寺噶登宫中举行升座典礼。后来由班禅给他落发，先传受近事五戒，法名“善慧海”。天启五年（一说天启四年），他九岁仍以班禅为亲教师，请噶登墀巴宝法增为阿阇黎，受沙弥戒。其法号增为“语自在善慧海无畏铠能仁圣教壮盛军”。之后从班禅受学《菩提道次第论》等许多传承。又依止宝法增详学《因明》《律经》《俱舍》《现观庄严》和《入中论》等五部大论。到崇祯十一年（1638）三月初五日，仍以班禅为亲教师，在拉萨大昭寺释迦佛像前，受由前弘期传来的比丘戒（又称下律仪）。清康熙十六年（1677），六十一岁时，十月二十五宗喀巴纪念日，又在布达拉宫，从霞炉堪钦福胜成受迦湿弥罗国释迦室利论师（1127—1225）所传来的比丘戒。

顺治九年（1652），三十六岁，受清顺治皇帝的召请，来北京弘法，沿途对西康、青海、蒙古各地的寺庙僧俗广作财法各种布施。到北京时，清帝与后妃太子并诸亲王请受灌顶，赐以金册金印，封为“西天大善自在佛掌领天下释教普通瓦赤拉旦拉达赖喇嘛”。顺治十年（1653）十月二十五日回到拉萨大昭寺，以后返回哲蚌寺。

康熙二十一年（1682）二月二十五日在布达拉宫逝世，寿六十六岁。

善慧海除从班禅和噶登墀巴受学黄教所传的各种经论教授之外，又从茶仓巴胜慧金刚听受大藏经的传承和医方明的传承。对于密法方面，则从昆敦拔觉伦主受学新旧所传的许多种密法，从素勤法界解脱受学宁玛派所传的八大修行部的密法教授，从得达凌巴受学各种埋藏的密法等。又从内萨巴（即福胜）受学《金刚鬘论》的总灌顶，和时轮金刚等别传灌顶、随许等法，并学萨嘉派的道果教授等。

对诸明处，除从胜慧金刚学医方明的论典外，又从门卓泽旺敦主父子，学习声明诸论（《迦拉巴经》《旃陀罗经》《音韵学》《藏文文法学》《诗词学》等）和塑像建塔等工巧明诸书。又从栋薄敦主旺贾学习历数等法。因而他对显密诸教、大小诸乘、内外明处，无不精研，成为一代的大论师。

在西藏中心地区的布达拉山，从前在松赞干布（569—650）王时，已曾在山上建筑过宫殿，但年代久远颓废，仅剩少许房屋，自从固始汗统一全藏政权，就把它献给达赖喇嘛，于清顺治二年（1645）修建布达拉宫。

善慧海的著述，总有外、内、密三大类。外集是一般性的教法，共有二十一函（现在流通本为二十一函；佛海所编的传记中作二十三函）。内容可分为六类：

第一，传记类：《五世达赖喇嘛自传》《三世达赖喇嘛福海传》《四世达赖喇嘛功德海传》《西藏王臣史》等十八种。

第二，注疏类：《入中论疏》《现观庄严论释难》《俱舍论疏》《羯摩仪轨疏》等六种。

第三，密法类：《供养上师仪轨》《能怖金刚常修法》《红阎曼德迦五尊修法》《胜乐五尊修法》等三十七种。

第四，赞咏类：《十方诸佛菩萨学无学僧伽赞》等五种。

第五，教授教诫类：《菩提次第讲授》《甚深中观修法》《三种主要道密意疏》《普告汉藏胡蒙贵贱文》等十种。

第六，杂文：《路引》《两尊释迦佛像久住文》《回向功德文》等五种。

内法：有达赖喇嘛的闻法录和宁玛派所传的各种修法并诸本尊护法的修法等，共有四函（现行本为四函，佛海所编传中为七函），计一百五十余种法门。

密法：共有两函。

（法尊）

九十　彭际清（1740—1796）

彭际清，名绍升，字允初，号尺木，又号知归子及二林居士，际清是他受菩萨戒的法名。他生于江苏长洲县（今江苏省苏州市）一个典型的士族家庭。父祖都以科第仕宦，际清也于乾隆三十四年（1769）进士及第，授县官，他辞而不就。

际清最初研究宋明理学，又从道士学修炼之术，三年无验。后从友人薛家三（起凤）听闻佛法；入京师应试，得识瑞金罗有高，有高好佛书，自是日以佛学相切磋。及读明高僧《紫柏全集》，始归心佛法。继读莲池、憨山、蕅益诸人著书，遂深信净土法门（《四大师传后纪》）。他因私淑莲池，誓愿往生净土，自号“知归子”。乾隆三十八年（1773）从苏州华藏庵闻学（实定1712—1788）受菩萨优婆塞戒（《一行居集》卷六《闻学禅师传》）。这时，他年三十四岁。

际清受皈戒后，素食净行。其妻费兰襄亦受优婆夷戒。二女阿环、阿莹日常背诵《法华经》。其家庭生活充满佛教的气氛（《一行居集》卷七，《亡妻费孺人述》）。

际清少读儒书，慕梁溪（今江苏省无锡市）高攀龙之为人；学佛以后，又慕庐山刘遗民的逸行。因这二人往来修学之地同名东林，他乃自题其居曰“二林”，并以为号（《二林居集》卷三《二林居说》）。他的生平知交，有同府汪缙（大绅）和江西瑞金罗有高（台山），三人都治理学为清代理学中的一个流派（张之洞《书目答问附录》）。学佛以后又成了亲切的清净法侣。际清曾与汪缙共立建阳书院，作起懦、决疑等倡以勗学人。

有高喜究天台教义，又遍读大乘经及诸经义疏，而际清则独归信净土法门。他于净土教义，于莲池外，又极推重省庵。并与同时的北京红螺山彻悟、扬州高旻寺昭月、浙江天目山旅亭等相交游，往来论道（《一行居集》卷三）。

乾隆五十年（1785），他屏居苏州文星阁，专修一行三昧，系心一佛，因额所住处曰“一行居”。后来，他即把他生平所作愿文、叙、题记、铭传等有关佛教杂著编成《一行居集》。

际清时常闭关念佛、发愿回向。他所撰的《受菩萨戒发愿文》《闭关发愿偈》《安居回向偈》《和陶渊明归去来辞》等，皆信愿庄严，足以感动人心。晚年于杭州武林门外，和两三禅侣静修。他在这里安居两年，后以病归。又时常掩关僧舍，爱太湖秀峰寺风景之美，常在那里专修净业。嘉庆元年（1796），念佛安详而逝，年五十七岁。

际清的文学，得力于佛学处甚多。他自言自读佛经，始得为文之旨，特别是受了《华严》《般若》《四十二章经》的影响。他称这些佛经，有如千寻飞瀑和静夜钟声，发人深省而汲之无尽。罗台山评其文字：如梅如莲，寒香寂静，和风扇物。他亦以为知言（《二林居集》卷三《叙文》）。

际清虽专修净土法门，仍广读大小乘经论。曾撰有《四十二章》《梵网》《观经》《楞严》《维摩》《华严》《金刚》《遗教》等三十余种佛经的读后记，即每读一经，便写一题记介绍一经的大意，和他的体会等（见《一行居集》卷十二）。

际清尤注意周济贫困孤寡等悲田、福田事业，并从事刻经、饭僧、施衣、放生等善行，积二十年不懈。对于法侣如罗有高、汪缙等，每通信论道，启发箴规，恳切备至。罗有高在京屡试不第，每次南归，际清都延住其家，俾游名山或闭关念佛，沉浸于宗教信愿中。汪缙聪明才辩，但言行时有未相应处，则常致书规劝。他们三人的友谊之笃，一时传为美谈。罗、汪二人早逝，际清都为他们编集遗文，刻行于世。

际清的著作，有《无量寿经起信论》三卷、《观无量寿佛经约论》一卷、《阿弥陀经约论》一卷、《一乘决疑论》一卷、《华严经念佛三昧论》一卷、《居士传》五十六卷、《善女人传》二卷、《二林居集》二十四卷、《一行居集》八卷、《二林唱和诗》《观河集》《测海集》各一卷。此外，由他发起编纂，经其从子彭希涑等编成的有《净土圣贤录》九卷。又由他重刊行的有《净土三经》《省庵法师语录》二卷、《念佛警策》三卷、《西方公据》二卷等（现均存）。

（林子青）

九十一　杨文会（1837—1911）

杨文会，号仁山，安徽石埭县人，生于清道光十七年（1837）。自幼读书，但不喜科举业。咸丰三年（1853）太平天国革命军进攻安徽后，他随着家人辗转迁徙于各地，前后十年。这时，他学习音韵、历数、天文、地理及黄老庄列等学问。同治三年（1864），他因病专心研究有关修养的书籍，得《大乘起信论》，反复读诵领会其中的奥义。接着又看到《楞严经》，更有会心，增加了对佛经钻研的兴趣。同治五年（1866），他到南京在工程界工作，同事中有真定人王梅叔，深通佛学，时相切磋。他又认识了魏刚己、赵惠甫、刘开生、张浦斋、曹镜初等人，和他们讨论，以为当时佛经大部分刻版都毁灭了，对于弘扬佛学很有影响，应将刻经的事业恢复起来，于是设立金陵刻经处，募款重刻方册藏经，由他自任校勘。同时赞助这事最力的有江都人郑学川，出家名妙空，在扬州砖桥设立了江北刻经处，和金陵刻经处分工合作。同治十二年（1873），杨文会又研究造像，拟好结构，请画家画成极乐世界依正庄严图、大悲观音像等，另外还搜集古代名画佛像，一并刻版流通。光绪四年（1878），他服务外交界，随驻英、法公使到伦敦、巴黎。光绪十二年（1886），又再去伦敦认识了日本留学僧人南条文雄。三年后，他任满回家，年已五十三岁。他感慨当时政治的腐败，决心摆脱政界，专门研究佛经。又与南条文雄联系，托南条在日本陆续搜得大藏经未收录的中国古德著述二百八十余种，择要刻印。同时，他也帮助日本编辑《续藏经》，供给了好些注疏和密教典籍。光绪二十年（1894），他和英国人李提摩太把《大乘起信论》译为英文，流通于外国。明年，他又在上海会见了斯里兰卡的达磨波罗，很赞同波罗发起摩诃菩提会将在印度复兴佛教的宗旨，就着手编订《初学课本》等书，准备创办学校，培养弘法人才，做这一运动的响应。由于这些事，他对中国和日本、印度等地佛教文化的交流，做出不少贡献。光绪二十三年（1897），他于南京延龄巷修建住家的房屋，附带收藏经版并流通佛经，四年后将这所房屋捐给刻经处。光绪三十四年（1908），他于刻经处实现了办学计划，设立祇洹精舍，招收僧俗学生十余人，由他亲自教授佛学。释太虚、邱晞明等都是当时学生中的优秀者。祇洹精舍办了两年，因缺乏经费，就停办了。跟着宣统二年（1910），杨文会又办佛学研究会，他自己主讲。他此时在刻经方面，因感觉到日本所编《续藏经》的芜杂，就另编了《大藏辑要》的目录，共收三藏要典及各家著述共四百六十种，三千三百余卷，准备陆续刻印。又拟作大藏和续藏的提要，提供读者研究的门径。宣统三年（1911）秋，他患了病，以刻经处的事业嘱咐研究会同人，并以处内事务托欧阳渐、陈镜清、陈义三人分任，于八月十七日去世，年七十五岁。他遗嘱不愿和一生所刻的经版分离，所以他的遗体就葬在刻经处内，并建了纪念塔。他的著作有《大宗地玄文本论略注》四卷、《佛教初学课本》并《注》各一卷、《十宗略说》一卷、《阴符》《道德》《庄》《列》四经发隐各一卷、《论语》《孟子》发隐各一卷、《等不等观杂录》八卷、《观经略论》一卷、《阐教编》一卷，都已刻版印行。

杨文会宏扬佛学四十年，以刻经和讲学交互为用，对于中国近代佛教所发生的影响是很大的。他计划刻版的《大藏辑要》虽未完成，但重要的著述都已刻了出来。像贤首的十疏之六和一些杂著，嘉祥的《三论疏》，慈恩的《唯识述记》《因明述记》，善导的《观经疏》等中国久已失传的要典，都从日本搜得底本，精加校勘，刻版流通。这不但丰富了佛教大藏的内容，并还启发了学者的研究，使各宗学说得到平等的传播。所以在他主办的佛学研究会讲习指导之下，会员如谭嗣同、桂柏华、黎端甫、梅光羲、李证刚、欧阳渐等各擅专宗，有独到的造诣。

至于杨文会自己的佛学思想，则着重在净土法门，推尊明末四大师（莲池、紫柏、憨山、蕅益），对于佛学各宗及内外学说，带有浓厚的调和色彩，因而常常表示“教宗贤首，行在弥陀”。他对贤首宗著述有深刻研究，并有精确辨别，如《华严三昧章》一书，就是经他的鉴定刻出流传于世的。他并还上溯清凉、圭峰各家思想的来源，特别重视《大乘起信论》和《玄文本论》，要将二论的综合法门来涵盖一切。他自己独尊贤首，而对接近他的学人则因材施教，分别鼓励深入余宗。所以，他在佛学上诸宗兼顾，规模广阔，影响于当时。

（田光烈）

九十二　敬安（1851—1912）

敬安，字寄禅，别号八指头陀，我国近代著名爱国诗僧。清咸丰元年（1851）生于湖南湘潭县，俗姓黄，世居湘潭石潭村，以农为业。幼时父母先后去世，贫无所依，为邻村农家牧牛，暇时始入乡塾读书。同治七年（1868），一天，牧牛时，忽见篱间盛开的白桃花为风雨所摧落，不觉放声大哭，遂投湘阴法华寺，从东林出家。同年冬到南岳祝圣寺，从贤楷律师受具足戒后，即上衡州岐山仁瑞寺参恒志禅师（1811—1875），并在这里充当苦行僧职。随众坐禅之余，时闻恒志说法，于佛学稍知门径。这时，寺中有精一上座喜吟诗，敬安认为那是世谛文字，非衲子的本分，曾加以讥笑。过了两年，他到岳阳访问舅父，游览岳阳楼，有人分韵赋诗，他纵目四顾，水天一色，不觉吟了一句“洞庭波送一僧来”。诗人郭菊荪说他“语有神助”，因此劝他学诗，并授他《唐诗三百篇》（敬安《冷香塔自序铭》）。

清光绪元年（1875），二十五岁时，他离开湖南，先到禅宗著名道场镇江金山寺，从大定和尚（1824—1906）参禅。不久行脚江南，漫游杭州、宁波等地，遍参江浙名宿。至阿育王寺佛舍利塔前礼拜，燃了二指供佛，因号八指头陀。其后历游天童、天台、雪窦诸古刹。他爱好吴越山水，行脚参禅之外还热爱作诗。他初到杭州时（1876）即以“杭州”为题吟了一诗：“欲把杭州当橘州，闲身到处便勾留。此生不作还乡计，饱看湖山到白头！”音律格调已相当成熟。光绪七年（1881），他最初的诗稿《嚼梅吟》在宁波刊行，使他开始在当时诗坛上占有一席地位。

光绪十年（1884），他自江浙回到湖南，先后住持过衡阳罗汉寺，南岳上封寺、大善寺，宁乡沩山密印寺，湘阴神鼎寺，长沙上林寺诸大名刹。其间，从岳麓山麓山寺笠云芳圃（著有《听香禅室诗集》）得法。沩山是沩仰宗的发源地，他住持以后，立志复兴，不到几年，规模已很可观。这个时期，他常和邓白香、王闿运、叶德辉、陈伯严、吴雁舟诸名士往来，诗学的造诣日深。同时，又加入湖南名士王闿运等创立的碧湖诗社，和各地名流唱酬投赠，于是诗名更噪于海内。光绪十四年（1888），三十八岁，《八指头陀诗集》十卷出版，自述出家行脚及学诗经过附于卷后。前五卷由陈伯严校刊。后五卷由叶德辉续刻，并作序说："其诗宗法六朝，卑者亦似中晚唐人之作。中年以后，所交多海内闻人，诗格骀宕，不主故常，骎骎乎有与邓（白香）王（湘绮）犄角之意。湘中固多诗僧，以予所知，未有胜于寄师者也。"

光绪二十八年（1902），五十二岁。东南名刹宁波天童寺方丈虚席，幻人首座率领两序班首代表前往长沙礼请。他即辞上林寺法席至天童寺为住持。天童寺自明末密云禅师（1566—1642）重兴以来，规模宏大，俨然为十方丛林模范。清末住持乏人，渐趋寥落。自敬安继席以后，前后十年，任贤用能，百废俱举，夏讲冬禅，宗风大振。他认为佛法衰微，由于僧众人才缺乏。当时，杭州白衣寺住持松风计划在杭州开设僧学堂，他首先赞同并赴杭州协助，后因松风为哑羊僧谋害殉教，未见成功。敬安曾作《杭州白衣寺松风和尚哀词》悼之。光绪三十四年（1908），宁波僧教育会成立，他被推为会长，首先在宁波创办僧众小学和民众小学，致力佛教教育事业。

辛亥革命，国体改变。1912年全国各省佛教徒于上海留云寺召开中华佛教总会成立大会，公推敬安为首任会长，并设本部于上海静安寺，设机关部于北京法源寺。这是中国各地佛教徒最初的联合组织。当时各地有攘夺僧产销毁佛像的情形，僧众无法应付，纷纷报告佛教总会。敬安鉴于当时情况非常严重，思欲加以根本挽救，于是在这一年十一月一日到达北京，和他的嗣法弟子道阶前往内务部会见礼俗司长杜关，根据约法要求政府下令禁止各地侵夺寺产。但谈话未获结果，他即愤而辞出。十二月二日夜圆寂于北京法源寺。世寿六十二，僧腊四十五。法徒道阶等奉龛南归，葬于天童寺前青龙岗冷香塔苑。

敬安是一个非常爱国的诗僧。光绪十年（1884），他在宁波延庆寺卧病，听到法军侵犯台湾、清军败于鸡笼（即今基隆）的消息，激起爱国的热情，以致失眠。他由于精神郁结，竟发热病。曾写了许多诗以见志，自言爱国之心与大慧杲同，但道德文采不及而已。光绪末年，江浙各省学堂有提取僧产助学之议，杭州的僧界情急，便冒用他的名义领衔，联合浙江三十五寺请外国僧人入内保护，以相抵制。报纸宣传，引起中外的注意。他听到这个消息，认为是辱国辱教的举动，立即致函当局，表明态度，并力请严行拒绝。清廷乃命各地自办僧学，以杜绝外国势力之侵入。我国之有僧学开始于此。（《冷香塔自序铭》）

敬安的诗是经过刻苦思索而成的，读来使人感到隽永有味。他所写的各体诗都有佳句，自成风格。意境和格调都非常优美。他的著作，现在流传有《八指头陀诗集》十卷、《续集》八卷、《文集》二卷、《语录》二卷。

（林子青）

中国佛教仪轨制度

一　丛林

丛林通常指禅宗寺院而言，故亦称禅林，但后世教、律等各宗寺院也有仿照禅林制度而称丛林的。中国禅宗从曹溪慧能后，四传至于怀海，百余年间禅徒只以道相授受，多岩居穴处，或寄住律宗寺院。到了唐贞元、元和间（785—806），禅宗日盛，宗匠常聚徒多人于一处，修禅办道。江西奉新百丈山怀海以禅众聚处，尊卑不分，于说法住持，未合规制，于是折衷大小乘经律，创意别立禅居，此即丛林之始。丛林的意义，旧说是取喻草木之不乱生乱长，表示其中有规矩法度云（《禅林宝训音义》）。

丛林规模开始不大，到唐末五代之间，南方有发展。如洪諲住浙江径山，道膺住江西云居山，僧众多至千数；义存住福州雪峰，冬夏禅徒更不减一千五百人（《宋高僧传》卷十二）。入宋，丛林建置益臻完备，禅众亦以集中居住为常，凡名德住持的丛林，都有千人以上。如宋太祖建隆二年（961），延寿自杭州灵隐移住同地永明寺（今净慈寺），学侣多至二千（《景德传灯录》卷二十六）。

北方丛林，亦始盛于宋代。仁宗皇祐元年（1049），内侍李允宁施住宅创兴禅席，仁宗给予寺额为十方净因禅院。庐山圆通寺怀琏应命为住持，禅道大弘于汴京。神宗元丰五年（1082），又命京师（今河南省开封市）大相国寺，创立慧林、智海二大禅院，后都成为京师有名的禅林。至徽宗崇宁二年（1103），宗赜集《禅苑清规》时，丛林制度已灿然大备。

宋室南渡以后，禅宗名僧辈出，所居丛林，皆极一时之盛。如克勤所住江西云居山、宗杲所住浙江径山、正觉所住泗州普照寺及明州天童寺，清了所住真州长芦崇福寺等，其住众常至千人以上。史弥远因而请定江南禅寺为五山十刹（余杭径山、杭州灵隐、净慈、宁波天童、育王等寺为禅院五山。杭州中天竺、湖州道场、温州江心、金华双林、宁波雪窦、台州国清、福州雪峰、建康灵谷、苏州万寿、虎丘等寺为禅院十刹。见《七修类稿》），俾拾级而登，于是丛林制度遂遍行于江南，迄后世不衰。

丛林制度，最初只有方丈、法堂、僧堂和寮舍。以住持为一众之主，非高其位则其道不严，故尊为长老，居于方丈。不立佛殿，唯建法堂（后世乃立佛殿）。所集禅众无论多少，尽入僧堂，依受戒先后腊次安排。行普请法（集体劳动），无论上下，均令参加生产劳动以自给。又置十务（十职），谓之寮舍；每舍任用首领一人，管理多人事务，令各司其局（《景德传灯录》卷六《禅门规式》）。

在这以前寺院的首脑为三纲：上座、寺主、维那（或称都维那），都是领导大众维持纲纪的职僧。上座以年德俱高，都是朝廷任命。如姚秦、元魏，常有命令补上座。唐道宣亦曾被命为西明寺上座，其位居寺主、维那之上。寺主知一寺之事。如后周陟岵寺、隋大兴善寺等，皆有寺主。维那意为次第，谓知僧事之次第，或称为悦众；但后世常以悦众为维那之副，其职有数人，以大、二、三、四等别之（《百丈清规证义记》卷六）。

至于丛林古规的职事，则有首座、殿主、藏主、庄主、典座、维那、监院、侍者等名目。如黄檗希运在池州南泉寺为首座、遵布衲为湖南药山殿主、雪窦重显为南岳福严寺藏主、南泉普愿于庄上为庄主、沩山灵祐在江西百丈山为典座、克宾于河北魏府（今河北省大名县）兴化寺为维那、玄则在法眼会下为监院（见元道泰《禅林类聚》第九）、兴化存奖为临济义玄侍者等。

后世丛林组织日渐庞大，各寺家风不同，为住持者多因时制宜、自立职事，名目层出不穷。宋宗赜《禅苑清规》的序文说："庄严佛社，建立法幢，佛事门中，阙一不可。岂立法之贵繁，盖随机而设教。"在《禅苑清规》所载丛林职事名目即有二十三种。宗赜还撰了一篇《龟镜文》（弌咸《禅林备用清规》卷七称之为《百丈龟镜文》），概括地说明设立各种职事的必要。文云：

“丛林之设要之本为众僧，是以开示众僧故有长老，表仪众僧故有首座，荷负众僧故有监院，调和众僧故有维那，供养众僧故有典座，为众僧作务故有直岁，为众僧出纳故有库头，为众僧主典翰墨故有书状，为众僧守护圣教故有藏主，为众僧迎待故有知客，为众僧召请故有侍者，为众僧看守衣钵故有寮主，为众僧供侍汤药故有堂主，为众僧洗濯故有浴主，为众僧御寒故有炭头，为众僧乞丐故有街坊化主，为众僧执劳故有园头、磨头、庄主，为众僧涤除故有净头，为众僧给侍故有净人。”（《禅苑清规》卷八）

以上制度，自宋以来通行甚久，少有更改。至于今日可行的，则根据元代《敕修百丈清规》更有增益，且分成东西两序。东序序职（资格）有都监、监院等二十一员，列职（实职）有化主、库头等二十六员；西序序职有首座、西堂等十二员，列职有殿主、寮元等二十一员。细分职别可达八十种，可谓繁杂（见清仪润《百丈清规证义记》）。

丛林职事人员之多寡，各依其规模建制大小而定。方丈为禅林正寝、住持所居之处，故称寺主为方丈，他为全寺诸堂之头，故又称堂头和尚。至西序的重要职员，则为首座（即古之上座）、西堂、后堂、堂主、书记、知藏、藏主、知客、寮元（云水堂首领）等。东序为监院（即古之寺主，俗称当家）、副寺（即知库）、维那、悦众、侍者、庄主等，是一般丛林所常设的。此外，列职各专一务者，还有饭头、菜头、火头、水头、碗头（通称行堂）、钟头、鼓头、门头、园头、浴头（亦称知浴）、圊头（即净头）、塔头（亦称塔主）、树头（巡视山林、栽补树木）、柴头、磨头、茶头、炭头、炉头、锅头、桶头、灯头、巡山、夜巡、香灯、司水（禅堂专任）、照客、听用等。以上各种职事名称，以等级分，可统称为知事人员（一级）、主事人员（二级）和头事人员（三级）。规模较小的丛林，即以主事兼知事。规模较大的丛林，则有很完备的组织。方丈之下有库房、客堂、维那寮、衣钵寮四个机构（通称四堂口），是为丛林的基本组织，重要寺务由住持会同首座等班首与四堂口首领共议进行。此外，有首座寮以处上座名宿，有侍者寮以处初学新参，有行者寮以处杂务行者和童行，有众寮（云水堂）以临时接待过往禅衲。又有蒙堂以处知事职僧以上退职人员，有单寮以处副寺以下退职人员，有延寿堂以处老病僧人，有庄田以供禅众从事生产。各堂又各立规约以资遵守（参看本书《清规》条目）。

现今丛林，以其住持传承的方式不同，又可分为子孙的与十方的两类。本来从宋代起，丛林即有甲乙徒弟院、十方住持院、敕差住持院三种之分。甲乙徒弟院，是由自己所度的弟子轮流住持甲乙而传者，略称为甲乙院。十方住持院系公请诸方名宿住持，略称为十方院。敕差住持院，是由朝廷给牒任命住持者，略称为给牒院。甲乙院住持是一种师资相承的世袭制，故又称为剃度丛林或子孙丛林。十方住持院由官吏监督的选举，故称为十方丛林。后世即大体沿用其制度，无大变动（现无其第三种）。

另外，十方丛林中依住持继承制度的不同，还有选贤丛林与传法丛林之分。有如镇江金山寺名刹的住持，即是依法系相传的，称为传法丛林；宁波天童寺自清末寄禅（敬安）重兴后，改为十方选贤制度，称为选贤丛林。1924年，厦门南普陀寺改子孙丛林为十方选贤丛林，即依天童寺选贤方法，订立“十方常住规约”二十条。并规定选举法、住持任期及进院退院等手续（《厦门南普陀寺志》）。这种选贤制度是丛林住持史上的一个进步。

关于丛林制度详见于《百丈清规》和它的注书《百丈清规证义记》等。至于丛林中行事和古德风规，则有道融《丛林盛事》、慧彬《丛林公论》、慧洪《林间录》、净善《禅林宝训》、无愠《山庵杂录》等可资参考。

（林子青）

二 殿堂

殿堂是中国佛寺中重要屋宇的总称。因这些屋宇或称殿，或称堂，故统名之为殿堂。殿是奉安佛菩萨像以供礼拜祈祷的处所，堂是供僧众说法行道等用的地方。殿堂的名称即依所安本尊及其用途而定。安置佛、菩萨像者，有大雄宝殿（一般称为大殿）、毗卢殿、药师殿、三圣殿、弥勒殿、观音殿、韦驮殿、金刚殿、伽蓝殿等。安置遗骨及法宝者，有舍利殿、藏经楼（阁）、转轮藏殿等。安置祖师像者，有开山堂、祖师堂、影堂、罗汉堂等。供讲经集会及修道等之用者，有法堂、禅堂、板堂、学戒堂、忏堂、念佛堂、云水堂等。其他供日常生活、接待用者，有斋堂（食堂）、客堂、寝堂（方丈）、茶堂（方丈应接室）、延寿堂（养老堂）等。

中国主要殿堂，如佛殿、法堂、毗卢殿、天王殿、方丈等，一般建于寺院的南北中心线上，其余斋堂、禅堂、伽兰殿、祖师堂、观音殿、药师殿等，则作为配屋而建于正殿前后的两侧。如宋慧洪《潭州白鹿山灵应禅寺大佛殿记》说："世尊遗教，弟子因法相逢，则当依法而住。……营建室宇，必先造大殿，以奉安佛菩萨像。使诸来者知归向故，昼夜行道，令法久住，报佛恩故。"又《信州天宁寺记》说："入门，层阁相望而起。登普光明殿（佛殿），顾其西则有云会堂（禅堂），以容四海之来者。为法宝藏（轮藏殿）以大轮载而旋转之，以广摄异根也。顾其东则有香积厨（厨房），以办伊蒲塞馔。为职事堂（库房）以料理出纳。特建善法堂（法堂）于中央以演法，开毗耶丈室（方丈）以授道。"（《石门文字禅》卷二十一）从宋代以来殿堂的配置，大抵准此。

古代佛殿中像设如何布置，记载缺乏，难以详考。只可从现存古刹遗物中见其一斑。如唐大中十一年（857），五台山佛光寺佛殿存有佛像一堂。主像凡五尊，各有胁侍五六尊。中尊为释迦，趺坐在长方形须弥座上。左次主像是弥勒佛，垂双脚，各踏莲花一朵。右次主像是阿弥陀佛，趺坐在六角须弥座上。释迦的左右有迦叶、阿难两尊者和两菩萨侍立。更前则有两供养人跪在莲花上，手捧果品，作奉献状。弥勒和弥陀的胁侍，除以两菩萨代两尊者外，其余均同。极左的主像是普贤，乘象，两菩萨胁侍，普贤像前有一韦驮及童子像。极右的主像是观音，乘狮，两菩萨胁侍（后世配置，都以普贤与文殊对称。文殊乘狮居左，普贤乘象居右。佛光寺却以普贤居左，而以观音居右，此或因五台为文殊道场，故尔）。佛坛两极端前角，各有甲胄护法天王，两像遥立对峙，各持长剑，瞋目怒视（梁思成《记五台佛光寺的建筑》，见《文物参考资料》1953年第五、六期）。此种配置，为唐代留存的格式。

入宋，佛教像设始有具体记载。如慧洪《潭州白鹿山灵应禅寺大佛殿记》说："像设释迦如来百福千光之相，文殊师利、普贤大菩萨，大迦叶波、庆喜（阿难）尊者，散华天人、护法力士，又环一十八应真大士，序列以次，庄严毕备。"至南宋时，更有明确的记载。如宗鉴《释门正统》卷三《塔庙志》说："今殿中设释迦、文殊、普贤、阿难、迦叶、梵王、金刚者，此土之像也。……盖若以声闻人辅，则迦叶居左，阿难居右；若以菩萨人辅，则文殊居左，普贤居右。今四大弟子俱列者，乃见大小乘各有二焉耳。梵王执炉，请转法轮；金刚挥杵，护卫教法也。"这种一佛四弟子的形式，一直为后世部分佛殿像设所采用。

但自宋代以来，较大佛殿常供三尊，所谓三佛同殿。此或以弥勒为中尊，以释迦、弥陀位于左右，又以无着、天亲二菩萨为弥勒胁侍，如宋杭州金刚宝乘寺及开封般圣禅院等处皆是。或以释迦佛为中尊，以弥陀、弥勒位于左右，又以迦叶、阿难二尊者为释迦胁侍，如天台山国清寺、大慈寺（唐修禅寺）、泗州乾明禅院、开封太平兴国寺、五台山真容院等处皆是（成寻《参天台五台山记》卷一、三、四、五）。又有释迦、药师、弥勒为三尊者，则以药师代替弥陀坐于左位（东方），如宋契嵩《漳州崇福禅院千佛阁记》说："阁成，巍然九间。释迦、弥勒、药师，则位乎其中，千如来则列于前后左右。"（《镡津文集》卷十二）

但以弥勒与释迦、弥陀并列，后来渐有异议，遂以药师代之。如《释门正统》卷三说："或设三佛同殿，右弥勒、天亲、无着（胁侍）者，当来补处之像也；左弥陀、观音、势至（胁侍）者，净土之像也。窃尝论之：若据娑婆化主，止立释迦之像，辅以文殊、普贤可也。当来下生既在补处，未有辅佐，岂得与释迦、弥陀并列而为三耶？兹岂一佛独化之道乎？"宋以后，弥勒遂另居于弥勒阁、或弥勒殿（见契嵩《镡津文集》卷十二《沕潭双阁铭并序》）。

宋、辽时代佛殿，也有供五佛乃至七佛的。如大同华严寺、善化寺及泉州开元寺等宋、辽遗构佛殿，都各供五佛，亦称五智如来或五方佛。义县奉国寺大殿则供过去七佛。山西玄中寺千佛阁倒坏后，近由人民政府拨款修葺，改奉七佛，名七佛阁。此外七佛之像，仅见北京故宫博物院保存的山西兴化寺壁画而已。元代巨刹，多有前后二佛殿，前佛殿塑三世佛，即燃灯佛（亦称定光佛）、释迦佛、弥勒佛；后佛殿则塑五智如来（见元姚燧《牧庵集》卷十《崇恩福元寺碑》）。

明代佛殿，犹多塑三世佛。如徐一夔《灵谷寺碑》说："其为制：以佛之当独尊也，故于正殿，则奉去、现、未来之像，其他侍卫天神不与焉。"（《金陵梵刹志》卷三）明末嘉靖十九年（1540），日僧周良奉使访问中国，于淮阴兴国寺、沧州集善禅寺、北京大慈恩寺、苏州虎丘寺、吴江华严讲寺、余姚龙泉寺等佛殿，犹见三世如来之像（牧田谛亮《策彦入明记之研究》上《策彦和尚初渡集》）。

明代以后，伽蓝规制已有定式，故像设亦大抵一致。一般丛林佛像设三尊，中为释迦，左为药师，右为弥陀。释迦之左为迦叶擎拳含笑之像，其右为阿难合掌随侍之像，二像或对立或略斜向。药师、弥陀二佛，已少见胁侍。较小佛殿，仅奉释迦与二尊者，而置药师、弥陀于别殿。另外，现今中国著名佛寺大殿，亦有唯供一佛、或一佛二胁侍，或专供一菩萨者。如杭州灵隐寺解放后重修大殿时，唯雕塑释迦一尊。

佛殿两侧，后世多塑十八罗汉之像（左右各九尊）。罗汉的尊数，多依玄奘译《大阿罗汉难提蜜多罗所说法住记》，本为宾头卢跋啰惰阇等十六尊；其后画像塑像或加庆友（即说《法住记》之难提蜜多罗）与宾头卢（将宾头卢跋啰惰阇第一分为二人），或加迦叶与君屠钵叹，或加庆友与贯休（即最初画十六罗汉者）……藏式造像则加达摩多罗与布袋和尚二尊者，遂成为十八罗汉。佛坛背后的像设，常见的是观音手持杨枝水瓶，立于普陀洛伽山海之间（通称此处为“海岛”），其四围则塑《华严经》善财五十三参中的人物，或《法华经普门品》救八难的景象。

寺院佛殿以外，各殿堂的像设大概如次：

一、天王殿，正面本尊，多安弥勒化身的布袋和尚坐像（北京广济寺则奉天冠弥勒菩萨坐像），左右分塑四大天王。弥勒背后设手执宝杵现天将军身的韦驮天像。布袋和尚为五代僧，名契此（？—916），体躯肥满，言语无恒，常以杖负布袋入市行乞，而现喜悦之相，人呼为布袋和尚。后梁贞明二年（916），寂于浙江奉化岳林寺东廊磐石上。临终遗偈，自称为弥勒化身；后人遂多塑之于山门（《宋高僧传》卷二十一）。

四天王为印度十六善神之属，其名常见于大小乘经论。最知名者为毗沙门天，义为多闻，乃印度北方守护神，与持国、增长、广目共称四天王（《金光明经》卷二《四天王品》，即以毗沙门居首）。毗沙门天王造像早已见于云岗、龙门等石窟。唐天宝元年（742）西域五国来侵安西，传说天王曾现身却敌，玄宗遂命于各州府城上西北隅均置此天王像。其后又命佛寺别院安置（《僧史略》下）。如唐长安大兴善寺之天王阁、江苏昆山慧聚寺等处之天王堂，即是供毗沙门之别院。

四天王的形像，古今略有不同。据唐译《陀罗尼集经》卷一说：

《四天王像法》：四天王均着种种天衣，严饰精妙。东方天王提头赖吒，左手把刀，右手执矟（即长矛）拄地。西方天王毗噜博叉，左手执矟，右手把赤索。北方天王毗沙门，左手执矟拄地，右手擎塔。又依《长阿含经》第十二《大会经》及《法华文句》等说，四大天王各领二鬼神，持国天王领乾闼婆与富单那，增长天王领鸠槃茶与薜荔多，广目天王领龙与毗舍阇，多闻天王领夜叉与罗刹，故四天王像的脚下各踏二鬼神以示威武。到了元代塑像，东方天王持物换了琵琶；明代北方天王持物换了雨伞；清代西方天王持物换了蛇类，遂成今日一般常见的四大天王的形象。元沙罗巴译《药师琉璃光王七佛本愿功德经念诵仪轨供养法》，以四偈说明四大天王的身色持物及守护国土："东方持国大天王，其身白色持琵琶"，"南方增长大天王，其身青色执宝剑"，"西方广目大天王，其身红色执羂索"，"北方多闻大天王，其身绿色执宝叉"。现在四天王的塑像，大体据此记载为之。

韦驮天为南天王部下八将之一，在四天三十二将中以武勇著称。唐道宣在《感通录》里写了他常于东、西、南三洲巡游，守护佛法，故称"三洲感应"；又现天将军身，守护伽蓝等故事传出后，遂渐渐形成，凡建寺必奉之为守护神，世称韦驮菩萨。其像形式有二：一合十指掌，横宝杵于两腕，两足平立。一以左手握杵拄地，右手插腰，左足略向前立。面向佛殿，注视出入行人。

二、金刚殿。明代佛寺在山门之内有金刚殿，塑二密迹金刚力士像，称为二王（后来即塑于山门内，不另设殿）。此二力士执金刚杵分立左右，守护佛刹。其缘起见于《大宝积经》卷八《密迹金刚力士会》，经谓勇郡王二太子各言所志，法意太子要誓，诸人成得佛时，当作金刚力士，常亲近佛，善闻一切诸佛秘要密迹之事。法念太子誓言，诸仁成佛道，身常劝助，使转法轮。法意太子，即今金刚力士名密迹者是。法念太子者，即今为梵天者是。《金光明经文句》知礼记谓，据经金刚力士唯一人，今状于伽蓝之门而为二像者，乃应变无方，多亦无咎。古代云岗、龙门、麦积山石窟，都有金刚力士雕像，只是一尊。唯隋代河北安阳宝大住圣窟入口两壁，刻有那罗衍神王（有大力神）与迦毗罗神王二像，左像执槊，右像持杵，与佛所说于门两颊画执杖药叉相符（《大日经疏》卷一，夜叉亦译为密迹，为毗沙门天属下）。此二像为中国现存最古的门像（常盘大定《宝山之石窟》，见《中国佛教史迹踏查记》）。现今寺门左右的金刚力士像，都是面貌雄伟，作忿怒相，头戴宝冠，上半身裸体，右手执金刚杵，左手扼腕，两脚张开，故身体四肢均呈紧张之状。其不同者，只左像怒颜张口，以金刚杵作打物之势；右像忿颜闭口，平托金刚杵，怒目睁视而已。

三、法堂，亦称讲堂，乃演说佛法皈戒集会之处，在佛寺中为仅次于佛殿的主要建筑，一般位于佛殿之后。法堂之建，始于晋道安、昙翼于上明东寺所造（《六学僧传·隋罗云传》）。唐百丈创制《清规》，不立佛殿，唯树法堂，则尤加重视。法堂之内应有佛像、法座、罘罳法被或板屏及钟鼓等。《释氏要览》下“佛堂置佛像”项下引《大法炬陀罗尼经》云：“法师说法时，有罗刹女常来惑乱。是故说法处常须置如来像，香花供养，勿令断绝。”法座亦称狮子座，于堂中设立高台，中置坐椅，名曲盝床（略称曲盝）。法座之后设罘罳法被（今多设板屏），或挂狮子图以象征佛之说法。曲盝之前置讲台，供小佛坐像，下设香案，供置香花。两侧列置听席等。左钟右鼓，上堂说法时鸣之。

四、禅堂，古称僧堂或云堂，与佛殿、法堂同为禅宗丛林的主要堂宇，禅僧昼夜于此行道。百丈立制，裒所学众，无论多少高下，尽入僧堂之中，依夏次（受戒前后）安排。设长连床（今称广单），施椸架以挂道具。堂中设一圆龛，正中安奉圣僧像。圣僧之像不定，或以憍陈如、宾头卢为圣僧，或以文殊师利及大迦叶为圣僧。《梵网经》法藏疏云“闻西国诸小乘寺以宾头卢为上座，诸大乘寺以文殊师利为上座”，即其出处。古时僧堂本兼食堂（今禅林“放参”晚饭即就堂而食，犹其遗风），多安宾头卢尊者于其中，此事亦始于晋时道安。道安常注经论，疑不合理，梦梵僧宾头卢劝其设食，愿为相助弘通。于是立座饭之，处处成则。但先此只施空座，前置碗盏，不安圣像。至刘宋泰始末（471），正胜寺僧法愿、正喜寺僧法镜等，始图其形（《寂照堂谷响集》第三）。唐大历四年（769）不空三藏奏请令天下寺院食堂中，于宾头卢之上，特置文殊师利形像以为上座（不空《表制集》卷二）。故唐时食堂即僧堂是安文殊师利和宾头卢为圣僧的。后世于禅堂外另设斋堂（食堂），而圣僧仍留于禅堂，或禅堂改设毗卢佛像，将宾头卢设于斋堂，并设香灯以奉香火。明徐一夔《灵谷寺碑》："以禅与食，不可混于一也，故食堂附于库院。"（《金陵梵刹志》卷三）于是食堂在东，禅堂在西，遂为丛林定式。

五、毗卢阁，这是明代佛寺常建的殿堂。其上下层像设略有不同。明姚广孝《天界寺毗卢阁碑》："阁成，上供法、报、化三佛及设万佛之像。左右庋以大藏，诸经法匦。后建观音大士，示十普门。下奉毗卢遮那如来，中坐千叶摩尼宝莲花座，一一叶上有一如来，周匝围華。旁列十八应真罗汉，二十威德诸天。珠缨宝幢，幡盖帷帐，香灯瓜花之供，靡不毕备。"（《金陵梵刹志》卷十六）由于阁上设有万佛之像及庋置大藏，亦被称为万佛楼及藏经阁。

六、转轮藏殿（略称轮藏殿），创始于梁代傅翕（善慧大士）。《释门正统》卷三《塔庙志》说："诸方梵刹立藏殿者，初梁朝善慧大士傅翕愍诸世人，虽于佛道颇知信向，然于赎命法宝，或有男女生来不识字者，或识字而为他缘逼迫不暇披阅者。大士为是之故，特设方便，创成转轮之藏，令信心者推之一匝，则与看读同功。……诸处俱奉大士宝像于藏殿前，首顶道冠，肩披释服，足蹑儒履，谓之和会三家。又列八大神将，运转其轮，谓天龙八部。"唐时轮藏的构造，于轮藏上又安佛龛彩画悬镜，并环藏敷座，形制更为精美。白居易《苏州南禅院千佛堂转经藏石记》："堂之中，上盖下藏。盖之间：轮九层，佛千龛，彩画金碧以为饰。环盖悬镜六十有二。藏八面，面二门，丹漆铜锴以为固。环藏敷座六十有四。藏之内转以轮，止以柅。经函二百五十有六，经卷五千五十有八。"（《全唐文》卷六百七十六）

七、伽蓝殿。八、祖师堂。常分建于佛殿或法堂两侧。伽蓝殿供守护伽蓝土地之神像，古时又称土地堂，位于佛殿之东。据《七佛经》卷四云，护伽蓝神有美音、梵音、天鼓等十八神。今一般多供最初施造祇园精舍的给孤独长者、祇陀太子及其父波斯匿王三像。祖师堂位于佛殿之西，多奉达摩或当寺开山祖师。宋白云守端说："天下丛林之兴，大智禅师（百丈怀海）力也。祖堂当设达摩初祖之像于其中，大智禅师像西向，开山尊宿像东向，得其宜也。不当止设开山尊宿，而略其祖宗耳。"（《林间录》卷二）但今一般佛寺祖堂，以达摩、慧能为禅道之祖，马祖建丛林，百丈立清规，多塑达摩（中）、慧能或马祖（左）、百丈（右）三像并坐。

九、浴室，安置跋陀婆罗（善守）之像，盖本《楞严经》水因圆通之说。《首楞严经》卷五："跋陀婆白佛言：我等先于威音王佛闻法出家。于浴僧时，随例入室，忽悟水因，既不洗尘，亦不洗体，中间安然，得无所有，宿习无忘；乃至今时从佛出家，令得无学。彼佛名我跋陀婆，妙触宣明，成佛子住。佛问圆通，如我所证，触因为上。"今佛寺浴室，又名"宣明"，即依此说。又据《罗汉图赞集》所引清乾隆考证，此跋陀婆即《法住记》十六罗汉中之第六跋陀罗云。

十、香积厨，安置菩萨像，传为洪山大圣，乃为佛寺监护僧食者。自元代以后，则多奉大乘紧那罗王菩萨之像。相传元末，红巾首领率众至少林寺，众僧惶惧欲散。忽一火头老僧自庖中出曰："汝等勿忧，老僧一棒驱之。"众笑其妄。老僧运三尺棍，径入红巾队中，遭者辟易，遂散去。世传乃紧那罗王显化。后天下佛寺斋厨多塑画其像，祈其监护；今少林寺之紧那罗王殿即其遗迹（《少林寺志》）。

寺院殿堂布置除佛像之外，还有比较固定的各种庄严和供具。主要的庄严为宝盖、幢、幡、欢门等。《洛阳伽蓝记》记建中寺的佛殿讲堂，有"金华宝盖，遍满其中"的记载，可知中国佛殿之庄严，由来已久。

宝盖，又称天盖。本尊佛像有宝盖，经称华盖。佛行即行，佛住即住。今有以木材、金属或丝织之类，制成华盖之形，垂于佛像之上；也有不用此盖的。

幢，又称宝幢，为佛、菩萨的庄严标帜。一般以绢、布等制成。幢身周围，置八个或十个间隔，下附四个垂帛，或绣佛像，或加彩画。《观无量寿经》有：于其台上，自然有四柱宝幢，故今每一佛前多置四幢，或绕宝盖而悬。

幡，又称胜幡，也是象征佛的庄严。凡结坛场，必以幡严饰，布列四周，所谓“幡坛不相离”。幡有多种颜色和制法，以平绢制者曰平幡，束丝制者为丝幡，以金属玉石联结制者曰玉幡。凡造幡之法，不得安佛、菩萨像，但得书写经文。今多书佛号或经偈，悬于佛前。

欢门，是悬于佛前的大缦帐，其上以彩丝绣成飞天、莲花、瑞兽、珍禽之属。两侧垂幡，称为幡门。门前悬供佛琉璃灯一盏。

殿堂供具多少，视堂构的大小及法事所需而定。《陀罗尼集经》云：当设二十一种供奉之具，若不能供二十一种，五种亦得。一者香水，二者杂花，三者烧香，四者饮食，五者燃灯。今佛前所设香炉、花瓶、烛台，所谓“三具足”，即由此简化而来。小烛台之外，又有长檠，高五尺至八尺，上安木盏，以燃蜡烛。檠身多施雕刻彩画，今禅林佛殿、法堂佛前多用之。

又佛像前设有香几供台（大桌），其形或长或方不一。长的香几，以安置三具足之属，而供台则以奉五供（即涂香、花鬘、烧香、饮食、灯明）之用，以丝绣桌围围其四面。供台之前，置香几，几上放小香盘。香盘以紫檀木为之，上置一香炉二香鬘盒，分盛檀香、末香。盘前挂一红幛，绣莲花瑞禽之属。凡住持尊宿入殿诵经及上堂说法，多由侍者端香盘先导，至佛前置于香几，尊宿即就其前礼佛拈香。

（林子青）

三　传戒

传戒是设立法坛，为出家的僧尼或在家的教徒传授戒法的一种宗教仪式，亦称开戒或放戒。就求戒的人说是受戒、纳戒或进戒。佛教大、小乘的戒法有五戒、八戒、十戒、具足戒和菩萨戒五种。比丘、比丘尼戒，必须具足一切条件——一定僧数（中国十人、边地五人）、一定范围（结界立标）、一定程序（白四羯磨，即会议式），才能授受，故称为受具足戒，略称受具。

佛教初入中国时，并无传戒仪式。据佛教史籍记载，当时度人出家，只为剃发披服缦条，即无条相袈裟（见《释氏要览》上），以不满五人，不能受具。大概只用三皈、五戒、十戒迭相传授而已。到了曹魏嘉平二年（250）时，昙摩（柯）迦罗（《高僧传》卷一译云法时）来到洛阳，见众僧未秉戒法，乃就白马寺译出《僧祇戒心》（戒本）以备用。并请梵僧立羯磨法受戒。这是中国依律传戒之始。魏正元年间（254—255）安息国沙门昙谛在洛阳译出《昙无德羯磨》，才具备羯磨仪式。中国僧徒之受具足戒，一般传说以朱士行为首（《僧史略》上），或即在此时。

东晋时（317—420），出家僧尼渐多，道安始提倡严肃戒律。他以为佛法东流未久，译人对于受戒之法考校者少，先人所传相承自以为是，至佛图澄乃多所改正（见道安《比丘大戒序》）。道安时值丧乱，转徙四方，常率弟子数百人，往来襄阳长安等地。他所制定的僧尼轨范，有布萨（说戒）、悔过等法，可见其重视戒律弘传之一斑。

中国尼众之受具足戒实始晋代。晋穆帝升平元年（357），僧建请昙摩竭多于洛阳，依《僧祇尼羯磨》及《戒本》建立戒坛传戒。当时沙门道场以《戒因缘经》为难，认为他传戒结界不合法。昙摩竭多遂浮舟于泗河结坛，洛阳竹林寺净检尼等四人同于此坛从大僧受具足戒，这是中国尼众受戒之始，称为船上受戒（宝唱《比丘尼传》卷一）。

其后刘宋元嘉六年（429），有狮子国（今斯里兰卡）比丘尼八人至宋京（今南京）。当时景福寺尼慧果、净音等以先所受戒不如法，戒品不全；适罽宾沙门求那跋摩经南海至宋，于南林寺建立戒坛，因请求重受。求那跋摩引证佛姨母波阇波提最初为尼因缘，谓戒本本从大僧而发，虽无僧尼二众，无妨比丘尼的得戒。又以当时狮子国八尼年腊未登，不满十人，且令学宋语；求那跋摩另托西域船主难提于元嘉十年（433）复载狮子国比丘尼铁萨罗等十一人至，而先来诸尼已通达宋语；但这时求那跋摩已经去世，恰巧同年僧伽跋摩到达宋京，慧果尼等始在二众俱备的形式下，于元嘉十一年（434）在南林寺戒坛，重受具足戒。这时次第受尼戒者达三百余人（《比丘尼传》卷二、三）。世传汉代妇女阿潘出家但受三皈，晋时净检尼只在一众边得戒，都未为全戒；故中国尼众于二众边受具足戒的，以慧果、净音等为始（《僧史略》上）。

五世纪初，《十诵律》（404译）、《四分律》（410译）、《僧祇律》（416译）、《五分律》（423译）诸律部次第译出，中国戒律典籍遂大体完备。最初盛行者为萨婆多部（即说一切有部）之《十诵律》，其次《僧祇律》《五分律》次第流行，隋、唐时代，《四分律》始广行于世。

南朝宋、齐时代（420—501），律学巨匠志道、法颖等，皆盛弘《十诵》。志道（412—484）住钟山（南京）灵曜寺，特长律品。北方先时（446）魏太武灭法，后虽复兴，而戒授多阙。志道乃携同契十有余人至河南虎牢（今汜水县北），于引水寺集合洛、秦、雍、淮、豫五州僧众，讲律明戒，更申受法。北魏僧戒获全，实得其力（《高僧传》卷十一）。法颖（416—482）敦煌人，精研律部，元嘉末（453）至宋都居新亭寺，受命为都邑僧正；齐时复为僧主。他于宋、齐二代在金陵盛弘《十诵》，被推为七众宗师。著有《十诵羯磨》并《尼戒本》等（《高僧传》卷十一）。其门下出智称和僧祐，都是后来知名律师。

梁、陈二代，受菩萨戒风气盛行。梁武帝、陈文帝等均称菩萨戒弟子。菩萨戒之弘传始于罗什。敦煌写本中有题罗什撰《受菩萨戒仪轨》一卷。至于受戒的作法则以昙无谶（385—433）在姑臧（今甘肃省武威市）为道进等十余人受菩萨戒为嚆矢。梁武帝以戒典东流，人各应受，但所见偏执，妙法犹漏。乃掇采群经，更造圆式戒坛，并诏慧超授菩萨戒。天监十八年（519）四月八日，自发弘誓，暂屏衮服，受福田衣（袈裟）于等觉殿从慧约受菩萨戒，太子公卿道俗男女从受者四万八千人（《续高僧传》卷六《慧超及慧约传》）；一说武帝将受菩萨戒，命僧正推选戒师。僧正略举法深、慧约、智藏三人，武帝意在智藏，遂从他受菩萨戒（《续高僧传》卷五《智藏传》）。后至隋代，文帝杨坚从昙延受菩萨戒，炀帝杨广从智顗受菩萨戒，均称菩萨戒弟子（《广弘明集》卷二十二）。

北方在元魏时，多行《十诵》及《僧祇》。魏法聪本学《僧祇》，后依昙无德羯磨得戒，始弘《四分律》；然是口传，未载简牍。门人道覆继之，始制《疏》六卷（《僧史略》上）。北齐时代，慧光始弘《四分律》。他在北齐任天下僧统，世称光统律师，著有《四分律疏》并删定《羯磨戒本》，盛行传戒（《续高僧传》卷二十一）。慧光弟子有法上、道凭、僧达、昙隐、道云、道晖等十人。为魏、齐二代僧统四十年，常为众僧授戒（《续高僧传》卷八）。北周沙门慧远，依法上僧统受具，光统律师十大弟子并为证戒，时以为荣（《续高僧传》卷八）。

晋、宋以来，南方所立戒坛很多。东晋法汰先于杨都（今江苏省南京市）瓦官寺立坛，支道林于石城、沃州（今浙江省新昌县境）各立一坛。支法存于若耶（今浙江省绍兴市）谢傅隐处立坛。竺道一于洞庭山（今江苏省苏州市吴中区太湖）立坛。竺道生于吴中虎丘立坛。宋智严于上定林寺（在今江苏省南京市）立坛。慧观于石梁寺（在天台山）立坛。求那跋摩于南林寺立坛。齐僧敷于芜湖立坛。又有三吴戒坛（似与法献有关）。梁法超于南涧（在今江苏省南京市）立坛。僧祐于上云居、栖霞、归善、爱敬四寺（俱在今江苏省南京市）立坛。到唐初为止，自渝州（今重庆市）以下至江淮（江苏、安徽）之间，通计戒坛有三百余所（道宣《关中戒坛图经》）。这些戒坛形制如何已不可考。至唐乾封二年（667）道宣于长安净业寺建立戒坛，始有定式。其制凡三层，下层纵广二丈九尺八寸，中层纵广二丈三尺，上层叟方七尺。其高度下层三尺，中层四尺五寸，上层二寸，总高七尺七寸；四围上下有狮子神王等雕饰（《戒坛图经》）。

戒场本无建筑屋舍之必要，只要随处有结界标示即成。道宣《四分律行事钞》卷上之二云："外国戒坛多在露地，如世祭坛郊祀之所。"但为防风雨起见，古来大抵是堂内受戒与露地结界受戒并行的。道宣以后，戒坛的建立遍于全国。如广州光孝寺、嵩山少林寺（义净重建）、长安实际寺、嵩山会善寺（一行建）、洛阳广福寺（金刚智建）、罗浮山延祥寺、庐山东林寺、长安大兴善寺、洪州龙兴寺、抚州宝应寺、交城石壁寺、魏州开元寺、五台山竹林寺、泉州开元寺、吴郡开元寺等都有戒坛。戒坛名称亦有种种不同：嵩山会善的名五佛正思惟戒坛（《金石萃编》卷四十九）、洛阳广福寺的名一切有部石戒坛（《不空三藏表制集》卷三）、交城石壁禅寺的名甘露义戒坛（《金石续篇》卷九）、建安乾元寺的名兜率戒坛（《宋高僧传》卷十二《大安传》）。

唐代宗永泰元年（765），命长安大兴善寺建方等戒坛，所需一切官供。又命京城僧尼各置临坛大德僧人，永为常式。临坛大德之设始此（《僧史略》下，此十临坛大德，即后世受戒时之三师七证）。其后会昌、大中年间（841—859）临坛大德见于僧传者有长安圣寿寺慧灵及福寿寺玄畅等。当时还有内临坛（宫中戒坛）外临坛（一般寺内戒坛）大德及内外临坛大德之称。玄畅即当时有名的内外临坛大德（《宋高僧传》卷十六、十七）。

宣宗大中二年（848）、懿宗咸通三年（862）又各命建方等戒坛。此与声闻小乘教法有异。求戒者不拘根缺缘差，并皆得受；但令发大心领纳而已。此以禀顺方等之文而立戒坛，故名方等戒坛。宣宗又以会昌法难时，僧尼被迫还俗者达二十六万零五百人，在俗期间不免犯过，现欲再受出家，必先忏众罪，后增戒品，若非方等，岂容重入？取其能周遍包容，故称方等戒坛（《僧史略》下）。大中二年命上都、东都、荆、杨、汴、益等州建寺立方等戒坛，即为僧尼再度者重受戒法（《佛祖统纪》卷四十二）。到了大中十年（856），又命僧尼受戒给牒。这是中国僧尼受戒给牒之始（《释氏稽古略》卷三）。

宋太平兴国三年（978）永智于杭州昭庆寺立万寿戒坛，后允堪重建，为江南著名戒坛（俞樾《杭州昭庆寺重建戒坛记》）。允堪自庆历、皇祐（1041—1053）以来，还于苏州开元寺，秀州（今浙江省嘉兴市）精严寺建造戒坛传戒（《稽古略》卷四）。真宗大中祥符二年（1009），命昇州（今江苏省南京市）崇胜寺建坛，名承天甘露戒坛。翌年又在京师（河南省开封市）太平兴国寺立奉先甘露戒坛。天下诸路皆立戒坛，凡七十二所。京师慈孝寺，别立大乘戒坛。使先于诸方受声闻具足戒（比丘戒），后至此地增受菩萨戒（《佛祖统纪》卷四十四）。此为后世三坛次第传戒的开端。

明代中叶，封闭戒坛，受戒轨则遂遭废弛（《百丈清规证义记》卷七）。至万历间，如馨于南京灵谷寺，重兴南山，开坛传戒，三昧寂光继之，重立规制，开律宗道场于南京宝华山。弟子见月读体参照古规，撰辑《传戒正范》《毗尼止持会集》，遂为近代传戒的典则。同时三峰法藏撰有《弘戒法仪》一卷，盛传戒法于江南；清初终南山超远加以补充，成《传授三坛弘戒法仪》一书。见月弟子书玉弘律于杭州昭庆寺，撰《二部僧授戒仪式》及《羯磨仪式》，有了这些著作，传戒的体制乃渐备。又清初广东弘赞，著有《比丘受戒录》和《比丘尼受戒录》；乐山老人著有《增删毗尼戒科》、智旭著有《重治毗尼事义集要》等书，俱行于世，为各地传戒时所依用。到了清末，湘僧长松以各地传戒遵守戒科不一，谓“遵三峰者不少，亦因乐山颇多，集吴越间专遵华山更广矣”（《戒科删补集要叙》）。因依毗尼删补合辑《弘戒法仪》《增补毗尼戒科》《传戒正范》诸本，成《戒科删补集要》，盛行于湘鄂之间（苇舫《中国戒律宏传概论》，见《海潮音》第十五卷第七号）。

古代传戒唯属律宗寺院之事，近世禅寺教寺亦相率开坛传戒。有些不定期传戒的寺院，常于数月前分寄“报单”，实贴各寺山门，使远近周知。

一般传戒之法都是连受三坛。凡新戒入寺求戒须交一定戒金，以充戒堂灯烛香花、戒牒、同戒录等费用。登记后男女新戒分别编入戒堂。以三人为一组（叫作“一坛”），次第编号，登坛受比丘戒时，即依此序而行；初坛沙弥戒和三坛菩萨戒，皆另集体授受。每传一坛戒法，事先都要经过隆重演习，称为演仪，然后正式传戒。据《传戒正范》所载，初坛授沙弥戒前请戒忏悔仪，有净堂集众法、通启二师法、请戒开导法、验衣钵法、露罪忏悔法、呈罪称量法等。二坛授比丘戒前请戒忏悔仪，有明习仪法、请戒开导法、通白二师法、教衣钵法、审戒忏悔法等。三坛授菩萨戒前请戒忏悔法，有通白二师法、请戒开导法、开示苦行法等。

初坛传戒仪式，于法堂或其他适当场所举行。至时鸣钟集众，待新戒齐集法堂，引礼作白教新戒请师开示。传戒和尚即为开导受十戒意义，并行三归羯磨。次为说沙弥十戒戒相（沙弥尼同），一一问以尽形寿能持否？众答“依教奉行”，初坛告毕。

二坛传戒仪式，在戒坛举行，即为比丘、比丘尼授具足戒。受戒之时，鸣钟集新戒于法堂，迎请戒师入戒坛。十师入坛拈香礼佛毕，绕登坛上就座。传戒和尚依律命羯磨师作单白羯磨，差教授师下坛与诸沙弥询问遮难。教授师对新戒先说衣钵名相，随问“今此衣钵是汝自己有否?”新戒答“有”，即向师白受衣法，再口诵偈咒，身著袈裟。然后教授师次第询问十三重难，及十六轻遮；新戒必须一一肯定回答。这是在受戒前实施审查受具者是否犯有众罪以决定允许加入僧团的遗制。这时问的遮难，在戒律程序上为预审，坛上正式受戒时，据此一一重问。

问毕，传戒和尚即开导明授戒体法。次依白四羯磨（三读表决法）仪式，为诸沙弥授比丘戒。受具足戒已，传戒和尚又举四重禁即淫、杀、盗、妄四重戒或四不应作事，说明任犯一禁即失去比丘资格。比丘本（依用四分律）有二百五十条戒相，比丘尼有三百四十八条戒相，俱以四重戒为根本，故戒坛上只宣四重戒，其余枝叶戒相，命受具者下坛后学习。

三坛传戒仪式，一般多就佛殿举行（若新戒多，丹墀中亦可）。正中敷一高座，供本师释迦牟尼佛位，左上高座供尊证师十方诸佛，羯磨师文殊菩萨，教授师弥勒菩萨及同学等侣十方菩萨位。右上高座候所请菩萨戒法师。受戒之日，鸣钟集新戒于佛殿，请师入坛仪式与二坛略同。以前一般在受菩萨戒之前，和尚为已受比丘、比丘尼戒者开示苦行之后，即令每人燃香于顶，或九炷（菩萨优婆塞、优婆夷）、或三炷（菩萨沙弥）、或十二炷（菩萨比丘），谓之烧香疤。燃香于顶之起源，相传始于元世祖至元二十五年（1288），释志德主天禧寺，每与七众授戒，燃香于顶，指为终身誓。此为中国汉族佛徒烧香疤之始（见谈玄《中国和尚受戒烧香疤考证》）。但燃顶之法为羯磨所无。

大众齐集，菩萨戒师即开导三聚净戒，即菩萨戒法：摄律仪戒、摄善法戒、饶益有情戒。次起座拈香作梵，二阿阇黎同音，教受戒者奉请释迦如来为得戒和尚，文殊师利菩萨为羯磨阿阇黎，弥勒菩萨为教授阿阇黎，十方一切如来为尊证。继之教以忏悔三世罪业及发十四大愿。最后，依《梵网经》宣说菩萨十重四十八轻（若授在家菩萨，六重二十八轻）戒相，授受问答方式与受比丘戒时略同。仪式完毕，戒师作礼下座，新戒归堂，三坛完毕。

戒期完毕，由传戒寺院发给“戒牒”及“同戒录”。从前宋代僧尼出家时领取度牒（出家僧籍证明书），受戒时领取戒牒（受戒证明书具有法律效力），都由政府颁发。传戒寺院只发一种“六念”。受戒时须呈验度牒，才能受戒（《庆元条法事类》卷五十道释令）。

到了明洪武永乐间（1368—1424）三次下令，许僧俗受戒之人，抄白牒文随身执照，凡遇关津把隘之处，验实放行（见明如馨《经律戒相菩萨轨仪》）。戒牒的作用遂成为僧尼旅行的护照。清初废止度牒，僧尼出家漫无限制，各地亦传戒频繁，而戒牒改由传戒寺院发给，其内容和形式遂极不一致了。

（林子青）

四　度牒

度牒是国家对于依法得到公度为僧尼的所发给的证明文件（度是说度之入道）。度牒在唐代也称为祠部牒，都是绫素锦素钿轴（北宋用纸，南宋改用绢，见《宋会要辑稿》第六十七册《职官十三》），就是品官所用的纶诰（其实物在日本还保存有最澄入唐所得的一轴，那上面详载僧尼的本籍、俗名、年龄、所属寺院、师名及官署关系者的连署）。僧尼持此度牒，不但有了明确的身份，可以得到政府的保障，同时还可以免除地税徭役。

宋赞宁据《唐续会要》载（会昌）六年（846）五月制："僧尼依前令两街功德收管，不要更隶主客，所度僧尼仍令祠部给牒。"赞宁因《续会要》上文有天宝二年事，遂认六年为天宝六年，而谓度僧给牒即从那时开始（《僧史略》卷中《管属僧尼》条），这是错误的。武后延载元年（694）僧尼即隶祠部，故祠部给牒也不见得如《僧史略》所载是从天宝六年开始。度牒的发给与登记僧尼名籍有关，南北朝既已有僧籍，度牒也可能开始于唐代以前。不过，它的发给究始于何年，现在还没有定论。

自从北魏北周两次摧毁佛教之后，直至唐初，全国僧尼还只有十万左右（《广弘明集》卷十二）显庆六年（661），高宗于天官寺度僧二十人（《旧唐书》卷四《高宗本纪》）。其后年有增加，中宗时尤甚：那时造寺费财数百亿，度人，免租庸者数十万（《旧唐书》卷一百零一《辛替否传》），并且公主外戚都请度人为僧尼，也有私出财造寺者，富户强丁都设法避役，几乎到处皆是（《旧唐书》卷九十六《姚崇传》）。当时僧尼之冒滥，可想而知。玄宗即位，姚崇秉政，因僧惠范附太平公主乱政，即谋沙汰僧尼（《旧唐书》

卷三十七《五行志》)，虽未能彻底施行，而唐王朝对于度僧事宜，已开始重视。天宝重申祠部给牒之令，也还有限制出家人数和遴选出家人才之意。唯僧尼受牒必须纳钱，因此度人为僧，统治者也有好处。早在唐代中宗景龙二年（708），就有卖度牒的弊政，即如身份很低的屠沽，用钱三万也可得度（《资治通鉴》卷二百零九）。后来，政局不稳定，这种收益更觉有必要。如天宝十四载（755），安禄山叛乱，军费增多，政府财政支绌，就派人到太原去纳钱度僧尼道士，十天左右得钱百万缗，因此第二年又度僧道收赀（《癸巳存稿》卷十二）。肃宗至德元年（756）"彭原郡以军兴用度不足"又"权卖官爵及度僧尼"（《旧唐书》卷十《肃宗本纪》)，当时度牒费贵至百缗（《佛祖统纪》卷四十）。安史之乱以后，国家财政逐渐稳定，大历十四年（779）代宗始令"自今更不得奏置寺观及度人"（《旧唐书》卷十二《德宗本纪》上）。其后纲纪隳弛，甚至地方官吏也往往以度人谋财利，如徐州节度使王智兴聚敛无厌，当敬宗生辰那一月里，即于泗州置僧坛度人以图厚利，江淮百姓皆结队渡淮（《旧唐书》卷一百七十四《李德裕传》)。当时剃了头发的人到达之后，各纳二缗，给牒即回，别无法事（见《全唐文》卷七百零六《王智兴度僧尼状》)。此外各地类此情形的不一。

宋代度牒，不仅有法定的价格，而且它的价格还随使用范围的扩大而与日俱增。元丰七年（1084）著令度牒每道为钱百三十千，夔州路至三百千，以次减为百九十千，元祐间定价为三百千。南宋绍熙三年（1192）定价为八百千。元丰至绍熙，百年间度牒价格增至六倍以上，而它的用途也异常宽泛。如北宋神宗时"河北转运司干当公事王广廉尝奏企度僧牒数千道为本钱于陕西转运司私行青苗法，春散秋敛"（《宋史》卷一百七十六《食货志》)。这样以度牒充青苗资本，限制高利贷者的盘剥，减轻人民负担，增加朝廷收入，算是第一类。神宗熙宁六年（1073）赐夔州路转运司度僧牒五百置市易于黔州，这样以度牒充市易本钱，防止大商人垄断物价，稳定市场，并增加朝廷收入，算是第二类。英宗治平四年（1067）"给陕西转运司度僧牒，令籴谷，赈霜旱州县"（《宋史》卷十四《神宗本纪》)。熙宁三年（1070）四月，“丁卯给两浙转运司度僧牒，募民入粟”（《宋史》卷十五《神宗本纪》）。熙宁七年（1074），“八月丁丑赐环庆安抚司度僧牒，以募粟，赈汉番饥民”（同书同卷）。南宋孝宗乾道三年（1167）八月，“四川旱，赐制置司度牒四百，备赈济”（《宋史》卷三十四《孝宗本纪》）。次年（1168），绵汉等州饥“五月癸亥出度牒千道，续减四州科调”（同书同卷）。八年（1172）十二月，“甲寅雨雹，以度僧牒募闽广民入米”（同书卷三十五《孝宗本纪》）。淳熙十四年（1187）七月，“辛酉，江西湖南饥，给度僧牒鬻以籴米备赈粜”，“八月辛未赐度牒一百道，米四万五千石备赈绍兴府饥”（同书同卷）。这样以度牒作赈饥之用，算是第三类。北宋徽宗大观元年（1107）闰十月二十六日诏：明州育王山寺掌管仁宗御容僧行可，赐师号，度牒各二道，用为酬奖（《宋会要辑稿》第二百册道释一）。南宋高宗建炎元年（1127）五月一日敕，暴露遗骸许所在寺院埋瘗，每及一百人，令所属勘验，申礼部给度牒一道。绍兴二年（1132）改为每及二百人给度牒一道（出处同上）。次年（1133）九月七日，陕西诸路都统制兼宣抚处置司都统制吴玠，母刘氏坟寺乞赐名额。诏以报功显亲院为额，仍岁给度牒一道（同上）。乾道六年（1170），湖州马墩镇行者祝道诚收葬运河遗骸千二百六十有余，蒙赐度牒并给紫衣剃度（同上）。八年（1172）二月建康府僧普立童行彭普海“以管乾皇兄元懿太子道殡所香火已及三年赐度牒一道”。五月饶州饥，僧绍禧行者智修煮粥供赡计五万一千三百六十五人，僧法传行者法聚煮粥供赡计三万八千五百六十一人，诏行者智修法聚各赐度牒披剃（同上）。九年（1173）三月叙州男子郭惠全自少出家，母死，负土成坟，孝节感著，赐度牒一道披剃为僧（同上）。这样以度牒旌表有功或孝节，算是第四类。南宋时期，军事倥偬，财政支绌，朝廷还往往以度牒充军费，如绍兴九年（1139）八月乙丑，“给新法度牒紫衣师号钱二百万缗，付陕西市军储”（《宋史》卷二十九《高宗本纪》）。绍兴十一年（1141），宋金激战于庐州，“三月庚子朔张俊进鬻田及卖度牒钱六十三万缗助军用”（同书同卷）。宁宗嘉定十一年（1218）正月，乙未“以度僧牒千给四川平费”（同书卷四十《宁宗本纪》)。理宗淳祐七年(1247)四月庚戌,“出缗钱千万,银十五万两,祠牒千绢万并户部银五千万两付督视行府赵葵调用”(同书卷四十三《理宗本纪》)等都是,算是第五类。此外,朝廷还以度牒经营商业,如北宋神宗熙宁七年(1074),“遣三司干当公事李杞入蜀,经划买茶于秦凤熙河博马,而韶言西人颇以善马至边,所嗜唯茶,乏茶与市,即诏趋杞据见茶计水陆运致。又以银十万两帛二万五千,度僧牒五百付之,假常平及坊场余钱,以著作佐郎蒲宗闵同领其事”(同书卷一百八十四《食货志》),算是第六类。后来,朝廷还以度牒帮助改革币制,如南宋光宗绍熙三年(1192),“出度僧牒二百收淮东铁钱”(同书卷三十六《光宗本纪》),算是第七类。总之,宋朝一代,度牒可以作为货币来应用。

度牒领得之后,可以免丁钱避徭役,保护赀产,这是唐到北宋的一般现象。因此豪强兼并之家,公然冒法,买卖度牒,从中取利,甚至有伪造度牒的(《宋会要辑稿》第六十七册《职官》十三)。南宋时代,因疆域缩小,朝廷收入减少,所以在绍兴十五年(1145)正月辛未,又命“僧道纳免丁钱”(《宋史》卷三十《高宗本纪》)。乾道七年(1171)“诏寺观毋免税役”(同书卷三十四《孝宗本纪》)。淳熙五年(1178)正月“癸卯罢特旨免臣僚及寺观科徭”(同书卷三十五《孝宗本纪》)。这样,就连持有度牒的僧尼,也不能免除税役了。不过他们还可以享受其他种种权利,度牒仍有它一定的价值,所以到绍兴二十七年(1157)州县还有出卖亡僧度牒而不缴申祠部的情形(《宋会要辑稿》第二百册道释一)。

明代僧尼依然给牒,明太祖洪武十四年(1381),诏天下编赋役黄册规定“僧道给度牒,有田者编册如民科,无田者亦为畸零”(《明史》卷七十七《食货志》)。清世祖顺治八年(1651)免纳银给牒。其后又将田赋(土地税)和丁税(人头税)归并为“地丁”一种赋税。以地归丁,不须报牒免役。但为了限制僧尼的数量,依然严行发给度牒的制度,一直沿用到乾、嘉时代,后来何时废止(见《大清会典·事例》),还不清楚。

(田光烈)

五　清规

清规是中国禅宗寺院（丛林）组织的规程和寺众（清众）日常行事的章则，也可说是中世以来禅林创行的僧制。本来中国佛教从东晋道安首创僧尼规范三例以后，即随时有在戒律之外别立禁约之举，如支遁立众僧集仪度，慧远立法社节度，乃至梁武帝造光宅寺于金陵，命法云为寺主，创立僧制，用为后范，皆是其例（见《大宋僧史略》卷中《道俗立制》条）。到了中唐，禅宗盛行，百丈怀海禅师痛感禅僧住在律寺内，虽另处别院，但于说法住持，都不能合法。于是，他于元和九年（814），别立禅居之制：尊“长老”为化主，处之“方丈”；不建佛殿，只树“法堂”，学众尽居“僧堂”，依受戒年次安排；设“长连床”，供坐禅偃息；合院大众“朝参”“夕聚”，长老上堂，徒众侧立，宾主问答，激扬宗要；“斋粥”随宜，二时均遍；又行“普请”法，上下均力；事务分置十“寮”，置首领主管等等（见《景德传灯录》卷六末附《禅门规式》）。这些就成了丛林新例，与律法不同（见《僧史略》卷上《传禅规法》条）。世人即称为《百丈清规》。

《百丈清规》流行到北宋，历时既久，沿革自多，未免混乱，故崇宁以后，历有增订。现可考见的，在崇宁二年（1103）有真定宗赜搜集诸方行法，重编为《禅苑清规》十卷，亦称《崇宁清规》，百丈之作乃被称为“古规”。后至南宋咸淳十年（1274），又有金华惟勉悉假诸本，参异存同，编成《丛林校定清规总要》二卷，又称《咸淳清规》。再后到元代至大四年（1311），东林弌咸又参考诸方规则，改定门类编次，并详叙职事位次高下等，成《禅林备用清规》十卷，又称《至大清规》。这些虽是比较通行之本，但不能使诸方统一而毫无增损。因此，元顺帝元统三年（1335），更由朝廷命江西百丈山住持德辉重辑定本，并由金陵大龙翔集庆寺住持大䜣等校正。德辉乃取《崇宁》《咸淳》《至大》三本荟萃参同，重新诠次，又删繁补缺，折衷得失，分成九章，厘为二卷。此本即名《敕修百丈清规》，颁行全国，共同遵守。虽其名仍为《百丈清规》，而内容精神已去古益远，面目全非。从明迄今，数百年间，都通行此本，只分卷略有出入而已（明藏本改刻为八卷）。

通行本《百丈清规》的九章中，前四章主要规定关于祝圣、国忌（帝王、王后忌日）、祈祷、佛诞节、涅槃节、达摩忌、百丈忌及各寺历代诸祖忌等仪式。这些都是律所未定，古规没有的（古规是以僧徒受戒或住持入院开始的）。从此以下，才算是丛林本身的规章制度。第五章“住持”，是关于住持上堂、晚参、普请、入院、退院、迁化、荼毗、议举住持等一系列的规定。第六章“两序”，是关于丛林东西两序的头首、知事。西序：首座、知藏、知客、书记、衣钵、侍者、汤药等。东序：都监、维那、副寺、典座等。列职：寮元、化主、园主、水头等各职事的规定。第七章“大众”，是关于沙弥得度、登坛受戒、道具形式、游方参请、坐禅、普请及料理亡僧后事等的规定。第八章“节腊”，是关于大众入寮、建楞严会、四节念诵茶汤、结制礼仪、朔望巡堂、月分须知等的规定。第九章“法器”，是关于钟、板、鱼、磬、椎、鼓等号令法器的说明及其打法的规定。这九章的规定极详，但关于僧众的一般行事，现代丛林仍另订有《共住规约》，为全寺所共同遵守；又丈室、库房、客堂、禅堂等各处，也另有规约，明定办事的细则。

现在丛林中实行清规的主要情况，约略如次：

一、结夏与结冬　丛林每年以结夏（即结夏安居，亦称结制）、解夏（亦称解制）、冬至、年朝为四大节，极其重视。结夏、解夏，系遵印度原制；冬至、年朝，则依中土风俗。结夏期日原为四月（前安居）或五月（后安居）的十五日，解夏则在七月或八月的十五日，但从元代以来，各提前一日讲习礼仪，以便期内得专心修道。另外，在每年从十月十五日到次年正月十五日的九旬期间，丛林中也结制安居，称为结冬。这是仿照结夏制度集合江湖衲僧来专修禅法的，故名为“江湖会”。清代以来，丛林曾有只结冬而不结夏的反常现象，后经纠正，仍以结冬坐禅、结夏讲经学律等为惯例（见《清规证义记》卷八）。近代著名丛林如宁波天童寺等，都实行这样“冬参夏讲”的制度。

二、安单　丛林的成员通称清众。凡曾受具足戒的比丘，衣钵戒牒俱全的游方到寺，都可挂搭（亦称挂单），暂住于旦过寮（又称云水堂）。如挂搭已久，知其行履可以共住的，即送入禅堂，名为安单，从此成为清众，随同结夏。一般丛林都从四月一日起，照规入夏，禁止游方，锁旦过寮。至八月一日，始开寮重新接众。又丛林安单亦分春冬两期，春期自正月十六日起至七月十五日止，冬期自七月十六日起，至次年正月十五日止。在正月、七月期头进禅堂者，名为大进堂。

三、大请职　此即一寺的人事安排，为丛林冬期的重要行事，一般于每年八月十六日举行。事先半月，由客堂开具新进堂禅众和旧住的名单，送住持查阅。至八月十四日，住持召集客堂、禅堂、库房诸头首共议请职。十六日大众齐集大殿月台，知客点名，依次进殿，宣布职事名单并讲清规，新请职事即到法堂谒住持，又到禅堂行十方礼，再依职送位。

四、贴单　此为一寺职事及常住人员名单的公布，例于每年十月十五日举行。事先客堂与维那将合寺人员戒腊久近开具清单，送与住持、写成单票（每条四字，职序在上，法名在下）。十四日，客堂挂“贴单”牌，到十五日，住持入堂说法，为首座贴单，其余由维那贴，以职事大小，戒腊先后为序，再各按名位顺次送单。凡单上有名的，都是一寺常住的成员。

五、打七　此是结冬中的重要行事。丛林坐禅通例从九月十五日起加香，即延长坐禅时间。又从十月十五日至次年正月七日举行禅七，每七天为一期，谓之打七。此为禅众剋期取悟的禅会，或打七七，或打十七，不定。每一禅七的起解，称为起七和解七，各有规定仪式。

六、普请　即普遍邀约大众劳作的制度，亦称出坡。此制在唐代即已行于各地，如开成四年（839）九月二十八日，日僧圆仁入唐巡礼至山东赤山院，记载目睹的情形说，当院始收蔓菁萝卜，院中上座等尽出拣叶；如库头无柴时，院中僧等不论多少，尽出担柴去（见《入唐求法巡礼行记》卷二）。不过，此种制度原来由于倡导农禅，凡耕作摘茶等作务都以普请为之。后世普请只限于轻微劳动，如四月佛诞摘花、六月晒藏、晒荐、平时园中摘菜、溪边搬柴以及节前寺舍扫除等，皆偶一为之而已。直到今天，始见恢复原来的精神，已有丛林以劳动为佛事之一的新制。

七、岁计　是丛林岁末的会计报告。在现存的唐代文献中还有此种记载。如开成三年（838）十二月二十九日，日僧圆仁至扬州开元寺，记云：众僧参集食堂，礼佛上床坐，有库司典座僧于众前，读申岁内种种用途账，令众闻知（见《入唐求法巡礼行记》卷一）。岁计原行于岁末，由住持审查各种簿册，但现在丛林的会计报告，多每月举行一次，由住持召集禅堂班首、维那、客堂知客、僧值、库房都监、监寺等，于丈室行之，称为算账（见《高旻寺丈室规约》）。

八、肃众　即僧众违犯清规的处分。古规，清众中生事违规者由维那检举，抽下挂搭衣物，摈令出院，以安清众。或有所犯，即以拄杖杖之，集众烧衣钵道具，遣逐从偏门出，以示耻辱（见《景德传灯录》卷六末附《禅门规式》）。后世遵此，对于三业不善不可共住的禅僧也以香板相责，并迁单摈出。在《清规》中还明定肃众办法，除刑名重罪例属官厅处置外，若僧中自相干犯，都以清规律之，随事惩戒，重则集众捶摈，轻则罚钱、罚香、罚油，而榜示之。又摈出犯规者，还要将摈条实贴山门，鸣大鼓三通，以杖攻出（见《清规证义记》卷五）。

九、榜状牌示　丛林行事通知的方法，通常有知单、贴榜、书状、牌示等。如住持宴请首座或远来尊宿等茶汤，皆开列名单，由侍者报知，谓之知单。方丈、库司招待大众茶汤的请柬则用榜，首座请柬用状。方丈请首座，榜贴于僧堂前东边牌上，库司请首座，榜贴于西边牌上。首座请下头首茶，状贴于僧堂前下间板上。丛林从来最重茶礼，有谢茶不谢食之说。又丛林行政性的通知，用挂牌方式传达，名为牌示。用挂牌地点随各种行事而不同。如结夏、诵戒、请职、贴单、普佛等牌示，皆挂斋堂前；上堂、秉拂、祈请、祷雨，挂大殿前；起七、解七，挂禅堂前；升座、免礼等，挂内韦驮殿前（见《高旻寺规约》）。

十、钟鼓法器　此为丛林号令所寄，鸣扣各有常度。凡禅堂坐参、佛殿诵念、食堂斋粥、升堂集众、普请巡寮、入浴送亡等一切行事，都依钟鼓等号令进行。如集众上殿则僧堂鸣钟，长老升堂则法堂击鼓，报众同赴。普请则开梆、催板，新住持入院则钟鼓齐鸣。凡止静、开静、念诵、斋粥等行事，从朝到暮，钟鼓交参，遂形成丛林一定的礼法。

（林子青）

六　课诵

课诵是佛教寺院定时念持经咒、礼拜三宝和梵呗歌赞等法事，因其冀获功德于念诵准则之中，所以也叫功课。

按瑜伽有四种念诵：音声念诵（出声念）、金刚念诵（合口默念）、三摩提念（心念）和真实意念（如字修行）。本文主要谈第一种，即所谓“清净在音闻”。追溯古代，先是经咒和梵呗等简单的念诵，晋代以后发展出忏法，再后又有《水陆》《焰口》等，唱念趋于复杂。唐代马祖建丛林，百丈制《清规》。赵宋以后，特别是明代丛林中普遍形成了朝暮课诵（也叫“二时功课”、“二课”或“早晚课”）制，与经、忏等法事相并列而成另具一格的寺院风尚。

关于课诵的最早记载，见于《吴书·刘繇传》附记后汉笮融的事迹里，该记说：“笮融者，丹杨人，初聚众数百，往依徐州牧陶谦，谦使督广陵、彭城运漕。”遂“坐断三郡委输以自入，乃大起浮图祠……重楼阁道，可容三千余人，悉课读佛经，令界内及旁郡人有好佛者听受道”。这种课读，当是随着西域等地的佛教翻译家们传来的。在《法华经·法师品》里有：受持法师、读经法师和诵经法师就是明证。唐玄奘译的《大唐西域记》里也说到卑钵罗石室苾刍设坛念诵的故事。在东晋《高僧法显传》中，记述古代斯里兰卡佛牙出行礼拜念诵（法事）的盛况云：“狮子国（斯里兰卡）……佛齿，当出至无畏山精舍，国内道俗欲植福者，各各平治道路严饰巷陌……然后佛齿乃出中道而行，随路供养到无畏精舍佛堂上，道俗云集，烧香燃灯，种种法事，昼夜不息，满九十日，乃还城内精舍。”以礼拜念诵为主的种种法事，昼夜不停，同我国宋代以来丛林下的九旬胜会和一些地区的佛诞等节日有类似之处。唐玄宗曾经诏不空诵《仁王经》，代宗“敕百沙门于禁中念诵谓之内道场”，又敕“灌顶道场，选沙门二十七员，为国长诵《佛顶咒》”（《佛祖统纪·祈祷灾异》）。朝廷如此提倡，寺僧如何当可想见。《佛祖统纪》卷五十三在《持诵功深》条下，列举了从东晋安帝（397—419）到南宋光宗（1190—1195）历七百余年道俗念诵佛经的突出事例十九起，可见，提倡课诵，历史悠久。

古代印度和印尼等国佛教流行的地区，普遍讽诵马鸣所作的赞佛诗歌（《佛所行赞》）。他们认为该诗字少义多，能使“读者心悦忘倦”（唐义净《南海寄归内法传·赞咏之礼》）。这相当于我国的赞呗念诵。

我国曹魏陈思王诵读佛经，“制转赞七声昇降曲折之响”，又作《鱼山梵》（亦称《鱼山呗》）六章，“纂文制音，传为后式”（《法苑珠林》卷三十六《呗赞篇》）。

古代印度讽诵佛经是奉行的“三启”仪制，首先颂扬马鸣所集的赞佛诗文，其次正诵佛经，然后陈述回向发愿。全过程是“节段三开”，所以叫作三启。“经了之时，大众皆云苏婆师多”，“或云娑婆度”（同前《赞咏之礼》）。这种“三启”式的念诵法，就是我国汉地古今法事念诵的基本仪制。举行任何一堂法事，总是安排先赞（或《香赞》，或《赞偈》等），次文（经咒本文、有关仪文等），末了回向发愿（或偈或文，或偈文兼举）这种基本形式。只是后缀的大众同声念苏婆师多或娑婆度，在汉地念诵仪里少见，但也有某些法事的文末称“善”或“善哉”的。娑婆度就是善哉之意。苏译为妙，婆师多译为语，意思是赞叹经文为微妙语。

我国的念诵仪制始创于东晋道安，他制僧尼轨范三则：一曰行香定座上讲之法（即讲经仪）；二曰常日六时行道饮食唱时法（即课诵斋粥仪）；三曰布萨差使悔过等法（即道场忏法仪）。这三条对佛教的影响极为深广，为后来各种法事议制的开端。宋明以来寺院逐渐普遍奉行的朝暮课诵，当亦导源于此。

南朝梁代就有到舍宅为寺“别营小室，朝夕从僧徒礼诵”的记载（《古今图书集成·神异典·释教部》）。唐百丈怀海“别立禅居”，“合院大众朝参夕聚”（见《景德传灯录》卷六附《禅门规式》）。《大宋僧史略》卷上《别立禅居》条下更引伸说，百丈怀海“有朝参暮请之礼，随石磬鱼为节度”。元朝廷令百丈山德辉编订《敕修百丈清规》的《殿钟》条下载明：“住持朝暮行香时”鸣钟七下。同书《磬》条下又载：“大殿早暮住持知事行香时”值殿者鸣磬，“大众看诵经咒时”鸣磬。可见禅僧修行，此时已具备朝暮课诵的雏形。在北宋《崇宁清规》和南宋《咸淳清规》中还属阙如。不过，后来《朝暮课诵》所定的内容，包括晚课《蒙山施食》在内的大部分，全是宋人分别集、撰而成，这可说明当时已有某些寺院，甚至某些地区实行早晚课，只是还不普遍，所以直到宋末的《咸淳清规》里还没有明确的反映。明清之际，朝暮课诵渐趋定型，奉行的范围遍及各宗各派大小寺院和居家信徒，成为所有丛林必修的定课。例如，明通容编《丛林两序须知》规定：首座“早晚课诵勿失”、书记“早晚随众课诵”和监寺“早暮勤事香火课诵勿失”，等等。莲池的《云栖共住规约》上集末规定：“晨昏课诵，不得失时偷懒，违者依例罚钱十文。”同书附集《学经号次》条下又有“晨昏”定课的规定。清仪润的《百丈清规证义记》卷八等更明确了早晚课诵的具体内容，并在《禅堂规约》条下规定“行坐课诵受食出坡等不随众者罚”。

古代印度著名的那烂陀寺，也有课诵的规定，但与我国不尽相同。唐义净在记述那烂陀寺的礼诵时说：“那烂陀寺人众殷繁，僧徒数出三千，造次难为详集。寺有八院，房有三百，但可随时当处自为礼诵。然此寺法差一能唱导师，每至晡西（下午三到五时），巡行礼赞。净人童子持杂香花，引前而去，院院悉过，殿殿皆礼。每礼拜时，高声赞叹，三颂五颂，响皆遍彻，迄乎日暮，方始言周。”（义净《南海寄归内法传》卷四）斯里兰卡的“坎第”胜区，当地常常有人于鸡鸣时攀跻高峰瞻礼佛迹。

我国古德定日课于朝暮二时，自有其依据。《二课合解》的作者观月兴慈在叙述古哲为什么要建立课诵于早晚时指出："朝暮不轨，犹良马无缰。"（《重订二课合解自序》）这是说佛徒朝暮需以课诵来作为自身的轨范。朝指五更，为日之始、昼三时之初，佛徒从钟声破夜警醒而起，盥洗毕，即上殿课诵，则期思惟以还净。暮为日晡，隶属昼三时之末，功课礼诵，乃冀觉昏而除昧。所以二时功课之设，成为佛教寺院通行的重要规制。

二时课文，全属大乘藏摄。如《楞严》《大悲》等咒，《阿弥陀经》《忏悔文》《蒙山施食》以及称念佛号。因此，礼诵课文的人要做到：身体端肃，口出清音，意随文观。二课全文，分为三个部分：一、早自《楞严咒》始，晚从《弥陀经》起，各至称念佛号、三菩萨止为课诵正文。二、在三菩萨后，早晚各有回向文和三皈依为普结回向。三、每逢朔望等还有二时祝赞等为祝祷护神。兹依次简介如下：

一、课诵正文　早课首先是《大佛顶首楞严神咒》，简称《楞严咒》。梵语首楞严，译为一切事究竟坚固。咒字前人主张不译不解，但后来有人指出为"明"，持咒义为持明。此咒五会，总名为《佛顶光明"摩诃萨怛多"（译大白）"般怛啰"（译伞盖）无上神咒》，是与《楞严经》（显义）相依持的密义。宋、元以来一直盛行，特别是南宋和元两代，丛林每年于安居结制中定有三月（农历四月十三至七月十三）为期的楞严会制，节日、祝厘、祈祷、荐亡等无不讽诵。所以被定为日课之首。

在念《楞严咒》之前，还要先诵与此密切关连的阿难赞佛发愿偈十八句。依《朝暮课诵》顺序：《楞严咒》后为《大悲咒》《十小咒》和《心经》，但多数丛林不诵《大悲》《十小》咒，径由《楞严咒》接诵《心经》。

《心经》，全称为《般若波罗蜜多心经》一卷，唐玄奘译，流通讽诵，皆用此本。不同的译本现存的有法月译题名《普遍智藏般若波罗蜜多心经》等六种，此外还有已佚译本，藏、蒙、满文等译本，大体与法月译本相近。本经文旨，原出于大部《般若经》内有关舍利子的各品，即唐译《大般若经》第二分初，《缘起》《欢喜》《观照》《无等等》四品——《大般若经》卷四百零一至四百零五，各品佛说和舍利子问答般若行的意义和功德，本经是其中的撮要单行，以故译本略去首（序）尾（流通）二分。实为大部《般若》之中心，该六百卷经义，所以题名叫《心经》。

《心经》末了，唱颂整个般若部的总题，《摩诃般若波罗蜜多》三称，接唱“上来现前清净众，讽诵楞严秘密咒”等十二句回向偈，结上起下，功德回向十界，祝愿国泰民安。连唱念佛赞偈八句，颂扬弥陀因地发愿，果圆度生。此二偈前者是宋真歇清了所作，后者为择英所撰。赞偈接念佛号绕行，归位后称三菩萨，早课正文完毕。

晚课首先是《佛说阿弥陀经》，又名《一切诸佛所护念经》，姚秦鸠摩罗什译，是净土宗的主要经典之一。不同译本有唐玄奘《称赞净土佛摄受经》等。其主要思想是广陈极乐依、正庄严令人起信，特劝发愿求生和持名立行。经后附诵《拔一切业障根本得生净土陀罗尼》（即《往生咒》）三遍。接诵《礼佛大忏悔文》。梵语忏摩，华言悔过。忏悔一词是华梵结合。忏表消除已往的宿业，悔意不造未来的新愆。忏悔全文为四个部分所组成：第一“大慈大悲愍众生”四句偈为赞礼诸佛；第二从“南无皈依”至“阿弥陀佛”为皈依三宝；第三自“如是等”至“我今皈命礼”为忏罪陈善；第四由“所有十方世界中”至末了为发愿回向。此文是宋不动依《三十五佛名礼忏文》整理，前增五十三佛，后缀法界藏身阿弥陀佛和普贤十大愿偈，共成一百零八顶礼，以表愿断一百零八烦恼之意。百零八礼的礼法是：初四句、金刚上师、皈依佛法僧三句、“我今发心”至“三菩提”、尽虚空一切诸佛、一切尊法、一切贤圣僧各一礼，如来十号一礼，八十九佛八十九礼，“如是等”至“今皆忏悔”“今诸佛世尊”至“我今皈命礼”、所有十方世界中八句、于一尘中尘数佛八句、以诸最胜妙华鬘十二句、我昔所造诸恶业四句、十方一切诸众生四句、十方所有世间灯四句、诸佛若欲示涅槃四句、所有礼赞供养福四句、愿将以此胜功德十六句各一礼，合满其数。在唐不空译的《三十五佛名礼忏文》卷末附有说明：“右此三十五佛名并忏悔法，……五天竺国修行大乘人，常于六时礼忏不阙。……”可知礼忏一法很早就是天竺大乘人的常课。我国古人虽把忏悔课文定为百零八礼，实际除了个人如法礼诵而外，在丛林里多是跪诵而不礼拜。《忏悔文》后为《蒙山施食》。蒙山是宋不动修行居处，位属四川雅州。他认为讽诵和忏悔而后，就应利及幽冥。所以依据密部教典集成施食仪文，共十二段，始从“若人欲了知”（《华严经》偈），终至回向，加赞偈念佛，称三菩萨，晚课正文告竣。

二、普结回向 大乘佛教的任何礼诵等法事，后面总是随着回向仪文，意思是把所修功德回转过来（从自己转向他人、各方，从事相转向理体等），向给各个方面，类属发愿；往往又与发愿文合在一起称作回向发愿文。朝暮课诵在三菩萨后就是此文。一般丛林之下，早课用引磬跪唱《普贤菩萨十大愿王》，即“一者礼敬诸佛”至“十者普皆回向”十句，又名《十者》。有的丛林不唱《十者》，而唱《怡山文》或《华严文》；后接“四生九有”等四句，普为众生发愿；再接三皈依早课毕。晚课在三菩萨后，也同样用引磬跪白“十方三世佛”等《大慈菩萨发愿偈》或宋遵式所作“一心皈命”等《小净土文》。接着是《警策大众偈》和《普贤警众偈》。前者是《出曜经》中叙述佛陀因见三条大鱼被惊涛浸灌，流入浅水，各自争脱厄难的情景而说的“是日已过，命亦随减，如少水鱼，斯有何乐”偈。后者“大众当勤精进，如救头然，但念无常，慎勿放逸”。是警策行人应当奋勇前进，不可稍有松懈。此二偈合在一起，很早就为丛林念诵仪中采用，北宋《禅苑清规》卷二《念诵》条下采录此文，以后各种《清规》和《念诵集》也多收录。晚课最后也与早课一样，以三皈依告竣。

三、祝祷护神 朝暮课诵，按说到了三皈，就算结束。但每逢朔望，还有早祝韦驮、晚祝伽蓝等举。自从唐道宣《感通录》载了南天王部下的韦将军周行东、南、西三洲，保护佛教的故事传出后，佛寺对此颇感兴趣，因而后来渐渐形成韦驮的塑像，为寺院的主要护法神之一，号称韦驮菩萨。伽蓝是梵语，义为众僧园，即僧人同修共学和生活的园地。据记载：佛世有美音等十八位护法神保护伽蓝；我国陈、隋以来佛教界流传着关羽归佛等故事，所以在伽蓝神里，后来有了他的塑像。祝韦驮：是在早三皈后举念“南无护法韦驮尊天菩萨”三称，《天女咒》三遍，唱《韦驮赞》。祝伽蓝：是在晚三皈后，仪与祝韦驮同，只是念诵与唱赞的内容更换。一年四节（结夏、解制、冬至、农历元旦）进行祝圣报国土恩：早课唱《宝鼎》《圣无量寿光明王咒》，白《大祈祷文》，称念护国仁王菩萨摩诃萨，接《楞严咒》做早课。此时悦众同监院等一班人出殿门，依次至四圣前做小祈祷。先至韦驮前站班毕，唱“香云盖”三称，念《天女咒》三遍，“南无护法韦驮尊天菩萨”三称，悦众白《祈祷文》，唱《韦驮赞》毕。然后依次伽蓝、祖师、监斋前，仪同，念诵、白文和唱赞各各更换。

此外，每逢佛、菩萨、祖师等诞、忌和成道等祝仪；午前殿、堂上供等仪，具如《禅门日课》所载，兹不赘述。

（王新）

七　国师

“国师”是我国历代封建帝王对于佛教徒中一些学德兼备的高僧所给予的称号。我国高僧获得国师称号的，一般以北齐时代（550—577）法常为嚆矢。据《佛祖统纪》卷三十八说，北齐文宣帝天保元年（550），诏高僧法常入宫讲《涅槃经》，尊为国师；国师的名称以此为始。同时又以沙门法上为大统（僧官），统治天下僧尼，亦尊为国师。但从唐法琳的《辩正论》卷三“（僧）实国师”的记载看来，则在北周时似已有国师的称号了。

宋志磐《佛祖统纪》卷四十三述国师称号的由来说：“自古人君重沙门之德者，必尊其位，异其称，曰僧录、僧统、法师、国师。入对不称臣，登殿赐高座，如是为得其宜。”因此，后来有些学德兼备的高僧，常被当时帝王尊为国师。

不过，这种国师的称号，在印度和西域早已流行。《大宋僧史略》卷中《国师》条说：“西域之法，推重其人，内外攸同，正邪俱有。昔尼犍子信婆罗门法，国王封为国师。内则学通三藏，兼达五明，举国皈依，乃彰斯号。”《中阿含经》卷十五《转轮王经》记刹利顶生王时，国师梵志巡行国界……这是婆罗门为国师的例子。又《出三藏记集》卷十一《诃梨跋摩传序》记载，佛灭九百年时，有个印度外道论师，想阻止巴连弗王崇敬三宝，就到摩竭陀国来活动。王即募境内学者说，谁能以辩论折服外道的，当奉为国师。诃梨跋摩应募而至，折服了这个外道。王及臣民非常高兴，即与全国人民奉为国师。《慈恩传》卷四也说，印度胜军论师，学德兼备，摩揭陀王很敬重他，便派特使邀请，立为国师。

佛教东传以后，西域也有国师的称号。如前秦建元十八年（382）时，西域车师前部王弥第来访长安，其国师鸠摩罗跋提同来，献胡语《大品般若经》一部（《出三藏记集》卷八《摩诃钵罗若波罗蜜经抄序》）。又高僧鸠摩炎（即鸠摩罗什之父，他从印度到龟兹，娶其王妹而生罗什），聪明有志节，舍相位出家，东度葱岭。龟兹王闻名敬慕，自出郊迎，请为国师（《出三藏记集》卷十四《鸠摩罗什传》）。此外，汉地高僧也有为当时西域国师的。如陇西高僧法爱，深解经论，兼通术数，为西域芮芮（亦称蠕蠕或柔然国）国师，俸以三千户（《高僧传》卷八《法瑗传》）。

当中国南北朝时代，由于统治者的需要和支持，许多高僧赖以开展活动，佛教获得很大的发展。当时许多高僧虽没有国师的称号，但受贵族王侯崇信，被称为家师、门师等。特别是在北朝，如魏文成帝奉沙门统昙曜以师礼，孝文帝称呼《成实论》讲师道登为“朕之师”，北凉沮渠蒙逊对于昙无谶，后赵石勒、石虎对于佛图澄，前秦苻坚对于道安，后秦姚兴对于鸠摩罗什等的尊敬，都是相当于国师的礼遇。至北齐文宣帝时，更正式尊称法常为国师。元代法洪所撰的《帝师殿碑》（1321）说：“古之君天下者皆有师，惟其道之所存，不以类也。故赵以佛图澄为师，秦以罗什为师。夫二君之师其人也，以其知足以图国，言足以兴邦，德足以范世，道足以参天地赞化育，故尊而事之，非以方技而然也。”（《佛祖历代通载》卷二十二）

南朝陈宣帝，曾以天台智顗为菩萨戒师，隋炀帝也同样以智顗为菩萨戒师，故有时也号为国师（《僧史略》卷下）。隋炀帝时之智顗（早亲南岳大师，修法华三昧，隐居钟山），炀帝屡诏，请问法要，礼为国师（《佛祖统纪》卷九）。唐高祖时之智满，亦有国师的称号。唐代三百年间，佛教各宗高僧被尊为国师的很多。禅宗的神秀，历武后、中宗、睿宗、玄宗四朝，皆号为国师。嵩山老僧慧安被称为老安国师，慧忠被称为南阳国师，知玄被称为悟达国师，无业被称为大达国师。密宗方面，金刚智寂后，谥为灌顶国师。不空为帝灌顶，赐号智藏国师。净土宗有南岳法照为代宗时代的国师。华严宗的澄观，于贞元十五年（799）入宫阐说华严宗旨，德宗赐以大统清凉国师之号；法藏则被封为康藏国师。祖琇在《隆兴编年》卷十五说："吾释之盛，莫盛于唐，凡三百年间，以道德为天下宗师者不可悉数。"从以上人物看来，此说是符合事实的。

五代时期，虽然战乱不停，但那些割据一方的小国对于高僧的赐号仍见流行，西蜀后主赐无业为祐圣国师，吴越王以天台德韶为国师，南唐以文遂为国大导师，闽王王审知以鼓山神晏为兴圣国师。

宋代佛教是禅宗的全盛时代，禅僧获得赐号者极多，未见有国师的称号。但日本天台宗高僧成寻于宋时来访我国，至开封谒见神宗，神宗赐以善慧大师之号；寂后敕葬于天台山国清寺建塔，赐题"日本善慧国师之塔"（常盘大定《日本佛教之研究》二百六十四页）。

辽代崇信佛教，不少僧徒兼任朝廷高官。《契丹国志》卷八说："（兴宗）尤重浮图法，僧有正拜三公、三师兼政事令者，凡二十人。"著名高僧非浊于重熙十八年（1049）为上京管内都僧录，清宁二年（1056）晋至检校太傅太尉，赐纯慧大师之号。他的老师就是著名的燕京奉福寺圆融国师。圆融名澄渊，著有《四分律删繁补阙行事钞详集记》十四卷，《科》三卷，称为燕台奉福寺特进守太师兼侍中国师圆融大师赐紫沙门（《奉福寺尊胜陀罗尼石幢记》，《辽史拾遗》卷十六）。

到了金代，国师的名义更见明确。《大金国志》卷三十六《浮图》条说："浮图之教……在京曰国师，帅府曰僧录、僧正，列郡曰都纲，具曰维那。……国师，在京之老宿也，威仪如王者师，国主有时而拜。服正红袈裟，升堂问话讲经，与南朝等。"

元代的国师，兼有政教的权力；由于朝廷过分宠信喇嘛，造成了许多流弊。元史《释老传》记当时帝师的权力说："乃郡县土番之地，设官分职，而领之于帝师。……帅臣以下，亦必僧俗并用而军民通摄。于是帝师之命，与诏敕并行于西土。……虽帝后妃主，皆因受戒而为之膜拜。……

其徒怙势恣睢，日新月盛，气焰熏灼，延于四方。”世祖忽必烈于中统元年（1260）以帕思巴（1239，一说1235—1280）为帝师，授以玉印，统释教。至元六年（1269）奉敕新制蒙古字（亦称帕思巴文字）成，升号为帝师大宝法王，更受赐玉印。至元十七年（1280）以四十二岁（或云四十六岁）入寂，帝极哀悼，赐以“皇天之下一人之上开教宣文辅治大圣至德普觉真智佑国如意大宝法王西天佛子大元帝师”的尊号（《佛祖历代通载》卷三十二）。至元初，设立释教总制院，命国师管领释教僧徒及西藏事，同二十五年改为宣政院。其后对于西藏喇嘛特赐或追谥为帝师、国师、三藏国师、灌顶国师者，不胜枚举。

汉族僧人受元朝尊为国师的也有九人，世祖时代的海云国师（1202—1257）最为著名。海云名印简，山西岚谷宁远人，道行孤高，为朝野所重，卓锡燕京庆寿寺。太子生时，诏海云国师摩顶立名。寂后筑塔燕京；元初新筑京城，监筑者谋毁海云国师塔，两雉相合，奏帝欲去其塔。帝云：海云高僧，筑城围之；贵僧之德，千古不磨（其行状详载于近年北京市发见的王万庆撰《大蒙古国燕京大庆寿寺西堂海云大禅师碑》及《佛祖历代通载》卷三十二、三十五）。大德五年（1301）成宗建大万圣祐国寺于五台山，诏求开山第一代住持，帝师迦罗斯巴推荐洛阳白马寺住持华严学僧文才（号仲华，1241—1302），成宗即铸金印，署他为真觉国师（《佛祖通载》卷二十二）。万松行秀为金、元两朝禅宗第一流人物，深受名相耶律楚材等王侯皈依。佛教史籍虽未见他有国师之号，但元代日僧邵元所撰《山东灵岩寺息庵禅师道行碑记》所云：“大万松雨（秀？）国师下，有雪庭总统，三世而继其灯，息庵也。”万松之为元代的国师也是无疑的（塚本善隆《日支佛教交涉史研究》九十八页）。天目山中峰明本禅师于至治三年（1323）入寂，敕谥为普应国师。明本于延祐四年（1317）住湖州幻住庵时，著有《幻住庵清规》，在《续藏》本即称它为《普应国师幻住庵清规》。此外，云南大理地方的左黎，亦被元朝封为国师。左黎滇西人，至京治成宗手疽，封为国师归大理（《滇释记》卷一）。

明代之初，朝廷为加强和西藏等民族的联系，虽仍沿用元制，封喇嘛为“帝师”“国师”等尊号，但其声势已不如元代之盛。明太祖洪武六年（1373），诏西番、土番各族酋长，举故有官职者至京受职赐印，使因俗为治；以故元摄帝师喃加巴藏卜为炽盛佛宝国师，赐玉印及彩币。自是番僧有封为灌顶国师及赞善王、阐化王、正觉大乘法王、如来大宝王者，俱赐以金章诰命，领其人民，间岁朝贡。永乐五年（1407），封西僧哈立麻为如来大宝法王、西天大善自在佛，领天下释教。其徒孛罗等，皆封为大国师（《古今图书集成·释教部·汇考》卷六）。六年，土鲁番僧清来入贡，封为灌顶慈慧圆智普通国师。八年，以番僧绵思吉为净慈妙济国师，以班丹藏卜为净觉弘济国师。十三年，又封乌斯藏的释迦也失为妙觉圆通慈慧普应辅国显教灌顶弘善西天佛子大国师等。自永乐一朝受封的西藏喇嘛，有阐化、阐教、辅教、护教、赞善五法王，及二西天佛子，九灌顶大国师，十八灌顶国师（魏源《圣武记》卷五《国朝抚绥西藏记》上）。

英宗天顺元年（1457），递减番僧封号：降法王为大国师，大国师为国师。成化四年（1468），魏元、康永韶等上书谏言：“今宠遇番僧，有佛子、国师、法王名号，仪卫过于王侯。……又多中国之人习为番教图宠贵者，伏望资遣番僧使之还国。”成化十二年（1476），大学士商辂等又条陈时政说：“闲住番僧，往往自都纲、禅师、升至国师、佛子、法王等，给与金银印信图书。其有死亡，徒弟承袭，更求造塔。二者皆侵耗朝廷财物，宜行禁治。”于是革除法王、佛子、国师等称号。到武宗时，又大优遇喇嘛。正德二年（1507），升慈恩、能仁、护国三寺禅师为国师，以大慈恩寺领占竹为灌顶大国师。正德五年（1510），武宗自称为大庆法王，并学番语诵番经，所封国师更多。至世宗信仰道教以后，国师的尊号才不多见（《释教部·汇考》卷六）。但穆宗隆庆三年（1569），仍有阐化、阐教、辅教三王入贡，诏依洪武之制，令三年一贡（《明史》卷三百三十一）。

明代汉族僧人之得封国师尊号见于记载者，只有洪熙元年（1425）赐释智光号广善大国师。《明外史·方技传》说："释子智光，武定人，洪武时奉命两使乌斯藏、榜葛刺、泥八刺、地涌塔诸国。永乐时又使乌斯藏，迎尚师哈立麻。历事六朝，宠锡冠群僧。"英宗嗣位，又加号西天佛子。此外，成化间僧继晓初以邪术获封法王和国师，后被革去国师为民（《释教部·汇考》卷六）。又万历间相传漳州闲云石室高僧樵云因超度神宗皇太后，获赐龙袴，俗称为龙袴国师（念西《龙袴国师传》）。但从蕅益（《灵峰宗论》卷八之二）所撰《樵云律师塔铭》看来，樵云不过是一个精持戒律兼修净业的高僧而已，并没有国师的称号。

清初世祖敬重禅僧。顺治年间（1644—1661），憨璞性聪、木陈道忞、玉琳通琇等，先后入宫说法，各赐紫衣及尊号。憨璞称为明觉禅师。木陈称为弘觉禅师（清《尤西堂集序》及《八指头陀诗集》八均称为弘觉国师）。玉琳初称大觉禅师，继遣使加封大觉普济禅师，后又加封为大觉普济能仁国师，通称为玉琳国师，是清代汉族佛教中享有国师尊号的唯一僧人。

清代虽为喇嘛教的复兴时期，但喇嘛被封为国师的并不多见。青海阿噶旺罗布桑却拉丹，于清初入藏受戒并就学于第五世拉萨大喇嘛等，被认为第十四世章嘉呼图克图后，于康熙二十六年（1687）到北京谒见清圣祖，圣祖为建汇宗寺（东庙、黄寺）于内蒙多伦诺尔，令传教于内外蒙古；康熙四十五年（1706），赐"灌顶普觉广慈大国师金印"。雍正年间，清世宗又为第十五世章嘉于汇宗寺西方建立了善因寺（西庙、青寺）（天纯《内蒙黄教调查记》）。清初诸帝对于喇嘛的封号甚为谨慎。乾隆特别制一篇《喇嘛说》刻在雍和宫的四面碑上，那上面说：喇嘛又称黄教，始盛于元，沿及于明，封帝师、国师者皆有之。我朝惟康熙年间只封一章嘉国师，相袭至今。注云：我朝虽兴黄教，而并无加崇帝师封号者。惟康熙四十五年封章嘉呼图克图为灌顶国师；雍正十二年加授章嘉为灌顶普善广慈大国师，令住持嵩祝寺。

乾隆时代对于章嘉国师虽极礼遇，但章嘉似已不大过问政治。据清礼亲王的《啸亭杂录》（嘉庆年间出版）关于清字经馆的记事说，乾隆三十七年，设清字经馆（即满文藏经馆）于西华门内，命章嘉国师综其事，以达天、运筏等助之，考取满人誊录纂修若干员，令翻译经卷，先后凡十余年，大藏告竣。章嘉国师，喇嘛黄教高僧，为乾隆帝所优遇，帝尝以法司案卷命师判决，师合掌答曰：此国之大政，宜由皇上与大臣讨论，非方外之人所预也。直到清末，章嘉虽世袭国师称号，实际上只是在蒙藏地区从事宗教活动而已。

（林子青）

八　俗讲

俗讲的名称，始见于唐初，实即六朝以来的斋讲，乃是应用转读、梵呗和唱导来作佛经的通俗讲演的。本来随着佛经的传入，就有转读（即咏经）和梵呗（即歌赞）的发生，另外又有唱导的继起。唱导原为说唱教导之意。从讲解经论义理，变为杂说因缘譬喻，使一般大众更易理解佛教教义，这就是慧皎所谓“宣唱法理开导众心”（《高僧传》卷十三唱导）之法。唱导与俗讲的性质虽然有所不同，但是二者均以因时制宜随类化俗为主要的方法与目的，并且所用材料亦大致相同。《广弘明集》卷十五有梁简文帝《唱导文》一篇，王僧孺《礼佛唱导发愿文》一篇，巴黎图书馆所藏《长兴四年中兴殿应圣节讲经文》及伦敦博物馆所藏《回向文》，其体例与《广弘明集》所收，俱约略相似。因此俗讲制度的一部分也可溯源于唱导。

俗讲开始时，只有讲经文一类的话本，后来渐采民间流行的说唱体如变文之类，以增强其化俗的作用。但变文与讲经文的体制不同，也别有其渊源。

中唐时代，约在文宗太和九年以前，长安诸寺往往有奉敕开演俗讲的法会（一般俗讲，是不依敕令的）。宝历二年（826）敬宗还亲临兴福寺观沙门文溆俗讲（《资治通鉴》卷二百四十三《唐纪·敬宗纪》），由此推知其开讲时当有庄严的仪式。近人发现巴黎图书馆藏P.3849号敦煌卷子一卷，纸背文字二段，一为《佛说诸经杂缘喻因由记》，一为俗讲仪式，后附虔斋及讲《维摩经》仪式。所记俗讲仪式有作梵、礼佛、唱释经题、说经本文、回向、发愿等，与讲经仪式无大出入，唯多说押座一式，这大概是俗讲所特有的。此外，参加俗讲的也有法师和都讲，法师主讲，都讲唱释经题，与正式讲经无异。

俗讲的话本，据敦煌所出作品分类，大别有三：

一、讲经文　此为俗讲话本正宗。这类作品，大抵分散文与韵语二部分，散文亦用科判方式分析全经结构的；韵语以七言为主，偶尔夹杂一些三言、五言、六言在内，末尾总以“某某某某唱将来”的格式收束。内容以敷衍全经者为多，摘述一段故事者甚少。敦煌所出这类作品，如《长兴四年中兴殿应圣节讲经文》《金刚般若波罗蜜经讲经文》《佛说阿弥陀经讲经文》《妙法莲华经讲经文》《佛说观弥勒菩萨上生兜率天经讲经文》《无常讲经文》《父母恩重经讲经文》（《敦煌变文集》下集）等，都是。

二、押座文　据慧琳《一切经音义》卷二十六，押通作压，座即四座之座，盖开讲之前以梵呗引摄，使听众专心一意。日本《大正藏》收有史坦因的2240号四种压座文，即《维摩经押座文》《温室经讲唱押座文》《八相押座文》《三身押座文》，均以七言或八言的韵文为中心，是短品。这四种的末尾均有“某某某某唱将来”一句，可见押座文还有隐括全经引起下文的一种作用。另有缘起文一种，与押座文作用略同，唯较押座文篇幅更长而已，两者当即后世入话、引子、楔子之类。

三、俗文　亦称变文、唱文、讲唱文、缘起等。变文为僧侣所作，与俗讲有密切关系。它本来是讲唱用的，以佛教经典为主题，使教义通俗化而成为人所共知的讲唱形式，最宜于俗讲使用，因此也用为俗讲的话本。

俗讲虽有三种话本，却以讲经文为宗，押座文为引子，变文不过是补充材料而已。

俗讲盛行于文宗时代（827—840），其发生时似在唐初。如据《续高僧传》卷二十《善伏传》所载伏日听俗讲事，即贞观三年顷（629）俗讲即已存在。五代以后，俗讲虽不大流行，然据《佛祖统纪》卷三十九引《释门正统》良渚之言，俗讲至南宋理宗时（1225—1264）还未尽绝。这样从七世纪到十三世纪，前后存在大约五百多年。以区域而论，长安为俗讲的中心，定时奉敕举行；各地方寺院也大都在春秋及夏（或冬，即正、五、九等三长斋月）各有举行。地方俗讲与唱导差不多，而俗讲僧、说法师、邑师、化俗法师等为数亦不少。

俗讲流行区域这样广，存在时间这样长，但在北宋时，由于政治的原因，与异教一齐遭受禁止，至南宋已名存实亡。但它的影响却极其广大，宋以后说话人（分小说、说经及说参请、讲史书、合生商谜四科）、话本、宝卷、诸宫调、弹词等，均可溯源于此。

（田光烈）

九　浴佛

浴佛的起源，是因悉达多太子在兰毗尼园无忧树下（亦称婆罗树或波罗叉树）降生时，九龙（亦说二龙）吐水洗浴圣身的传说而来。在古代，它已成为佛教故事中一个重要的题材。印度鹿野苑和阿摩罗伐底近代出土的佛传雕刻，都有这种情景的构图。据《过去现在因果经》卷一的记载，摩耶夫人怀胎临近产期，一日出游兰毗尼园，行至无忧树下，诞生了悉达多太子。难陀和伏波难陀龙王吐清净水，灌太子身。因此，后世佛教徒纪念佛陀诞生的仪式，都在佛堂中或露天下净地设灌佛盘，在盘中的莲台上安置着一手指天、一手指地的释迦太子金像，然后灌以香水，以表示庆祝和供养，就叫作“浴佛”或“灌佛”。这一天是佛教四众信徒的欢喜节日。

浴佛的仪式开始于古印度，是从求福灭罪的一种宗教要求传衍而来的。佛教以外，婆罗门教早有一种浴像的风俗，起源于古印度人使精神清洁的思想。《大宝积经》卷一百记述这样一个故事：舍卫城波斯匿王的女儿无垢施，于二月八日和五百婆罗门一道，持满瓶水，出至城外，欲洗浴天像。这时，许多婆罗门见诸比丘在门外立，认为不吉祥，其中一个长者要求无垢施回到城内，但遭到她的拒绝。于是展开辩论，无垢施终于感化了五百婆罗门皈依了佛陀。可知浴佛来源于古印度的社会风俗。

唐义净《南海寄归内法传》卷四《灌沐尊仪章》说：“大师虽灭，形像尚存，翘心如在，理应遵敬。或可香花每设，能生清净之心；或可灌沐恒为，足荡昏沉之业。……但西国诸寺，灌沐尊仪，每于禺中之时，授事便鸣楗椎（木制“打木”），寺庭张施宝盖，殿侧罗列香瓶。取金、银、铜、石之像，置以铜、金、木、石盘内。令诸妓女奏其音乐，涂以磨香，灌以香水，以净白氎而揩拭之，然后安置殿中，布诸花彩。此乃寺众之仪。……至于铜像无论大小，须细灰砖末揩拭光明，清水灌之，澄华若镜。大者月半、月尽合众共为；小者随己所能每须洗沐。斯则所费虽少，而福利尤多。其浴像之水，即举以两指沥自顶上，斯谓吉祥之水。”

义净所译的《浴佛功德经》也只说日日澡沐尊仪，可以获大利益，并未说专在佛生日举行。所以，赞宁于《僧史略》上《浴佛》条说：“然彼日日灌洗，则非生日之意。疑五竺多热，僧既频浴，佛亦勤灌耳。东夏尚腊八，或二月、四月八日，乃是为佛生日也。”

随着佛教的输入，浴佛的仪式很早就在中国流传了。《吴书》卷四《刘繇传》附记笮融事迹说：“笮融初聚众数百，往依徐州牧陶谦。谦使督广陵、彭城运漕。……乃大起浮图祠。……每浴佛，多设酒饭，布席于路，经数十里，民人来观及就食且万人，费以巨亿计。”这样大规模的佛教仪式，大概就是中国“浴佛会”的滥觞。

后来，这种浴佛的仪式逐渐流行于朝廷和仕宦之间，到了两晋南北朝时代，各地普遍流行。后赵的国主石勒（319—332），为他儿子祈福，曾举行过浴佛仪式。《高僧传》卷十《佛图澄传》说：“石勒诸稚子，多在佛寺中养之。每至四月八日，勒躬自诣寺灌佛，为儿发愿。”《佛祖统纪》卷三十六宋孝武帝大明六年（462）条说：“四月八日，帝于内殿灌佛斋僧。”又《宋书》卷四十七《刘敬宣传》说：“四月八日，敬宣见众人灌佛，乃下头上金镜以为母灌，因悲泣不自胜。”可见在公元五世纪以前，浴佛仪式已在我国各民族之间相当流行。

我国浴佛的日期，古来有几种不同的记载。一是二月八日，一是四月八日，还有一种是十二月八日。佛陀的诞生、出家、成道和涅槃，在印度南、北传的《佛传》里虽都明记七月日，但各记载不一。《大唐西域记》（卷六、卷八），曾述上座部和诸部所传的不同。据上座部传，佛降胎在嗢咀罗额沙荼月之三十日，相当我国五月十五日；诞生、出家、成道都在吠舍佉月后半十五日，相当我国三月十五日。诸部所传降胎同于额沙荼月的后半八日，相当我国五月八日；其他诞生等同于吠舍佉月的后半八日，相当我国三月八日。南传佛诞则在逝瑟吒月后半八日（南传《本生经》觉音序言），相当我国四月八日。印度历法以黑月（从月既望到月晦）为前半月，白月（从月朔到望）为后半月。所谓“月盈至满，谓之白分；月亏至晦，谓之黑分。黑分或十四日、十五日，月有大小故也。黑前白后，合为一月”（《西域记》卷二）。七月之下弦（当下半月之八日）在我国阴历次月之上弦。我国汉译佛经记载二月或四月，大抵是以印度的某月当我国之月，又随译经时代历法之差而传为二月或四月的。吠舍佉月后半八日，本相当于我国阴历三月初八；而译者则理解为二月上弦，因传为二月八日。后来多从南传的三月后半八日换算为四月八日，于是佛诞四月八日之说就一般通用了。

从历史的记载看来，后汉时笮融的浴佛日期未见明记；北朝多于四月八日浴佛。自梁经唐至于辽初，大抵遵用二月八日；宋代北方改用腊八，南方则用四月八日。后赵的石勒及刘宋孝武帝、刘敬宣等于四月八日浴佛，已如上述。梁时《荆楚岁时记》以二月八日为佛诞。《续高僧传》卷二十二唐《释玄琬传》说：“琬以二月八日大圣诞沐之辰，追惟旧绪，敬崇浴具。每年此日，开讲设斋，大会道俗。”《辽史》卷五十三《礼志》记载，辽时以二月八日，为悉达太子生辰。至宋代，浴佛仪式多在十二月八日举行。宋赞宁《僧史略》卷上《佛诞生年代》条说：“今东京（宋都开封）以腊月八日浴佛，言佛生日。”赞宁以为腊八恐怕是印度的节日，或者是用《多论》（《萨婆多毗尼毗婆沙》）的二月八日，腊月即是周的二月。《翻译名义集》卷三引《北山录》云：“周之二月，今之十二月也。而大圣在乎周年，故得以十二月言正。”但也有明指腊八为释迦成道之日而浴佛的。如宋丹霞子淳禅师腊八上堂说：“屈指欣逢腊月八，释迦成道是斯辰，二千年后追先事，重把香汤浴佛身。”（《丹霞子淳禅师语录》）又宋祝穆《事文类聚》说：“皇朝东京十二月初八日，都城诸大寺作浴佛会，并造七宝五味粥，谓之‘腊八粥’。”这是浴佛会和腊八粥相结合的记载，但江南一般多在四月八日浴佛。《岁时杂记》说：“诸经说佛生日不同，其指言四月八日生者为多，……故用四月八日灌佛也。今但南方皆用此日，北人专用腊月八日，近岁因圆照禅师（1020—1099）来慧林（禅院），始用此日行《摩诃刹头经》法；自是稍稍遵（之）。……其后宋都开封诸寺，多采用四月八日浴佛。”《东京梦华录》卷八说：“四月八日佛生日，十大禅院各有浴佛斋会，煎香药糖水相遗，名曰‘浴佛水’。”元代的《幻住庵清规》及《敕修百丈清规》均制定四月八日为释迦如来诞辰，其后南北浴佛的日期就完全一致了。

关于浴像的方法，宝思惟译的《浴像功德经》所说最为清楚：“若欲浴像，应以牛头旃檀、紫檀、多摩罗香、甘松、芎䓖、白檀、郁金、龙脑、沉香、麝香、丁香，以如是种种妙香，随所得者以为汤水，置净其中。先作方坛，敷妙床座，于上置佛。以诸香水次第浴之。用诸香水周遍讫已；复以净水于上淋洗。其浴像者，各取少许洗像之水置自头上，烧种种香以为供养。初于像上下水之时，应诵以偈：‘我今灌沐诸如来，净智功德庄严聚；五浊众生令离垢，愿证如来净法身’。”

我国丛林的浴佛，多依元代《敕修百丈清规》（1336年修）所定的仪式。但比《敕修百丈清规》更早十九年的《幻住庵清规》（中峰明本1317年作）已经有所规定。《敕修百丈清规》卷二《报本章》的《佛降诞》条，具体地规定浴佛的仪式说：“至四月八日，库司严设花亭，中置佛降生像，于香汤盆内，安二小杓。佛前敷陈供养毕，住持上堂祝香云：‘佛诞令辰，某寺住持……虔爇宝香，供养本师释迦如来大和尚，上酬慈荫。所冀法界众生，念念诸佛出现于世。’住持说法竟，领众同到殿上。住持上香三拜然后跪炉。维那白佛云：一月在天，影涵众水；一佛出世，各坐一华。白毫舒而三界明，甘露洒而四生润。……宣疏毕，唱浴佛偈。”（偈见如上《浴像功德经》）一面反复地唱偈言，一面让僧众进行浴佛。最后并以浴佛的功德回向于无上的佛果菩提。

明代的风俗大抵是继承宋代的。据田汝成《熙朝乐事》记明代的风俗说："四月八日，俗传为释迦佛生辰。僧尼各建龙华会，以盆坐铜佛，浸以糖水，覆以花亭。"这种风俗到清代并无多大改变。按照《敕修百丈清规》，禅林在佛诞浴佛这一天，还有煎"香汤"和造"黑饭"供众的习惯。《清规》卷四《两序章》的《知殿》条："佛诞日浴佛，煎汤供大众。"卷七《节腊章》的《月分须知》条："四月初八日，佛诞浴佛，库司预造黑饭，方丈请大众夏前点心。"但是这种遗规后来虽已不通行了，而以四月八日为佛诞，举行浴佛议式，则至今不替。

（林子青）

十　行像

“行像”是用宝车载着佛像巡行城市街衢的一种宗教仪式。赞宁的《大宋僧史略》上说：“行像者，自佛泥洹，王臣多恨不亲睹佛，由是立佛降生相，或作太子巡城相。”这是佛教“行像”的起源。

五世纪初，法显旅行印度时，在西域和印度都曾亲见行像的仪式。他到于阗时，住在瞿摩帝寺，据《法显传》说：“法显等欲观行像，停三月日，其国（于阗）中十四大僧伽蓝，不数小者，从四月一日，城里便扫洒道路庄严巷陌。其城门上张大帏幕，事事严饰。王及夫人采女皆住其中。瞿摩帝僧是大乘学，王所敬重，最先行像。离城三四里作四轮像车，高三丈余，状如行殿，七宝庄校，悬缯幡盖，像立车中，二菩萨侍，作诸天侍从，皆以金银雕莹，悬于虚空，像去门百步，王脱天冠，易着新衣，徒跣持花香，翼从出城迎像，头面礼足，散花烧香。像入城时，门楼上夫人采女遥散众华，纷纷而下，如是庄严供具，车车各异，一僧伽蓝则一日行像，自月一日为始，至十四日行像乃讫，行像讫，王及夫人乃还宫耳。”

法显到印度摩揭提国巴连弗邑村时，也看到当地的行像。此国“年年常以建卯月（二月）八日行像，作四轮车，缚竹作五层，有承栌偃戟高二丈许，其状如塔。以白氎缠上，然后彩画作诸天形像，以金银琉璃庄严。其上悬缯幡盖，四边作龛，皆有坐佛菩萨立侍。可有二十车，车车庄严各异，当此日境内道俗皆集，作倡伎乐，华香供养。婆罗门子来请佛，佛次第入城；入城内再宿，通夜燃灯伎乐供养。国国皆尔”（《法显传》）。

西域行像在佛生日以外也有举行的，七世纪时玄奘赴印度留学到屈支国（即今库车）时，曾见到行像的仪式，《大唐西域记》卷一《屈支国》条：“大城西门外，路左右各有立佛像，高九十余尺，于此像前，建五年一大会处，每岁秋分数十日间，举国僧徒皆来会集，上自君王，下至士庶，捐废俗务，奉持斋戒，受经听法，竭日忘疲。诸僧伽蓝庄严佛像，莹以珍宝，饰之锦绮，载诸辇舆，谓之‘行像’，动以千数，云集会所。”

第四世纪以后，我国佛经翻译渐备，信仰亦次第普及，造像风气大兴，除铜像外，还有木像和夹纻像，行像的仪也自西域传入了。据《魏书·释老志》说，世祖初即位（424），亦遵太祖太宗之业，于四月八日，舆诸寺佛像，行于广衢，帝亲御门楼临观散华，以致礼敬。至孝文帝时于太和二十一年（497），诏迎洛京诸寺佛像于阊阖宫中，受皇帝散华礼敬，岁以为常例（《佛祖统纪》卷三十八）。又《洛阳伽蓝记》卷三《城南景明寺》条说：“景明寺，景明年中立，因以为名。……四月七日京师诸像皆来此寺。尚书祠部曹录像凡有一千余躯，至八日节，以次入宣阳门，向阊阖宫前，受皇帝散华。于时金华映日，宝盖浮云，旛幢若林，香烟似雾，梵乐法音，聒动天地；百戏腾骧，所在骈比；名僧德众，负锡为群，信徒法侣，持花成薮；车骑填咽，繁衍相倾。时有西域胡沙门见此，唱言佛国。”可见当时行像仪式的盛大了。

自南北朝至于唐、宋，行像的风气渐次推广，四川、湖广、西夏各地都见流行，行像亦称为“行城”或“巡城”。《法苑珠林》卷三十一《潜遁篇感应缘》说：“（刘）宋岷山通灵寺有沙门邵硕……以宋初出家入道，自称硕公。……至四月八日，成都行像，硕于众中匍匐作狮子形。”宋陈元靓《岁时广记》卷二十引《荆楚岁时记》说：“二月八日，释氏下生之日，迦文成道之时，信舍之家建八关斋戒，车轮宝盖，七变八会之灯。至今二月八日平旦，执香花绕城一匝，谓之行城。”唐韩鄂的《岁时记丽》卷一《二月八日》条所引与上略同。又《僧史略》卷上“行像”段说：“又景兴尼寺金像出时，诏羽林一百人举辇，伎乐皆由内给。又安居毕，明日总集，旋绕村城，礼诸制底；棚车舆像，幡花蔽日，名曰三摩近离（此曰和集）。斯乃神州行城法也。”

到了宋代，行像一般似多行于北方。据《僧史略》卷上说：“今夏台灵武，每年二月八日，僧载（一作戴）夹纻佛像，侍从围绕，幡盖歌乐引导，谓之巡城。以城市行市为限，百姓赖其消灾也。”但北方也有在四月八日行像的。《岁时广记》卷二十引《燕北杂记》说：“四月八日，京府及诸州各用木雕悉达太子一尊，城上舁行，放僧尼、道士、庶民行城一日为乐。”

《辽史》卷五十三《礼志》说：“二月八日，为悉达太子生辰，京府及诸州雕木为像，仪仗百戏导从，循城为乐。”但《契丹国志》卷二十七则以四月八日为佛诞。按自唐至宋初，一般似多用二月八日为佛诞。辽代建国之初，亦见沿用；后来采用四月八日，也许是受江南的影响，元、明以后，行像虽少记录；但近世西藏和五台山等处，每年仍有行像的仪式。至于大江南北行像的风俗就为浴佛的仪式所代替了。

（林子青）

十一　赞呗

赞呗或称梵呗与印度歌赞之法并不相同，因为梵音和汉语的构造有异，无论用梵腔以咏汉语，或用汉曲而歌梵声，都有困难。故佛教传入中国之初，译经事业虽渐发达，而梵土歌呗却未获传授。梁慧皎说："自大教东来，乃译文者众，而传声盖寡。良由梵音重复，汉语单奇。若用梵音以咏汉语，则声繁而偈迫；若用汉曲以咏梵文，则韵短而辞长。是故金言有译，梵响无授。"（《高僧传》卷十五《经师论》）

一般赞呗是用以歌咏译本经典中赞叹三宝的声调。呗是梵语的音译，又称婆陟、呗匿。印度原来统称歌咏十二部经，不管长行、偈颂都谓之呗。传来中国之后，将歌咏长行别开为转读，呗乃专指歌咏赞偈而言，故谓之赞呗。慧琳《一切经音义》（卷八十一）称为"呗唱"，训释为梵赞声。因其取法古印度的歌赞而变化之，故称梵呗，有时略称为梵。如慧皎所说："东国之歌也，则结韵以成咏；西方之赞也，则作偈以和声。虽复歌赞为殊，而并以协谐钟律，符靡宫商，方乃奥妙。故奏歌于金石，则谓之以为乐；设赞于管弦，则称之以为呗。"（《高僧传》卷十五）道世也说："西方之有呗，犹东国之有赞。赞者从文以结音，呗者短偈以流颂，比其事义名异实同。是故经言：以微妙音声歌赞于佛德，斯之谓也。"（《法苑珠林》卷三十六《呗赞篇》）

中国赞呗的起源，相传始于曹魏时代，陈思王曹植尝游鱼山（一作渔山，在今山东省东阿县境），闻空中有一种梵响，清扬哀婉，独听良久，深有体会，乃摹其音节，写为梵呗，撰文制音，传为后式。其所制梵呗凡有六契（章）。后世所传《鱼山梵》，即其遗制（《法苑珠林》卷三十六）。其后支谦亦传有梵呗三契，康僧会复造有泥洹梵呗，晋帛尸梨蜜多罗也以梵呗传于觅历，昙籥又造有六言梵呗，当时名师所作的呗赞，到了六朝的齐梁时代，还多有存在。

此后，热心提倡赞呗的要推南齐竟陵王萧子良，梁僧祐《出三藏记集》卷十二列举他所著述，在《净住子》十卷、《讲净住记》一卷以外，有《赞梵呗偈文》一卷、《梵呗序》一卷、《转读法并释滞》一卷等。僧赞的《法苑杂缘原始集·经呗导师集》，列举了二十一种当时有关梵呗的书目，其中有《陈思王（曹植）感鱼山梵声制呗记》《支谦制连句梵呗记》《康僧会传泥洹呗记》《觅历高声梵记》《齐文皇帝制法乐赞》《王融制法乐歌辞》《竟陵文宣撰梵礼赞》等，可惜这些著作后来都不传（《出三藏记集》卷十二）。

赞呗主要用于三方面。一、讲经仪式，二、六时行道（后世朝暮课诵），三、道场忏法，所谓法集三科。这三科法事，创始于晋时道安，至今已有一千五百余年的历史。道安制定的僧尼轨范：一曰行香定座上经上讲之法（即讲经仪式），二曰常日六时行道饮食唱时法（即六时课诵二时斋粥仪式），三曰布萨差使悔过等法（即道场忏法仪式）。在佛教讲经、受戒、诵经等一切宗教仪式进行中举唱梵呗，称为“作梵”。这种梵音具有止息喧乱便利法事进行的作用，故又义译为止断或止息（《释氏要览》上）。讲经法会的成员，有法师、都讲、香火、维那、梵呗等，各有专职（《开元释教录》卷六《勒那摩提传》），梵呗即歌赞专职之人。

讲经时的赞呗，一般行于讲前讲后。宋元照《四分律行事钞资持记》卷三十九记讲经应遵行的节目说，初礼三宝、二昇高座、三打磬静众、四赞呗、五正说、六观机进止、七说竟回向、八复作赞呗、九下座礼辞。圆仁入唐所见“赤山院讲经仪式”的实际顺序是：打讲经钟，大众上堂。讲师上堂登高座间，大众同音称叹佛名。讲师登座讫，称佛名便停；一僧开始“作梵”，唱“云何于此经”一行偈。梵呗讫，讲师唱经题目。讲经，讲讫，大众同音长音赞叹；赞叹语中有回向词。讲师下座，一僧唱“处世界，如虚空”偈（《入唐求法巡礼行记》卷二）。讲经法会中的赞呗一职，有时亦可由听众任之。唐僧彻每入麟德殿讲经，懿宗曾因法集，躬为赞呗（《宋高僧传》卷六《僧彻传》）。

六时行道的赞呗，为古来各宗所共遵行。近世禅林的朝暮课诵，犹可见其遗风。至于道场忏法，旨在化导俗众，其仪式尤重歌咏赞叹。隋智顗《法华三昧忏仪》第八“明行道法”述行道次第是：礼佛、正身威仪、烧香散华、称念佛名、诵经。行道欲竟，称三宝名，烧香正念作契呗。呗竟，唱“三皈依文”。此为忏法上应用赞呗最古的记载。

赞呗的咏唱并不限于讲经、行道，一般斋会也是常行的。唐大历中（766—779）宋州刺史徐向等就本州设“八关斋会”（八关即八戒，居家信徒一日一夜所受之戒法），曾饭千僧于开元寺，其余官民又各设一千五百人、五百人、五千人的斋会。当时“法筵等供，仄塞于郊坰；赞呗香花，喧填于昼夜”。赞呗之盛行于民间可知（见《金石萃编》卷九十八颜真卿撰《八关斋会报德记》）。此外，唐代译经道场置有“梵呗”一位，与译主、笔受、译语、润文、证义、校勘等同为译场九种职位之一。宋赞宁记载此事说：“法筵肇启，梵呗前兴，用作先容，令生物善。唐永泰中（765），方闻此位也。”（《宋高僧传》卷三《译经篇论》）

赞呗流传以后，其音调亦因地域而有参差，主要的有南北之别。道宣记载唐代的情况说：“地分郑卫，声亦参差。然其大途，不爽常习。江表（长江以南）关中（北方长安地域），巨细天隔，岂非吴越志扬、俗好浮绮，致使音颂所尚，唯以纤婉为工？秦壤雍冀音词雄远，至于咏歌所被，皆用深高为胜。……京辅常传，则有大小两梵；金陵昔弄，亦传长短两引，事属当机，不无其美。剑南陇右，其风体秦。”他又对江表关中的梵赞加以比较说：“若都集道俗，或倾国大斋，行香长梵，则秦声为得。五众常礼，七贵恒兴，开发经讲，则吴音抑在其次。”（《续高僧传》卷四十《杂科·声德篇》）可知南北梵音，各有特长。到了宋代，赞宁论梵音之所以有南北二体，因为授受的渊源不同。他说："原夫经传震旦，夹译汉庭。北则竺兰，始直声而宣剖；南惟僧会，扬曲韵以弘通。兰乃月氏之生，会则康居之族。……部类行事不同，或执亲从佛闻，更难厘革；或称我宗自许，多决派流。致令传授各竞师资，此是彼非、我真他谬；终年矛盾，未有罢期。"（《宋高僧传》卷二十五《读诵篇论》）

唐代以前流行的赞呗，有《如来呗》（亦称《如来梵》）、《云何呗》（亦称《云何梵》）和《处世呗》，及《菩萨本行经》赞佛偈"天上天下无如佛"等。《如来梵》有二偈，出《胜鬘经》。其一为"如来妙色身，世间无与等；无比不思议，是故今敬礼"。其二为"如来色无尽，智慧亦复然；一切法常住，是故我归依"。此二偈为行香赞佛时所唱，亦称《行香梵》。《云何梵》亦有二偈，出《涅槃经》，即"云何得长寿，金刚不坏身？复以何因缘，得大坚固力？云何于此经，究竟到彼岸；愿佛开微密，广为众生说"。《处世梵》，出《超日明经》，即"处世界，如虚空，如莲花，不着水；心清净，超于彼，稽首礼，无上尊"。

梵呗普通分为三节，即初呗、中呗、后呗。《如来呗》前一偈"如来妙色身"偈文，唱于一般法事之初，称为初呗。若讲经法会，则以《云何呗》第二偈"云何于此经"偈文为初呗，亦称为《开经梵》（见《释氏要览》上《梵音》）。《如来呗》后偈"如来色无尽"偈文及"天上天下无如佛"赞佛偈，系法事中间所唱，称为中呗。《处世呗》用于法事之后，称为后呗。圆仁记《赤山院讲经仪式》："讲师登座讫，一僧作梵。即'云何于此经'等一行偈，至'愿佛开微密'句，大众同音唱云：戒香、定香、解脱香等颂。讲讫，讲师下座。一僧唱'处世界、如虚空'偈，音势颇似本国。"（《入唐求法巡礼行记》卷二）此中《云何梵》与《处世梵》两个赞呗，至元时犹见流行（见《敕修百丈清规》卷五《沙弥得度》仪式）。但近世讲经，已改唱《钟声偈》《回向偈》代替《云何梵》和《处世梵》了。

古来佛教认为学习赞呗有许多功德：一能知佛德深远，二体制文之次第，三令舌根清净，四得胸藏开通，五则处众不惶，六乃长命无病（《南海寄归传》卷四《赞咏之礼》)。所以名山大刹，于休夏安居之时，定习唱赞颂为日课，名之为“学唱念”。故佛寺赞呗一科，今通称为“唱念”。

唱念的内容，除《水陆道场仪轨》《瑜伽焰口》等属于应赴佛事外，古德赞颂多于课诵、祝延等举唱。一般最流行者是六句赞及八句赞等。六句赞是南北通行的赞词，其赞由六句二十九字构成，故称六句赞。代表作品为“炉香乍爇”《香赞》。其余佛菩萨、韦驮、伽蓝等赞词，多用六句形式，故此赞韵调流行最广。《香赞》还有数种，即“戒定真香”“宝鼎爇名香”“戒定慧解脱香”等；北方另有一种赞谱名《迓古令》，赞词共有十条，亦名十供养赞，即香、花、灯、涂、果、茶、食、宝、珠、衣，各系一赞。第一赞“清净妙香”，共四句二十字，可用六赞谱唱念。此等《香赞》多于法事开始时唱之，以启请诸佛故。

八句赞系由八句赞词构成，多于诵经之后法事中间唱之，亦称为大赞。如《三宝赞》(有佛宝、法宝、僧宝三赞)、《弥陀佛赞》、《药师佛赞》等，都以八句构成。近世禅林流行的赞呗，有“四大祝延”“八大赞”，即“唵嘛呢叭咪吽”“唵捺麻巴葛瓦帝”“唵阿穆伽”“佛宝”“西方”“十供养”等赞，都是佛寺僧众于佛诞、安居等常唱的名赞。唱念方法的记谱法，只用点板，以铛铪等敲唱。其音量之大小、音阶之高低及旋律过门等，均依口授。

(林子青)

十二　水陆法会

水陆法会，略称水陆会，又称水陆道场，悲济会等，是中国佛教经忏法事中最隆重的一种。这种法事是由梁武帝的《六道慈忏》（即《梁皇忏》）和唐代密教冥道无遮大斋相结合发展起来的。“水陆”之名，始见于宋遵式（964—1032）的《施食正名》，谓系“取诸仙致食于流水，鬼致食于净地”（见《金园集》卷四）。

宋宗鉴《释门正统》卷四说：“所谓水陆者，因梁武帝梦一神僧告曰：‘六道四生，受苦无量，何不作水陆（大斋）普济群灵？’帝因志公之劝，搜寻贝叶，早夜披览；及详阿难遇面然鬼王建立平等斛食之意，用制仪文，遂于润州（今镇江）金山寺修设。帝躬临地席，命僧祐禅师宣文。”其年代或说在天监七年（508，据《事物纪原》；或说在天监四年，505，据《佛祖统纪》等）。经过周、隋各代，其传渐衰。至唐咸亨年间（670—673）西京法海寺道英从吴僧义济得其仪文，遂再兴法会于山北寺（《释氏稽古略》卷三）。宋苏轼重述《水陆法像赞》，后谓之《眉山水陆》。熙宁年间（1068—1077），东川杨锷祖述旧规，又制仪文三卷（佚失），行于蜀中，最为近古。江淮京浙，所用像设一百二十位者，是后人踵事增华，以崇其法。

宋元丰七年至八年（1084—1085），佛印（了元）住金山时，有海贾到寺设水陆法会，了元亲自主持，大为壮观，遂以“金山水陆”驰名。绍圣三年（1096），宗赜删补详定诸家所集，完成《水陆仪文》四卷，普劝四众，依法崇修。今其文亦不传，仅可从其所撰《水陆缘起》一文，得知其内容一斑（见《施食通览》）。

南宋乾道九年（1173），四明人史浩尝过镇江金山寺，慕水陆斋法之盛，乃施田百亩，于四明东湖月波山专建四时水陆，以为报四恩之举；且亲制疏辞，撰集仪文。孝宗闻之，特给以“水陆无碍道场”寺额。月波山附近有尊教寺，师徒道俗三千人，施财置田，一遵月波山四时普度之法。众更力请志磐续成《水陆新仪》六卷，推广斋法。并劝十方伽蓝，视此为法，大兴普度之道（《佛祖统纪》卷三十三）。

水陆法会自宋代流行以后，很快地普及于全国，特别成为战争以后朝野常行的一种超度法会。宗赜《水陆缘起》说：“今之供一佛、斋一僧，尚有无限功德，何况普通供养十方三宝、六道万灵，岂止自利一身，亦乃恩沾九族。……所以江淮两浙、川广、福建，水陆佛事，今古盛行。或保庆平安而不设水陆，则人以为不善。追资尊长而不设水陆，则人以为不孝。济拔卑幼而不设水陆，则人以为不慈。由是富者独力营办，贫者共财修设。”这是后世所谓“独姓水陆”与“众姓水陆”的渊源。

宋代以后，著名的水陆法会见于记载者，如宋元祐八年（1093）苏轼为亡妻王氏设水陆道场（《东坡后集》卷十九）。绍兴二十一年（1151）慈宁太后施钱为真歇清了于杭州崇先显孝寺修建水陆法会（正觉《真歇了禅师塔铭》）。同时王机宜为亡弟留守枢密兴建水陆佛事于蒋山太平兴国寺，应庵昙华（1103—1163）曾为升座说法（《应庵昙华禅师语录》卷五）。

元代延祐三年（1316），朝廷设水陆大会于金山寺，命江南教、禅、律三宗诸师说法，参加僧众一千五百人，径山元叟行端有《朝廷金山作水陆升座》法语（行悦《列祖提纲录》卷十六）。至治二年（1322）所修水陆法会，规模尤大。正印《金山大会归上堂》：“金山大会，诚非小缘。山僧得与四十一人善知识，一千五百比丘僧，同入如来大光明藏，各说不二法门，共扬第一义谛。”（《月江正印禅师语录》卷上；又有《朝廷金山寺建水陆会升座》法语，见《列祖提纲录》卷十六）此外大都（今北京）昊天寺、五台山、杭州上天竺寺等南北各地，亦都曾举行盛大水陆法会。又元代四川华严学者痴庵祖觉住眉州中岩寺，尝修《水陆斋仪》行世（《大明高僧传》卷一），其时流行于四川可知。

明初洪武元年至五年（1368—1372），相继于南京蒋山设广荐法会，即水陆法会。其中以洪武五年（1372）正月所修法会之规模为最大。前后法会均请四方名德与会。如楚石梵琦、季潭宗泐、来复见心、东溟慧日、梦堂昙噩等，均曾应邀赴会说法，参加僧众常达千人。太祖曾命宗泐作《赞佛乐章》八曲，使太常奏曲歌舞；太祖与群臣均赴会礼佛。法会仪式，具见于宋濂《蒋山寺广荐佛会记》。以上是历代水陆法会举行的概况。

关于水陆道场的仪式，从现存十三世纪时日僧承澄（1205—1282）所辑《阿娑缚抄》卷一百六十六中的《冥道供》一文看（冥道即水陆的异名），其坛场布置、形象配列、法器供物及法事进行等仪式，与今《水陆仪轨》大致相同。宗赜尝谓杨锷祖述旧观，撰《水陆仪》三卷行于蜀中，颇存古法，可能即是采取密教冥道仪轨而写成的。杨锷《水陆仪》原本已失，但据《施食通览》所引有《初入道场叙建水陆意》，宣白召请上堂八位圣众，宣白召请下堂八位圣凡等。稍后，苏轼《水陆法象赞序》中说：水陆道场随世增广，唯蜀人颇存古法，像设犹有典型。“虔召请于三时，分上下八位”云云（《东坡后集》卷十九）。其中，上堂八位与下堂八位的名称与《水陆仪》一致，可知二者前后有关系。宗赜撰《水陆缘起》，则叙述更详。他说，水陆供养的对象分上中下，上则供养法界诸佛、诸位菩萨、缘觉、声闻、明王、八部、婆罗门仙。次则供养梵王帝释二十八天、尽空宿曜一切尊神。下则供养五岳河海大地龙神、往古人伦、阿修罗众、冥官眷属、地狱众生、幽魂滞魄、无主无依诸鬼神众、法界旁生。六道中有四圣六凡，普通供养……未发菩提心者，因此水陆胜会，发菩提心。未脱苦轮者，因此得不退转。未成佛道者，因此水陆胜会，得成佛道。

明代江浙之间，有北水陆和南水陆之分。四明所行的南宋志磐续成的《水陆新仪》为南水陆。而金山旧仪，则称为北水陆。明末袾宏不从北而从南，即依志磐《新仪》，稍事改削，行于杭州（智旭《水陆大斋疏》见《灵峰宗论》卷七之四）。

清仪润依袾宏之意，详述水陆法会作法规则，撰成《法界圣凡水陆普度大斋胜会仪轨会本》六卷，成为现行水陆法会仪式的手册。其后咫观更就袾宏《水陆仪轨》详细增补论述，成《法界圣凡水陆大斋普利道场性相通论》九卷，略称《鸡园水陆通论》；此外又撰《水陆道场法轮宝忏》十卷。皆为现行水陆法会之所取则。

其法事内容，在七昼夜之间，主要为结界洒净、遣使发符、请上堂、供上堂、请下堂、供下堂、奉浴、施食、授戒、送圣等。上堂三宝十位圣贤，奉请于午前；下堂圣凡十位神灵，召请于初夜（《水陆仪轨》卷二）。此仪式中的上下堂十位，即依旧制上下堂八位增订而成（《普说水陆缘起》见《水陆仪轨》卷二）。其上堂十位是：十方常住一切诸佛、十方常住一切尊法、十方常住诸菩萨僧等。下堂十位是：十方法界四空四禅、六欲诸天、天曹圣众、五狱四渎、福德诸神等。

至于现行水陆法会坛场的布置、念诵经典及其人数，牌轴的规定和进行的程序等，依《鸡园水陆通论》等所说，法会坛场分为内坛和外坛。法事以内坛为主，像设布置香花供养，力求庄严。正中悬挂毗卢遮那佛、释迦牟尼佛、阿弥陀佛三像，下置供桌，罗列香花灯烛果烛供物。其前安置长方台四只成四方形，台上分置铜磬、斗鼓、铙钹、手铃及仪轨等，为主法、正表、副表、斋主四人所用。四围绕以布幕，将内坛分成三间。两侧分挂上堂、下堂各十位水陆画像。画像之下列插牌竿，详记每位圣凡名称。牌上皆画宝盖，下画莲花，中用黄纸；下堂则用红纸以为区别。

外坛有六个坛场：大坛二十四人，专门礼拜《梁皇宝忏》；诸经坛七人，讽诵诸经；《法华》坛七人，专诵《妙法莲华经》；净土坛七人，称念阿弥陀佛名号；《华严》坛二人，静阅《大方广佛华严经》；瑜伽坛，亦称施食坛，为夜间施放焰口之用，人数由各坛临时调用。此外监坛一人，共计四十八人。

内外坛法事一般为七日（内坛亦有五日者，则自第三日起）。其进行程序：第一日三更，外坛洒净，四更内坛结界，五更遣使建旛（旛上书“修建法界圣凡水陆普度大斋胜会功德宝旛”，高悬于大雄宝殿左前方的刹竿上）。第二日四更，请上堂，五更奉浴。第三日四更供上堂，五更请赦。午刻斋僧。第四日三更，请下堂，四更奉浴，五更说戒。第五日四更，诵《信心铭》，五更供下堂，午刻斋僧。第六日四更，主法亲祝上下堂，午前放生。第七日五更，普供上下堂，午刻斋僧，未时迎上下堂至外坛，申时送圣，水陆法会即告圆满。法会期间，自第一夜起，每夜于瑜伽坛各放焰口一台，至第六夜则放五方焰口，内坛水陆法师及诸坛僧众均参与法事，为水陆法会仪式的顶点，以后即从事结束。

（林子青）

十三　忏法

忏法是悔除所犯罪过以便积极修行的一种宗教仪式。

中国佛教中的忏法，起源于晋代，渐盛于南北朝，至隋、唐大为流行。唐道宣说："诸佛善权方便，立悔罪之仪。道安、慧远之俦，命驾而行兹术。南齐司徒竟陵王，制布萨法净行仪，其类备详，如别所显。"（《广弘明集》卷二十八《悔罪篇序》）宋净源更详细说："汉魏以来，崇兹忏法，未闻有其人者，实以教源初流，经论未备。西晋弥天（道安）法师，尝著四时礼文；观其严供五悔（即忏悔、劝请、随喜、回向、发愿）之辞，尊经尚义，多摭其要。故天下学者，悦而习焉。陈、隋之际，天台智者撰《法华忏法》《光明》（即《金光明忏法》）、《百录》（《国清百录》），具彰逆顺十心（即顺生死流和逆生死流各十种心）。规式颇详，而盛行乎江左矣。"（《圆觉经道场略本修证仪》）

忏法盛行于南北朝的齐、梁时代。元智松柏庭述《梁皇忏法》的起源及其意义说："世尊愍念四众，为说《观药王药上二菩萨经》，命礼诸佛，洗清障垢，依教奉行，俱获解脱。圣言虽在，凡情罕知。南朝齐武帝永明间（483—493），文宣王萧子良撰《净住子》二十卷，分净行法为三十门，未及流通，即罹变故。梁天监时（502—519），具德高僧删去繁芜，撮其枢要，采摭诸经妙语，改集十卷悔文，总列四十七章。前为六根三业，皈依断疑，忏悔解冤；后及六道四恩，礼佛报德，回向发愿。其中正以露缠结罪，涤过去之恶因，复凭发菩提心，植当来之种智。由萧梁武帝之创修，俗称《梁皇宝忏》。"（《慈悲道场忏法序》）

自那时以来，采用大乘经典中忏悔和礼赞内容而成的忏法，以种种形式流行，从而产生许多礼赞文和忏悔文，至智顗时遂具备了独自的形式。智顗于所著《摩诃止观》卷二说四种三昧，第三半行半坐三昧，即法华三昧，为修习止观的重要行法。智顗的忏法，即要把这三昧体现出来，因此，他依《法华经》的《普贤菩萨劝发品》和《普贤观经》而成的《法华三昧忏仪》，既是修行的方法，同时也是忏悔的仪式。其内容分为严净道场、净身、三业供养、奉请三宝、赞叹三宝、礼佛、忏悔、行道旋绕、诵法华法、思惟一实境界（即坐禅实相正观）等十法，可说是将《普贤观经》之说加以具体化（津田左右吉《智顗的法华忏法》，见《中国佛教之研究》二百九十三页）。《法华忏法》所依据的《普贤忏》，刘宋的僧苞、道冏和北齐的灵偘都曾依以修行。至持《法华经》行忏法者，则姚秦的竺昙遂，宋的法宗、普明，齐的弘明、僧侯，以及隋的僧映等。其和智顗同时代的，则有南岳的慧思及其门下的大善、慧勇、慧诚，以及唐代吉藏、法诚、法喜、智琰等。其后，智顗一系以外的佛徒，修行法华忏法者尚不胜枚举（《高僧传》卷十二，《续高僧传》卷十一、十七，《弘赞法华传》卷三、六、七，《法华传记》卷四、七）。

此外，《药师忏法》《金光明忏》及《方广忏悔灭罪经》等，在宋、梁之间也开始流行。如道宣说："至如药师行事，源出宋朝（刘宋），比用在疑，颇存沿俗。……又有普贤别行，金光总忏，名归清众，事乖通俗。……梁初方广（《方广忏悔灭罪经》），源在荆襄，本以厉疾所投，祈诚悔过，能使像手摩头，所苦欻然平复。因疾相重，遂广其尘；乃依约诸经，抄撮成部。"（《续高僧传》卷二十九《兴福篇论》）

此后忏法的著作渐出。有梁高祖（武帝）《摩诃般若忏文》《金刚般若忏文》、陈宣帝《胜天王般若忏文》、陈文帝《妙法莲华经忏文》《金光明忏文》《大通方广忏文》《虚空藏菩萨忏文》《方等陀罗尼斋忏文》《药师斋忏文》《婆罗斋忏文》等（《广弘明集·悔过篇》）。

隋、唐之间，佛教宗派渐起，各派依所宗经典撰成种种忏悔行法。如天台宗除上述《法华三昧忏仪》外，还有《方等三昧行法》（智顗说，灌顶记）、《请观世音忏法》《金光明忏法》（智顗撰）等（见《国清百录》）。三阶教有《七阶佛名》，又称为《礼佛忏悔文》，或《昼夜六时发愿法》（信行撰）。净土宗有《净土法事赞》（善导撰）、《五会念佛略法事仪赞》（法照撰）等。华严宗有唐宗密的《圆觉经道场修证仪》十八卷，称为广本；宋净源略为一卷，称为略本。又有《华严经海印道场九会诸佛仪》，略称《华严忏法》，是西夏一行法师所撰、宋普瑞补注的。又密宗有不空译《佛说三十五佛名礼忏文》。此外唐末知玄（即悟达国师，809—881）抄录宗密《圆觉经修证仪》述《慈悲水忏法》三卷，至今犹流行。又在唐开元年间（713—741），智昇更集成《集诸经礼忏仪》二卷，是各种忏法仪式最初的综合刊本。

宋代是忏法全盛的时代。天台巨匠四明知礼（960—1028）、慈云遵式（964—1032）、与东湖志磐（？—1270）俱广作忏摩，摄化道俗。因为这些天台宗学者，继承智顗遗法，都认为礼忏是修习止观的重要行法。故知礼住延庆寺数十年，讲学之外，专务忏仪，计修《法华忏法》三七日为期前后五遍，《光明忏法》七日为期二十遍，《弥陀忏法》七日为期五十遍，《请观音忏法》七七日为期八遍，《大悲忏法》三七日为期十遍。他著有《金光明最胜忏仪》《大悲忏仪》《修忏要旨》各一卷（《佛祖统纪》卷八）。最后一种《修忏要旨》是宋天禧五年（1021）依真宗命为国家修《法华忏法》之时，答使者俞源清之问而述（见《释门正统》卷二）。遵式与知礼同门，居杭州慈云寺，亦广修忏法，称为慈云忏主。他撰有《金光明忏法补助仪》，对智顗的《金光明忏法》详加补充；又因智顗《方等三昧行法》一书，自唐季流出海外，其时行法半任臆裁；至宋咸平六年（1003），日僧寂照斋至，遵式以此书“虽东国重来，若西乾新译，载披载沃，适奉醍醐”。特作序重刊，流行于世（《方等三昧行法序》）。南宋天台学者志磐，除撰有《佛祖统纪》外，更于四明东湖撰《水陆道场仪轨》（参照本书《水陆法会》条目》），盛行于世。又元照撰有《兰盆献供仪》一卷，亦为存亡露过陈悔的忏法之一。

金代王子成（庆之）集净土因缘力《礼念弥陀道场忏法》，略称《弥陀忏法》十卷。据他自序谓“依梁武忏之仪轨，阐弥陀教之功德。千佛备列，圣众全彰”云云。元至顺三年（1332），高丽三藏旋公捐资并募众缘重刊，遂广行于世。

明代洪武之初，太祖屡建法会于南京蒋山，超度元末死难人物。洪武五年（1372）的广荐佛会，太祖亲临烧香，最后并命轨范师行瑜伽焰口施食之法（宋濂《蒋山广荐佛会记》）。其后忏法广泛流行。举行忏法仪式，成为僧侣的职业。僧侣以赴应世俗之请而作佛事的，称为应赴僧。这些僧人以行瑜伽三密行法，又称为瑜伽教僧，略称教僧。洪武十五年（1382）制定佛寺为禅、讲、教三宗制度，并于南京能仁寺开设应供道场，令京城内外大小应赴寺院僧人集中学习，作成一定佛事科仪。洪武十六年（1383），由僧录司颁行。

到了明末，云栖袾宏广作忏法，重订《水陆道场仪轨》，修订《瑜伽集要施食坛仪》，又名《瑜伽集要施食仪轨》，并撰《施食补注》（即近代流行的《水陆》与《焰口》），影响所及，又有许多忏法出现。明受登撰《准提三昧行法》及《药师三昧行法》各一卷。智旭撰《占察善恶业报经行法》《赞礼地藏菩萨忏愿仪》（即《地藏忏法》）各一卷。禅修撰《依楞严究竟事忏》（略称《楞严忏法》）二卷。如惺撰《得遇龙华修证仪》（略称《龙华忏仪》）四卷。清代又有夏道人集《准提焚修悉地忏悔玄文》（《准提忏法》）一卷。失撰者名《消灾延寿药师忏法》三卷及《慈悲地藏菩萨忏法》三卷。继僧撰《舍利忏法》、弘赞集《供诸天科仪》、建基录《金刚经科仪宝卷》各一卷。智证录《水忏法随闻录》三卷、西宗集注《水忏法科注》三卷等。

近世通行的忏法有《梁皇宝忏》《慈悲水忏》《大悲忏》《药师忏》《净土忏》《地藏忏》等。

《梁皇忏》十卷，创始于梁武帝（通行金陵刻经处本作梁宝志、宝唱等撰），现行本是经元代审订改正流行的。相传此忏创始于梁武帝，故称《梁皇宝忏》（见《慈悲道场忏法序》《释氏稽古略》卷二）。后世灭罪消灾济度亡灵者，常延僧虔修此忏，是中国流传最久的一部忏法。

《慈悲水忏》三卷，唐知玄述。知玄四川人，唐懿宗咸通四年（863）署为悟达国师。初知玄在长安遇一异僧，患恶疾，人皆厌之；知玄侍候无倦色。后知玄将回川，异僧感其风义，临别告以向后有难，可往彭州茶陇山（亦名九陇山）相寻。中和三年（883），一珠隆起于左股，曰人面疮。知玄求医无效，忽忆往日异僧之语，遂至茶陇山相寻，果于山中见之，告以所苦。异僧命以岩泉濯之，疮愈。知玄因依宗密《圆觉经修证仪》录成名著《慈悲水忏》三卷，流行于世。

《千手千眼大悲心咒行法》一卷，略称《大悲忏》，是根据“大悲咒”而作的一种忏法。宋知礼始集仪轨，由于观音信仰的普遍，渐次流行于民间。清初南京宝华山见月读体删文重纂。这个忏法仪式简略庄严，为今日全国流行最广的一种忏法。

《药师三昧行法》一卷，略称《药师忏》，是根据《药师如来本愿功德经》而作的一种忏法。清初仁庵义禅师自扬州归杭州显宁寺，经天溪大觉寺受登刊定，以定名、劝修、方法、释疑四项，释此忏法，遂盛行于江南（受登《药师三昧行法序》）。凡消灾延寿之法事，多礼此忏。

《往生净土忏愿仪》一卷，略称《净土忏》，宋遵式撰，是采大本《无量寿经》及称赞净土诸大乘经而立的一种忏法。净土信仰流行民间以后，此忏法通行很广。

《慈悲地藏忏法》三卷，略称《地藏忏》，失撰人。智旭撰《赞礼地藏菩萨忏愿仪》加以补充。据智旭《忏愿仪》后序说，是根据《大乘大集地藏十轮经》和《占察善恶业报经》《地藏菩萨本愿经》而制此仪法的。其仪式与《药师忏》《净土忏》略同，是较晚出的忏法之一。凡报亲恩祈父母冥福之法事，多礼此忏。

（林子青）

十四　盂兰盆会

盂兰盆会是汉语系佛教地区，根据《佛说盂兰盆经》而于每年七月十五日举行的超度历代宗亲的佛教仪式。经中说，目连以天眼通见其亡母生饿鬼道，受苦而不得救拔，因而驰往白佛。佛为说救济之法，就是于七月十五日众僧自恣时，为七世父母及现在父母在厄难中者，集百味饭食安盂兰盆中，供养十方自恣僧。七世父母得离饿鬼之苦，生人、天中，享受福乐。这就是盂兰盆会的缘起。此经是西晋竺法护译的（但《出三藏记集》以为失译），全文八百余字，与此经同本异译的还有东晋失译的《佛说报恩奉盆经》，又名《报象功德经》。其文字更短，约三百余字。此外《开元释教录》卷十八《疑惑再详录》中有《净土盂兰盆经》一卷五纸。此经已佚。《法苑珠林》卷六十二引用其文，称为《大盆净土经》，说十六国王闻佛说目连救母脱苦之事，各造种种宝盆以盛饮食，献佛及僧事。

关于竺法护译的《盂兰盆经》有许多注解。现存的有唐慧净《盂兰盆经赞述》一卷、唐宗密《盂兰盆经疏》一卷、宋元照《盂兰盆经疏新记》二卷、宋普观《盂兰盆经疏会古通今记》二卷、宋遇荣《盂兰盆经疏孝衡钞》二卷、宋日新《盂兰盆经疏钞余义》一卷、明智旭《盂兰盆经新疏》一卷、清灵耀《盂兰盆经折中疏》一卷、清元齐《盂兰盆经略疏》一卷。

《盂兰盆经》的经题解释有两种说法：一说盂兰是梵音，义为倒悬；盆是华言，指盛食供僧的器皿。如唐慧净《盂兰盆经赞述》中说："名餐香俎在于盆内，奉佛施僧以救倒悬之苦，故名盆也。"唐宗密《疏》云："盂兰是西域之语，此云倒悬；盆乃东夏之音，仍为救器。若随方俗，应曰救倒悬器。”明智旭《新疏》、清灵耀《折中疏》、元奇《略疏》都用此说。第二说以为盂兰盆三字都是梵语音译。慧琳《一切经音义》卷三十四云：“盂兰盆，此言讹也。正言乌蓝婆拏，此译云：倒悬。案西国法，至于众僧自恣之日，云先亡有罪，家复绝嗣，亦无人飨祭，则于鬼趣之中受倒悬之苦。佛令于三宝田中供具奉施佛僧，祐资彼先亡，以救先亡倒悬饥饿之苦。旧云：盂兰盆是贮食之器者，此言误也。”（今按经文前段亦无以食物安盆中之语）宋遇荣《盂兰盆经疏孝衡钞》云：“经题者，梵语佛陀乌舍乌蓝婆拏门佐罗素呾缆，华言：觉者说救倒悬器经。”“盂兰盆者，即今大宋翻经者言，此皆梵语讹略也。具正应云‘乌蓝婆拏’，孝顺义，供义，恩义，倒悬义。盆亦讹略，旧云：盆佐那。新云：门佐罗，亦云：门佐曩，华言救器。以义回文，名救倒悬器。”此是遇荣与当时译经院译师商榷所得的解释。

至于依据《盂兰盆经》而举行仪式，创始于梁武帝萧衍。《佛祖统纪》卷三十七云：大同四年（538）帝幸同泰寺，设盂兰盆斋。义楚《释氏六帖》四十五云：“《宏明》云：梁武每于七月十五日普寺送盆供养，以车日送，继目连等。”自此以后，成为风俗，历代帝王及群众无不举行，以报祖德。唐道世《法苑珠林》卷六十二《祭祠篇》云：“国家大寺，如长安西明、慈恩等寺……每年送盆献供种种杂物及舆盆音乐人等，并有送盆官人，来者非一。”又云：“外有施主献盆献供种种杂事。”可见唐时风俗对于盂兰盆供是很重视的。此后就更盛大的举行。《佛祖统纪》卷五十一云：“（唐）代宗（李豫）诏建盂兰盆会，设七庙神座，迎行衢道”（又见卷四十一大历三年〈768〉条），“德宗（李适）幸安国寺，设盂兰盆供”（又见卷四十一贞元十五年〈799〉条）。《释氏通鉴》卷九亦有类似的记载，并云岁以为常。宋赞宁《大宋僧史略》卷中《内道场》条中也记此事云，“造盂兰盆，饰以金翠”。只是以前送盆往寺设供，至此改在宫内举行，而供器更庄严了。民间对于盂兰盆会也日见热烈，如日本圆仁《入唐求法巡礼行记》卷四，会昌四年（844）条记云：“（长安）城中诸寺七月十五日供养，作花蜡、花鉼、假花果树等各竞其妙。常例皆于佛殿前铺设供养。倾城巡寺随喜，甚是盛会。今年诸寺铺设供养胜于常年。”不仅在家士庶竞修供养，出家僧侣也各出己财，造盆供佛及僧。如宗密《盂兰盆经疏序》云：“年年僧自恣日，四事供养三尊，宗密依之崇修，已历多载。”

到了宋代，这种风俗相沿不改。但是盂兰盆供的富丽庄严和供佛及僧的意义减少而代之以荐亡的行事。在北宋时如宋孟元老《东京梦华录》卷八《中元节》条所说：“印卖《尊胜》《目连经》。又以竹竿斫成三脚，高三、五尺。上织灯窝之状，谓之盂兰盆。挂搭衣服、冥钱在上，焚之。构肆乐人自过七夕，便搬目连经救母杂剧，直至十五日止。观者倍增。”陆游《老学庵笔记》卷七亦云：“七月中旬，俗以望日具素馔享先。织竹作盆盎状，贮纸钱，承以一竹。……谓之盂兰盆。”宋高承《事物纪原》曾呵责其失云：“按《盂兰经》曰：‘目连母亡，生饿鬼中。’佛言：‘须十方僧众之力，至七月十五日具百味五果，以著盆中，供养十方大德。’后代广为华饰，乃至割木割竹，极工巧也。今人第以竹为圆架，加其首以斫叶中贮杂馔。陈目连救母画像，致之祭祀之所。失之远甚矣。”但《事物纪原》尚无焚盆及挂冥纸之说，似尚是宋代早期风俗。及至南宋，如宋吴自牧《梦粱录》卷四云：“七月十五日……僧寺于此日建盂兰盆会，率施主钱米，与之荐亡。”

自后盂兰盆会便成寺院中每年重要行事之一。元德辉重编《百丈清规》卷七《节腊章·月分须知》中云：“七月初旬，堂司预出盂兰盆会诸寮看诵经单，预牵众财办斛食供养。十三日散楞严会。十五日解制。当晚设盂兰盆会，讽经施食。”元明本《幻住庵清规》云：“七月十五日解制人事。此夜分启建盂兰盆胜会以济幽爽，以报劬劳。此会亦须预出经单，请大众随意披阅。此会有开甘露门一坛，请依而行之。”这就说明盂兰盆会的主要内容在于讽经施食了。这种仪式一直流行到明代。明袾宏《正讹集》中曾加以辩正云：“世人以七月十五日施鬼神食为盂兰盆大斋之会，此讹也。兰盆缘起目连，谓七月十五日，众僧解夏自恣，九旬参学多得道者，此日修供，其福百倍，非施鬼神食也。施食自缘起阿难，不限七月十五。所用之器是摩竭国斛，亦非兰盆。盖一则上奉贤圣，一则下济饿鬼，恶可得混?”清仪润曾欲两全其道，谓日献兰盆，恭敬三宝；夜施斛食，普渡鬼神。仪润《百丈清规证义记》卷八中详载《兰盆仪轨摘要》，云全卷见《兰盆会纂》中。其中有净坛绕经、上兰盆供、众僧受食诸仪节，又附兰盆会约二十一条。但是，各寺院遵行者不多，在群众中仍多以荐亡度鬼为盂兰盆会的主要行事。

（周叔迦）

十五 焰口

焰口，系根据《救拔焰口饿鬼陀罗尼经》而举行的一种佛事仪式。经中说，佛在迦毗罗城尼具律那僧伽蓝，为诸比丘并诸菩萨说法。尔时阿难独居闲静处习定。至夜三更，有一饿鬼，名曰焰口。于阿难前说："却后三日汝命将尽，生饿鬼中。"阿难心大惶怖，疾至佛所，陈说此事，并启示教。时佛为说无量威德自在光明殊胜妙力陀罗尼，谓诵之即能免饿鬼苦，福寿增长。修此法时，于一切时，取一净器，盛以净水，置少饭麨及诸饼食等，右手按器，诵陀罗尼七遍，然后称多宝、妙色身、广博身、离怖畏四如来名号，取于食器，泻净地上，以作布施。若施婆罗门仙，即诵此陀罗尼二七遍，投于净流水中。若诵三七遍，奉献三宝，则成上味奉献供养。

此法的传来，最初是唐武后时实叉难陀译《救面然饿鬼陀罗尼神咒经》一卷和《甘露陀罗尼咒》一卷。面然就是焰口的异译。其《救面然饿鬼陀罗尼神咒经》中所说真言名变食真言。《甘露陀罗尼咒》所说真言名甘露真言。谓取一掬水，咒之十遍，散于空中，即成甘露。其后不空三藏译出《救拔焰口饿鬼陀罗尼经》，与实叉难陀所译同本。不空又译出《瑜伽集要救阿难陀罗尼焰口仪轨经》《瑜伽集要焰口施食起教阿难陀缘由》（即前《仪轨经》前半起源分别行）、《施诸饿鬼饮食及水法》。日本所传尚有唐跋驮木阿译《施饿鬼甘露味大陀罗尼经》。不空译《瑜伽集要救阿难陀罗尼仪轨经》中的行法次第是：一、破地狱真言，二、召饿鬼真言，三、召罪真言，四、摧罪真言，五、定业真言，六、忏悔真言，七、施甘露真言，八、开咽喉真言，九、七如来名，十、发菩提心真言，十一、三昧耶戒真言，十二、施食真言，十三、乳海真言，十四、普供养真言，十五、奉送真言。自此以后，施饿鬼食便成为修密法者每日必行的仪式。日本入唐求法诸家曾携回有关施食饿鬼的仪轨。空海著《秘藏记》中曾解释施饿鬼法中五如来义。安然《八家秘录》有《施饿鬼法》，列诸家将来经轨八部。但是在中国却由于唐末五代之乱，随着密教失传而施食一法也失传了。

宋代诸师对于施食一法是不够了解的。在遵式《金园集》中有施食正名、施食法、施食文、施食观想诸篇。其法并非密教仪轨，只是取经中真言，附以台宗观想而已。其施食正名中说："今吴越诸寺多置别院，有题牓水陆者（中略），有题斛食者（中略），有题冥道者。"斛食是指焰口施食。冥道是唐代的冥道无遮大斋，也是密教行法的一种。水陆是宋代兴起的仪式。此三者在当时是混同着而无所区分的。宗晓有《施食通览》一卷，首载《救面然饿鬼经》二译，次录《涅槃经》佛化旷野鬼神缘，《鼻奈耶杂事律》佛化魔子母缘及《宝云经》中比丘乞食分施鬼畜文，次集诸家关于施食及水陆斋会之文。其中有仁岳《施食须知》一篇，也以为施旷野鬼神，施鬼子母救拔焰口饿鬼同是施食。《释门正统》卷四《利生篇》也同此说。可见宋代诸家对于焰口施食曾企图恢复而未得其道。

元代由于藏族喇嘛进入汉地，密教也随之复兴。藏经中有《瑜伽集要焰口施食仪》一卷，未注译人。就其中真言译音所用字考之，应是元人所译。其次第与不空译《救阿难陀罗尼焰口仪轨经》相同，其前增有三归、大轮明王咒、转法轮菩萨咒、三十五佛、普贤行愿偈、运心供养、三宝施食、入观音定，然后方破地狱。而后增尊胜真言、六趣偈、发愿回向偈、吉祥偈、金刚萨埵百字明、十类孤魂文、三归依赞。从此瑜伽施食之法得以复兴。

明代，由于诸家传承不一，各自以意增益，遂又形成杂乱。今所知者明代行法有《瑜伽焰口施食科仪》。其后天机禅师删其繁芜，成为《修习瑜伽集要施食坛仪》。世简称为《天机焰口》。天台灵操为之注，名曰《修习瑜伽集要施食坛仪应门》二卷。其中唯召请孤魂文不同。莲池袾宏又因《天机坛仪》略加参订，名曰《修设瑜伽集要施食坛仪》，略名《瑜伽集要施食仪轨》，并为之注，名《施食补注》。清康熙三十二年（1693）宝华山释德基又因袾宏本略加删辑，名为《瑜伽焰口施食集要》，世称《华山焰口》。乾隆六年（1741）宝华山释福聚又因之作《瑜伽施食仪轨》。此外又有康熙十四年（1675）释寂暹著《瑜伽焰口注集纂要仪轨》。康熙二十二年刊《修习瑜伽集要施食仪轨》的跋文中说："禀受师承不出一家，遂使流通经本大相径庭。纷纭彼此，莫知适从。"清代佛寺流行的《焰口》，多为《天机》和《华山》两种。

（周叔迦）